Méditerranées

Revue de l'association *Méditerranées*

Publiée par
le Centre d'Etudes Internationales sur la Romanité
et avec le concours de la Faculté de Droit de La Rochelle

N° 37 - 2004

La coutume, la tradition, la pratique et le droit écrit

L'Harmattan
5-7, rue de l'École-Polytechnique
75005 Paris
FRANCE

L'Harmattan Hongrie
Hargita u. 3
1026 Budapest
HONGRIE

L'Harmattan Italia
Via Degli Artisti 15
10124 Torino
ITALIE

L'illustration de couverture est extraite de l'*Hypnerotomachia Poliphili* (le songe de Poliphile)[1], ouvrage de Francisco Colonna, écrit en 1467 et imprimé par le Vénitien Alde Manuce en 1499.

ISBN : 2-7475-6555-6
EAN : 9782747565554
ISSN : 1259- 1874

---

1 Curieuse fantaisie allégorique, en un mélange de latin et d'italien (avec des passages en grec et en hébreu) ; l'ouvrage, illustré de belles gravures sur bois d'un artiste inconnu, est considéré aujourd'hui comme l'un des meilleurs livres illustrés de la Renaissance.

Poème

Honte à qui peut chanter pendant que Rome brûle
S'il n'a l'âme et la lyre et les yeux de Néron...

Honte à qui peut chanter pendant que les sicaires
En secouant leur torche aiguisent leurs poignards,
Jettent les dieux proscrits aux rires populaires,
Ou traînent aux égouts les bustes des Césars !
C'est l'heure de combattre avec l'arme qui reste,
C'est l'heure de monter au rostre ensanglanté,
Et de défendre au moins de la voix et du geste
Rome, les dieux, la liberté !

Lamartine
Réponse à Némésis

Sommaire

Jacques Bouineau
Éditorial 9

Ière partie : Responsabilité et Antiquité – suite et fin

Isabelle Lendrevie-Tournan
La responsabilité de l'Etat dans le droit mixte égyptien : des règles juridiques et une pratique du droit nouvelles en Egypte (1876-1922) 13

Ali Kassem
La responsabilité du concédant de réparer les dommages subis par le concessionnaire et le nouveau code de commerce égyptien 37

Luc Grynbaum
Les immunités en droit de la responsabilité 41

Jean-François Chassaing
La victime dans le procès pénal 59

Dominique Hocquelet
Congrès d'Alexandrie. Responsabilité et antiquité 75

IIème partie : La coutume, la tradition, la pratique et le droit écrit

Ivan Biliarsky
La coutume, la tradition, la pratique et le droit écrit
Éditorial 93

Hans Hattenhauer
Bellum inter leges et consuetudines 99

Esperanza Osaba
Rescrits du temps de Gordien III 119

Francesco Sini
Droit écrit et droit coutumier dans la Sardaigne Médiévale :
CARTA DE LOGU *de Arborea et droit romain* 137

Alfred Dufour
La place du Vieux Droit genevois entre Droit romain et Droit coutumier. Un débat historique – Le sens des Franchises d'Adhémar Fabri 181

Victor Monnier
Les Édits civils *de la République de Genève (1568) et leur commentaire par Jean Cramer (1701-1773)* 209

Andrea Iancu
Adopter ou nourrir un enfant en Valachie des XVIIIe-XIXe siècles : norme et pratique. Etudes de cas 237

Traductions 279

Éditorial

LA PREMIÈRE SÉRIE de notre collection s'achève avec la livraison de ce numéro 37. En dix ans de publication et en douze ans de rencontres, nous avons proposé à la réflexion de nos lecteurs des contributions dont l'harmonie thématique tenait la plupart du temps aux sujets de nos colloques.

Nous n'étions pas les premiers à traiter ces sujets et notre contribution ne représente qu'une pierre apportée à l'édifice de la culture méditerranéenne. Ce n'est pas le lieu pour rappeler quelles sont nos buts et notre philosophie. Il suffit de dire en quoi ce présent numéro illustre notre démarche.

Divisé en deux parties, il regroupe les dernières communications présentées lors du colloque tenu à la Bibliothèque d'Alexandrie et un ensemble d'articles sur un thème cher aux historiens du droit, celui du droit romain et du droit coutumier.

La première partie offre le rapport de synthèse de notre rencontre dans ce lieu mythique qu'est la *Bibliotheca Alexandrina*. Il contient la trace de ce qui a été dit et rend compte de l'esprit dans lequel cela a été dit. Il est précédé de contributions émanant d'historiens du droit ou de juristes positivistes, venus des deux rives de la Méditerranées. Cette première partie constitue en soi un résumé de nos efforts : mettre en présence des intellectuels venus d'horizons culturels différents et de formations diverses pour leur demander de réfléchir sur la place du legs de la romanité dans la culture méditerranéenne.

La seconde partie sera introduite par mon ami Ivan Biliarsky. Qu'il me soit simplement permis de remarquer qu'elle constitue, elle aussi, un résumé des efforts, qu'ensemble, nous avons déployés au long des années qui viennent de s'écouler.

Jacques BOUINEAU

Ire partie :

Responsabilité et Antiquité
suite et fin

La responsabilité de l'État dans le droit mixte égyptien :
des règles juridiques et une pratique du droit nouvelles en Égypte (1876-1922)

Introduction

LA PRISE DU POUVOIR EN 1805 par Muhammad' Alî marque la fin de l'Égypte mamelouke et le début de l'Égypte dite « moderne »[1]. Le khédive Ismâ'îl, petit-fils de Muhammad' Alî, poursuit l'œuvre juridique[2] de son aïeul et tente de supprimer certaines coutumes qui empêchaient l'application normale des capitulations[3] et faisaient échapper les étrangers à la justice locale. Après huit longues années de pourparlers diplomatiques entre le gouvernement égyptien et les puissances étrangères, le projet de réforme judiciaire aboutit en 1875 et en 1883 à la création de

---

1 Au sujet de la délicate question sur les origines de la Modernité en Égypte, lire le numéro spécial de la revue *Égypte/Monde arabe*, n°1 de 1999 sur : « l'expédition de Bonaparte vue d'Égypte », Le Caire, publication du CEDEJ, 1999 (ou Bruxelles, éditions Complexe, 1999).

2 Concernant les réformes juridiques ottomanes (ou « *tanzimat* ») qui se sont traduites par un vaste processus de codification et de sécularisation du droit, lire l'article de Jacques Lafon , « l'Empire ottoman et les codes occidentaux », *Revue Droits*, Paris, 1997. Au sujet des réformes juridiques à l'époque de Muhammad' Alî, lire entre autres de Rudolph Peters, « For his correction and as a deterrent example for others, Mehemed 'Ali's first criminal legislation (1829-1830) », in *Islamic Law and Society*, n°6, Leiden, Brill, 1999, pp. 165-192.

3 Sur le système des capitulations, voir l'ouvrage de Gérard Pélissié du Rausas, *Le régime des capitulations dans l'Empire* ottoman, 2 vol., Paris, Arthur Rousseau, 1902

deux nouvelles juridictions compétentes en matière de statut réel, les juridictions mixtes (mahakim mukhtalata) et les juridictions nationales (mahakim ahliyya)[4]. Le 28 juin 1875, le khédive Ismâ'îl inaugure les tribunaux mixtes au Palais de Ras-el Tin à Alexandrie, en l'absence de la France qui n'avait pas encore adhéré à la réforme[5].

Depuis le début du XIXe siècle, la société égyptienne connaît d'importantes transformations économiques et culturelles. Le développement des voies ferrées ou les gigantesques travaux en matière d'urbanisme témoignent de cette nouvelle vitalité économique alors que dans l'ordre des idées, ce siècle est marqué par l'émergence de nouveaux courants de pensée qu'incarnent les réformistes comme Muhammad' Abduh et les réformateurs comme Khayr al-Din ou Nubar Pacha[6]. Dans le dernier quart du XIXe siècle, la transformation du contexte politique et économique s'accélère encore[7]. De 1876 à 1882, les nombreux emprunts publics contractés par le khédive

---

4 Les tribunaux mixtes de 1875 étaient dits « mixtes » non à cause du droit qu'ils appliquaient mais en raison de leur composition. Des juges étrangers et égyptiens y siégeaient et réglaient des conflits qui s'élevaient soit entre deux personnes de nationalité différente soit entre un étranger et un sujet local. Cependant, en créant « la théorie de l'intérêt mixte », les tribunaux mixtes étendirent rapidement leurs compétences aux litiges qui opposaient deux sujets locaux. Les tribunaux consulaires virent ainsi leurs compétences diminuer et se limiter aux seuls conflits de statut personnel opposant leurs compatriotes. Quant aux tribunaux ahliyya (ou nationaux) de 1883 (nommés « indigènes » dans la littérature juridique égyptienne ou européenne de langue française), ils étaient, en théorie, compétents pour les litiges qui opposaient deux sujets locaux. Ces deux nouvelles juridictions, mixte et nationale, s'ajoutaient aux juridictions préexistantes, c'est-à-dire les tribunaux de statut personnel plus communément nommés, à cette époque, les mahâkim (pour les musulmans et les non-musulmans dans certains cas), les maglis Hasbieh (pour les conflits de tutelle et de curatelle entre musulmans), les tribunaux des patriarcats (pour les chrétiens) ou les tribunaux des rabbinats (pour les juifs).

5 La France, qui pendant toute la période de discussion de la *réforme* joua le rôle de contradicteur légitime, accepta finalement la réforme judiciaire avec l'adoption de la Loi du 17 décembre 1875, six mois après l'inauguration des tribunaux mixtes.

6 Les réformistes étaient souvent issus du milieu azharien, comme Muhammad 'Abduh, grand mufti hanafite sous le règne du khédive Ismâ'îl qui entama dans les années 1890 la modernisation d'Al-Azhar. Lire l'article de Pierre-Jean Luizard, « Al-Azhar, Institution sunnite réformée », in *Entre réforme sociale et mouvement national (1882-1962)*, ouvrage collectif dirigé par Alain Roussillon, Le Caire, publication du CEDEJ, 1995, pp. 521-548. Sur les réformistes égyptiens, lire également l'ouvrage de Gilbert Delanoue, *Moralistes et politiques musulmans dans l'Égypte du XIXe siècle 1798-1882*, IFAO, 1982. Au sujet des réformateurs, lire l'article de Jean-Noël Ferrié sur « Réformisme, renaissance et contingence, la justification de la justice chez Nubar Pacha et Khayr al-Din », in *Entre réforme sociale et mouvement national (1882-1962)*, *op. cit.*, pp. 181-190.

7 Robert Ilbert, « Modèles et vecteurs de la réforme, le libéralisme des notables » in *Entre réforme sociale et mouvement national, Identité et modernisation en Égypte (1882-1962)*, *op. cit.*, pp. 369-409.

Ismâ'îl en Europe à des conditions draconiennes et les emprunts occultes à courte échéance donnent naissance à une dette flottante énorme[8] qui, selon Alfred Vacher, un juge français nommé substitut du procureur près les tribunaux mixtes, se montait à 575 000 000 francs en 1876[9]. Face à une banqueroute inévitable, la Caisse de la Dette Publique est créée le 2 mai 1876[10] puis, le khédive doit accepter le 18 novembre 1876 un contrôle officiel des finances de l'Égypte par la France et l'Angleterre. Cela ne rassure pourtant pas les deux puissances européennes qui le déposent en 1879[11]. Après l'installation d'un gouvernement insurrectionnel dirigé par 'Urâbî Pacha le 20 mai 1882 et les propositions faites par des réunions révolutionnaires égyptiennes demandant la destitution du nouveau khédive Tawfiq (1879-1892)[12], la France, qui établit un protectorat sur le Maroc, n'émet plus aucune protestation quand l'Angleterre occupe l'Égypte en juillet 1882.

À partir des archives diplomatiques françaises et des archives judiciaires égyptiennes, notamment celles de la Cour de Cassation du Caire et de la Cour d'appel d'Alexandrie, nous avons réuni un matériau juridique important couvrant soixante-treize ans de la vie judiciaire mixte (1876-1949). Dans cette contribution, seules trente-six années de la jurisprudence mixte

---

8 Samir Saûl, *La France et l'Égypte de 1882 à 1914 : intérêts économiques et implications politiques*, Paris, Comité pour l'histoire économique et financière de la France, 1997.

9 Copie d'une lettre particulière de Mr Alfred Vacher, substitut du procureur général à Alexandrie à Mr Emile Valot, directeur du personnel au Ministère de la Justice à Versailles, Alexandrie, 26 mai 1876, Archives du Ministère des affaires étrangères, série : Affaires politiques diverses, sous-série : Égypte-Réforme judiciaire, volume 1 (1867-1879).

10 Décret du 2 mai 1876 instituant la Caisse de la Dette Publique d'Égypte, *Bulletin des lois et décrets, 1876 à 1880* (correspondant au recueil de tous les documents officiels parus depuis le 8 avril 1876 jusqu'au 31 décembre 1879), Le Caire, Typographie française Delbos-Demouret, Jablin et Compagnie, 1880.

11 Jean -Noël Ferrié explique bien que « le règne du Khédive Ismâ'îl (1863-1879) est typique de cette légitimité doublement extravertie » in « Égypte : un trône sans défenseur (1922-1952) », *Monarchies arabes, transitions et dérives dynastiques*, sous la dir. de Rémy Leveau, Paris, IFRI, 2001.

12 Le khédive Abbas II (1892-1914) succéda au khédive Tawfiq (1879-1892). Toutefois, le pays est dirigé par le gouverneur anglais, Sir Evelyn Baring, plus connu sous le nom de Lord Cromer. A partir de 1914, l'Angleterre établit un protectorat sur l'Égypte et mit fin ainsi à la domination ottomane. Le mouvement nationaliste se constitua pendant cette période et forma une véritable force d'opposition au contrôle anglais jusqu'à la révolution de 1919, considérée comme le point d'orgue du mouvement nationaliste égyptien. L'Égypte accéda à l'indépendance en 1922 et la première Constitution fut rédigée en 1923. Pour plus de détails, consulter la chronologie historique de Joan Wucher King, « Historical dictionary of Egypt », *The American University Cairo Press*, Cairo, 1984.

sont étudiées. Cette période correspond pourtant à une période charnière qui est la « première phase de la jurisprudence mixte (1876 à 1922) » dans laquelle s'est construite véritablement la théorie égyptienne mixte de la responsabilité de la puissance publique. En effet, après « les années 1920 », des questions sociales ou économiques nouvelles nécessitent d'autres constructions juridiques, reléguant au second plan, les questions de responsabilité de la puissance publique. L'étude de ce contentieux administratif nous permettra ainsi d'observer la genèse de règles et de pratiques juridiques nouvelles en Égypte[13].

Des règles juridiques nouvelles

Le droit mixte égyptien[14], et plus particulièrement le droit mixte de la responsabilité de l'État qui constitue le cœur de notre étude, est marqué par le contexte historique égyptien de la dernière moitié du XIXᵉ siècle, et plus précisément par la période du règne du khédive Ismâ'îl (1863-1879). Avant de se pencher sur le fond de ce nouveau droit mixte, il paraît opportun de s'arrêter quelques instants sur les circonstances historiques de la construction de la théorie mixte de la responsabilité de l'État.

La genèse du nouveau régime juridique mixte de la responsabilité de l'état

La pluralité normative[15] qui caractérisait déjà l'Empire ottoman au XIXᵉ siècle, avait pris des contours spécifiques en Égypte, pays sous contrôle britannique à partir de 1882 qui fut théoriquement rattaché à l'Empire ottoman jusqu'en 1914. Séduit par une technique juridique très répandue à

---

13 Nous empruntons à Bernard Botiveau la notion de « pratique juridique nouvelle du droit » mais concernant des branches du droit égyptien que l'auteur n'a cependant pas étudiées dans son ouvrage, *Loi islamique et droit dans les pays arabes*, Paris, Karthala, 1993.

14 Nous employons ici les catégories et le vocabulaire juridiques utilisés par les praticiens et les théoriciens du droit à la fin du XIXᵉ siècle et au début du XXᵉ siècle en Égypte. Ces derniers distinguaient dans le droit égyptien deux ordres de juridiction, l'ordre mixte et l'ordre national (ou « indigène »). La question de l'extranéité des tribunaux mixtes ne semble apparaître que beaucoup plus tard dans le débat juridique et politique égyptien et international, notamment à partir de « la révolution 'urabiste » de 1919 où les questions juridiques et politiques devinrent intimement liées.

15 Sur les notions de « pluralité normative » et de « pluralisme juridique », lire l'article de Beaudouin Dupret sur « la notion plurale du droit », à paraître dans le prochain *Bulletin de liaison du Laboratoire d'Anthropologie juridique de Paris I* (LAJP).

l'époque, celle de la réception des normes juridiques exogènes[16], le khédive Ismâ'îl, sur les conseils de Nubar Pacha promulgue en 1875 et en 1883 deux nouveaux codes civils. Une grande partie des règles juridiques issues des codes civils mixte et national égyptiens est tirée du code Napoléon[17]. Mais d'autres expériences juridiques, notamment celle de l'Égypte d'avant la réforme, celle de l'Empire ottoman, de la Belgique ou de l'Italie, constituent également des sources juridiques essentielles pour les réformateurs égyptiens. Toutefois, dans notre contribution, nous n'étudierons que les sources qui ont servi à mettre en place la nouvelle théorie égyptienne de la responsabilité de la puissance publique, c'est-à-dire les sources d'origine latine.

Les sources latines du droit mixte égyptien

En premier lieu, nous nous demanderons pourquoi, en matière de responsabilité de l'État, le droit belge et le droit italien inspirèrent les initiateurs de la réforme judiciaire de 1875[18] alors que les codes français servirent de modèle pour la confection des deux codes civils égyptiens de 1875 (et de 1883[19]) ?

---

16 D'autres pays, comme le Mexique ou le Japon, reçurent également au XIXe siècle, des principes juridiques latins. Contrairement aux anthropologues du droit, nous n'utiliserons pas une terminologie à tendance encore trop culturaliste car celle-ci oppose systématiquement le « droit traditionnel » au « droit moderne d'essence européenne », ce qui, selon nous, ne rend pas compte de l'extrême complexité du phénomène juridique de la réception d'un droit exogène. Au lieu de parler de « transfert », « d'implantation » ou « d'importation » du droit, nous préférons employer un vocabulaire plus neutre qui ne présuppose pas forcément que le droit exogène reçu (ou imposé) fut un droit dont la greffe sur un terreau juridique différent se traduisit obligatoirement par un échec. Lire dans cette dernière veine, l'article de Michel Alliot, « Les transferts du droit ou la double illusion », *Bulletin de liaison de l'équipe de recherche en Anthropologie juridique*, n°5, mars 1983 (LAJP) ou l'article d'Etienne Le Roy, « L'introduction du modèle européen de l'État en Afrique francophone-logiques et mythologiques du discours juridique », *Bulletin de liaison de l'équipe de recherche en Anthropologie juridique*, n°5, mars 1983 (LAJP).

17 Joseph Aziz, *Concordance des codes égyptiens mixte et indigène avec le code Napoléon suivi d'un appendice relatant la jurisprudence de la Cour d'Appel mixte d'Alexandrie*, 1ère partie code civil, Alexandrie, 1886.

18 Sur les réformateurs en Égypte, lire l'ouvrage collectif dirigé par Alain Roussillon, *Entre réforme sociale et mouvement national (1882-1962)*, Le Caire, CEDEJ, 1995.

19 Suite au refus de la France d'élargir la compétence des Tribunaux mixtes dans les litiges entre deux égyptiens ou entre l'Administration égyptienne et un sujet local, le gouvernement égyptien créa des codes « nationaux » et des tribunaux 'aliyya (nationaux ou « indigènes » selon la langue judiciaire utilisée). Les 6 codes nationaux (civil, commercial, procédure civile ...) de 1883 étaient très proches des 6 codes mixtes de 1875 confectionnés par l'avocat français, M. Maunoury.

Nous construirons notre première hypothèse à partir de l'étude des archives diplomatiques françaises qui éclairent, sous un jour nouveau, le temps de l'inauguration des tribunaux mixtes. C'est le français Alfred Vacher, en fonction au tribunal mixte d'Alexandrie en 1876, qui nous apprend que les juges belges prirent la place de juges français qui ne pouvaient être nommés à temps[20]. On peut ainsi penser que les juges belges furent choisis en raison de la communauté de langue et de culture juridique qu'ils partageaient avec les juges français. En effet, la Belgique, rattachée au territoire français en 1792, « incorpora définitivement le code civil des français en 1807 et après l'indépendance de la Belgique en 1830, l'article 149 de la Constitution du 7 février 1831 confirma toujours le maintien du Code Napoléon »[21]. Sans nier cette proximité entre les deux droits, belge et français, J. Van Biervliet, spécialiste du droit belge devait admettre cependant en 1904 que, « dans un grand nombre de matières importantes, l'application de la loi (s'était faite) de manière différente »[22]. Les juges belges d'Égypte optèrent donc très probablement pour le régime juridique de la responsabilité qui existait à cette époque dans leur pays. Plusieurs indices semblent aller dans ce sens. Tout d'abord, la note sous l'article 7 du code civil mixte, rédigée par Borelli Bey[23] est éclairante. Il y est précisé « que la législation française n'admet pas la compétence des tribunaux civils lorsqu'il s'agit d'actes administratifs, et qu'« il convient de renvoyer le lecteur » aux commentaires de la législation belge sur la matière ». Toujours dans cette même note, l'auteur conseillait également aux praticiens du droit en Égypte de « consulter l'ouvrage de Beltjens[24], les codes belges annotés, les Pandectes belges[25] (inventaire général du droit belge à la fin du XIXe siècle) et le répertoire de la jurisprudence belge ». Enfin, le deuxième indice est le catalogue méthodique et alphabétique de la bibliothèque de la Cour d'Appel

---

20 Copie d'une lettre d'Alfred Vacher, substitut du procureur du tribunal mixte d'Alexandrie, à E. Valot, le 26 mai 1876, Archives du Ministère français des affaires étrangères.

21 J. Van Biervliet, « l'interprétation belge du code civil » et Hanssens, « le code civil en Belgique », in *Le code civil (1804-1904), livre du centenaire*, tome second, Paris, Arthur Rousseau, 1904, pp. 641-722.

22 *Ibid*, p. 664.

23 Borelli Bey, *La législation égyptienne annotée*, 1ère partie, *codes égyptiens pour les procès mixtes*, Le Caire, Librairie Barbier, 1892.

24 Beltjens, un des maîtres de la science juridique belge à la fin du XIXe siècle, est régulièrement cité dans *Le livre du centenaire du code civil (1804-1904)* », *op. cit.*

25 J. Van Biervliet, *op. cit.*, p. 655.

mixte d'Alexandrie qui fut rédigé en 1922 par Victor Sisso[26]. Après avoir traité de la jurisprudence italienne et française, l'auteur du catalogue dressa un inventaire de la « Pasinomie et Pasicrisie belges ». L'existence de ce catalogue prouve que les droits belge et italien constituèrent une des sources juridiques du nouveau droit mixte égyptien en matière de responsabilité de l'État.

Paradoxalement, nous n'avons pas trouvé dans les archives du Ministère français des affaires étrangères d'explications juridiques sur la présence de ces normes dans le code civil mixte qui fut confectionné bien avant l'inauguration des tribunaux mixtes en 1875 et l'arrivée des juges belges et italiens en Égypte. La recherche entreprise par un avocat égyptien, Abdel Salam Zohny en 1914 sur « la responsabilité de l'État égyptien à raison de la puissance publique »[27], nous conduit sur une seconde piste. L'étude menée par ce spécialiste du droit mixte égyptien, dont la notoriété dépassait amplement le cadre universitaire français[28], offre non seulement une présentation claire de la position juridique belge et italienne mais brosse également le portrait d'une jurisprudence française qui apparaît, sous le Second Empire, très divisée. Dans le premier tome de son livre où il condamnait la thèse de Pélissié du Rausas[29], considéré à l'époque comme l'un des grands connaisseurs français du droit capitulaire, Abdel Salam Zohny s'appuya sur les travaux préparatoires de la réforme judiciaire de 1875. Il considérait que les raisons de la réception des principes du droit belge et italien étaient essentiellement juridiques et non le simple fruit du hasard. D'après lui, il fallait remonter aux années 1863-1867, années

---

26 Victor Sisso, *Catalogue méthodique et alphabétique de la Bibliothèque de la Cour d'Appel d'Alexandrie*, Alexandrie, Société de publications égyptiennes, octobre 1922.

27 Abdel Salam Zohny, *La responsabilité de l'État égyptien à raison de l'exercice de la puissance publique*, tomes 1, 2 et 3 (équivalant aux fascicules : 2, 3 et 4), Paris-Lyon, Paul Geuthner, 1914. L'étude faisait partie des travaux du séminaire oriental d'études juridiques et sociales, publiés sous la direction d'Edouard Lambert, professeur de droit comparé à l'Université de Lyon et ancien directeur de l'école khédiviale de droit du Caire.

28 Salvator Messina, juge au tribunal mixte d'Alexandrie le cita plusieurs fois dans un article qu'il écrivit en 1926 à l'occasion du Livre d'or des tribunaux mixte. Lire son article « un paradoxe juridique, le droit mixte et la formation du naturelle du droit » in *Les juridictions mixtes d'Égypte (1876-1926), Livre d'or des tribunaux de la réforme », Le journal des tribunaux mixtes*, Alexandrie, février 1926.

29 G. Pélissié du Rausas, *Le régime des capitulations dans l'Empire ottoman*, Paris, Rousseau, 1902, 2 vol.

décisives à plus d'un titre[30]. A cette époque, les experts européens auprès du gouvernement égyptien, comme l'avocat français d'Alexandrie, M. Maunoury[31], informaient celui-ci des débats juridiques qui animaient le monde judiciaire en Europe. Or, entre 1863 et 1867, la Belgique et l'Italie épousaient dans leur droit une certaine conception du libéralisme qui seyait parfaitement aux vues du gouvernement égyptien de l'époque. Quant aux juges judiciaires français, ils partageaient les positions législatives belges et italiennes puisqu'ils s'estimaient, dans la plupart des affaires de contentieux administratif, compétents en matière de responsabilité de l'État. D'après l'auteur français Aucoc, la position dominante était encore celle d'une résistance des juges ordinaires[32]. Et même beaucoup plus tard, la décision rendue par le Tribunal des conflits avec l'arrêt Blanco de 1873[33] fut considérée comme isolée. Il faudra, en effet, attendre la fin du XIXe siècle et le début du XXe siècle, avec les éminents auteurs comme Lafferière ou Duguit pour que se dégage en France véritablement le principe d'autonomie du droit administratif. Il semble ainsi bien logique que les réformateurs égyptiens aient opté pour le droit belge et italien, régimes civilistes du droit de la responsabilité réputés comme modernes et plus avancés que la législation ou la jurisprudence du Conseil d'État français de l'époque. L'administration égyptienne fut donc assujettie, comme les particuliers, au droit commun, c'est-à-dire au droit civil. C'est ce qu'affirment l'article 11 du règlement d'organisation judiciaire (R.O.J.) et le code civil mixte (ou encore le code civil national de 1883).

---

30 L'année 1863 correspondait à la prise du pouvoir par le Khédive Ismâ'îl qui souhaitait déjà confectionner de nouveaux codes et l'année 1867, correspondait aux premières démarches diplomatiques qu'entreprit Nubar Pacha, ministre des affaires étrangères du Khédive Ismâ'îl, pour convaincre les pays européens d'engager l'Égypte sur la voie d'une véritable refonte du droit et des pratiques juridiques du droit.

31 Copie d'une note du 16 janvier 1882 envoyée par M. Maunoury à M. B.S.H : « Note-Affaire Maunoury », Archives diplomatiques de Nantes, Fonds : Contentieux, Numéro de l'article : 255. Dans cette note, Maunoury exposait au gouvernement français les chefs de sa réclamation exercée sans succès contre le gouvernement égyptien et correspondant à la rédaction des codes mixtes entre avril 1870 et juin 1874, aux missions effectuées à Constantinople au nom du gouvernement égyptien en 1873 et à la rédaction du code de procédure pénale « indigène » de 1878. Nous apprenons également que Maunoury était avocat à Alexandrie depuis 1863 et que Nubar Pacha l'avait déjà nommé secrétaire des Commissions internationales de 1869 et de 1870 qui se tinrent au Caire pour l'examen du projet de la réforme judiciaire.

32 Cité par Maryse Deguergue dans sa thèse pour le doctorat d'État, *Jurisprudence et doctrine dans l'élaboration du droit de la responsabilité administrative*, tome 2, Paris, 17 janvier 1991.

33 Arrêt Blanco, T. C, 8 février 1873.

Le mécanisme général de la responsabilité de l'état égyptien dans l'article 11 du R.O.J. et dans le code civil mixte : le critère de la faute

En France, la théorie de la responsabilité de la puissance publique fut élaborée par la jurisprudence et la doctrine alors que, en Égypte, c'est à partir de la loi, ou plus exactement de deux monuments juridiques de la réforme judiciaire de 1875, l'article 11 du règlement d'organisation judiciaire (R.O.J.) et le code civil mixte, que les principes mixtes essentiels concernant la responsabilité de l'État furent d'abord arrêtés. Dans cette réglementation inaugurée en 1875, les deux catégories de documents ne furent pas élaborés de la même manière.

L'article 11 du R.O.J.

Les articles du R.O.J. furent rédigés après de longues discussions contradictoires entre le gouvernement égyptien et les représentants des puissances européennes, notamment lors des Commissions internationales de 1869, 1870 et 1873[34]. Le R.O.J. n'avait pas pour vocation de régler le fond des institutions de droit privé puisque ce rôle fut attribué aux codes mixtes. Il devait fixer simplement les principes essentiels de l'organisation judiciaire donnée à l'Égypte en 1875. L'article 11 qui formait ce que le spécialiste égyptien, Abdel Salam Zohny, appelait « le point de départ de la théorie mixte de la responsabilité de l'État »[35], constituait avant tout une disposition de procédure. Le législateur de 1875 n'avait donc envisagé que l'organisation de l'action et avait délaissé les questions de fond. Il considéra dans un premier paragraphe que les tribunaux mixtes étaient compétents en matière de responsabilité de l'État égyptien dans ses rapports avec les étrangers, puis, dans un deuxième paragraphe, il indiqua jusqu'à quel point ces tribunaux pouvaient connaître des actes administratifs pris par le gouvernement égyptien.

---

34 Au sujet des différents projets de R.O.J., voir les Documents diplomatiques, Livre jaune, janvier 1875, Archives françaises du Ministère des affaires étrangères.

35 Zohny, *op. cit.*, tome 1, p. 104.

Le code civil mixte

Après la nouvelle juridiction qu'il avait créée, le gouvernement égyptien devait donner aux tribunaux mixtes, un code de lois uniformes. Or, M. Maunoury, avocat français d'Alexandrie, dans une note qu'il adressa au gouvernement français en 1882, explique que, « à la date de clôture de la commission internationale de 1870, les codes n'étaient (toujours) pas faits. Nubar Pacha dans la dernière séance avait pourtant annoncé qu'il les ferait rédiger »[36]. Celui-ci chargea M. Maunoury de la rédaction des codes. L'avocat français rapporta, dans cette même note, qu'il « eut d'abord de nombreuses conférences avec les ulémas du Caire, puis les notes nécessaires et les documents recueillis, il quitta l'Égypte pour se mettre à la portée de Nubar Pacha, qui s'était rendu à Paris pour négocier avec le gouvernement français, l'acceptation de la réforme judiciaire ». Le premier projet d'une grande partie des codes fut imprimé à Paris en juillet 1870, « mais les exemplaires étant restés à Paris, pendant le siège, les codes furent imprimés de nouveau et livrés en 2e projet au Caire en juillet 1871, et enfin en rédaction définitive vers juin 1874, « après de nombreuses conférences et collations avec Cheick-Mustapha, Uléma au Caire ».

A la fin du XIXe siècle, le principe qui dominait en Égypte, comme en France, était l'irresponsabilité de la puissance publique. Principe, qui d'après André De Laubadère, « était à l'origine de tous les droits publics »[37]. A cette époque encore, des auteurs français comme Laferrière constataient que « le propre de la souveraineté (était) de s'imposer à tous sans compensation ». Les textes du code civil mixte (et du code civil national[38]) paraissent rejoindre ce point de vue puisqu'ils énoncent de manière restrictive les cas qui permettent d'engager la responsabilité de l'État. Tout d'abord, l'article 7 du code civil mixte dispose que « les tribunaux mixtes, sans pouvoir statuer sur la propriété du domaine public, ni interpréter ou arrêter l'exécution d'une

---

36 « Note-Affaire Maunoury », *ibid.*, p. 3.

37 De Laubadère, *op. cit.*, p. 792

38 L'alinéa 4 de l'article 15 du décret de réorganisation des tribunaux nationaux (ou « indigènes ») de 1883 énonçait que « les tribunaux, sans pouvoir statuer sur la propriété du domaine public, ni interpréter une mesure administrative, ou en arrêter l'exécution, seront également **compétents** pour en connaître : 1° en matière civile ou commerciale, de toutes contestations mobilières ou immobilières entre les particuliers et l'État ; 2° de toute action en **responsabilité civile intentée contre l'État** à raison des mesures administratives prises en violation des lois et décrets ; 3° de toute matières qui sont dévolues par les lois ou décrets spéciaux ».

mesure administrative, pourront juger, dans les cas prévus par le code civil, les atteintes portées à un droit acquis d'un étranger par un acte d'administration ». Avant 1876, les litiges qui opposaient l'État aux étrangers ne se réglaient que par la voie diplomatique. Mais, dans le même temps, le poids croissant de l'État égyptien provoquait l'augmentation du contentieux administratif. Avec le code civil mixte, la mise en place d'un cadre légal de règlements des conflits entre l'État et ses administrés étrangers apparut pour un certain nombre d'acteurs économiques égyptiens, levantins et européens comme un véritable progrès.

L'article 7 du code civil reprend l'article 11 du R.O.J. dont le projet fut arrêté d'après les dispositions prises au moment de la Commission internationale de 1869. Lors de cette commission, Nubar Pacha, le Ministre des affaires étrangères égyptien avait soumis un projet qui fut refusé par la France. Dans celui-ci, il souhaitait que les tribunaux mixtes soient également compétents pour les litiges entre administrations publiques égyptiennes et nationaux égyptiens. L'incompétence des tribunaux mixtes posée par l'article 11 du R.O.J. et l'article 7 du code civil mixte était donc le résultat du refus français mais signifiait-elle pour autant que cette incompétence fut absolue ? Abdel Salam Zohny, s'appuyant sur les documents diplomatiques français[39], estima que « cette première impression (était) trompeuse (parce que) l'une des constructions les plus importantes et les plus originales des tribunaux de la Réforme, la « théorie de l'intérêt mixte » contribua à élargir le cercle de leur intervention juridictionnelle. Théorie en vertu de laquelle leur compétence se détermina, non pas uniquement d'après la nationalité des parties en cause, mais aussi d'après le caractère des intérêts engagés au procès »[40].

D'après le code civil, c'était à la victime de prouver que l'Administration égyptienne avait commis une faute ou une négligence grave dont ses obligations lui incombaient d'agir dans un certain sens. A la lumière des articles 212-213-214-215 du code civil mixte (comme les articles 150-151-152-153 du code civil national), nous pouvons affirmer qu'en Égypte la faute

---

39 Documents diplomatiques. Livre jaune de janvier 1875, p. 5 (1ère annexe à la dépêche de M. Rémusat à l'ambassadeur de France à Constantinople du 4 juillet 1872), Archives du Ministère français des affaires étrangères.

40 Zohny, *op. cit.*, tome 1, n°33. Sur « la théorie de l'intérêt mixte », voir notamment les arrêts de la cour d'appel mixte d'Alexandrie du 25 mars 1897, *Bulletin de législation et de jurisprudence égyptiennes* (= *B.L.J.*), II, 201 - 4 février 1891, *B.L.J.*, III, 155 –10 juin 1897, *B.L.J.*, IX, 384-8 février 1899, *B.L.J.*, XI, 120 et 3 mai 1900, B.L.J, XII, 232. Lire également d'Henri Lamba, *Évolution de la condition juridique des européens en Égypte*, Paris, Roussseau, 1896.

fut le critère principal qui permit d'engager la responsabilité de l'État. Le code civil mixte, dans la ligne des articles 1382 à 1384 du code civil français, évoquait ainsi trois sortes de faute : La faute personnelle qui cause un dommage à autrui, la faute de la personne que l'on a sous sa garde ou la faute du préposé, (serviteur) dans ses fonctions.

Le cas particulier des tribunaux d'exception

Dans son ouvrage sur « le droit public et administratif de l'Égypte », Henri Lamba[41], professeur de droit administratif et de législation financière à l'école khédiviale de droit du Caire[42], dénombra six cas particuliers de juridictions d'exception. En matière d'impôts comme en matière de douanes, des décrets ou des lois instituaient des commissions spéciales. Ces dernières furent également créées dans des domaines aussi variés que les tabacs, les routes agricoles, les digues, les canaux et les crues du Nil. Cette catégorie de tribunaux d'exception reflétaient la mainmise des Anglais sur l'économie égyptienne. Par l'intermédiaire de ces juridictions exceptionnelles une partie non négligeable du contentieux administratif en Égypte était ainsi enlevée aux tribunaux de droit commun, c'est-à-dire les tribunaux mixtes et aux tribunaux nationaux.

Au point de vue de ses sources, le régime de la responsabilité de l'État peut donc être considéré comme un régime principalement législatif. Toutefois, le rôle joué par la jurisprudence notamment mixte, dans l'élargissement du régime de la responsabilité de l'État, n'en fut pas moins relativement important.

Une pratique juridique nouvelle

Face aux instructions sommaires du législateur de 1875 (article 11 du R.O.J. et code civil mixte), la jurisprudence mixte joua un rôle considérable dans la mise en œuvre de la responsabilité de l'État. A partir de plusieurs arrêts de la Cour d'appel mixte d'Alexandrie, rendus entre 1876 et 1922, il est possible de brosser les grands traits du régime de la responsabilité de la puissance publique.

---

41 Henri Lamba, *Droit public et administratif de l'Égypte : lois organiques du Khédivat, administration, finances et justice*, Le Caire, Imprimerie Nationales, 1909.

42 Sur l'école khédiviale de droit du Caire, créée en 1868, lire l'ouvrage de Bernard Botiveau, *Loi islamique et droit dans les sociétés arabes*, Paris, Karthala, 1993, p. 174.

Les directions jurisprudentielles de la cour d'appel mixte

Les différentes sortes de fautes reconnues par la jurisprudence mixte

D'après la jurisprudence mixte, la faute devait être une « faute directe » et « la cause d'un préjudice certain » à la victime. C'est ce qu'affirma la cour d'appel mixte dès 1884, dans un arrêt du 20 décembre 1884[43], où elle parle d'« *un préjudice qui est la conséquence directe de la faute* ». Ce lien direct de causalité entre le dommage subi par la victime et la faute commise par l'agent du service resta un critère indispensable dans la mise en œuvre de la responsabilité de l'État pour faute. Trente-quatre ans après le premier arrêt qui évoquait cette notion de « faute directe », nous retrouvons le même critère utilisé par la jurisprudence mixte dans un arrêt du 4 avril 1918 où la Cour d'appel mixte d'Alexandrie parle encore de faute qui est « *la cause première et directe du dommage* »[44].

La jurisprudence mixte reconnaissait qu'il y avait faute de l'Administration quand il y avait « faute de service », c'est-à-dire « *faute personnelle du fonctionnaire ou faute de l'agent à l'occasion de la mise en pratique du service...entraînant un dommage aux administrés* ». C'est ce qu'affirme le 4 mai 1892, la Cour d'appel mixte. En l'espèce, l'enfant du demandeur, âgé d'environ huit ans, fut renversé dans une des rues d'Alexandrie par un chariot de la municipalité d'Alexandrie conduit par un charretier au service de la dite administration. Le tribunal mixte d'Alexandrie a reconnu par un jugement du 16 février 1892 que l'accident « *(était) dû à la faute de Mohammed el Charami et que la municipalité en (était) responsable civilement* ». Le tribunal condamna ensuite la municipalité à payer des dommages et intérêts à la victime. La Cour d'appel confirma l'arrêt le 4 mai 1892[45]. Dans cette affaire, la cour admit la responsabilité de l'administration, et même d'une administration locale, si l'agent avait causé une faute de service. La jurisprudence mixte postérieure à cet arrêt était dans la même veine puisque l'arrêt, « Angelo della Chiesa contre la municipalité d'Alexandrie du 16 février 1892 »[46] s'appuya également sur les

---

43 Arrêt de la cour d'appel mixte d'Alexandrie, 20 décembre 1884, T. IX, p. 29.

44 Arrêt de la cour d'appel mixte d'Alexandrie, 4 avril 1918, *Bulletin de législation et de jurisprudence égyptiennes*, table décennale n°III, année 1908-1918.

45 Cour d'appel mixte d'Alexandrie, 4 mai 1892, *Bulletin de législation et de jurisprudence égyptiennes*, année 1891-1982.

46 Cour d'appel mixte d'Alexandrie, 16 février 1892, *Bulletin de législation et de jurisprudence égyptiennes*, année 1891-1892, p. 294.

articles 212, 214 du code civil mixte pour reconnaître la faute de service. Dans son dernier considérant, celle-ci énonça que « *la municipalité d'Alexandrie (était) civilement responsable des accidents occasionnés par la faute de ses agents à son service* »

La jurisprudence mixte consacra également la faute par négligence ou par omission. Dans « l'affaire Nicolas et Janni Pappadopoulo contre le gouvernement égyptien », l'action en responsabilité civile intentée contre le gouvernement égyptien était basée sur le préjudice que le service administratif des irrigations avait causé aux demandeurs appelants en ne fournissant pas à ceux-ci, pendant la saison de l'étiage de 1899, les eaux nécessaires à l'irrigation de leurs terres. La cour débouta les appelants au motif « *qu'un simple fait d'omission ne donne lieu à responsabilité civile que s'il y avait, pour l'État, une obligation d'accomplir le fait omis* ». Les juges s'appuyèrent sur un précédent de la cour d'appel mixte en invoquant l'arrêt du 10 avril 1902. A cet égard, il est intéressant de noter que les juges en ce début du XXe siècle, contrairement à ceux de 1876, n'invoquèrent plus des notions de droit naturel telles que l'équité mais s'appuyèrent sur les précédents judiciaires mixtes puisque, en 1902, date de notre arrêt, la jurisprudence mixte avait déjà, derrière elle, vingt-six années de pratique.

Le préjudice matériel et moral

C'est encore à l'occasion d'accidents de chemins de fer que la juridiction mixte devait reconnaître l'existence d'un préjudice d'ordre matériel ou d'ordre moral pour la victime. L'arrêt de la cour d'appel mixte d'Alexandrie le plus ancien que nous ayons retrouvé remonte au 20 avril 1892. les faits étaient les suivants. Le 28 juillet 1891, Charles Werner trouva la mort dans un accident causé par l'arrivée du tramway express au Caire. L'administration des chemins de fer[47], qui par un décret de 1889 était considérée comme une administration mixte et qui relevait donc de la compétence des tribunaux mixtes dans les litiges qui l'opposaient à des administrés égyptiens ou étrangers, ne contesta pas la responsabilité qui lui fut imputée. Toutefois, elle contesta l'existence d'un préjudice matériel et moral que les enfants de la victime auraient éprouvé à la suite de la mort de

---

47 Par un décret du 28 novembre 1904, l'Administration des chemins de fer ne fut plus considérée comme une administration mixte. Les litiges l'opposant à des égyptiens relevèrent donc de la compétence des tribunaux nationaux. C'est ce que rappela l'arrêt de la Cour d'appel mixte du 26 avril 1905, in *Bulletin de législation et de jurisprudence égyptiennes*, 1904-1905, pp. 229-230.

leur père. Sous la présidence du juge italien Giaconne, la cour d'appel mixte donna droit à certaines des prétentions des demandeurs. Elle reconnut : « *qu'il est de doctrine et de jurisprudence que le préjudice moral comme le préjudice matériel donne lieu à une réparation et qu'il est par suite susceptible d'être apprécié en argent* ». Elle ajouta : « *que cette appréciation est livrée à la conscience des magistrats qui doivent s'inspirer de l'ensemble des faits et circonstances dans lesquels l'un et l'autre de ces préjudices se sont produits* ». Au regard des pièces produites et des faits rapportés à l'audience, la cour n'admit qu'une partie des préjudices matériel et moral subis par les enfants de la victime. Elle octroya enfin une allocation en fonction du préjudice réellement subi par chaque enfant. Ainsi, deux des quatre enfants furent considérés comme plus « atteints » et reçurent 200 Livres égyptiennes alors que les deux autres reçurent 50 Livres égyptiennes.

Cumul des fautes, cumul des responsabilités ?

Contrairement à la doctrine et à la jurisprudence françaises de la fin du XIXe siècle et du début du XXe siècle qui créèrent le principe de l'autonomie du droit administratif, l'Égypte comme la Belgique adopta le cumul de la responsabilité du fonctionnaire et de l'Administration sur la base des textes des codes civils, en l'occurrence mixte et national. Les juges mixtes utilisèrent ainsi le principe de « responsabilité du commettant pour le fait de son préposé ». Dans l'affaire « Chemins de fer égyptiens contre Warda Veuve Abou Hussein et autres »[48], l'administration « *est reconnue civilement responsable des fautes commises par des employés de la gare de Mansourah* ».

Incidence de la faute de la victime

La jurisprudence mixte estima que la responsabilité de l'État (ou d'une administration) n'était pas engagée quand la victime avait commis une faute. Dans plusieurs affaires concernant des accidents de la voie ferrée (l'affaire « Anissa Bent Messiha contre chemins de fer égyptien » [49], l'affaire « Joseph

---

48 Arrêt de la cour d'appel mixte du 3 décembre 1902, *Bulletin de législation et de jurisprudence égyptiennes*, 1902-1903.

49 Arrêt de la cour d'appel mixte du 31 décembre 1902, *Bulletin de législation et de jurisprudence égyptiennes*, 1902-1903.

Burait contre chemins de fer »[50], l'affaire « Khadidja Bent Saleh effendi consorts contre chemins de fer égyptiens »[51], l'affaire « Hoirs Sayed contre chemins de fer égyptiens »[52] ou encore l'affaire « Administration des chemins de fer contre les Hoirs Mohammed Abou Hussein »[53]), les juges de la cour d'appel mixte considèrent que la faute de la victime n'engageait pas la responsabilité de l'État. Pourtant, des juges de première instance reconnurent, dans la dernière affaire « Administration des chemins de fer contre les Hoirs Mohammed Abou Hussein », la responsabilité de l'Administration même pour « *faute légère* ». Les juges de la cour d'appel d'Alexandrie infirmèrent néanmoins ce jugement rendu par les juge du tribunal mixte au motif que « *l'Administration ne saurait équitablement et juridiquement être rendue responsable de n'avoir pas protégé le public contre les conséquences de ses propres fautes et même, comme en l'espèce, de ses infractions aux règlements établis ... cette sorte de tutelle ne (rentrant) pas dans les obligations d'une administration de chemins de fer* ».

A partir des quelques principes posés par le règlement d'organisation judiciaire (R.O.J.) et les articles du code civil mixte, la jurisprudence mixte a élaboré, entre 1876 et 1922, un nouveau corps de règles juridiques en matière de responsabilité de l'État, de facture plutôt libérale. Cet ensemble législatif formé par le R.OJ. et le code civil mixte a cependant soulevé d'autres questions d'interprétation encore plus difficiles pour la doctrine et la jurisprudence mixtes. Des débats qui, même s'ils s'inspiraient parfois de la doctrine ou de la jurisprudence étrangère, n'en restaient pas moins des débats internes à l'enceinte judiciaire ou à la doctrine mixtes et s'appuyant sur une réalité économique et politique purement égyptienne. En décrivant, à partir des arrêts rendus par la Cour d'appel mixte, un des aspects fondamentaux du travail des juges mixtes, celui de la création du droit, nous abordons maintenant l'aspect inventif de ce droit mixte[54].

---

50 Arrêt de la cour d'appel du 5 février 1902, *Bulletin de législation et de jurisprudence égyptiennes*, 1902-1903.

51 Arrêt de la cour d'appel mixte du 19 février 1902, *Bulletin de législation et de jurisprudence égyptiennes*, 1902-1903.

52 Arrêt de la cour d'appel mixte du 10 mai 1902, *Bulletin de législation et de jurisprudence égyptiennes*, 1902-1903.

53 Arrêt de la Cour d'Appel mixte d'Alexandrie, 30 novembre 1904, *Bulletin de législation et de jurisprudence égyptiennes*, Le Caire, p. 28.

54 Nous avons ici une interprétation différente de celle de Bernard Botiveau qui, dans son ouvrage *Loi islamique et droit dans les pays arabes* (Paris, Karthala, 1993) semble réduire le droit mixte à « un placage de normes européennes » (p. 147).

La « théorie de l'acte d'administration » et « la théorie de l'intérêt mixte », deux théories développes par la jurisprudence mixte

Avant de décrire ces deux théories juridiques mixtes, nous souhaitons expliquer rapidement en quoi la démarche des ethnométhodologues[55] nous a aidé à localiser « le savoir technique » du juge mixte. Définir « ce savoir juridique » ou « savoir technique » que les ethnométhodologues opposent au « savoir de sens commun » est une de nos tentatives dans ce chapitre. Même si le droit mixte étudié n'est pas issu de l'observation directe de la pratique judiciaire, nous pensons que l'ethnométhodologie pose des questions intéressantes pour l'histoire du droit et des institutions. En effet, loin des théorisations sur le droit positif, les ethnométhodologues attachent de l'importance au sens juridique produit par le contexte judiciaire ou au langage qui, par exemple, peut façonner une identité... Dans cette partie sur la pratique juridique égyptienne mixte, nous souhaitons montrer que les juges mixtes n'ont pas appliqué ce que Baudouin Dupret appelle les « principes (abstraits) indépendants de leur contexte d'utilisation ». Surtout, « qu'entre une règle, une instruction ou une norme sociale, et leur application par les individus s'ouvre un immense domaine de contingences, qui est celui engendré par la pratique, (et) qui n'est jamais pure application ou simple imitation de modèles préétablis »[56].

« Le savoir technique » des juges mixtes

La filiation juridique directe avec le droit latin a permis à certains principes, consacrés par la jurisprudence européenne, de pénétrer l'enceinte judiciaire mixte (et même l'enceinte judiciaire nationale). Nous en avons rapporté la preuve dans les développements précédents concernant les « directions jurisprudentielles de la Cour d'appel mixte ». Le vocabulaire juridique mixte, d'après le spécialiste égyptien Zohny, était un « vocabulaire scientifique d'occident, français d'exportation et il constituait la principale langue judiciaire des tribunaux mixtes »[57]. Les juges mixtes partageaient la

---

55 Dossier coordonné par Beaudouin Dupret dans le n°48 de la revue *Droit et Société* : « Le droit en action et en contexte. Ethnométhodologie et analyse de conversation dans la recherche juridique », Paris, LGDJ, 2001.

56 Baudouin Dupret cite Alain Coulon, *op. cit.*, p. 343.

57 Zohny, *op. cit.*, p. 317.

même communauté de langue que les juges français ou les juges belges. Cette « familiarité » avec la langue française[58] leur donna accès à un processus de raisonnement juridique appartenant à la famille de type « romano-germanique ». Toutefois, les grandes divergences que nous avons observées entre la position de la Cour d'appel mixte et celle des Cours de cassation européennes, belge et italienne, ou celle du Conseil d'État français prouvent que toutes les constructions juridiques érigées par la jurisprudence européenne ne furent systématiquement reçues par le droit mixte égyptien. Nous rejoignons ainsi Bernard Botiveau, spécialiste des institutions égyptiennes de cette période, lorsqu'il affirme que « la création jurisprudentielle était le produit de conditions nationales »[59]. Après la période de maturation où les juges des tribunaux mixtes effectuèrent un travail d'interprétation, on assiste donc progressivement à la naissance d'un nouveau *corpus juris*, le corpus juridique mixte. C'est avec ces deux nouveaux corpus juridiques que sont les corpus juridiques mixte et national (issu des tribunaux nationaux de 1883), que l'Égypte s'oriente vers ce que Chafik Chehata appelle une « naturalisation du droit »[60]. Naturalisation du droit dont la véritable consécration sera le Code civil égyptien de 1948.

Les bibliothèques de la Cour d'appel d'Alexandrie, de la Cour de Cassation ou du Conseil d'État au Caire constituent aujourd'hui la mémoire de ce *corpus juris mixte*. Les écrits qui gardent le témoignage de ce droit vivant étaient très variés. A côté des publications juridiques étrangères (françaises, belges, italiennes, canadiennes ou américaines...[61]), « les juristes

---

58 La consultation des archives judiciaires de l'actuelle cour d'appel d'Alexandrie, comme les registres du personnel et les recueils de jurisprudence de l'ancienne cour d'appel mixte, font apparaître au début de la pratique judiciaire mixte deux langues judiciaires, l'italien et le français. Mais rapidement, la langue française supplante l'italien et devient dans la réalité la seule langue judiciaire des juridictions mixtes jusqu'en 1949.

59 Bernard Botiveau, « Loi islamique et droit dans les sociétés arabes », *op. cit.*, p. 168.

60 Chafik Chehata, *La science du droit au cours du siècle dernier en Égypte*, CEDAM, Padova, 1976.

61 Sur la littérature juridique étrangère qui se trouvait dans les juridictions mixtes, la bibliothèque de la Cour d'appel d'Alexandrie fournit des indications précieuses sur cette dernière. Nous donnons ici une partie de la liste non exhaustive des ouvrages que nous avons répertoriés. Concernant les revues juridiques françaises, nous avons trouvé, entre autres : *Le Répertoire Dalloz, la Jurisprudence générale Dalloz, le Recueil périodique et le Supplément au répertoire Dalloz (1885-1940)* », « *La Revue trimestrielle de droit civil (1902 à 1922)* ; Lyon Caen et L. Renault, *Droit commercial*, tomes I à VI ; des dictionnaires de droit commercial, comme celui de Ruben de Conder ; des ouvrages de droit maritime comme celui de G. Ripert... Concernant le droit belge, nous avons, entre autres, remarqué les *Codes belges annotés*, *Les Pasicrisies belges* et les *Pandectes belges*... Concernant le droit italien, il y avait, par exemple, *La*

mixtes » pouvaient consulter des ouvrages que nous qualifierons « d'ouvrages mixtes » parce qu'ils étaient écrits pour les acteurs locaux du droit mixte même si parfois ils étaient publiés à l'étranger. Il y avait des manuels, des thèses comme celles publiées par la Bibliothèque inter-universitaire de Lyon[62] ou de Cujas à Paris, des ouvrages spécialisés sur un point de droit, des codes ou des législations annotées. On trouvait également des articles concernant le droit mixte égyptien, publiés soit dans des revues juridiques ou politiques spécialisées à diffusion locale, telles que « le Bulletin de législation et de jurisprudence égyptiennes », « la Gazette des tribunaux mixtes d'Égypte», « le Journal des tribunaux mixtes » ou « l'Égypte contemporaine », soit dans des revues internationales, telles que « la Revue (française) générale de droit international public », « la Revue internationale de législation et de jurisprudence musulmane »[63], « le Journal asiatique » ou « la Revue des deux Mondes ». Ces divers ouvrages et articles étaient écrits soit par des praticiens du droit mixte, tels que les avocats ou les juges des tribunaux mixtes (étrangers et « égyptiens »)[64], soit par des théoriciens du droit mixte, tels que les professeurs de droit des écoles de droit du Caire[65]. Cette différence de lieux de production juridique, enceinte judiciaire ou école de droit, explique peut-être pourquoi les positions doctrinales mixtes se sont parfois

---

Giurisprudenza italiana e la legge riunite ou *Le Commentario del codice civile italiano* de Borsari...

62 Sur cette question, lire Bernard Botiveau, « Loi islamique et droit dans les sociétés arabes », *op. cit.*, p. 84.

63 Eugène Clavel, avocat à la Cour d'appel mixte d'Alexandrie et à la Cour d'appel nationale du Caire, en tant que fondateur de la revue, explique que « le but de celle-ci est de réunir dans un recueil mensuel les décisions rendues en Algérie, en Tunisie, en Égypte, dans tout l'Empire ottoman et jusque dans les Indes ». Sur l'Égypte, la revue publie certaines décisions des tribunaux mixtes et des tribunaux nationaux (ou « indigènes ») et les arrêts de la Cour d'appel mixte et de la Cour d'appel nationale.

64 (Précisons qu'il faut attendre 1926 pour qu'on parle véritablement de nationalité égyptienne). Ernest Vercamer (juge au tribunal mixte du Caire), Don Enrique Garcia de Herreros (président du tribunal mixte d'Alexandrie), Abdel Salam Zohny (avocat auprès des tribunaux nationaux), Salvator Messina (juge au tribunal mixte d'Alexandrie), Mohammad Cadry Pacha (conseiller à la Cour d'appel d'Alexandrie et Ministre de la Justice) ... Pour plus de renseignements, lire « la liste chronologique des magistrats aux juridictions mixtes » dans l'appendice du *Livre d'or des juridictions mixtes d'Égypte (1876-1926)*, édité par le *Journal des tribunaux mixtes*, Alexandrie, février 1926.

65 L'Ecole khédiviale de droit du Caire fut fondée en 1865, sur demande du Khédive Ismâ'îl, par Victor Vidal Pacha, un des membres français de la mission française, envoyée en Égypte par le Maréchal Raudon. L'Ecole française de droit du Caire fut créée par le gouvernement français en 1890. Pour plus de renseignements sur le fonctionnement de ces deux écoles et leur personnel, consulter les archives diplomatiques de Nantes, série : inventaire des 602 articles, n°160, 161, 162 et 171, cartons n°45 et n°52.

distinguées des positions jurisprudentielles mixtes, notamment dans le domaine de la responsabilité de l'État.

Les théories proprement dites

D'après les archives diplomatiques françaises, la réforme judiciaire de 1875 avait d'abord pour objectif de réduire les procès intentés à l'État égyptien[66]. Ces procès qui se réglaient par la voie diplomatique coûtaient très chers, nuisaient au bon fonctionnement de l'administration régulière du pays et n'incitaient pas l'État à entreprendre de nouveaux travaux publics qu'il avait généralement concédés à des entreprises européennes[67]. Après la réforme judiciaire, les étrangers bénéficièrent encore d'une certaine immunité juridictionnelle et législative. La question se posa de savoir s'ils pouvaient bénéficier également d'une « immunité administrative », c'est-à-dire échapper à l'application de dispositions réglementaires revêtant la forme d'actes administratifs. Pour M. Pélissié du Rausas, qui fut aussi directeur de l'Ecole française de droit du Caire ou pour Henri Lamba, professeur à l'Ecole khédiviale de droit du Caire, l'immunité législative qui fut accordée aux étrangers par les capitulations et reconduite par la réforme judiciaire de 1875, impliquait une interdiction pour le gouvernement égyptien d'édicter une règle d'administration ou de prendre une mesure de police applicable aux étrangers[68]. La pratique des tribunaux mixtes a toutefois contredit cette position doctrinale mixte qui selon Abdel Salam Zohny était courante à l'époque[69].

Ainsi, dès 1876, la cour d'appel mixte, qui fut appelée à connaître de tous les jugements et arrêts rendus par des « commissions » (ou « des chambres spéciales »)[70] instituées pour juger en premier ressort et en dernier ressort les affaires anciennes intentées contre le gouvernement égyptien qui étaient encore pendantes en 1875, adopta une position différente de la

66 Documents diplomatiques, Archives du Ministère français des affaires étrangères.

67 Après la réforme judiciaire de 1875, le khédive Ismâ'il a octroyé de nombreuses concessions de services publics aux entreprises étrangères. Sur cette question, lire notre article sur « les services publics égyptiens dans la chronique judiciaire mixte à la fin du XIXe siècle et au début du XXe siècle », article qui paraîtra dans les actes du colloque sur *Histoire et service public*, colloque de St Quentin en Yvelines, juin 2002.

68 Lire leur ouvrage respectif cité plus haut.

69 Abdel Salam Zohny, *op. cit.*, tome 1, p. 251.

70 « Jurisprudence des tribunaux de la Réforme en Égypte », recueil officiel (1ère, 2ème et 3ème partie), jugements et arrêts prononcés par les chambres spéciales. Ces recueils sont consultables au Caire à « l'Institut d' Égypte ».

position doctrinale mixte dominante. Dans l'affaire « Charles Ott contre le Gouvernement égyptien », le demandeur, négociant français demeurant à Alexandrie et agissant comme liquidateur de la société Brest et Cie, cita le gouvernement égyptien, en la personne du gouverneur d'Alexandrie aux fins de s'entendre condamner à lui payer une somme qu'il aurait avancée à divers paysans égyptiens pour la livraison d'os d'animaux. Il prétendait également à des dommages et intérêts à titre de réparation du préjudice que lui aurait causé la mesure administrative prise par le Moudir de Béhéra lui interdisant la livraison de ces os vendus. Le 11 décembre 1877, dans une première instance, les juges des commissions (ou « des chambres spéciales » suivant l'appellation que donnent les recueils de jurisprudence) déboutèrent l'appelant aux motifs « *qu'on ne saurait contester au Gouvernement le droit de prendre dans l'intérêt général des mesures de police ou d'administration ; qu'en interdisant l'extraction et l'exportation des os d'animaux le pouvoir central était inspiré par des besoins de l'agriculture et de l'hygiène publique, que cet acte rentrait dans le cercle de ses attributions et qu'il est de principe que les règlements de ce genre ne donner lieu à aucune action en dommage* ». Charles Ott devait faire appel de la sentence mais il fut débouté par les juges qui confirmèrent, le 27 janvier 1879, le jugement rendu par les premiers juges.

La jurisprudence des tribunaux de la réforme, postérieure aux arrêts rendus par les chambres spéciales, confirma cette position en se référant aux précédents judiciaires de la cour d'appel mixte. Dans l'affaire « Soliman Elias el Charkaoui contre Administration des chemins de fer de l'État » du 13 avril 1892[71], les juges défendirent deux des théories les plus innovantes du droit mixte, à savoir, « la théorie de l'acte d'administration » mais aussi « la théorie de l'intérêt mixte ». Dans cette affaire, Charkaoui, sujet local employé de l'administration des chemins de fer fut renvoyé par celle-ci. L'administration se prévalait de l'article 11 du règlement d'organisation judiciaire (R.O.J.) pour prétendre que les mesures administratives, qu'elle pouvait prendre contre des employés égyptiens et qui étaient attaquées par ces derniers comme portant atteinte à des droits acquis et emportant de plus violation des lois et décrets, échappaient à toute appréciation de la part des tribunaux mixtes. L'administration, en appel incident, souleva également une exception d'incompétence au motif que « *la contestation avait eu lieu entre une*

---

71 Arrêt de la Cour d'appel mixte d'Alexandrie, 13 avril 1892, *Bulletin de législation et de jurisprudence égyptiennes*, 4ème année, n°18, 16 août 1892, pp. 273-274

administration égyptienne et un sujet local ». Cette administration fut déboutée par la Cour qui dans un premier attendu, donna une définition de « l'intérêt mixte » et dit « *qu'à la différence du gouvernement proprement dit et certaines autres administrations de l'État, l'administration des chemins de fer est justiciable des tribunaux mixtes, non seulement dans ses contestations avec des étrangers, mais même dans ses contestations avec les sujets locaux. Qu'elle représente par les conditions de mises à la désignation et à la nomination de son haut personnel dirigeant, par les attributions et les pouvoirs conférés à ce personnel, par ses intérêts divers qui s'y trouvent et enfin par l'affectation spéciale de ses revenus, une exploitation d'un intérêt et d'un caractère mixtes, réglées par les conventions internationales* ». Dans un troisième attendu, la cour d'appel donna la définition d'un acte d'administration (ou « mesure administrative »). Elle énonça ainsi que « *dans l'espèce, le débat ne porte pas sur un acte d'administration dans le sens que comportent les expressions de l'article 11 du règlement d'organisation judiciaire (R.O.J.) et qu'a consacré la jurisprudence, c'est-à-dire sur une mesure soit générale, soit particulière, mais pris dans ce dernier cas, dans un intérêt général et public, où il porte au contraire sur une mesure toute personnelle à un employé, un simple acte de discipline et de révocation* ».

Conclusion

L'étude de ce droit mixte de la responsabilité de l'État montre que, à la fin du XIXe et pendant la première moitié du XXe siècle, la réception de règles juridiques exogènes dans un milieu social différent n'aboutit pas obligatoirement à des échecs[72]. Dans cette recherche sur le passé juridique, l'historien du droit joue un rôle important puisqu'il doit découvrir ce qui ce cache « derrière le voile ». L'historien Daniel Rivet, dans sa dernière étude sur le Maghreb, adopte cette démarche et récuse « la vision qui réduit l'épisode colonial à un affrontement frontal communauté contre communauté ». Son travail révèle, au contraire, l'existence « d'un espace d'expérience intercommunautaire où l'histoire se joua sur le mode de l'agir ensemble, du vivre non pas face à face, mais côte à côte »[73]. Si l'Égypte ne partage pas la

---

72 Il est impossible de faire une étude exhaustive sur toutes les branches du droit à cette époque car le travail d'un seul homme ne suffirait pas. Nous préférons donc n'évoquer que le droit de la responsabilité de l'État.

73 Daniel Rivet, *Le Maghreb à l'épreuve du colonialisme*, Paris, Hachette Littératures, 2002, pp. 14 et 15.

même expérience du « colonialisme juridique » que le Maghreb (les premières réformes juridiques « post-tanzimat » n'étant pas imposées par l'occupant étranger), cette nouvelle expérience égyptienne du droit mixte de la responsabilité de l'État correspond pourtant bien à ce que l'auteur qualifie « d'expérience intercommunautaire ».

Cette recherche démontre enfin que les règles juridiques ne sont pas immuables et que les ruptures juridiques ne correspondent pas toujours à des ruptures politiques. Ainsi, juste avant la révolution égyptienne de 1952, un cap est franchi en matière de responsabilité de l'État avec la loi n°112 de 1946 qui crée le Conseil d'État égyptien. Le législateur égyptien énumère, dans la nouvelle loi n°165, les matières relevant du Conseil d'État et le professeur Ismail Abdalla, dans un article paru en 1955[74], énonce que ce qui ressortait clairement de la compétence des nouveaux tribunaux administratifs était les litiges opposant les organes administratifs à leurs co-contractants dans « les contrats de concession, de travaux publics, de fourniture et tout autre contrat administratif », les recours contre les décisions administratives définitives dans les litiges concernant les impôts et les taxes et les actions en dommages-intérêts relatives aux matières énumérées ci-dessus. Il ne restait donc plus aux tribunaux civils que les litiges concernant la responsabilité délictuelle de l'administration.

Cette législation de 1946, qui remet en cause la législation de 1875 (et même celle de 1883), ouvre ainsi une nouvelle page de l'histoire du droit de la responsabilité de l'État.

Isabelle LENDREVIE-TOURNAN[75]

---

74 Au sujet de la réforme du Conseil d'État en 1949 et en 1955 et de la création des tribunaux administratifs en 1954, lire l'article de Dr. Ismail Abdalla (chargé de cours à la faculté de droit du Caire en 1955) qui retrace l'histoire du Conseil d'État depuis 1946 : « A propos de la récente réforme du Conseil d'État », *Bulletin de législation et de jurisprudence égyptiennes*, nouvelle série, n°6, Le Caire, 1955, pp. 129-142.

75 Doctorante rattachée au Laboratoire d'Anthropologie du droit de Paris I (LAJP) et ancienne stagiaire du Centre d'études et de documentation, économique et sociale (CEDEJ) au Caire.

La responsabilité du concédant de réparer les dommages subis par le concessionnaire et le nouveau code de commerce égyptien

TOUT D'ABORD, il me paraît important de rectifier le titre qui a été donné à mon intervention.

Il s'agit bien de « la responsabilité du concédant de réparer les dommages subis par le concessionnaire » mais je ne dirais pas « dans » le nouveau code de commerce égyptien mais plutôt « et » le nouveau code de commerce égyptien.

De plus, il convient de préciser que si notre nouveau code de commerce date bien du *17 mai 1999*, il n'est pas tout à fait nouveau.

En effet, il n'est *nouveau* que *par la forme*. Remplaçant le décret khédivial du 13 novembre 1883, il en conserve l'esprit et les grandes tendances doctrinales ; c'est une compilation des anciennes dispositions, transcrites en bon arabe, tout en prenant en considération l'évolution de la jurisprudence. C'est la raison pour laquelle ce nouveau code a consacré 36 articles au mandat commercial et ignoré complètement le contrat de concession déjà méconnu de l'ancien code.

Par ailleurs, le mandat est également réglementé par le code civil dans ses articles 699 à 717.

Je commencerai par *définir la notion de concessionnaire*, avant d'examiner le *fondement de son droit à la réparation* du préjudice causé par le concédant, notamment quand ce dernier met fin au contrat de concession ou refuse de le renouveler.

La concession, telle qu'elle est pratiquée aujourd'hui, consiste en un contrat liant le fournisseur (le concédant) à un commerçant (le concessionnaire) auquel il réserve l'exclusivité de la vente d'un produit, à condition qu'il s'engage à remplir certaines obligations. Le concessionnaire est un commerçant juridiquement indépendant qui s'engage à vendre à ses propres clients et sur un territoire déterminé, des produits achetés à son concédant. Le contrat de concession commerciale sert à mettre en place un réseau de distribution, réalisant une intégration économique entre l'entreprise du concédant et les concessionnaires membres du réseau.

Il est important de souligner que si le concessionnaire est effectivement *juridiquement* indépendant, économiquement, il dépend de son concédant.

D'un point de vue juridique, le concessionnaire n'est ni le préposé, ni l'agent du concédant ; il exerce le commerce en son nom propre et pour son compte personnel, à ses risques et périls. Mais en fait, du point de vue économique, le concessionnaire est dans une situation très similaire à celle de l'agent du concédant.

Position du problème : Le contrat de concession est conclu le plus souvent pour une période courte ne dépassant pas trois ans. A la fin de cette période, le contrat prend fin. L'une ou l'autre des parties est en droit d'en refuser le renouvellement, exerçant ainsi sa liberté contractuelle, ni plus ni moins.

Il en est de même lorsque le contrat est conclu pour une durée indéterminée : en ce cas, chaque contractant peut mettre fin à la relation contractuelle tant que les conditions de préavis sont respectées.

Le *contrat de concession impose au concessionnaire des obligations importantes* : il doit gérer son établissement en respectant les conditions posées par le concédant, engager par exemple un personnel qualifié et formé chez le concédant ou acheter chez lui du matériel et des pièces détachées. Le concessionnaire est ainsi souvent amené à dépenser des sommes considérables pour satisfaire aux exigences du concédant.

Pour amortir ses investissements, il doit donc être capable d'assurer la distribution des produits concédés pendant plusieurs années. Il est alors évident que lorsque le concédant refuse de renouveler un contrat à durée déterminée ou qu'il met fin à un contrat à durée illimitée, même en respectant les conditions de préavis, il fait subir au concessionnaire un dommage grave.

Depuis le XIXe siècle, la jurisprudence française a écarté la libre révocabilité du mandat prévue par le code civil, et édifié la *théorie de l'intérêt commun des deux parties* : l'agent et le mandant. Cette théorie est destinée à protéger les agents commerciaux contre la révocation de leur mandat qui les prive de la valeur patrimoniale cessible et transmissible constituée par ce mandat. Cette protection de l'agent commercial a été renforcée par le décret du 23 décembre 1958 et par la loi de 1991 (actuel article 134 du code de commerce français) qui posent le principe selon lequel « *toute cessation de contrat* d'agent commercial ouvre *droit à une indemnité compensatrice en réparation du préjudice subi* », notamment :

la survenance du terme d'un contrat à durée déterminée ;
le décès de l'agent personne physique ;
l'âge, l'infirmité, la maladie de l'agent l'empêchant de poursuivre son activité.
Seules excluent l'indemnisation de fin de contrat :
la faute grave de l'agent dont la preuve incombe au mandant ;
la fin du contrat à l'initiative de l'agent sans que la cessation soit imputable au mandant ;
la transmission par l'agent des droits et obligations liés au contrat à un successeur.

Quant au mode de calcul de cette indemnité, la jurisprudence de la cour de cassation française adopte d'une manière dominante et régulière un mode de calcul la fixant à la valeur de deux années de commissions brutes perçues par l'agent.

Paradoxalement, la même jurisprudence dénie tout droit à indemnisation lors de la rupture d'un contrat de concession commerciale, se fondant sur le fait que le concessionnaire est un commerçant indépendant, alors que, comme on l'a déjà vu, le concessionnaire est aussi dépendant du concédant que l'agent commercial, économiquement.

Le code de commerce égyptien quant à lui reconnaît la théorie du mandat d'intérêt commun et le principe de l'indemnisation de l'agent commercial lors de la rupture de son contrat ou à la survenance du terme de ce dernier. Cependant, le calcul du montant de cette indemnité s'effectue en fonction de la valeur de la clientèle apportée par l'agent à son mandant d'une part et en fonction du préjudice subi d'autre part.

L'agent commercial et le concessionnaire se trouvant dans des situations très similaires, il me semble que les dispositions de l'article 189 du nouveau code de commerce ouvrent la porte à une reconnaissance du droit à indemnisation du concessionnaire en réparation du préjudice subi lorsque le contrat de concession prend fin.

La clientèle du concessionnaire, comme celle de l'agent, est souvent attachée à la marque qu'il commercialise, à la qualité particulière des produits qu'il négocie, à la fiabilité du service après-vente assuré par le concédant qui forme à cet effet un personnel compétent.

Comme l'agent, le concessionnaire apporte une clientèle à son concédant et mérite donc une indemnisation du préjudice qu'il subit à la fin de son contrat, s'il n'a commis aucune faute.

Cette indemnisation réparatrice trouve son fondement, par analogie, dans la règle énoncée par l'article 189 du nouveau code de commerce égyptien, en faveur de l'agent commercial.

Cette solution serait à mon avis conforme aux principes d'équité.

La tâche des juristes de droit des affaires, véritables forgerons du droit, est de trouver des solutions aux problèmes posés par les transformations rapides et constantes des données économiques et sociales.

Professeur Ali KASSEM
Chef du département de droit commercial
Faculté de droit du Caire
Directeur de l'IDAI

Les immunités en droit de la responsabilité

LE DROIT DE LA RESPONSABILITÉ demeure une discipline imprégnée de morale. En effet, porter la responsabilité revient à endosser la culpabilité d'une situation et implique d'en supporter les conséquences, c'est à dire la charge. La définition de la responsabilité dans le langage commun conforte cette connotation morale de la notion en indiquant qu'être responsable engendre l'obligation de répondre, d'être garant de certains actes[1]. Selon M. le Doyen Cornu[2] être responsable, c'est répondre d'un dommage devant la justice et en assumer les conséquences civiles, pénales ou disciplinaires. La responsabilité, en droit, se distingue d'une responsabilité morale dont la conscience est le seul juge ou d'une responsabilité politique[3]. Aussi, la responsabilité répond-elle à une fonction : désigner le responsable d'un dommage afin qu'il en supporte la réparation.

On perçoit donc immédiatement les enjeux de la responsabilité : elle touche à l'organisation de la société, de la *polis* ; le dirigeant étant responsable politiquement. Elle conserve une place à la *culpa* : la responsabilité civile va servir de peine privée à l'égard de l'auteur du dommage. Toutefois, certains agents ne doivent pas être inquiétés ou d'autres ne méritent pas d'être coupables même si leur action est dommageable. Il est alors créé un privilège, une exemption de charge. La

---

1 *Dictionnaire* Littré

2 *Vocabulaire juridique*, Ed. PUF

3 *Ibid.*

notion d'immunité s'appliquant à un corps et non à un individu, c'est une catégorie de personnes qui ne serait pas tenue de répondre des conséquences dommageables de ses actes. On peut encore souligner que l'immunité peut être perçue, négativement, comme une exemption de responsabilité ; mais elle peut également être perçue comme une prérogative positive, une sorte d'immunité ecclésiastique : comme le droit d'asile que détenaient les églises[4].

Ce « droit d'asile » au bénéfice du responsable n'est pas toujours compatible avec les fonctions assignées à la responsabilité civile ; la sanction d'actes dommageables constituant le but premier de la responsabilité. Néanmoins, la fonction de réparation a dépassé celle de sanction ; il est devenu nécessaire de garantir toute personne contre les conséquences du dommage, notamment la souffrance engendrée par ce dernier. Nos sociétés atteignent cet objectif grâce à la mutualisation ou la socialisation des risques.

Avant de parvenir à ce stade ultime du droit de la responsabilité, il convient de rappeler les sources du droit, positif, de la responsabilité civile : le Code civil. A l'époque contemporaine de ce code c'est la conception morale qui domine. Aux termes de l'article 1382 du Code civil « tout fait quelconque de l'homme, qui cause à autrui un dommage, oblige celui par la faute duquel il est arrivé, à le réparer ». Le fondement de la responsabilité paraît reposer sur la faute. Certes celle-ci est détachée de la conception pénale des délits, mais elle en subit encore l'attraction. Néanmoins, dès 1804, des présomptions de fautes avaient été établies pour les dommages causés par les animaux[5] et les bâtiments[6] menaçant ruine.

La véritable remise en cause de la conception subjective de la responsabilité fondée sur la faute est venue de l'évolution jurisprudentielle qui a suivi l'accroissement du nombre d'accidents liés au développement du machinisme. Il était, en effet, impossible de déterminer l'agent fautif lorsqu'un vice non décelable d'une machine provoquait un accident. En outre, au tournant du 20e siècle, les accidents automobiles ont commencé à provoquer de nombreux dommages. Conjointement à ces mutations de l'origine des préjudices, l'assurance s'est répandue, permettant de garantir financièrement les risques.

---

4 Cf. E. Osaba, « Responsabilité pénale et droit d'asile dans l'*Hispania* wisigothique » présent numéro, p. 119 ; I. Biliarsky, « La responsabilité et le droit d'asile dans le plus ancien droit slave » *Méditerranées*, n° 36, p. 13.

5 Art. 1385, C. civ.

6 Art. 1386, C. civ.

Le régime du droit de la responsabilité a accompagné ces changements. La dépersonnalisation de l'origine du dommage a conforté l'idée de la nécessaire réparation des victimes ; l'indemnisation de ces dernière étant prise en charge par un tiers responsable (le commettant, par exemple) et financée par un assureur. En jurisprudence, afin d'aider à la réparation des victimes, les juges ont d'abord commencé à instaurer des présomptions de faute, surtout lorsqu'une chose est à l'origine du dommage. Puis, ils ont créé une responsabilité sans faute ou responsabilité objective dès lors qu'une chose est à l'origine du dommage[7]. Enfin, plus récemment encore, la responsabilité du fait d'autrui est également devenue une responsabilité objective[8]. Le gardien d'autrui (parents pour les enfants, préposé pour les commettants, et tout gardien qui détient un pouvoir de contrôle de surveillance et de direction sur autrui) ne peut plus s'exonérer de sa responsabilité en démontrant qu'il n'a pas commis de faute dans sa garde.

Cette évolution du droit de la responsabilité est accompagnée, voire stimulée, par l'évolution des notions élaborées par la doctrine.

Des auteurs ont préconisé l'abandon de la faute comme fondement du droit de la responsabilité pour passer à une théorie du risque. Cette dernière a été introduite en France par Saleilles[9] et Josserand[10]. La théorie objective détachée de la personne pose le postulat que si une personne fait courir un danger ou crée un dommage à raison de son activité, elle doit en supporter les conséquences. Elle fonde ainsi l'indemnisation des accidents du travail sur le risque-profit. Toutefois, la notion de risque profit est rapidement supplantée par celle de risque créé : celui qui agit doit supporter les conséquences de son action. Ainsi, par exemple, l'automobiliste doit-il supporter les conséquences du fait de se déplacer en voiture. Cette théorie rencontre un certain succès car elle présente le grand avantage de mettre l'accent sur l'indemnisation. En outre, la notion de risque créé tend à une responsabilité objective : la preuve du dommage et du lien de causalité avec

---

7 Arrêt Jand'heur, Cass., Ch. réun., 13 févr. 1930, DP 1930, 1, p. 157 ; S. 1930, 1, p. 121 ; Grands arrêts de la jurisprudence civile, 11e éd. D. 2000, n° 193.

8 Sur la création d'une responsabilité générale du fait d'autrui ; arrêt *Blieck*, Cass. ass. plén., 29 mars 1991, D. 1991, p. 324, note Ch. Larroumet ; chron. G. Viney, p. 157 ; RTD civ. 1991, p. 541, obs. P. Jourdain.
Sur la responsabilité de plein droit des parents du fait de leur enfant : arrêt *Bertrand*, Cass. civ. 2e, 19 févr. 1997, D. 1997, p. 265, note P. Jourdain ; chron. par Ch. Radé, p. 279 ; JCP G 1997, II, 22848, note G. Viney ; RCA 1997, chr. F. Leduc, p. 9.

9 *Les accidents du travail et la responsabilité civile*, 1897.

10 *De la responsabilité du fait des choses inanimées*, 1897.

l'activité doit entraîner automatiquement la réparation. Toutefois, cette théorie demeure fondée sur une analyse de l'action de l'auteur du dommage.

Or, un auteur, Starck, a introduit un changement radical de perspective[11]. Il part de la victime pour fonder son raisonnement et non de l'auteur du dommage. En outre, il préconise l'adoption d'un principe du droit à la vie et au respect de son intégrité corporelle. Une obligation intangible de réparer devrait être reconnue, dès lors qu'une atteinte à la vie ou à l'intégrité corporelle est perpétrée. Les autres dommages qui n'affectent pas le corps continueraient d'obéir aux principes de responsabilité traditionnelle.

La pratique des immunités du droit civil, c'est à dire des cas non responsabilité instaurés au profit d'une catégorie particulière d'individu, ès qualité, s'inscrit dans cette évolution du droit de la responsabilité. Néanmoins, les immunités de nature politique ne doivent pas être exclues de l'analyse car la recherche de leur essence permettra, en retour, de proposer une nouvelle immunité en droit civil.

Aussi s'intéressera-t-on, aux immunités politiques qualifiées d'immunités obstacles (I), pour approfondir, ensuite, les immunités de protection en faveur de certains auteurs de dommages (II) et on proposera, enfin, une évolution souhaitable vers une immunité dans la réparation au profit des victimes d'un préjudice corporel (III).

I. Des immunités obstacles

L'immunité « obstacle » repose sur l'idée que la fonction de l'auteur du dommage est telle qu'il ne peut pas être inquiété. Sa personne est sinon sacrée du moins d'une telle importance sociale qu'il ne peut pas être poursuivi dans ses fonctions. On a retenu le terme d'obstacle dans le sens où il paraît juridiquement impossible de rendre l'auteur du dommage responsable.

En droit international, les immunités diplomatiques représentent, sans doute, une des plus anciennes survivances des immunités. La personne de l'ambassadeur, également celle des ses proches, est ainsi protégée par une immunité de juridiction et d'exécution. C'est à dire qu'ils ne peuvent pas être judiciairement poursuivis ni même inquiétés par une quelconque voie

---

11 *Essai d'une théorie générale de la responsabilité civile, considérée en sa double fonction de garantie et de peine privée*, 1947.

d'exécution. Cette immunité s'est étendue aux souverains étrangers, puis aux états étrangers eux-mêmes distingués du Prince[12]. Le caractère sacré de la personne ou politiquement essentiel explique de telles immunités. Les mêmes raisons ont conduit, en droit interne, à retenir une immunité du chef de l'Etat. Aussi évoquera-t-on, successivement, les Etats étrangers et leurs représentants (A), puis le chef de l'état (B).

A) L'immunité de juridiction et d'exécution des Etats étrangers ou de leurs représentants

L'octroi d'une immunité au personnel diplomatique, aux Etats, puis à leurs représentants est historiquement fondé sur le droit des gens. La source interne française est jurisprudentielle. L'adoption de la Convention de Vienne du 18 avril 1961, instaurant un code des immunités diplomatiques, et de celle des Etats membres du Conseil de l'Europe, du 16 mai 1972[13], n'a pas évincé le rôle de la jurisprudence. En effet, la Cour de cassation se fonde encore sur les principes généraux du droit international général, sans viser de texte en particulier, pour affirmer les immunités de juridiction et d'exécution[14].

Les personnes protégées sont les agents diplomatiques et leurs proches, les souverains et chefs d'Etats étrangers, enfin, les Etats étrangers eux-mêmes. Il convient de préciser quels sont les actes couverts par l'immunité de juridiction et d'exécution

Les diplomates et leurs proches bénéficient de l'immunité la plus large car ni leur responsabilité pénale, ni leur responsabilité civile[15] ne saurait être engagée. L'Etat étranger, après avoir bénéficié d'une immunité complète n'est plus couvert que par une immunité relative. En effet, si les actes de puissance publique sont inattaquables, les actes de gestion d'un état entrepreneur peuvent faire l'objet d'une action[16]. Les actes administratifs d'emprunt public sont traditionnellement protégés par une immunité ; mais une exception récente s'est fait jour. Ainsi, il a d'abord été réaffirmé qu'il n'était pas possible de saisir en France des comptes bancaires de la

---

12 Y. Loussouarn, P. Bourel, *Droit international privé*, 7e éd. D. 2001, n° 470.

13 Cette dernière non ratifiée par la France.

14 Par ex., Cass. 1re civ., 6 juill. 2000, JDI 2000, p. 1054, note I. Pingel-Lenuzza.

15 Paris, 30 juin 1967, Rev. crit. dt. int. pr. 1968, p. 478, note P. Bourel.

16 Y. Loussouarn, P. Bourel, op. cit., n° 480.

Fédération de Russie[17] ; toutefois, l'immunité a-t-elle été levée à l'encontre de l'Etat irakien débiteur au motif que la résolution 687 du Conseil de sécurité des Nations unies impose à l'Irak de rembourser toutes ses dettes[18].

Cette immunité relative de l'Etat étranger a également été adoptée pour le chef d'Etat étranger. Ce dernier ne bénéficie que d'une immunité pour les aces publics accomplis dans ses fonctions et non pour ses actes privés. On doit rappeler qu'une levée d'immunité avait été entreprise dans l'affaire Pinochet[19], cependant sans que ce dernier soit, *in fine*, extradé. La Cour de cassation française a conservé une position plus traditionnelle en refusant la levée d'immunité à l'égard d'un chef d'Etat en exercice. Elle a récemment décidé de maintenir l'immunité au profit du chef d'Etat libyen dans l'affaire de l'attentat du DC 10[20]. De la même façon la Cour internationale de justice a condamné le Royaume de Belgique dont l'un des magistrats avait lancé un mandat d'arrêt international contre un ministre des affaires étrangères en exercice de la République démocratique du Congo[21].

Seule la volonté de préserver les représentants de l'Etat en exercice peut justifier le maintien d'une immunité internationale afin de ne pas remettre en cause trop facilement la fonction symbolique et politique de ces personnes. Il en va de même en droit interne.

B) L'immunité du Chef de l'Etat

Naguère, l'immunité du chef de l'Etat a fait l'objet d'une vive discussion. Il convient immédiatement de préciser que cette immunité ne concerne que sa responsabilité pénale ; il reste tenu civilement de ses actes durant son mandat. Concernant son statut pénal, deux décisions récentes sont venues le préciser. Le Conseil constitutionnel, par un *obiter dictum*, est venu indiquer que « au surplus, pendant la durée de ses fonctions, sa responsabilité pénale, ne peut être mise en cause que devant la Haute Cour de justice »[22]. La Cour de cassation a été plus précise encore : « attendu que,

---

17 Paris, 10 août 2000, D. 2000, jurisp. p. 2157, note E. Fongaro.

18 Cass. 1re civ., 15 juill. 1999, JDI 2000, p. 45, note M. Cosnard et cour de renvoi Paris 20 févr. 2000, Gaz. Pal., 21-23 juill. 2002, p. 31 ; V. G. de la Pradelle, « Immunité d'exécution diplomatique et résolution du Conseil de sécurité », Gaz. Pal. 21-23 juill. 2002, p. 16.

19 Ch. des Lords, 24 mars 1999, PA 1999, n° 74, p. 5.

20 Cass. crim. 13 mars 2001, D. 2001, jurispr. p. 2631, note J.-F. Roulot.

21 CIJ, 14 févr. 2002, JCP 2002, II, 10185, note E. Lambert-Abdelgawad.

22 Déc. n° 98-408 DC, 22 janv. 1999, Rec. constit. 1999, p. 29.

rapproché de l'article 3 et du titre II de la Constitution l'article 68 doit être interprété en ce sens qu'étant élu directement par le peuple pour assurer, notamment, le fonctionnement régulier des pouvoirs publics ainsi que la continuité de l'Etat, le Président de la République ne peut, pendant la durée de son mandat, être entendu comme témoin assisté, ni être mis en examen, cité ou renvoyé pour une infraction quelconque devant une juridiction quelconque devant une juridiction pénale de droit commun ». La Haute juridiction civile a défini le régime de l'action en ajoutant « que la Haute Cour de justice n'étant compétente que pour connaître des actes de haute trahison du Président de la République commis dans l'exercice de ses fonctions, les poursuites pour tous les autres actes devant les juridictions pénales de droit commun ne peuvent être exercées pendant la durée du mandat présidentiel, la prescription de l'action publique étant alors suspendue ». Le Président de La république jouit ainsi d'une immunité pénale totale pendant son mandat, sauf faits de haute trahison ; les poursuites ne pourront être exercées qu'à la fin du mandat sans être entravées par le jeu des prescriptions qui auront été suspendues.

Ce régime établit par la jurisprudence pourrait être conforté si les conclusions de la commission présidée par P. Avril étaient suivies d'une modification de la Constitution[23]. Celui-ci préconise, par une modification de l'article 67 de la Constitution, une immunité complète au profit du Chef de l'Etat qui couvrirait non seulement les faits pénaux mais également sa responsabilité civile. En outre, une loi organique mettrait en place un mandataire qui serait gestionnaire désigné pour administrer les affaires civiles du Président de la République.

On relèvera que, nonobstant la polémique suscitée par ces décisions et la proposition de P. Avril, la nécessité de préserver la fonction de Chef de l'Etat, distincte de son titulaire, dicte le principe d'immunité. Le principe de continuité de l'Etat serait grandement perturbé si son plus haut représentant pouvait se retrouver régulièrement convoqué devant un juge. En revanche, il appartient au seul titulaire de la fonction, en conscience, de cesser ou non son mandat lorsqu'il est susceptible d'être mis en cause pour des actes commis en dehors de sa magistrature suprême.

L'immunité obstacle qui empêche d'inquiéter les représentants de l'Etat en exercice joue donc parfaitement son rôle de protection d'un symbole.

---

23 *Le Monde* 13 déc. 2002

investies d'un rôle social de moindre importance, des immunités de protection existent également en faveur de certains auteurs de dommages.

II. Des immunités de protection en faveur de certains auteurs de dommages

Les immunités traditionnelles pouvaient s'expliquer lorsque le doit de la responsabilité était fondé sur la faute conçue subjectivement. L'évolution de ce droit vers une objectivation de la faute les a purement et simplement abrogées. En revanche, d'autres immunités ont été créées, fondées sur l'équité.

A) Les immunités abrogées par l'objectivation de la faute

Dans une conception subjective de la faute, celle-ci doit être imputable à un agent. On ajoutera que la notion même de « faute subjective » constitue une aporie car la culpabilité, en raison, suppose la conscience de l'acte accompli.

En droit de la responsabilité civile, l'interrogation porte sur l'exigence de discernement afin d'imputer la faute et donc engager la responsabilité de son auteur[24]. Comme on l'a déjà évoqué[25], l'évolution législative et jurisprudentielle à évincer la capacité de discernement. L'évolution s'est faite en trois temps.

Dans un premier temps, la jurisprudence exigeait la capacité de discernement pour imputer une faute et obtenir réparation. Cela signifiait qu'un dément ou un infans ne pouvaient pas être tenus pour fautif donc responsable : la victime n'était pas indemnisée. En doctrine, les frères Mazeaud et M. Chabas défendaient l'idée de faute appréciée *in abstracto*, c'est à dire au regard du comportement normal qui doit être adopté sans tenir compte des éléments internes à l'auteur du dommage[26].

Puis, dans un second temps, la levée de l'immunité traditionnelle au profit du dément est venue de la loi (1), et, enfin, la jurisprudence a aboli l'immunité de l'infans (2).

---

24 V. P. Jourdain, *Conscience et faute civile.*

25 V. *Supra.*

26 H. et L. Mazeaud, J. Mazeaud, F. Chabas, *Leçons de droit civil*, T. II, 1er vol., *Obligations, théorie générale*, 8e éd. par F. Chabas, LGDJ 1991, n° 449.

1) Le dément

Le dément était initialement considéré comme irresponsable[27]. Il ne pouvait pas être considéré comme gardien de la chose à l'origine du dommage car l'usage, la direction et le contrôle de la chose impliquent le discernement[28]. La solution étant inéquitable pour la victime, la jurisprudence a tempéré cette position en limitant les cas d'irresponsabilité. L'immunité a été écartée pour une « demi-folie »[29] ou encore lorsque l'état d'inconscience est dû à une faute, l'auteur du dommage étant en état d'alcoolémie[30], ou encore lorsque le trouble passager n'est pas une cause de dommage étrangère ou extérieure au gardien[31].

A la faveur de la réforme du droit des incapables majeurs, par la loi 3 janvier 1968, il a été créé un article 489-2 dans le Code civil qui vise à rendre responsables toutes les personnes majeures ou mineures privées de raison, que ce soit temporairement ou définitivement. Conformément à ce texte, en jurisprudence, il est donc désormais acquis que le dément est responsable[32]. L'immunité a également été levée à l'égard de l'infans.

2) L'infans

Traditionnellement l'enfant en bas âge non doté de la capacité de discernement, l'infans, ne pouvait pas engager sa responsabilité personnelle fondée sur l'article 1382 du Code civil[33]. Il fallait montrer que le mineur avait la faculté de discerner les conséquences des actes fautifs qu'il commet[34] ou bien engager la responsabilité des parents du fait de leur enfant fondée sur l'article 1384 alinéa 4 du même code. Cependant un mineur pouvait être considéré comme gardien de la chose avec laquelle il commettait le dommage[35].

---

27 Cass. req. 21 oct. 1901, DP 1901, 1, 524 ; Cass. 2e civ., 11 mars 1965, D. 1965, p. 575.

28 Cass. civ., 28 avr. 1947, D. 1947, p. 329.

29 Cass. 2e civ., 28 avr. 1965, D. 1965, p. 758, note P. Esmein, JCP 1966, II, 14495 bis, note M. P. Vié.

30 Cass. 2e civ., 25 janv. 1957, D. 1957, p. 163.

31 Cass. 2e civ., 18 déc. 1964, D. 1965, p. 191.

32 Cass. 2e civ., 4 mai 1977, D 1978, p. 397.

33 Cass. 2e civ., 7 déc. 1977, JCP G 1980, II, 19339.

34 Cass. 2e civ. 6 juill. 1978, Bull. civ. II 179, RTD civ. 1979, p. 387.

35 Cass. 2e civ., 14 mars 1963, D. 1963, p. 500.

Un revirement de jurisprudence s'est opéré par les arrêts d'assemblée plénière du 9 mai 1984[36]. Désormais il est retenu qu'il n'y a pas lieu de vérifier si un mineur est capable de discerner les conséquences de ses actes pour engager sa responsabilité. Dans l'arrêt *Gabillet* il est précisé qu'il suffit d'observer que l'enfant à l'usage, le contrôle et la direction de la chose pour retenir l'application de l'article 1384 alinéa 1er du Code civil sans avoir à rechercher si celui-ci était doué de discernement[37]. Cette jurisprudence est pleinement justifiée dès lors que l'on est en présence d'un infans auteur du dommage et qu'il s'agit d'indemniser la victime[38]. En revanche, il est parfaitement irrationnel d'imputer à l'infans victime sa propre « faute » pour minorer l'indemnisation[39]. Les circonstances dramatiques de certains de ces arrêts du 9 mai 1984 montrent bien que la levée d'immunité complète a produit une iniquité majeure. Dans l'arrêt *Derguini* une fillette de cinq ans a été renversée par une voiture parce qu'elle s'est élancée sur la chaussée sans prendre garde ; cette « faute » lui a été imputée afin de minorer la réparation due aux parents[40]. De la même façon dans l'arrêt *Lemaire*, il a été considéré comme fautif le fait pour un garçon de treize ans de dévisser une ampoule sur une installation électrique défectueuse en raison de la négligence du professionnel[41]. Aussi les parents de la victime mortellement électrocutée ont-ils vu leur indemnisation réduite de moitié.

La levée d'immunité par catégorie de personne ne représente donc pas nécessairement un progrès pour l'indemnisation dès lors que l'instauration d'une responsabilité conduit à punir une victime incapable de mesurer la portée de ses actes et de comprendre la punition qui la frappe. En revanche, des immunités ont été créées pour répondre à des préoccupations d'équité à l'égard de l'auteur du dommage.

---

36 D. 1984, p. 525, note F. Chabas ; JCP G 1984, II, 20 256, note Dejean de La Bâtie, 2056, note P. Jourdain, RTD civ. 1984, obs. J. Huet.

37 *Ibid.*

38 Pour une réaffirmation claire de la responsabilité personnelle de l'enfant sans avoir à prouver son discernement, Cass . 2e civ., 12 déc. 1984, Bull civ. II, n° 193 ; RTD civ. 1986, p. 116, obs. J. Huet.

39 G. Viney, P. Jourdain, *Les conditions de la responsabilité*, 2e éd. LGDJ 1998, n° 593-1.

40 Cass. ass. plén., 9 mai 1984, préc.

41 *Ibid.*

B) Les immunités fondées sur l'équité

La création d'une protection au profit de certains agents s'explique soit par la présence d'un tiers solvable, soit par la volonté d'éviter des recours qui priverait, in fine, la victime de réparation.

1) Les immunités en présence d'un tiers responsable

Il a été instauré une immunité des instituteurs, plus récemment la jurisprudence a créé une immunité, relative, des préposés.

a) L'immunité des instituteurs

Dans le Code civil il avait été prévu une présomption de responsabilité des instituteurs du fait de leurs élèves ; il importait peu que ces derniers aient causé un dommage à un tiers ou à un autre élève. L'instituteur pouvait s'exonérer de sa responsabilité en prouvant qu'il n'avait commis aucune faute de surveillance. Cette charge fut jugée excessive. Aussi la loi du 20 juillet 1889 (art. 2 al. 2) a-t-elle substitué la responsabilité de l'Etat à celle des instituteurs. Pour que la substitution s'opère il faut que l'instituteur soit condamné. C'est donc contre l'Etat que l'action va être dirigée. La loi du 5 avril 1937 est venue préciser ce régime : les affaires dans lesquelles la responsabilité d'un éducateur est engagée sont portées devant les juridictions de l'ordre judiciaire. Tous les enseignants sont couverts, qu'ils relèvent de l'enseignement public ou privé sous contrat d'association avec l'Etat[42]. L'instituteur bénéficie d'une immunité de contribution à la dette renforcée car il est nécessaire pour obtenir l'indemnisation de l'Etat de démontrer la faute de l'enseignant[43].

Si l'immunité de contribution à la dette se comprend, il serait toutefois souhaitable que l'action en responsabilité soit libérée du fardeau de la preuve d'une faute[44].

Plus récemment, la jurisprudence a tenté d'instaurer une telle immunité de protection au profit des préposés.

---

42 D. n° 60-389, 22 avr. 1960 art. 10 ; Trib. conf., 27 nov. 1995, Melle Troedec, Leb p. 501.

43 C. civ. art. 1384 al. 8.

44 V. obs. P. Jourdain sous Cass. 2e civ., 13 déc. 2001, RTD civ. 2002, p. 312.

b) L'immunité des préposés

Lorsqu'un dommage est causé par le préposé d'un commettant, la solution traditionnelle permet à la victime d'agir non seulement contre le commettant, au titre de la responsabilité du fait d'autrui, mais encore contre le préposé, car la subordination n'était pas considérée comme une cause d'exonération[45]. Néanmoins, l'action était rarement dirigée contre le préposé et la solution semble particulièrement dure pour le salarié.

La jurisprudence a connu une première inflexion marquée par l'arrêt *Rochas*[46] qui indiquait que pour pouvoir engager la responsabilité directe du préposé, il fallait que le préposé ait commis une faute personnelle et que tel n'est pas le cas lorsqu'ils « ont agi dans le cadre de la mission qui leur était impartie par leur employeur et qu'il n'était pas établi qu'ils en avaient outrepassé les limites ». Plus clairement, l'arrêt *Costedoat*[47] pose la règle selon laquelle « un préposé qui agit sans excéder les limites de la mission qui lui a été impartie par son commettant n'engage pas sa responsabilité à l'égard des tiers. ». On soulignera que ce principe a été affirmé dans une espèce où la victime s'est trouvée sans garant solvable, le commettant étant insolvable.

Toutefois, aussitôt le principe d'immunité affirmé, il a été nuancé. Le préposé condamné pénalement pour avoir intentionnellement commis, fût-ce sur ordre du commettant, une infraction ayant porté préjudice à un tiers, engage sa responsabilité civile à l'égard de celui-ci[48].

En outre, le préposé ne semble pas à l'abri du recours de son commettant. Après que ce dernier ait indemnisé la victime, il pourrait obtenir de son préposé fautif restitution des sommes versées. En effet, il est habituellement reconnu que le commettant qui a indemnisé la victime dispose d'un recours subrogatoire contre son préposé dès lors que ce dernier a commis une faute[49]. Or l'arrêt *Costedoat*, indiquant que la victime n'a plus de recours contre le préposé qui a agi sans excéder sa mission, le commettant aurait-il perdu son action subrogatoire ?

---

45 Cass. 2e civ., 11 févr. 1971, Bull. civ. II n°53. - 22 nov. 1978, Bull. civ. II, n° 246.

46 Cass. com. 12 oct. 1993, D 1994, jurispr. p. 124.

47 Cass. Ass. plén., 25 févr. 2000, Bull. civ., n° 2 ; RTD. civ. 2000 ; p. 582, obs. P. Jourdain ; D 2000, jurisp. p. 673, note Ph. Brun ; RCA 2000, chron. 22 par Ch. Radé.

48 Cass. Ass. plén., 14 déc ; 2001, *Cousin*, Bull. civ. n° 17 ; JCP G 2002, II, 10026, note M. Billiau ; RTD civ. 2002, p. 108, obs. P. Jourdain.

49 Cass. 2e civ., 25 nov. 1992, B. I n° 293.

Un arrêt de Cour d'appel a maintenu le recours subrogatoire[50] en précisant que la loi n'interdit pas le recours subrogatoire contre le préposé et qu'il n'est pas nécessaire que ce dernier ait commis une faute lourde. Sur cette même question, la Cour de cassation a déclaré recevable le recours d'une clinique employeur contre son médecin salarié « en raison de l'indépendance professionnelle intangible dont bénéficie le médecin, même salarié, dans l'exercice de son art »[51]. On peut minorer la portée de cet arrêt en indiquant qu'il a été rendu dans le cas particulier du contrat de soins, où nonobstant le contrat de travail, le médecin conserve son indépendance. Toutefois, la nouvelle immunité du préposé, dictée par l'équité, paraît singulièrement limitée. Dans le même esprit d'équilibre dont la règle de droit se doit d'être la garante, il a été institué des immunités de recours.

2) Les immunités de recours

Les proches de l'assuré ont été mis à l'abri du recours subrogatoire de l'assureur, de même que les victimes par ricochet d'accidents de la circulation sont préservées de recours qui ruineraient leur indemnisation.

a) L'immunité des proches de l'assuré

Après avoir indemnisé l'assuré victime du dommage, par exemple en cas d'incendie, ou versé une prestation ç un tiers en matière d'assurance de responsabilité, l'assureur dispose d'une action contre l'auteur du dommage. Or l'alinéa 3 de l'article L. 121-12 du Code des assurances prévoit une série de personnes contre lesquelles l'assureur ne dispose pas de recours subrogatoire. Ainsi est-il interdit à l'assureur d'exercer un recours contre « les enfants, descendants, ascendants, alliés en ligne directe, préposés, employés, ouvriers ou domestiques, et généralement toute personne vivant habituellement au foyer de l'assuré, sauf cas de malveillance commise par une de ces personnes ».

Cette disposition est très importante en pratique : les proches ou les personnes qui travaillent pour le compte de l'assuré sont à l'abri d'une action de l'assureur. La justification de cette immunité est simple, il convient d'éviter que l'assureur ne recouvre par l'action subrogatoire ce qu'il a versé

---

50 Besançon 9 mai 2001, RCA 2001, comm. n° 315 et la note.

51 Cass. 1re civ., 13 nov. 2002 : RCA 2003, comm. n° 50 note H. Groutel et déjà Cass. civ. 1re 9 avr. 2002 RCA 2002, comm. n° 234, chron. 13, par Chr. Radé.

lors du sinistre. Il ne doit pas pouvoir exiger d'un enfant, par exemple, le paiement des sommes versées, aux parents du fait de l'incendie provoqué par ce dernier. En outre, le législateur n'a pas voulu permettre à l'assureur d'exercer un recours contre des personnes contre lesquelles l'assuré n'aurait jamais intenté une action. En effet, le plus souvent, l'assuré n'aurait-il jamais exercé un recours contre son descendant ou son préposé.

Toutefois, cette immunité de protection cesse lorsque le responsable qui bénéficie d'une immunité est lui-même assuré[52] ou bien lorsque ce dernier commet une malveillance dirigée contre l'assuré lui-même[53].

L'immunité de recours qui consiste à protéger la victime contre une privation d'une indemnisation complète a également été appliquée en matière d'accidents de la circulation au profit des proches de la victime.

b) Les immunités des proches de la victime en matière d'accidents de la circulation

La loi du 5 juillet 1985 avait pour objectif d'indemniser les victimes non conducteurs. L'article 2 de ce texte indique donc que les victimes ne peuvent pas se voir opposer la force majeure ou le fait d'un tiers. A partir de cette disposition la jurisprudence a du traiter le cas des recours entre coauteurs.

Il a fallu éviter que la victime par ricochet perde, en raison du recours exercée contre elle en sa qualité d'ayant cause de l'auteur de l'accident, ce qu'elle a obtenu comme victime de ce même accident. Aussi la jurisprudence a-t-elle paralysé le recours en garantie qui priverait la victime par ricochet de son indemnisation[54]. Néanmoins, le recours contre le coauteur ou ses proches est possible dès lors qu'il était lui-même assuré[55].*

De la réflexion, désormais classique, qui organise le droit de la responsabilité à partir de l'auteur du dommage, pour éventuellement l'exempter de responsabilité, comme l'évocation des immunités de protection vient de le montrer, on doit passer à une vision plus dynamique centrée uniquement sur le sort de la victime.

---

52 Cass. 1re civ., 8 déc. 1993, D. 1994, p. 235.

53 Cass. Ass. plén., 13 nov. 1987, RGAT 1988, p. 111.

54 Cass. 2e civ., 20 avr. 1988, D. 1988, p. 580.

55 Cass. 2e civ., 17 juill. 1991, Bull. civ. II, n° 226.

III. Vers une immunité dans la réparation au profit des victimes d'un préjudice corporel

Le meilleur moyen pour l'auteur d'un dommage de s'exonérer, partiellement ou totalement de sa responsabilité est de prouver la faute de la victime. Lorsque celle-ci a concouru à son propre dommage, elle ne sera que partiellement indemnisée. La solution s'est imposée tant sur le fondement de la responsabilité personnelle[56] que sur celle du fait des choses[57]. La responsabilité du fait d'autrui n'échappe pas à la règle[58].

Néanmoins, la faute de la victime ne revêt absolument pas la même force que celle de l'auteur du dommage dès lors qu'un préjudice corporel est en cause. Il est bien évident que la victime, sauf tentative de suicide, n'a jamais souhaité porter atteinte à son intégrité physique ; on ne voit donc pas le sens de la punition qui lui est infligée en minorant la réparation du préjudice corporel qu'elle subit.

La question de la faute de la victime a revêtu une particulière importance en matière d'accident de la circulation, où il était beaucoup plaidé pour savoir si l'attitude d'une victime justifiait ou non la diminution de son indemnisation. Un auteur a longuement bataillé contre cette jurisprudence en démontrant avec force que la punition de la victime était injuste[59]. En effet, la réduction de l'indemnisation du préjudice corporel ne présente aucune vertu prophylactique car les accidents continuent de se produire. En outre, il est parfaitement inique d'accroître la souffrance de la victime en refusant la réparation intégrale pour une inattention de quelques instants.

Aussi la Cour de cassation, excédée par ce contentieux envahissant de l'appréciation du comportement de la victime au moment de l'accident, a-t-elle adopté une position radicale afin d'inciter le législateur à adopter, enfin, une législation adaptée aux accidents de la circulation. Par l'arrêt *Desmares* elle décidait que « seul un événement constituant un cas de force majeure exonère le gardien de la chose, instrument du dommage de la responsabilité encourue par application de l'article 1384 alinéa 1er du Code civil, que dès

---

56 Cass. 2e civ., 11 févr. 1976, D. 1976, p. 609, note Chr. Larroumet.

57 Cass. civ., 8 févr. 1938, DH 1938, p. 194 ; S. 1938, 1, p. 136 ; Gaz. Pal. 1938, 1, p. 558, GAJC, 11e éd., T. II, n° 204.

58 Pour la responsabilité des parents du fait de leurs enfants, l'arrêt *Bertrand* prévoit expressément la faute de la victime comme cause d'exonération : Cass. 2e civ., 19 févr. 1997, préc.

59 A. Tunc, « Les causes d'exonération de la resp. de plein droit », D. 1975, chron. p. 83.

lors, le comportement de la victime, s'il n'a pas été pour le gardien imprévisible et irrésistible, ne peut l'en exonérer, même partiellement »[60]. Aux termes de cette jurisprudence la seule possibilité de s'exonérer pour le gardien d'une chose à l'origine du dommage consiste en la démonstration d'une faute de la victime qui doit revêtir les caractères de la force majeure. Une telle exigence créait une sorte d'immunité de la victime du fait d'une chose.

La loi du 5 juillet 1985 sur les accidents de la circulation a repris cette idée en indiquant, en son article 3 alinéa 1er que les victimes ne peuvent pas se voir reprocher leur propre faute, sauf si elle revêt un caractère inexcusable. Mieux encore l'alinéa 2 de ce texte crée une catégorie de victimes dites « superprivilégiées » qui ne peuvent pas se voir reprocher leur faute même inexcusable. Il s'agit des personnes de moins de 16 ans ou de plus de 70 ans ou dont le taux d'invalidité ou d'incapacité permanente est supérieur à 80 %.

Après que le législateur ait instauré ces immunités au profit des victimes d'accident de la circulation, la jurisprudence a repris sa jurisprudence ancienne sur la faute de la victime d'un dommage causé par une chose, en affirmant de nouveau « que le gardien de la chose instrument du dommage est partiellement exonéré de sa responsabilité s'il prouve que la faute de la victime a contribué au dommage »[61]. Malheureusement, comme on l'a déjà évoqué[62] la victime peut également être un enfant qui verra son indemnisation diminuée sans qu'il soit en mesure de comprendre cette sanction[63].

Afin d'instaurer une immunité des victimes d'un préjudice corporel, la jurisprudence *Desmares* devrait être reprise et appliquée dès lors qu'une atteinte à l'intégrité physique est subie et quelle que soit la nature de la responsabilité.

Ainsi, par un renversement de perspective, ce n'est plus l'auteur du dommage qui mérite protection, mais la victime impliquée dans son propre

---

60 Cass. 2e civ. 21 juill. 1982, D. 1982, p. 449, note Chr. Larroumet ; JCP G 1982, II, 19681, note F. Chabas ; Defénois 1982, p.1689, obs. J.-L. Aubert ; RTD civ. 1982, p. 807, obs. G. Durry.

61 Cass. 2e civ., 6 avr. 1987, Bull. civ. II, n° 86 ; JCP G 1987, note F. Chabas ; D. 1988, p. 32, note C. Mouly ; RTD civ. 1987, p. 767, obs. J. Huet.

62 V. *supra*.

63 Cass. 2e civ., 28 févr. 1996, D. 1996, p. 602.

dommage. Après l'immunité conçue comme un tabou politique ou social, on accéderait à une immunité de la victime par la consécration du caractère sacré du corps.

Luc GRYNBAUM
Doyen de la Faculté de Droit
de la Rochelle

La victime dans le procès pénal

Introduction

LA RÉPONSE À LA QUESTION « à quoi sert le droit pénal ? » n'est pas historiquement simple, d'autant que l'existence, donc la nécessité, d'un droit punitif[1] n'est pas, de tout temps, évidente. Spontanément la réponse donnée en France[2] en ce début de XXIe siècle tournerait autour de la victime : assurer la défense de ses intérêts, restaurer sa dignité, l'aider psychologiquement à surmonter son traumatisme, à mener un travail de deuil en cas de décès. Les belles âmes n'accordent évidemment aucune place à la gestion de la haine et du désir de vengeance, ce qui prouve qu'elles ne fréquentent guère les palais de justice. Les esprits plus réalistes estiment que la canalisation de ces sentiments, tout compte fait très naturelle[3], participe à

1 Nous préférons dans ce contexte le terme « droit punitif » plus large que « droit pénal ». Il permet de rendre compte par exemple des délits privés romains, des systèmes de compensation, mais aussi il correspond à la notion de matière pénale dégagée par la Cour Européenne des Droits de l'homme prenant notamment en compte, à coté du droit pénal au sens strict, le droit disciplinaire et le contentieux des sanctions infligées par les organismes administratifs indépendants.

2 Les droits de type français présentent la particularité de permettre à la victime d'être juridiquement présente au procès pénal, ce qui n'est pas le cas dans les droits anglo-saxons où le procès civil est obligatoirement séparé du procès pénal, ce qui explique certaines décisions qui semblent contradictoires au juriste de « roman law » ; Cf. par exemple l'affaire O. J. Simpson (Cf. http://www.cnn.com/US/OJ/simpson.civil.trial/index.html).

3 Par exemple Heinrich Heine : « certes on doit pardonner à ses ennemis, mais pas avant qu'ils ne soient pendus », cité par Freud dans *Malaise dans la civilisation*.

la sauvegarde de l'ordre public, ce qui nous ramène à l'une des fonctions plus anciennes attribuées au droit pénal.

L'importance démesurée accordée actuellement à la victime dans ce type de contentieux tend effectivement à mettre au second plan la fonction de restauration de l'ordre public que le procès pénal avait acquis à l'époque moderne. Elle conduit à mettre en péril, dès sa réception en France, le concept de procès équitable hérité de la tradition anglo-saxonne via la Cour européenne des Droits de l'homme. Elle parvient même à faire dangereusement tanguer la jurisprudence concernant des principes aussi fondamentaux que la règle *non bis in idem*[4].

Généralement, les théoriciens voient dans ce phénomène un juste retour des choses : la victime aurait été l'une des oubliées de l'histoire pénale[5]. Sans nier ce fait, qui mérite pourtant quelques nuances[6], il nous semble utile de constater que l'émergence de la victime date principalement des années soixante du siècle dernier, et est donc contemporaine de l'affaiblissement de l'idée d'État. La protection de la victime pourrait bien offrir une légitimité de rechange à une mécanique répressive qui s'épuise à s'appuyer sur un État contesté. La qualification de victime octroyée généreusement, sans que les bénéficiaires n'émettent une quelconque demande, trahit bien les nouveaux chemins tortueux de la répression[7].

Face à un concept clé pour l'appréhension de l'évolution du droit punitif une clarification s'impose. Qu'est-ce qu'une victime ? La réponse n'est

---

4 Nous pensons naturellement aux affaires appelées, improprement d'ailleurs, du sang contaminé. Dans un souci que nous estimons plus compassionnel que juridique, la notion d'empoisonnement a perdu toute clarté pour devenir une sorte d'infraction non intentionnelle.

5 Cf. Jean Pierre Alline, « *Les victimes : des oubliées de l'histoire du droit ?* », *in* Robert Cario et Denis Salas, *Œuvre de justice et victimes*, volume 1, Paris, L'Harmattan, 2001.

6 Voir *infra* la première partie de cette étude.

7 La campagne européenne actuelle visant à « victimiser » toute prostituée même parfaitement consentante est le prélude à l'interdiction générale de la prostitution et à la criminalisation du recours aux prostituées voulue par les nouveaux bien-pensants. À l'idée qu'un trouble à l'ordre public doit entraîner une riposte pénale se substitue l'idée que l'existence d'une victime réelle, supposée, ou instituée doit entraîner les foudres pénales sur un acteur rapidement désigné comme coupable, ici le client (sur la prostitution : Marcela Iacub, « Criminaliser la prostitution : danger », *Libération*, 24 Juillet 2002). Dans un ordre différent la victime de l'abus de bien social, au nom de laquelle se déchaîne la répression la plus lourde, immobilisant pendant de longues années des cabinets d'instruction est assez évanescente et dans la plupart des cas subit un préjudice énorme, du fait de l'instruction, sans commune mesure avec le préjudice généralement faible occasionné par l'abus lui-même. Il est clair que la défense de l'actionnaire victime n'est dans ce cas qu'un prétexte.

nullement claire et bien évidemment très évolutive d'autant plus que pendant de longs siècles les juristes évitent l'utilisation du mot[8].

Nous serions tentés d'écrire, de manière très générale, que la victime est une personne ayant subi un préjudice mesurable et injuste du fait d'une faute. Cette définition, qui laisse dans le flou la notion d'injustice, est évidemment plus restrictive que les données de la réflexion victimologique qui, dans une approche plus psychologique que juridique, tend à retenir tous ceux qui se vivent victimes d'une certaine action[9]. Seule une définition étroite de la victime nous semble opérationnelle historiquement. En effet la place de la victime dans une société, qui conditionne son rôle dans le procès, a considérablement évolué, et cette destinée paraissait assez exactement liée au développement des structures de droit public pré-étatiques, puis étatiques. Dans cette histoire, le droit romain offre un champ privilégié puisque c'est au cours de son développement que s'opère le renversement majeur, mais réversible, qui oppose la victime solitaire à la victime prise en charge par l'État.

I. La victime solitaire

Être victime dans nombre de civilisations antiques est un malheur ou un bonheur qui n'appelle pas nécessairement le recours au droit, bien au contraire. C'est l'éloignement progressif du droit de la sphère magico-religieuse qui va permettre de constituer la victime en créancier opérant la jonction entre ce qui sera considéré comme les deux catégories majeures d'obligations : contractuelles et délictuelles[10].

A. La victime sacrificielle

Le sacrifice de la victime – innocente suivant nos critères contemporains – ne concerne pas les rapports inter-humains mais les échanges entre les hommes et les dieux. C'est de la souffrance injuste que

---

8 Le terme « victime» n'est par exemple pas utilisé dans les ouvrages juridiques du XVIIIe siècle comme celui de Denisart. Cela n'empêche nullement la victime d'exister juridiquement et de pouvoir faire valoir ses droits dans la procédure criminelle.

9 Pour la Société française de victimologie : « Une victime est un individu qui reconnaît avoir été atteint dans son intégrité personnelle par un agent causal externe ayant entraîné un dommage évident, identifié comme tel par la majorité du corps social » cf. Robert Cario et Denis Salas (sous la direction de), *Œuvre de justice et victimes*, Paris, L'Harmattan, 2001.

10 Théorie mise en place définitivement dans la deuxième partie des *Institutes* de Gaius.

naît le destin. Il n'est pas dans ces conditions possible d'envisager un quelconque droit de créance de la « victime » qui n'éprouve pas, quel que soit son sort tragique, un préjudice au sens où nous l'entendons ; la condition du sacrifié étant, dans la plupart des civilisations, valorisante.

Le concept de victime créancière implique la reconnaissance, dans une société donnée de la Loi, c'est-à-dire de l'interdit qui pour la psychanalyse permet de passer de l'état animal à l'état de civilisation[11] mais qui engendre névrose et haine de la culture.

Les mythes historiques de notre civilisation méditerranéenne nous permettent de supposer l'existence d'une période floue où, à coté de la prohibition du meurtre, subsistait la notion de victime sacrificielle. Avec la guerre le sacrifice humain serait l'occasion où une société permet le recours à une violence menée par la collectivité pour contrer la pluralité des violences individuelles. Le processus décrit par René Girard[12], arrêter la contagion du sang impur par le sang pur versé, possède la même finalité que celui de notre justice qui s'y substituera.

Les exemples de sacrifices tardifs – interposition, selon Marcel Mauss[13], d'une victime innocente entre le monde profane et le monde sacré – sont abondants. Le destin de la prétendue fille d'Agamemnon et de Clytemnestre en est l'archétype. La vie d'Iphigénie est clairement échangée contre des conditions météorologiques favorables à la victoire navale des Achéens, au terme d'un marché avec Artémis. Le second cas abondamment cité est celui du sacrifice de la fille de Jephté, juge d'Israël[14]. Nous y trouvons aussi la notion d'échange[15] qui est dans le texte biblique assorti d'une incontestable idée de punition divine, pleinement acceptée[16],

---

11 Développé par Freud dans *Malaise dans la civilisation*. Rappelons que les trois interdits fondamentaux sont pour Freud l'inceste, le cannibalisme et le meurtre.

12 René Girard, *La violence et le sacré*, Paris, Grasset, 1972.

13 Marcel Mauss, « Essai sur la nature et la fonction du sacrifice », *L'Année sociologique*, 1899.

14 *Livre des Juges*, 11, 29.

15 « *Si vraiment tu me livres les fils d'Ammon, quiconque sortira des portes de ma maison à ma rencontre quand je reviendrai sain et sauf de chez les fils d'Ammon, celui-là appartiendra au SEIGNEUR et je l'offrirai en holocauste* », 11, 30 (traduction TOB).

16 « *Tandis que Jephté revenait vers sa maison ... voici que sa fille sortit à sa rencontre dansant et jouant du tambourin .... Dès qu'il la vit, il déchira ses vêtements et dit : « Ah ! ma fille, tu me plonges dans le désespoir ; tu es de ceux qui m'apportent le malheur ; et moi j'ai trop parlé devant le SEIGNEUR et je ne puis revenir en arrière » elle répond « Mon père, tu as trop parlé devant le SEIGNEUR ; traite-moi selon la parole sortie de ta bouche puisque le SEIGNEUR a tiré vengeance de tes ennemis, les fils d'Ammon* », 11, 34 (traduction TOB).

probablement dû – mais le narrateur est muet sur ce sujet – à la violation par Jephté de la prohibition du sacrifice humain établi en Israël à l'époque.

La parenté entre les sacrifices d'Iphygénie[17] et de la fille de Jephté[18] et leur origine mythique commune est un point intéressant[19]. Plus important pour notre problématique se révèle la dégradation de la légende d'Iphygénie par l'histoire. Le texte racinien constitue un aboutissement révélateur. Racine, pourtant coutumier d'une violence injuste qui voit le sacrifice de femme innocente érigé en vertu, renonce à destiner Iphigénie au couteau de Calchas, préférant la mort d'une jeune fille plus trouble, Ériphile. L'explication qu'il donne dans la préface est révélatrice : « *Je puis donc dire que j'ai été très heureux de trouver dans les Anciens cette autre Iphigénie .... Qui tombant dans le malheur où cette amante jalouse voulait précipiter sa rivale, mérite en quelque façon d'être punie, sans être pourtant tout à fait indigne de compassion* ». La confrontation des mentalités archaïques[20] et modernes penche en direction de cette dernière. Il devient difficile d'exposer l'exécution par les instances de la Loi de l'innocente victime parce que véritablement innocente. Depuis longtemps la pulsion de mort a été retournée vers l'extérieur, vers les ennemis de l'ordre social, c'est-à-dire vers ceux qui sont censés vouloir le mal pour un groupe social ou pour ses membres. La victime, dans son sens contemporain de personne victime d'un préjudice injuste possédant un droit à obtenir réparation, a fait son apparition depuis bien longtemps. Dans une société organisée la violence n'est tolérable que comme châtiment frappant un coupable.

B. La victime maître du contentieux

Quand, progressivement, l'idée d'échange avec les dieux s'estompe, reste le marchandage entre les hommes et les groupes qu'ils constituent.

Deux idées semblent sous-tendre l'apparition du contentieux « victimaire », celles de la vengeance et de la dette. La victime, individu ou groupe, trouve sa place dans un système juridique quand un droit de vengeance lui est reconnu en compensation du préjudice éprouvé par lui-

---

17 D'une manière générale Cf. R. K. Yerkes, *Sacrifice in Greek and Roman Religions and Early Judaism*, 1952.

18 D'une manière générale Cf. « Sacrifice », *Encyclopedia Judaica*, 14:599–615, 1971 ; Roland de Vaux, *Les Sacrifices de l'Ancien Testament* ,1964.

19 Sur la possibilité d'origine commune des deux mythes voir Marie Guillet, « JEPHTÉ, juge d'Israël », *Encyclopediæ universalis*.

20 Mais aussi chrétienne avec le sacrifice christique.

même ou par un familier. Mais la juridicisation de l'intervention de la victime n'est pleinement réalisée qu'au moment où la coutume transforme ce droit en créance[21]. Tout naturellement, dans un schéma où seule compte l'atténuation des tensions sociales par un transfert d'actif d'un patrimoine à un autre patrimoine, seule l'intervention de la victime peut lier le contentieux.

Le droit romain initial nous offre à la perfection un modèle pur de contentieux maîtrisé par la victime

Tout d'abord le *sacramentum*, qui offrira des siècles encore après sa disparition, la modélisation du procès romain, nous montre une victime maître de tout le jeu judiciaire, qui contraint son adversaire à comparaître et à prêter un serment qui sera l'enjeu feint du litige. Le poids de la victime est tel qu'il semble que l'assigné soit en position de se justifier ou de perdre[22]. Dans un tel système, où la victime elle-même opère – dans la tenue qui provoquera les railleries de Gaius – les perquisitions au domicile du « coupable », les autorités de la cité sont inexistantes, ce qui signifie que le droit pénal, au sens où nous l'entendons, n'existe pas[23]. La procédure met en présence un demandeur et un défendeur, dans un sens un accusateur et un accusé rien de plus.

Cette privatisation du contentieux de la responsabilité ne pouvait qu'être accentuée par la lente intégration de la responsabilité délictuelle dans le concept général d'obligation[24]. Soulignons une réalité évidemment connue, mais dont toutes les conséquences ne sont pas toujours tirées, le droit romain – contrairement à d'autres systèmes ignorant la théorie des obligations comme les droit anglo-saxons – unifie le régime des créances et fait de la victime d'un délit un créancier comme un autre. Certes des dispositions particulières subsistent dans notre matière comme des règles spécifiques concernant la transmission active et passive de l'action, il n'en demeure pas moins que depuis le IIe siècle, depuis les définitions de Paul et

---

21 Que le bénéficiaire de la créance soit la victime ou comme en droit archaïque les dieux, par l'intermédiaire du sacrifice, ne chance rien. Cf. La contribution d'Anne-marie Mésa.

22 Sur les incertitudes du principe de l'inertie judiciaire et la naissance de la présomption d'innocence, Cf. Jean-François Chassaing, « Jalons pour une histoire de la présomption d'innocence », *Juger les juges*, Paris, La documentation française, 2000.

23 Le pénal au sens ou nous l'entendons, qui correspond aux délits publics initiaux est réservé aux choses horribles que sont la trahison et le parricide.

24 Par exemple Jean-Louis Gazzaniga, *Introduction historique au droit des obligations*, Paris, PUF, 1992, p. 234.

les classifications de Gaius, il existe un seul droit des obligations. Le rôle de la victime, créancier comme un autre, est donc valorisé et il est naturel de compter sur elle, et sur elle seule, pour faire valoir « son » droit.

Historiquement cette affirmation mérite toutefois d'être nuancée par le développement de la bureaucratie impériale qui conduit au triomphe de la procédure *extra ordinem* fort différente des précédentes et qui annonce le mode de fonctionnement moderne du droit punitif impliquant une prise en charge « étatique » de la criminalité.

Le modèle classique romain impliquant la modération de la vengeance par l'octroi d'un droit de créance ne pouvait être repris dans sa subtilité par les systèmes francs. Nous pouvons considérer que, avant la renaissance des droits savants, les différentes procédures qui impliquent la victime conduisent à une renonciation à la vengeance au bénéfice d'une compensation. Dans les systèmes de composition barbares la victime qui accepte de se placer dans l'optique de l'indemnisation abandonne toute démarche vindicatoire pour réclamer une composition qui est loin du système romain classique puisque fixe[25]. Nous sommes en présence d'une première tentative d'évacuer la vengeance de la procédure. La victime qui a renoncé à la vendetta évite l'enclenchement d'un cycle de violence qui peut lui être fatal en acceptant la composition.

La justice féodale, au sens strict, est animée par la même préoccupation mais les dérives de la procédure ne mettent nullement la victime hors de la violence : L'accusateur « judiciaire » n'est pas à l'abri du combat en raison du succès du duel judiciaire généralement considéré comme un moyen de preuve ordalique, mais dont l'existence révèle surtout l'incapacité de la justice à exister véritablement puisque sa raison d'être qui est l'évacuation de la violence du conflit individuel se trouble. Duel judiciaire, faussement de témoin, faussement de juge ritualisent la violence plus qu'elle ne la freine. Un tel système n'a que peu d'intérêt et risque de conduire la victime faible à l'abstention, la victime forte au combat direct[26]. L'obsession lignagère du monde féodal renforce d'ailleurs cette généralisation de la victime guerrière. La vengeance lignagère précède le retrait lignagé[27].

---

25 Jean-Marie Carbasse, *Introduction historique au droit pénal*, Paris, PUF, 1990, p. 65.

26 D'ailleurs la victime qui a recours à la procédure et non au combat est généralement raillée : « Si je ne venge pas mes parents tués, on ne m'appellera plus un homme, mais une faible femme ! », cité par Jean-Marie Carbasse, *op. cit.*, p. 69.

27 Ourliac et de Malafosse, *Histoire du Droit privé*, tome 3, Paris, PUF, 1968, p. 480 .

L'apparition d'un droit des villes bourgeoises où les marchands étaient complètement hostiles à la violence judiciaire et revendiquaient une résolution financière des dommages entraîna le renouveau de systèmes de composition. Mais c'est évidemment la prohibition – à la mise en place laborieuse – du duel judiciaire à partir du XIIIe siècle qui opère une évacuation, lue souvent comme définitive, de la vengeance du processus pénal.

Cela ne signifie nullement que le vengeur devint le personnage douteux qu'il est aujourd'hui. La littérature et le théâtre apprécient la vengeance, même si le drame français ne connaîtra jamais l'intensité vengeresse du théâtre élisabéthain, où les fantômes des victimes viennent réclamer leur dû[28]. Plus proche de nous, la Marseillaise célèbre encore le devoir : « *de les venger ou de les suivre* ».

Si la justice, depuis la fin du moyen âge, ne tolère plus d'être instrument de la vengeance de la victime c'est sans doute parce que l'État a investi la matière punitive et ne saurait s'y accommoder de concurrence.

II. La victime administrée

La procédure *extra ordinem* avait déjà consacré la place maîtresse de l'Empire et de ses fonctionnaires dans la marche du contentieux. Le droit punitif s'y « publicise » et le rôle de la victime devient secondaire. Il va de soi que l'étude des droits savants, dans une période de montée de la puissance royale aura le même effet. Non seulement l'État naissant entend se réserver l'usage de la force, mais il entend aussi contrôler le processus punitif et ne pas le laisser à la discrétion de la victime. Si cette dernière conserve un rôle aux cotés des gens du Roi c'est avant tout celui de justification à l'action étatique. Nous assistons donc à la formation d'un couple victime-État dominé bien évidemment par ce dernier jusqu'au retournement opéré dans la seconde moitié du XXe siècle.

A. La victime au service de l'État répressif

Le fait que la nouvelle procédure pénale française, qui se généralise à la fin du moyen âge, soit issue de l'inquisition est évidemment important de notre point de vue. L'hérésie est l'exemple même de l'infraction sans victime consciente, comme le sera beaucoup plus tard le trafic de stupéfiants. Le

---

28 Richmond Hathorn, *Tragedy, Myth, and Mystery*, 1962.

juge ne saurait donc attendre l'action d'une victime inexistante ou ignorante de sa qualité. Dans l'action du juge royal, comme dans celle de l'inquisiteur, la préoccupation d'ordre – que nous appellerions « public » – est majeure et pratiquement exclusive. La victime, si celle-ci s'identifie en tant que telle à un titre quelconque, pourra se voir attribuer des réparations, mais son rôle moteur disparaîtra au profit de ce qui va devenir l'État.

La montée de la toute puissance étatique n'est sans doute pas la seule raison de la marginalisation de la victime. Une pensée religieuse également issue des réflexions sur l'inquisition privilégie le salut céleste du coupable, le rôle de la victime étant neutre par rapport à l'enjeu de la vie éternelle. Il n'est paradoxal qu'en apparence de souligner que cette époque de rudesse pour l'accusé est aussi celle où ce dernier devient le seul acteur non judiciaire du procès pénal. Pour le pire, et à certaines époques pour le meilleur, la procédure pénale devient le théâtre de l'accusé où la victime se voit assigner, généralement par l'accusation, un rôle de faire valoir. Il n'est pas étonnant de constater que l'extrême sévérité, tout comme à certaine époque plus proche, l'extrême indulgence[29], tient à cette éclipse de la victime.

L'hostilité de plus en plus forte à toute idée de vengeance judiciaire, même si comme nous l'avons vu l'idée de vengeance demeure souvent positive, joue bien évidemment dans cette mise au pas de la victime. Mais c'est principalement la naissance de l'État administratif français qui est la clé du phénomène. La France possède la particularité étrange de considérer très tôt la justice comme une branche de l'administration[30], dans la droite filiation du bas empire romain. L'accusatoire de type anglais, qui laissera pendant longtemps[31] un juge titulaire d'un pouvoir autonome arbitrer entre accusateur et accusé, devint rapidement aux yeux français un monde étrange. L'État administratif français – et la tradition de l'inquisiteur lui convient fort bien – n'a nul besoin de victime ; il s'assigne avant tout la mise en ordre d'une société – qui en a certes besoin – sans dépendre du courage, des peurs, ou des réticences des victimes. Dans un raccourci, sans doute un

29 Sur les « acquittements scandaleux » au XIXe siècle, cf. par exemple Françoise Lombard, *Les jurés, justice représentative et représentations de la justice*, Paris, L'Harmattan, 1993.

30 Cf. Blandine Kriegel, *Réflexions sur la Justice, Les chemins de l'État V*, Paris, Plon, 2001.

31 En fait jusqu'à ce que, en matière pénale, l'accusateur victime s'efface au profit de l'accusateur représentant de la couronne ce qui se fera complètement au XIXe siècle. Cf. Mittermaier, *Traité de la procédure criminelle en Angleterre, en Ecosse et dans l'Amérique du Nord*, traduit par Chauffard, Paris, 1868.

peu rapide, Michel Foucault pensait que l'absolutisme monarchique, appuyé sur la tradition romaine était moins favorable à la victime que l'humanisme chrétien du moyen âge.

Si l'adoption de la procédure inquisitoire a contribué à restreindre le rôle de la victime l'apparition progressive de ce qui va devenir le parquet ira dans le même sens un siècle plus tard. Mais la généralisation du rôle des gens du Roi à la Renaissance aura le mérite de clarifier une situation quelque peu confuse depuis le XIVe siècle en faisant émerger un concept nouveau, celui de partie civile. Dès le XVIe siècle, les légistes distinguent soigneusement le rôle du procureur du Roi qui a l'exclusivité de la « vindicte » du rôle de la partie civile qui demande simplement réparation. La possibilité de se porter partie civile sera confirmée par les Parlements dans le courant du XVIIe siècle[32].

C'est aux temps modernes que la théorie générale de la procédure pénale française s'établit, et elle ne saurait se ramener à la procédure inquisitoire. Certes le juge, informé par la victime ou la clameur publique a toujours la possibilité de se saisir d'office, ce qui reprend l'économie de la procédure inquisitoire ; mais cette possibilité est très rarement exercée et de toute façon nécessite depuis l'ordonnance criminelle l'information du procureur. La démarche normale conduit maintenant la victime à s'adresser au procureur qui décide ou non de saisir le juge. Le parquet, dans l'intérêt public, est donc amené à filtrer les plaintes mais aussi à devenir, si les poursuites sont exercées, le tuteur de la victime dans le procès pénal, l'intervention de cette dernière étant limitée. En fait, pour les crimes majeurs, la victime devient une sorte d'instrument au service du parquet, alors que pour les infractions mineures la plupart des auteurs considèrent qu'une plus large autonomie lui est laissée dans une procédure dite improprement « à l'ordinaire » c'est-à-dire en fait pratiquement civile[33]. La procédure fonctionne, à partir de l'ordonnance criminelle, comme si, en matière de crime grave, il n'existait qu'une seule victime : le Roi. Cette constatation illustre d'ailleurs particulièrement bien ce qu'est la monarchie absolue.

Les historiens, pratiquement unanimes, soulignent la continuité existant entre l'ordonnance criminelle de Colbert et le code de procédure pénal napoléonien. Si cette opinion est pertinente elle mérite d'être légèrement nuancée en notre matière. Le législateur napoléonien instituant,

---

32 Sur l'ensemble voir Jean-Pierre Alline *op. cit.*.

33 Jean-Pierre Alline, *op. cit.*, p. 48.

grande originalité de la procédure pénale française, un parquet composé de magistrats et dirigé par les procureurs généraux voulus comme des préfets judiciaires, marginalise à l'extrême le rôle de la victime qui a peu de poids face à cette institution étatico-judiciaire. L'importance démesurée, en matière criminelle, prise à partir du XIXe siècle par l'instruction, et par le juge qui l'assure, va dans le même sens. S'il a été souligné à juste titre que l'inculpé ne bénéficie d'aucun droit avant le jugement sur le fond, il est généralement passé sous silence que la victime est dans le même cas et ignore tout des investigations et des découvertes opérées. Il est symptomatique d'observer que la loi Constans de 1897, qui introduit des éléments de contradictoire pendant l'instruction, avec la possibilité de consultation du dossier et d'assistance d'un avocat, ne s'applique qu'à l'inculpé. Il faudra attendre 1921 pour que les droits accordés en 1897 à la personne poursuivie le soient aussi à la victime.

Il est vrai que progressivement au cours du XXe siècle les droits de la partie civile auront tendance à être calquée sur les droits de la personne poursuivie, principalement depuis le code de procédure pénale. Mais la victime a maintenant reconquis une nouvelle place.

B. L'État au service de la victime

L'histoire des mentalités montre que tout était réuni, dès le XIXe siècle, pour un intérêt nouveau pour la victime, qui se produira pourtant plus tardivement. La naissance de l'intimité chez les Lumières, comme la valorisation de l'amour familial et conjugal du début du XIXe siècle[34] et comme l'individualisme[35] révolutionnaire et napoléonien, aurait pu conduire à ce résultat d'autant plus que l'esprit « bourgeois » du code civil conduit à la valorisation des équilibres patrimoniaux et débouche sur une réflexion sur la notion de compensation juste. Plusieurs causes selon nous retardent ce retour de la victime. La première est sans doute due au caractère extrêmement dogmatique du code d'instruction criminelle qui entend, à la suite de l'ordonnance criminelle de Colbert, laisser l'État maître de tout ce qui touche à la poursuite. La victime est victime de la conception napoléonienne de l'État. La seconde cause tient certainement à la manière dont la France a vécu le romantisme. Cette exaltation de la souffrance,

---

34 Cf. Edward Shorter, *Naissance de la famille moderne*, Paris, Le Seuil, 1977 ; Luc Ferry, *L'homme-dieu ou le sens de la vie*, Paris, Grasset, 1996.

35 Norbert Rouland, *Introduction historique au droit*, Paris, PUF, 1998, p. 584.

tournée vers le passé, à composante fortement masochiste, ne pouvait déboucher sur une reconnaissance de la victime titulaire de droits. Elle aurait pu conduire à un retour de l'exaltation de la victime sacrificielle, mais l'égoïsme romantique n'a que faire du sacrifice d'un individu pour une collectivité. La dernière cause que nous retiendrons est la persistance du rôle social de l'Église. La victime est sans doute, tout compte fait, considérée comme relevant du compassionnel qui est encore du domaine du clergé. C'est une opinion largement répandue de nos jours que les magistrats sont souvent appelés à tenter de répondre à des attentes qui eussent été, un siècle auparavant, du domaine des curés.

La mise en place du rôle majeur de la victime s'opérera quand les valeurs religieuses s'estomperont et quand l'État s'affaiblira au point d'avoir besoin de la victime pour justifier la répression pénale. Certains auteurs[36] trouvent en outre des racines à l'émergence de la victime dans le procès pénal dans les traumatismes de la Shoah. Cette explication, qui n'est certes pas à négliger, nous paraît poser des problèmes chronologiques : en France les grands procès dits historiques portant sur la seconde guerre mondiale se déroulent après la révolution des mentalités. Cette dernière qui fait son apparition à la fin des années soixante nous paraît liée d'abord au mouvement de contestation de la justice, sommée de s'exercer sur le contrôle des justiciables ; la célèbre affaire de Bruay-en-Artois, qui vit l'intervention malheureuse de Jean-Paul Sartre, en reste la caricature. La naissance du consumérisme, dans les mêmes années, peut paraître très éloignée des précédentes préoccupations, mais a sans doute le même effet[37]. Certains ont d'ailleurs pu parler d'américanisation du contentieux français. Ce point mérite une forte nuance : aux États-Unis l'action des victimes aboutit à un procès civil, en France – en raison notamment du faible pouvoir d'investigation du juge civil et des coûts différents des deux contentieux – ce désir de reconnaissance d'un préjudice aboutira le plus souvent à un procès pénal. Ce dernier présente sans doute aussi un autre avantage clandestin : il permet de réintroduire, à côté de l'indemnisation, la vengeance, exclue du monde judiciaire depuis longtemps. Les déclarations récurrentes des avocats

---

36 C'est le cas de Cario et Salas (*Œuvre de justice et victimes*, *op. cit.*) mais aussi de Jean-Pierre Royer (*Histoire de la justice en France*, Paris, PUF, 3ᵉ éd, 1995) qui accorde beaucoup d'importance au procès « historique ».

37 Cf. Jean-François Chassaing, « Les années soixantes et l'évolution du droit pénal », à publier en allemand à l'université de Bielefeld, texte français disponible à http://mapage.noos.fr/jfrchass/.

des parties civiles selon lesquelles il ne s'agit nullement de se venger, sont éloquentes. La vengeance se « judiciarise » à nouveau, à condition pour l'instant de demeurer dans le non dit.

Depuis trente ans l'évolution de la procédure pénale conduit à donner des droits de plus en plus importants, exactement calqués sur ceux de la personne poursuivie, à la partie civile tant au temps de l'instruction que du jugement. La constitution de partie civile déclenchant l'action publique, la multiplicité des victimes utilisant cette voie relativise le vieux principe d'opportunité des poursuites contrôlée par le parquet, ce dernier étant paradoxalement réduit à une sorte de rôle d'arbitre dans certains procès. Une jurisprudence particulièrement complaisante à l'égard des victimes admet la constitution de partie civile de personnes ne pouvant juridiquement demander une indemnisation[38], ce qui revient à reconnaître que la partie civile n'est pas que « partie civile » mais qu'un discret droit à la vengeance lui est concédé. Ajoutons une conséquence théorique, qui peut dans certains cas transformer l'esprit d'un procès : une victime devenue partie civile n'est plus tenue de dire la vérité, elle ne prête plus serment, comme ne prête plus serment l'accusé depuis la révolution, elle a ses intérêts propres à gérer pendant l'instance, elle peut définir une stratégie judiciaire avec son avocat. L'institutionnalisation de la victime risque d'éloigner encore un peu plus la vérité judiciaire de la vérité, à moins évidemment de dénier toute existence à cette dernière et de considérer que toute vérité est négociée. On assiste en tout cas dans certains procès à une sorte de retour clandestin de l'accusatoire où le combat judiciaire a lieu entre avocat de la partie civile et avocat de l'accusé.

Témoignage de l'évolution des mentalités, dans l'ordre international, l'absence juridique des victimes a fait l'objet de vives critiques pour les Tribunaux pénaux internationaux et a été corrigée pour la Cour pénale internationale.

Pour revenir au droit français l'évolution récente la plus considérable du rôle de la victime tient aux régimes législativement dérogatoires dont bénéficient certaines associations qui peuvent ester à côté et quelquefois à la place des victimes. Là encore le parquet est marginalisé et se borne à suivre une instance qu'il n'a pas déclenchée. Toute une partie de la jurisprudence pénale a évolué à l'initiative de ces associations de victimes, notamment en matière de racisme. Là encore réapparaît la victime vengeresse, maître à

---

38 Cf. par exemple Michèle-Laure Rassat, *Procédure pénale*, Paris, PUF, 1990, n°163.

travers les associations, de la marche du procès mais aussi de sa perception par le public, la communication devenant dans les grandes affaires une donnée du procès pénal, et les associations de victimes communiquant généralement avec plus de talent que le ministère public.

Historiquement nous pensons que la médiatisation a bouleversé la donne du procès pénal même si elle concerne une minorité de cas[39]. Le retour de la victime vengeur ébranle les certitudes pénales quand elle est soutenue par une campagne médiatique forte. L'affaire du « sang contaminé » est révélatrice de ce nouvel état de faits. La justice y a été sommée d'« arranger » le droit pour assurer une répression criminelle qui n'avait pas de raison juridique d'être. Dans de tels cas nous sortons de la décision, fondée sur la loi. La justice devrait donner satisfaction à ceux qui souffrent sans trop s'attacher à dire le droit[40]. Le problème est que, dans l'optique française, une telle satisfaction est pénale, c'est-à-dire qu'elle implique de désigner des coupables et non point simplement d'indemniser. Or le poids de la victime médiatisée est de nature à faire basculer les principes élémentaires du droit pénal que sont la légalité des délits et la présomption d'innocence[41]. Le rôle pénal de l'État serait-il d'apaiser les victimes d'un destin injuste en les aidant à anéantir un responsable hasardeux ?

L'État qui peut paraître malmené par son rôle de tuteur de victimes vindicatives et quelquefois brouillonnes tire parfois de cette faiblesse une certaine force[42]. La défense des victimes peut servir de légitimité de rechange à la répression pénale depuis que le fondement tiré de la défense de l'ordre public a été ébranlé par la crise anti-autoritaire des années soixante. La recherche de victimes ignorées, non conscientes de leur état, simplement

39 Cf Jean-François Chassaing, « Jalons pour une histoire de la présomption d'innocence, *op. cit.*

40 Cf. Daniel Soulez-Larivière, « Victimes et tragédies », *Libération*, 16 juillet 2002.

41 Nous pouvons y ajouter une jurisprudence de plus en plus acrobatique en matière de prescription, dans cette même matière l'intervention peu cohérente du législateur notamment sur la réouverture des délais de prescription à la majorité de la victime pour certaines infractions. Si la prescription gène il eût mieux valu la supprimer, certains systèmes de droit éloignés du droit romain ne la connaissent pas.

42 Remarquons que, depuis cinquante ans, le terroriste concurrence l'État dans sa fonction de tuteur des victimes. Sa phraséologie judiciaire (terrorisme marxisant) puis vindicative (terrorisme islamiste) indique clairement la légitimation de l'assassinat par la prétendue défense de la cause des victimes. À la fin du XIXe siècle et au début du XXe le thème de la victime apparaissait rarement, les actions terroristes se présentant plutôt comme des opérations de type militaire (Irlande) ou des opérations de propagande (anarchistes).

virtuelles[43], apparaît comme une tâche nouvelle que le droit pénal s'assigne, non sans arrières pensées. Le bon État surprotecteur, moralisateur et infantilisant est-il le dernier avatar du modèle public romain ?

Conclusion

Le procès pénal est-il devenu la chose de la victime sous le contrôle hésitant de l'État et dans le cadre d'un droit de plus en plus flou ? La description est caricaturale mais nous avons montré que la tendance va bien dans cette direction. Le cœur du problème historique posé par cette nouvelle perception du procès pénal tourne certainement autour du désir de la victime. La réponse à la question : « que veut la victime ? » ne posait guère de problème lors des grandes étapes historiques du procès pénal. Ce qui était recherché était la compensation du dommage assorti ou non d'une peine privée ou à d'autre époque le rachat du droit d'exercer la vengeance. Souvent, actuellement, outre le désir de vengeance plus ou moins clandestin le discours victimaire tourne volontiers autour de la « vérité ». La victime rechercherait une vérité officiellement établie sur des faits qui l'ont gravement traumatisée. Le procès pénal dans ce cas est considéré comme une étape d'une thérapie post-traumatique, ou d'un travail de deuil. Il va de soit que cette approche peut conduire à remettre en cause le droit, puisqu'il ne s'agit plus seulement de dire le droit, mais de le dire au sein d'un processus qui n'est plus purement juridique mais psychologique et sociologique. D'une autre manière, à travers d'autres filtres, avec d'autres outils la question de la vérité dans le procès pénal se posera toujours.

Jean-François CHASSAING
Maître de conférences d'Histoire du Droit,
Université de Paris X - Nanterre

---

43 Pour un exemple de victime virtuelle voir l'article 227-23 du code pénal (loi du 17 juin 1998).

Congrès d'Alexandrie
20 et 21 Février 2003

Responsabilité et Antiquité

Mesdames, Messieurs,
Chers amis de *Méditerranées*,

C'EST AVEC LA PLUS GRANDE ÉMOTION que nous sommes tous venus dans la cité des Ptolémée, dans cette *Bibliotheca Alexandrina*, ressurgie de ses cendres, telle le Phénix si familier à la rhétorique occidentale. Nous sommes venus pour poursuivre à ce feu nouveau le dialogue initié par Rome, dans la continuité de son histoire et à travers les héritages divers qu'elle a laissés. Nous voici en Égypte, mais pas vraiment dans celle des pharaons, ni sur le Nil, ni dans le Delta, ni dans la capitale actuelle, mais là où le roi de Macédoine, dont l'un des emblèmes était le Soleil, a voulu, il y a 2328 ans, une fois avant beaucoup d'autres, poser son nom, en quittant l'oasis de Siwah où il avait rencontré l'oracle d'Amon.

Dans cette ville palimpseste, nous avons été accueillis, nous avons été appelés à retisser le rêve de l'universalité. Notre premier hôte Jean-Yves Empereur, qui pratique assidûment les strates tant marines que terrestres d'Alexandrie, nous a accueillis et même hébergés au sein de la communauté des archéologues du Centre d'Etudes Alexandrines avec une chaleur et une simplicité extraordinaires. Et le lendemain, dans cette prestigieuse enceinte, Monsieur Ismail Sarageldin qui, après Démétrios de Phalère, après

Eratosthène, après Callimaque, préside aux destinées de la Bibliothèque, nous a rappelé la mission d'accumulation, de diffusion et de conservation des savoirs, à laquelle il nous conviait. A sa suite, Monsieur le Consul Gilles Gautier a souligné l'acuité que prenait cet impératif « dans cette région du monde où il y a plus de questions que de réponses ». A cet accueil, d'emblée situé sous le signe du syncrétisme culturel, Jacques Bouineau, le président de notre association, a chaleureusement fait écho en rappelant la volonté œcuménique qui a présidé à la naissance de *Méditerranées*, qu'il a portée sur les fonts baptismaux au côté de Jean-Marie Demaldent, doyen de la faculté de Nanterre ici présent. Resituant au premier plan le droit romain, comme fil rouge et matrice du projet initial, il a rappelé l'intérêt extrême de le concevoir dans sa dimension historique, en particulier en le regardant depuis l'Égypte, c'est-à-dire depuis une civilisation où l'on ne conceptualise pas encore le droit, et bien avant que la philosophie des Lumières n'apporte l'ultime rationalisation.

Ainsi, notre association *Méditerranées*, fondée en décembre 1991, poursuit aujourd'hui un parcours mené de Tunis à Paris, d'Aix-en-Provence à Komotini, de Malte à La Rochelle. Nous voici à Alexandrie. Jamais nous ne nous sommes trouvés aussi près du Levant. En vérité, nous nous acheminions inéluctablement vers elle, dans notre quête des traces de la romanité sur les deux rives du *Mare Nostrum* et dans la volonté initiale de ses fondateurs de faire se rencontrer hommes et idées au-delà des différences de formations, de cultures et de religions. Déjà en effet, à Tunis, Pâris Conortas, qui enseigne à l'université de Corfou, nous avait parlé du poète Constantin Cavafy qui, au tournant des deux derniers siècles, déchiffrait les symboles des époques hellénistiques et byzantines dans les rues d'Alexandrie. Et voici que nous venons de voir ses effets personnels rassemblés dans le musée de la Bibliothèque ! En novembre 1999, au congrès de Komotini en Thrace, nous étions au plus près du *Cosmopolitisme et de l'Antiquité*, et vous voici aujourd'hui aux confins de l'Orient, dans le temple du cosmopolitisme culturel.

Vétérans et nouveaux orateurs, venus qui d'Espagne, qui de France, qui de l'Université cairote d'Ain-Shams en voisin, qui de Grèce, et même du Nouveau Monde, de l'autre côté de l'Atlantique, aux rivages où le droit romain a aussi abordé, nous l'avons bien compris. Tous, juristes, historiens, littéraires, vous vous êtes efforcés, durant ces deux journées, de cerner sous les angles multiples de votre érudition et de vos recherches la notion de **Responsabilité**. RESPONSABILITÉ, voilà bien un vieux terme méditerranéen, et je me souviens qu'à Komotini, Maria Youni, qui enseigne à l'Université de Thrace, nous avait expliqué que les *spondai* sont ces libations que l'on verse pour conclure un traité, un accord, ces libations qui engagent la foi des deux parties en présence, en prenant à témoin les dieux. Dans cette lignée, à Rome, *re-spondere* voudra dire aussi « donner une garantie de son côté », déclare le dictionnaire Gaffiot, et le Petit Robert affirme aujourd'hui que la responsabilité signifie « l'obligation de réparer le dommage que l'on a causé par sa faute ou dans certains cas déterminés par la loi ». Remarquable continuité qui nous fait passer d'un univers sacralisé à un univers où seule s'exerce la responsabilité humaine.

Et pourtant, beaucoup d'entre vous avez souligné combien la notion était fluctuante, sujette à l'ambiguïté parfois, à travers les mutations des mentalités et des sociétés, et comme il était nécessaire de la soumettre au filtre de divers questionnements pour en dégager les lignes directrices.

Vous vous êtes ainsi prioritairement demandé, à travers textes, oeuvres et documents de tous ordres, dans quels cas la responsabilité était individuelle et dans quel cas elle était collective, ce qui supposait d'examiner corrélativement les significations variables que les sociétés envisagées ont accordées au concept de Responsabilité. Et, sur vos traces, c'est aussi la démarche que je vais adopter, m'efforçant, avec la naïveté d'un Candide au pays des juristes, de retranscrire les grandes lignes de nos échanges, en scribe et dès longtemps en fidèle servante de la culture gréco-latine, pour vous renvoyer brièvement le miroir de ces deux journées de réflexions et d'échanges.

Tout d'abord, comme nous l'ont judicieusement rappelé beaucoup d'entre vous, on parlera de Responsabilité en droit lorsqu'il y aura rupture de l'équilibre existant entre deux parties par un dommage et l'on se demandera qui est l'auteur du dommage, qui doit rétablir l'équilibre. Celui-ci sera tenu pour responsable. Mais le mouvement n'est pas nécessairement uniforme et constant, qui, au fil du temps, fait passer les sociétés humaines de la prédominance d'une conscience collective à l'émergence de la conscience individuelle.

A qui incombe la responsabilité ?

Tout d'abord, dans la Grèce archaïque que nous décrit Anne Coulié, à travers notamment une lecture très attentive de l'*Iliade*, le groupe humain des guerriers connaît une responsabilité collective, héréditaire, symbolique, étayée sur le concept de sacré et de souillure, l'envers et l'endroit d'une même conception religieuse du monde. La responsabilité de la faute n'est pas requise et des mineurs, comme Patrocle, des héros en proie à une folie soudaine, comme Ajax ou encore Héraclès, peuvent être considérés comme coupables. La responsabilité peut même être étendue à des objets, comme des haches meurtrières qu'il faut rejeter hors des frontières pour retrouver l'équilibre nécessaire. À l'époque d'Hérodote encore, en plein siècle de Périclès, la responsabilité pourra s'étendre à la famille dans l'espace ou dans le temps ; et la souillure des temps archaïques, celle qu'il faut expulser du groupe, sera transposée dans le rite du *pharmakos* ou bouc-émissaire, qui est présent dans l'intrigue de la plus représentative des tragédies de Sophocle, *Œdipe-Roi*. Et pourtant, c'est dans ce même cinquième siècle que s'élabore la conscience individuelle de l'homme occidental, et c'est ce même Œdipe qui, à la face des dieux et du destin inéluctable qui le broie, va revendiquer sa responsabilité en se crevant les yeux et en partant sur les routes.

Au terme de responsabilité collective Cécile Michel, en Mésopotamie, préfèrera le terme de responsabilité solidaire dans le Proche-Orient ancien où, entre le Tigre et l'Euphrate, vivent à l'époque du Code d'Hammourabi (XVIIIe siècle avant J.-C.) des familles de type patriarcal. Les textes paléo-assyriens, issus des archives privées des marchands d'Assur installés en Asie mineure aux XIXe et XVIIIe siècles avant J.-C., offrent une documentation précise sur le système des prêts et le statut très particulier des femmes dans ce cadre. Des tablettes cunéiformes plus tardives nous fournissent également des archives familiales. La femme assyrienne a une dot, des biens propres et, quand elle contracte une dette à titre personnel, elle doit bien sûr la rembourser. Au-delà elle peut être codébitrice des dettes de son époux car le droit familial anatolien impose en quelque sorte la communauté des biens des époux ; elle doit répondre des dettes de son mari, de même que parfois les filles doivent en répondre pour leur père ou pour leur oncle. Cette obligation peut aller jusqu'à la servitude et le plus souvent sous certaines conditions qui la protègent quelque peu... Dans ce cas donc, le plus général, la solidarité familiale prévaut et la femme responsable est aussi victime, assimilée à un bien d'usage, dans le cadre d'une responsabilité collective à l'échelle de la famille.

Il est beaucoup plus difficile de cerner à qui incombe la responsabilité dans le cas de l'administration des palais mycéniens. Certes cette responsabilité dans un univers économique extrêmement réglé existe, mais à qui incombe-t-elle en dernier ressort ? C'est ce que se demande Françoise Rougemont qui, déroulant le fil d'Ariane de l'écriture linéaire B déchiffrée par Chadwick dans les années cinquante, nous entraîne à sa suite dans le dédale des palais de Cnossos et de Pylos. Le corpus d'archives envisagé a trait essentiellement à la gestion des troupeaux d'ovins et à l'industrie textile, fondements d'une économie rurale. Les agents de contrôle économique sont d'une part les scribes, des administrateurs qui opèrent la collecte et traitent toutes les informations utiles à la gestion, tant en hommes qu'en matières premières ; d'autre part, à un niveau moindre, des bergers ou des chefs d'atelier qui, pour assumer la responsabilité immédiate, semblent pouvoir donner une compensation de leurs erreurs sur leurs biens propres. Ainsi, qu'ils relèvent du palais ou d'une structure locale plus restreinte, les uns et les autres, grands personnages intermédiaires entre palais et producteurs, collecteurs surveillants, simples contremaîtres ou bergers, tous ces agents sont liés dans un système de contrôle et de responsabilité très codifié.

Dans un tout autre domaine, Claude Andrault, avec autant de force que de netteté, s'est attachée à évaluer la responsabilité des choix artistiques dans l'Europe méditerranéenne du XIIIe siècle en suivant les traces de l'expansion de l'*opus francigenum* que l'on pourrait hâtivement traduire par « manière française ». Analysant des édifices aussi divers que les cathédrales d'Angleterre, de Catalogne ou de l'Italie du Sud, où se manifeste avec éclat le goût français, croisant en de savants entrelacs les sources monumentales et les sources textuelles, elle a mis en évidence la difficulté qu'il y avait à remonter jusqu'à un concepteur, et donc un responsable unique. Elle a bien souligné combien la diffusion de l'*opus francigenum* par le truchement des seuls prélats était une vue simpliste et comment, dans le temps de la conception et de la réalisation, se tissait au contraire un dialogue complexe entre évêques, chanoines, maîtres d'œuvre, tailleurs de pierre et autres artisans locaux. Et même si, *a posteriori*, certains clercs, dans leur interprétation iconologique, donnent le sentiment d'une conception unifiée par une idéologie ou par un homme, la responsabilité est donc au départ, pour Claude Andrault, collective ; elle est le reflet de tout un état de civilisation, de toute la vision du monde que se fait d'elle-même la société chrétienne en un temps donné.

Mais retournons à présent, avec Anne-Marie Mesa et quelques-uns d'entre vous, aux fondements romains qui définissent la responsabilité et orientent encore aujourd'hui le regard européen sur elle. Oui, il semble bien y avoir, dans l'Etat romain naissant, une étape où les intérêts privés ne se dissocient pas de ceux de la collectivité, où l'on ne distingue pas encore entre délit public et délit privé. Etayant son argumentation sur la distinction fondamentale entre indemnisation et sanction, c'est-à-dire entre dommages et intérêts d'une part et châtiment d'autre part, Anne-Marie Mesa relate une étape où l'on peut, par exemple à travers la pratique du *sacramentum*, qui consiste en une offrande de bétail sacrifié aux dieux, pratiquer une indemnisation collective dans le sentiment qu'il existe une responsabilité de l'Etat tout entier. Mais, précise Anne-Marie Mesa, dans un monde archaïque encore tout pénétré de sacré, l'indemnisation n'est pas destinée à la victime. C'est envers le divin que l'homme s'acquitte d'une dette.

Qu'en est-il de l'autre côté de l'Atlantique, dans un Québec où se sont transportés et ont interféré droit romain et droit anglais ? Michel Morin, qui nous arrive de l'Université d'Ottawa, nous présente, de manière extrêmement documentée, une analyse historique et comparative de la notion éminemment sujette à controverse de *solatium doloris*. Dans la majorité des cas d'école qu'envisage Michel Morin, la responsabilité du décès incombe à une collectivité. Aussi avons-nous choisi d'évoquer ses analyses sous l'angle de la responsabilité collective.

Et qu'en est-il encore dans le cas des associations internationales aujourd'hui ? La responsabilité va bien évidemment incomber, nous dit Ahmed Abou el Wafa, au collectif. Car l'immunité de l'organisation ou de ses agents ne signifie pas l'absence de responsabilité de celle-ci. Pour des actes illicites, supporteront le poids de la responsabilité soit les États-membres, soit l'organisation elle-même, ou alors il y aura responsabilité subsidiaire des membres de l'association.

Enfin, dernier cas de responsabilité collective, au niveau de l'Etat, Isabelle Lendrevie analyse avec beaucoup de vivacité la singularité de la situation qui a prévalu en Égypte entre 1876 et 1922. Le conseil d'Etat n'existe alors pas et l'Etat lui-même n'a pas de statut particulier sur le plan juridique. Comment vont alors se régler les litiges entre les étrangers et les Egyptiens ? La progression quantitative des contentieux de ce genre, réglés avant 1875 par voie diplomatique à travers le système des capitulations, représentait un coût excessif. Un droit mixte égyptien va naître à partir du substrat napoléonien, mais aussi d'éléments belges et italiens. C'est ainsi qu'une collectivité, par exemple la ville d'Alexandrie, pourra être effectivement condamnée à verser des dommages et intérêts.

Ainsi donc, dans les diverses approches que nous venons de rappeler, la responsabilité connaît une acception collective, d'une part dans un état de civilisation assez archaïque, d'autre part dans le cadre d'institutions juridiques ou politiques beaucoup plus contemporaines. Dans les deux cas, le processus mental, juridique et politique qui préside à l'élaboration de la loi est très différent, nous le verrons plus tard.

Toutefois, très tôt dans les civilisations que vous évoquez, semble avoir émergé, en parallèle avec la conscience individuelle, une forme de responsabilité du même ordre.

Pour commencer cet examen de la responsabilité individuelle, revenons à la Mésopotamie. Il pourrait nous sembler que, à des époques très anciennes et dans des sociétés patriarcales, la femme, éternelle mineure, ne peut exercer de responsabilité individuelle : c'est un lieu commun. Eh bien détrompons-nous, nous dit Cécile Michel : au second millénaire avant J.-C., l'indépendance économique pouvait être le lot de certaines femmes d'affaires en Mésopotamie. Des femmes de marchands, des prêtresses, ou encore des femmes habitant des villes aux traditions particulières, pouvaient n'être pas coresponsables des dettes de leur époux ou d'un homme représentant une autorité supérieure. Ainsi la responsabilité solidaire, que nous délimitions tout à l'heure, trouvait-elle ses limites.

Quant à la cité grecque, dont Anne Coulié nous dépeint de manière si affinée l'évolution sur le vaste espace qui s'étend des VIIIe au IVe siècles, n'est-elle pas le lieu mythique de l'émergence véritable de la responsabilité individuelle ? Ce n'est pas seulement un mythe, c'est une réalité, comme Anne Coulié nous le fait toucher du doigt à travers maints documents lyriques, juridiques ou tragiques. En effet, si le contrôle de la cité réduit *a priori* la responsabilité individuelle, dans les tribunaux athéniens on commence très tôt à tenir compte, pour rendre un jugement, de l'intention du coupable. Le mot *aitios*, nous rappelle Anne Coulié, a un double sens : il renvoie aussi bien à la cause qu'à la culpabilité. C'est ainsi que la notion de responsabilité individuelle va osciller à travers le temps, tantôt régressant avec par exemple les lyriques Archiloque et Théognis, qui mettent en avant le rôle de la puissance du destin dans l'action humaine, tantôt progressant, notamment dans le champ du politique où la reddition de comptes des magistrats, qui dans le cadre de la démocratie doivent en référer au peuple, est le vrai signe de la responsabilité. L'épopée marquait déjà une évolution dans le sens d'une responsabilité humaine accrue, tel Agamemnon dans l'*Iliade*, d'abord aveuglé par une colère qui le dépasse (l'*atè*), puis parvenant à s'excuser auprès d'Achille. Les historiens, Hérodote et surtout Thucydide, vont assimiler cette notion de responsabilité à celle de causalité, plus abstraite et plus englobante.

L'analyse romaine de la responsabilité fera-t-elle écho à cette abstraction que nous venons de noter chez les Grecs ? Non, nous dit Anne-Marie Mesa : prenant une tout autre direction, beaucoup plus concrète et pratique, elle s'attachera à déterminer la double nature de la *poena*, à la fois sanction et indemnité. De la République au Bas-Empire et jusqu'à l'époque de Justinien, Anne-Marie Mesa retrace méthodiquement les divers cas, *injuria*, *furtum*, *dolus*, *rapina*, *metus*, que réglemente la loi Aquilia, à partir du IIIe siècle avant J.-C. De ce panorama, il résulte que la loi va faire porter toute la responsabilité à l'individu auteur de la faute, *culpa*, à proprement parler le coupable. Au Bas-Empire, nous précise Anne-Marie Mesa, la doctrine considère que la peine privée répare le dommage alors que l'expiation fait l'objet d'un châtiment public de plus en plus sévère.

Ahmed Hassan nous a brossé, quant à lui, de manière très factuelle et concrète, une fresque de la responsabilité contractuelle à travers les évolutions du droit romain. Il nous a décrit le passage de la responsabilité objective, qui naît de l'idée de tort ou de dommage, bien éloignée encore de l'idée de faute, à la prise en compte de la bonne foi qui, elle, nous fera passer du dommage à la faute, *culpa*.

Parallèlement, David Gilles, dans le domaine français, a opéré un parcours aussi sérieux que technique des textes des grands juristes des XVIIe

et XVIIIe siècles. Dans l'effort pour construire et réinventer le droit romain en l'adaptant à l'esprit du siècle, le droit d'Ancien Régime, outre les compilations justiniennes, invoque l'autorité de la Lex Aquilia : la fondation du Code civil sera centrée sur la notion de *culpa*. Pour chaque faute, il y a un coupable et c'est une entité définie.

En droit contemporain, nous rencontrons trois autres cas de responsabilité individuelle dans le domaine contractuel. Aly Kassem et Hani Douidar évoquent la rémanence et la continuité du droit romain : le premier décrit, à travers une analyse minutieuse du Code de commerce égyptien, la responsabilité du concédant de réparer les dommages subis par le concessionnaire. Qu'il soit matériel ou moral, le préjudice sera compensé par une indemnité. Le second opère, dans une optique marxiste, une analyse comparative extrêmement précise et documentée de la fiducie romaine et du crédit-bail contemporain : dans les deux cas, c'est la propriété individuelle qui tient lieu de garantie.

Quant à Fayez Mohammed Hussein, il étudie la responsabilité des dépositaires dans le cas du contrat de dépôt, ce qui lui permet d'établir un parallèle éclairant entre droit romain et droit islamique et, par-delà les nombreuses similitudes, il nous révèle que, si le droit romain permet le renforcement de la responsabilité du dépositaire, c'est bien le droit des gens qui reste la source formelle du droit musulman.

Ouvrons de plus vastes horizons avec Patrice Jourdain, qui mène une analyse étroite de la relation entre conscience et faute civile dans l'établissement de la responsabilité, qu'elle soit pénale ou civile. Avec les progrès de l'individualisme, nous dit-il, la responsabilité se spiritualise, la faute de l'auteur, pour pouvoir être imputée, doit émaner d'une volonté libre et consciente, et donc la faute s'aggrave à mesure que croît le degré de conscience. Mais sur son chemin d'analyse, Patrice Jourdain rencontre un mouvement d'évolution inverse. Avec l'apparition de l'assurance et le développement contemporain des responsabilités engagées sans qu'il y ait à proprement parler faute du responsable, et ce dans le constant souci d'amélioration du sort des victimes, la tendance subjective de la responsabilité civile s'inverse. Alors l'imputabilité morale de la faute civile n'étant plus une condition, la conscience est évincée. C'est ainsi que, par un singulier retournement, se nuance fortement la notion de responsabilité individuelle.

Pour finir sur une acception moins strictement pénale de la responsabilité, revenons avec Claude Andrault au cas des cathédrales, œuvres collectives s'il en est : peut-il y avoir, malgré la prééminence d'un ordre théologique, un individu qui soit tenu pour responsable ? Est-il concevable qu'une cathédrale n'ait pas un principe causal unitaire identifié, qu'elle se dresse vers le ciel sans la volonté expresse d'un responsable suprême ? Derrière les bâtiments, on devine les individus, mais ce ne sera pas nécessairement l'architecte. Car le *magister operis* sera reconnu moins pour sa faculté d'invention que pour ses qualités d'adaptation à un dessein stylistique ou politique. Dans l'Europe du XIIIe siècle, il n'y a pas de signature. Si une responsabilité individuelle peut s'exercer à ce niveau, elle revient essentiellement, conclut Claude Andrault, aux divers commanditaires : évêque, communauté religieuse, prince ou commune, dont la voix prépondérante peut choisir d'infléchir la création.

En somme, que la responsabilité apparaisse sous une forme collective, individuelle, voire mixte, sa signification même a varié dans le temps et dans l'espace en raison des conceptions différentes que chaque Etat, chaque civilisation, envisagée à une époque donnée, se faisait de l'homme et de sa place dans la société. Nous examinerons à présent le développement de ses méandres sémantiques : que signifie, concrètement et symboliquement, être responsable ? La traduction pénale nous fournira un premier, et assuré, élément de réponse.

Dans un premier temps, la responsabilité peut se traduire par une simple indemnisation. Quoi de plus naturel et de plus immédiat ? Je t'ai causé un tort, je n'ai pas respecté un contrat, je vais donc te dédommager. Reste à fixer le montant et les modalités de cette indemnisation et donc la valeur de ce que j'ai endommagé.

Pour Cécile Michel, dans le cas des dettes de la femme mésopotamienne, coresponsable de la situation familiale, la responsabilité paraît cruelle à nos yeux de modernes, car elle peut faire passer l'individu du statut de liberté à celui de servitude. Ce sera encore le cas dans la Grèce d'avant Solon.

On note aussi un type de phénomène compensatoire dans les palais mycéniens. Françoise Rougemont nous montre que le pouvoir central a une conception extrêmement pragmatique de la responsabilité administrative propre de chacun : à quelque échelon qu'il se trouve d'une hiérarchie complexe entre le palais et le commun des mortels, l'agent doit rendre des comptes même si on ne démêle pas bien, au vu des documents actuels, par quels procédés s'effectuait la réparation.

Parfois la peine capitale tient lieu de compensation. C'était le cas en Espagne, avant que la loi wisigothique, d'ailleurs dans le droit fil de la tradition antique, n'instaure avec le catholicisme le droit d'asile dans des lieux religieux considérés comme sacrés. Mais le droit d'asile, nous déclare Esperanza Osaba, ne supprime pas le sens d'indemnisation qu'avait la peine capitale. Loin de vouloir dire impunité, ce droit de l'individu vise à le maintenir en vie et donc plus que jamais en responsabilité, versant une compensation, certes allégée de l'essentiel, la vie, tant pour la perte matérielle que pour la perte affective.

Très loin de là, au Canada, au cours des deux derniers siècles écoulés, Michel Morin souligne, dans le cas du *pretium doloris*, qui a trait à la disparition criminelle ou accidentelle d'un individu, combien la responsabilité dépend de la valeur financière que l'on accorde à la vie humaine, de sa valeur quasi utilitaire. Les dommages moraux ne sont guère pris en compte que s'ils peuvent se traduire en préjudice matériel. Assumer sa responsabilité, que l'on soit un individu ou un groupe social, commercial ou politique, c'est toujours offrir une compensation monétaire, quitte à quantifier à titre moindre le dommage psychologique.

Mais toutes ces formes d'indemnisation qui courent des sociétés archaïques aux sociétés modernes laissent deviner à l'arrière-plan des choix idéologiques divers. Au-delà d'une lisibilité immédiate, voire chiffrée, la manière dont tel ou tel assume la responsabilité traduit sinon un projet, du moins une intention.

Revenons tout d'abord sur le cas très particulier de la suspension (devrions-nous plutôt dire de la mutation) de la responsabilité, sous la forme de l'immunité ou du droit d'asile.

Dans l'ancien droit slave, nous dit Ivan Biliarsky, un fugitif pouvait se mettre sous la protection de l'Église et la loi slave n'exigeait pas la cession du criminel. En effet, la culpabilité du fugitif n'était pas remise en cause, mais il restait hors du pouvoir des organes répressifs. Quant à la responsabilité pour la violation du droit d'asile, elle se résolvait par une peine, sous forme de coups, dont la gravité pouvait aller jusqu'à la mort. Et Ivan Biliarsky suggère que l'on pourrait discerner là, notamment après l'époque iconoclaste, les fluctuations historiques de la concurrence entre le pouvoir de l'Etat et celui de l'Eglise.

Parallèlement, dans l'Espagne du VIIe siècle telle que nous la présente brillamment Esperanza Osaba, l'apparition du droit d'asile correspond également à une période où les Wisigoths, renonçant à l'arianisme des Goths, et convertis au catholicisme sous le roi Recared, révisent leurs pratiques pénales en fonction de la nouvelle idéologie. Le droit d'asile introduit, ou plutôt traduit, de nouvelles valeurs, manifeste une suspension de la responsabilité directe de l'individu au nom de la mansuétude de l'Eglise qui peut accorder une forme de rémission, sinon de pardon, bien loin des pratiques de l'ancienne loi wisigothique qui, punissant le coupable de la peine capitale, ressemblait fort à la loi du talion. Quel est le souci de l'Eglise en cette occurrence, se demande Esperanza Osaba ? Il n'est pas d'abolir la responsabilité de l'individu, parricide, homicide ou auteur de maléfices divers ; il ne s'agit pas de supprimer toute pénalité, mais de sauver la vie de la personne humaine qui se réfugie dans une église, en lui accordant par exemple l'alternative de l'exil. Mais, si, dans un esprit chrétien, le parricide mérite de vivre, en aucune manière, il ne saurait jouir de ses biens, qui serviront de compensation pour la victime, ses enfants, voire à défaut le fisc.

À l'époque contemporaine, le positiviste émérite qu'est Luc Grynbaum s'interroge sur ce qu'est l'immunité en droit de la responsabilité. Après nous avoir retracé les diverses attitudes adoptées par cette discipline imprégnée de morale qu'est le droit, nous avoir rappelé comment le machinisme a entraîné une dépersonnalisation et fait passer la notion de faute à la notion de risque, il montre que la responsabilité sans faute devient une responsabilité objective. Et il se demande, lui aussi : l'immunité est-elle abolition de la responsabilité ? En vérité, selon Luc Grynbaum, de manière positive, elle peut être perçue comme une sorte d'immunité ecclésiastique assez semblable au droit d'asile. Mais il ajoute que l'époque contemporaine a affiné et diversifié les cas d'immunités : politiques, de protection... Retenons pour mémoire l'immunité au profit d'un préjudice corporel, qui rejoint la notion de garantie, et manifeste un renversement d'attitude et donc de valeur au regard du caractère sacré qu'a pris le corps dans la société d'aujourd'hui.

C'est une tout autre vision du monde qui sous-tend la responsabilité en droit musulman, nous dit Hassan Abd Elhamid. Il nous rappelle que, dans la loi divine de l'Islam, Dieu indique toujours le devoir à travers l'obligation morale du Coran, le juge terrestre étant le garant de l'ordre voulu par Dieu. Dans cet univers théocentré, l'homme est bien une entité agissante. Mais quand on vient à parler de sa volonté, on va distinguer entre la déclaration d'intention elle-même au moment de la passation du contrat et la volonté considérée comme le substrat de l'acte juridique. L'acte juridique en droit musulman, nous explique Hassan Abd Elhamid, comparant avec une extrême acuité la substance signifiante des termes latins et arabes, ne repose pas sur la volonté, et si le déclarant envisage les effets de sa déclaration, la signification elle-même de sa déclaration se réalise en vertu de la loi. Ainsi la volonté individuelle semble fort peu prise en compte dans le droit musulman. Et le contrat ne vise pas à créer des obligations entre les parties contractantes, il est un échange, il assure un équilibre de toute la société. Comme nous le disait également Fayed Mohammed Hussein, la justice en droit musulman est avant tout correction d'un désordre et rééquilibrage dans la répartition des biens.

Allons donc voir, avec Jean-Marie Demaldent, dans une tout autre direction de l'espace méditerranéen : l'Empire ottoman. Qu'est-ce donc que la responsabilité d'un sultan, responsabilité politique cette fois et non personnelle ? Elle consiste assurément, selon l'héritage de l'Empire byzantin, et donc de Rome, à garantir la pérennité de l'Empire, c'est-à-dire, nous explique l'orateur en agrémentant sa démonstration d'anecdotes aussi plaisantes qu'évocatrices, à préserver la légitimité dynastique, à maintenir la doctrine, l'ordre incarné par le sultan, et enfin à ne pas tomber précisément dans des cas d'irresponsabilité tels que la folie, le viol de la sharia, ou le non-respect de la dignité de sa fonction. Pourtant le sultan n'est pas jugé ni obligatoirement sanctionné, car une théorie de la responsabilité pénale serait dangereuse pour l'Etat lui-même. Sa responsabilité n'est donc pas pénale mais bien politique, affirme Jean-Marie Demaldent avec un clin d'œil vers des affaires plus contemporaines.

Quelle idéologie peut donc se manifester au XIIIe siècle à travers la responsabilité architecturale, et plus particulièrement dans le cas de l'*opus francigenum* ? A qui faut-il véritablement attribuer la réalisation finale telle qu'elle est perçue, s'interroge Claude Andrault ? En effet, sur un parti architectural, au XIIIe siècle, il n'existe pas d'auteur, *a fortiori* de droits d'auteurs. Certes, être responsable, c'est avant tout choisir : les formes, les matériaux, les prix, les artistes. Et, si la responsabilité tend parfois, comme nous l'avons vu plus haut, à se diluer dans le collectif, elle est d'abord le programme qui se donne à lire et à décrypter, comme s'y est si étroitement attachée Claude Andrault, tout au long de son exposé. C'est ainsi qu'elle déchiffre en Italie méridionale comment les Angevins, nouveaux conquérants, veulent avant tout faire triompher le message cistercien et exalter la nation française tout entière à travers l'*opus francigenum*. La responsabilité reposerait-elle dans ce cas, par-delà les aléas de la mise en œuvre, par-delà les individus qui la portent, sur le choix idéologique qui préside à l'édifice ?

Ainsi donc, la responsabilité apparaît au cœur d'une vision politique au sens large. Pourtant, plus simplement, si l'on se place aussi près que possible de l'humain, elle peut révéler une perception particulière du monde, donner tout bonnement à lire une sensibilité sociale singulière.

Pour un Grec de la démocratie, nous dit Anne Coulié, être responsable c'est sans doute, dès l'origine, devoir donner une compensation pour la faute que l'on a commise, tel Agamemnon qui s'est indûment emparé de la captive d'Achille. Mais bien plus que cela, à un moment de l'Histoire où se profile une plus grande exigence de rationalité, c'est se sentir cause de ses actes en tant qu'individu, s'affranchir de la puissance des dieux, quitte à assumer pleinement sa responsabilité individuelle face à eux, comme l'Œdipe de Sophocle, et plus encore s'inscrire dans le mouvement d'un devenir humain où s'enchaînent les causes et où l'action individuelle elle-même peut alors devenir un moteur de l'Histoire. Il semble que nous soyons ici aux antipodes de la vision théocentrée du droit musulman, tel qu'il a été analysé par Hassan Abd Elhamid.

Et pour un Romain, s'interroge Anne-Marie Mesa, ou dans le droit français contemporain qui se situe dans le droit fil de Rome à ce sujet, quelle est la signification de la responsabilité, sanctionnée par la *poena* ? On peut noter l'ambiguïté rémanente du terme. À Rome (Theodor Mommsen l'avait déjà signalé), elle perdure dans le droit napoléonien, comme une des multiples réminiscences directes qu'a longuement et précisément analysées Jacques Bouineau dans son ouvrage *Les toges du pouvoir*, et se confirme dans le droit contemporain : la prévalence de la notion de dommages et intérêts n'est-elle pas, dans une certaine mesure, une forme de peine ? En vérité, l'étude de la jurisprudence actuelle nous révèle que certaines amendes incluent l'idée de châtiment. C'est par exemple le cas des amendes douanières compensatoires. Et de plus, dans les valeurs que nous attribuons à la responsabilité, ressurgit peu à peu, mais de manière désacralisée cette fois, l'idée sous-jacente d'une responsabilité globale de la société. Anne-Marie Mesa en veut pour preuve la création en 1990 d'un fonds de garantie des actes de terrorisme et autres infractions, sujet d'actualité s'il en est.

Dans le même ordre d'idées, Patrice Jourdain avait souligné ce mouvement de retrait de la conscience individuelle au regard de la faute comme vraie génératrice de la responsabilité civile. Dans un esprit de justice, il dépasse le constat, en se demandant si notre droit ne fait pas fausse route lorsque, dans la sanction qui est prononcée, il ne distingue plus vraiment entre la responsabilité de l'auteur et celle de la victime. En effet les victimes, elles, s'exclame-t-il, ne sont pas assurées pour la responsabilité qui leur advient et que la société leur attribue, à leur corps et à leur esprit défendant. Et son indignation profonde et réfléchie invite les magistrats et nous-mêmes aujourd'hui à méditer.

En définitive, face à la gravité du terme RESPONSABILITÉ, quel bilan pouvons-nous établir au terme de ces échanges ?

Dans les époques religieuses, on a pu établir une responsabilité des hommes qui avaient des comptes à rendre aux dieux, car la conception théologique affirme d'ordinaire la culpabilité originelle des mortels. Dans les époques où « l'homme devient la mesure de toutes choses », la responsabilité suppose une libre adhésion de chacun et de tous. Au-delà, dans un mouvement d'intériorisation de la conscience, l'individu se fait responsable devant lui-même, et intervient alors une notion de conscience morale régulatrice de l'action. Parallèlement, nous assistons aujourd'hui à une quête omniprésente et obsessionnelle des responsabilités à tous les niveaux (individu, entreprise, Etat...).

Au terme de nos échanges, cosmopolites et pluridisciplinaires, il semble que le groupe responsable, l'individu responsable, ne sauraient se délier de leur obligation qu'en niant la continuité de leur identité personnelle, et cette identité personnelle, dépassant ce qu'il y a d'aléatoire et d'incertain dans la pratique réelle, se constitue à travers un certain nombre de valeurs.

En effet, la responsabilité reflète la condition des hommes dans la perception mutuelle qu'ils ont les uns des autres, dans leur relation à la structure politique dans laquelle ils s'inscrivent, dans leur rapport avec l'intérêt de la nation qui les dépasse (voire avec celui du monde dans le cadre de la mondialisation). Et comment ne pas rappeler la formule de Jacques Bouineau qui, introduisant brillamment le thème de ce congrès par une formule assez prémonitoire de certaines des conclusions qui furent les vôtres, rappelait déjà que la responsabilité est un don qui oblige et que, en vérité, être responsable, c'est être redevable ?

Et pour clore ce colloque sur une note moins solennelle, une note plus proche d'un esprit alexandrin assez joueur et primesautier, je voudrais revenir à la première Bibliothèque Alexandrine et vous rapporter ici la description que le poète satirique Timon de Phlionte faisait de ses contemporains, qui dissertaient sans cesse dans l'enceinte de la Bibliothèque et du Musée : « ces échalas érudits qui se chamaillent sans fin dans la cage des Muses ». Oui, nous sommes bien « dans la cage des Muses » ! Mais défendons-nous, car si nous avons disputé, c'était à propos d'une notion qui garantit l'harmonie sociale dont nous avons tant besoin à l'échelle du monde, des nations et des individus !

Dominique HOCQUELLET

Ière partie :

La coutume, la tradition, la pratique et le droit écrit

La coutume, la tradition, la pratique et le droit écrit
Éditorial

IL Y A QUELQUES ANNÉES dans l'article d'un quotidien on lisait que le président de la République d'Albanie s'était présenté en personne dans un petit village de montagne pour exprimer sa reconnaissance au chef d'un clan. Celui-là avait refusé de continuer la vengeance dans le conflit avec un autre clan local. Ainsi donc le chef d'État d'une république située en Europe avait remercié un *quidam* de ne plus agir d'une façon illégale, voire criminelle. Il faut toutefois bien reconnaître que c'était là l'unique manière d'arrêter l'extermination entre les deux clans. C'est la prescription de la « Loi » : le code coutumier de la vengeance qui domine sur les mœurs du littoral Adriatique oriental.

On pourrait se demander s'il s'agit d'un Droit coutumier (ou de coutume pure comme reste de l'ancien Droit traditionnel) dans le cas de la vengeance. Est-il possible qu'il y ait un Droit illégal car, de fait, la vengeance est interdite par la législation albanaise. On peut donner n'importe quelle réponse mais il reste évidant que la « Loi » coutumière a, dans la conscience des gens, priorité sur la législation de l'État. Est-ce que nous pouvons confirmer que dans ce cas il y a une prépondérance de la coutume sur le « Droit écrit » de l'État ? La réponse pourrait être affirmative mais il faut toujours tenir compte du fait que la « Loi » traditionnelle est déjà sortie de sa forme orale et existe dans une version écrite même systématisée, publiée et distribuée en tant que livre bien qu'elle soit illégale et au moins officiellement interdite.

Nous avons commencé avec cet exemple « frappant » qui provient de l'époque contemporaine pour noter l'importance de la différence entre le Droit écrit et la coutume juridique. Cette différence réside dans le premier nom où l'on retrouve la mention « écrit ». De telle façon on pourrait arriver à la conclusion que le fait d'écrire le Droit le transforme en « Droit écrit » en l'opposant à la coutume mais elle ne pourrait pas nous emmener à l'objet de notre recherche. Il est évident que le Droit coutumier, comme chaque Droit, est constitué de normes et que chaque norme en tant que règle générale s'exprime par la langue. Elle est un texte qui existe en tant que modèle d'action, un modèle imposé par un pouvoir. Donc, la norme est ce modèle et non pas un ensemble des pratiques et actions. En ce sens il est à noter que le texte normatif précité pourrait être écrit comme chaque texte. Ce n'est pas seulement une possibilité mais une pratique que l'on rencontre assez souvent. La « Loi » albanaise de la vengeance n'est qu'un des exemples en témoignant.

On a déjà cité la différence entre le texte normatif et l'ensemble des pratiques ce qui pourrait suggérer certaines idées. La différence entre le « Droit écrit » et la coutume n'est pas dans la forme mais dans la source dans laquelle la forme possède une importance supplémentaire. Dans le cas de la coutume la norme dérive de la pratique présente de la communauté qui dure suffisamment longtemps. Cette pratique s'est formée de la vie même et a confirmé sa propre « exactitude » et sa « justesse » (en tenant compte du caractère conditionnel de ces termes) dans la réalité. En ce sens la conduite coutumière (ou bien, disons, « normale ») se coordonne avec la pratique existante qui se transforme en norme, en règle qui existe en conscience sociale ainsi qu'individuelle. Dans le temps où ces normes seraient acceptées, sanctionnées, protégées et probablement même écrites par un certain pouvoir elles se transforment en « Droit ». Le « Droit écrit » est toujours le résultat de la volonté d'un pouvoir, habituellement étatique, exprimé en suivant une forme et procédure formelles et imposée sur une communauté humaine sur laquelle ce pouvoir possède des compétences.

Le but de ce volume n'est point aussi ambitieux et ne vise pas à résoudre toutes les questions liées à la relation entre la coutume et le Droit écrit. On y a réuni des articles qui traitent cette question soit comme étude de cas soit d'une manière plus théorique soit combinant les deux. Notre objectif était de poursuivre cette direction de recherches qui est non seulement un des thèmes principaux de l'histoire du Droit mais aussi une des raisons d'étudier la Romanité et son héritage, objet d'étude de l'association « Méditerranées ».

Le volume commence avec l'article de H. Hattenhauer à propos du traité de Don Martin Alphons Vivaldi « *Bellum inter leges et consuetudines* », publié à Bologne en 1591. Quand même L'auteur ne se limite bien sûr pas seulement à interpréter ce texte. Il nous présente une ample image de la « guerre » entre la coutume et la loi depuis les cultures archaïques jusqu'à nos jours. Nous n'allons pas priver le lecteur du plaisir de lire cette étude en la déflorant, mais nous ne pouvons pas nous abstenir de noter que nous y trouvons posés la plupart des problèmes auxquels ce volume est consacré.

Les deux articles suivants se préoccupent des questions de droit romain et plus spécialement de la corrélation entre la pratique et le droit écrit. E. Osaba traite les rescrits impériaux en tant que source du Droit dans le cadre d'une étude soigneuse du rescrit de l'empereur Gordien III de l'an 238 (C 5,12,7 *Imp. Gordianus A. Marco*) concernant la dot. L'auteur nous propose une recherche détaillée sur le processus de l'imposition par les rescrits impériaux – qui sont donc une réponse à une question individuelle – de certains types de décisions sur les cas d'intérêt commun. L'article de K. Tanev est une continuation de ses recherches sur le prêt maritime. Par cette étude et en se basant sur un commentaire analytique des sources juridiques et narratives ainsi que sur les recherches sur le sujet, il propose des idées intéressantes sur le rapport entre la pratique et la législation concernant cet institut de droit romain.

L'article de Fr. Sini qui traite de la *Carta de Logu de Arborea* – un code local, élaboré en Arborea, Sardaigne, à la fin de XIVe siècle, mérite une attention spéciale, à cause de l'influence explicite du *Corpus iuris civilis* sur cette codification, liée au nom de la « juge » du pays – Eleonora Bas-Serra. En lisant cette étude on ne doit pas perdre de vue l'importance que le peuple sarde et toute l'histoire de l'île accordent au code.

Deux articles revêtent un caractère particulier dans le cadre du volume, car ils sont consacrés à l'étude du droit de Genève et fruit des recherches des deux professeurs Alfred Dufour et Victor Monnier.

L'article du Professeur Dufour est consacré à un problème qui est étroitement lié à la matière du volume à savoir les confins entre le Droit écrit et le Droit coutumier. Il s'agit d'une polémique débattue à travers des générations d'historiens du Droit : où est la place du Droit de Genève dans la tradition juridique française ? Est-ce qu'elle appartient aux pays du Droit écrit ou aux pays de coutume ? L'auteur étudie en détail les franchises de l'évêque Adhémar Fabri qui deviennent la base de sa recherche. Il nous présente un panorama du Droit de Genève depuis la fin du XIVe siècle, illustrant par un cas concret le thème du volume – relation entre le Droit écrit et la coutume romanisante. En même temps A. Dufour situe les franchises dans le courant du développement juridique du Midi de la France durant cette époque qui se caractérise par une renaissance du Droit romain et la sauvegarde de l'originalité des pratiques locales.

La continuation de la recherche sur le vieux droit genevois par une étude des Edits civils de la République de Genève (1568), suggérée par Alfred Dufour, a été réalisée par Victor Monnier. Son article n'est certes pas consacré uniquement à ce texte législatif, considéré comme une synthèse harmonique de normes empruntées à des sources différentes. Il propose une vue générale de la doctrine juridique ainsi que des décisions législatives de la Cité entre le XVIe et le début du XIXe siècle. L'étude est basée sur l'interprétation d'un traité du juriste et homme politique genevois du XVIIIe siècle Jean Cramer sur la rédaction des Edits civils de l'an 1713. On peut donc confirmer ses observations et ses arguments quand il situe cette législation dans la tradition du Droit romain mais fortement influencée par la coutume locale ainsi que par celles des différentes régions françaises, utilisées lors de son élaboration. En même temps V. Monnier souligne l'importance de la jurisprudence française et savoyarde. Le texte législatif se situe donc de nouveau entre la tradition du Droit romain et celle de la coutume, tout comme la cité aux bords du lac Leman se situe entre les pays du Droit écrit et les pays de coutume.

A la fin du volume mais seulement a cause de l'époque tardive dont il traite, on trouve l'article de notre collègue Andreea-Roxana Iancu sur l'adoption. Bien qu'il s'agisse d'une étude de cas, le texte nous présente un panorama de la société roumaine à l'aube de l'époque moderne, arrivée tardivement dans les Balkans. Si proche de la vie – la réelle et la posthume, projetée dans l'avenir, après la mort de la personne qui envisage sa prolongation spirituelle, rituelle, juridique par ses successeurs – l'adoption nous offre une excellente occasion d'étudier la corrélation entre la coutume, la pratique quotidienne et le droit écrit. A. R. Iancu recherche cette corrélation par la transmission de la réglementation du Droit canonique au Droit Laïc, par les rites qui y sont liés, par les testaments et les autres pratiques de la vie temporelle mais aussi spirituelle qui possédaient valeur juridique. Voila pourquoi, comme elle le démontre dans son étude, l'adoption poursuit des visées sociales qui sont différentes selon les cas, les couches sociales et les époques et qui déterminaient aussi la législation et son application.

Le volume est déjà entre les mains du lecteur – des spécialistes et de tous ceux qui s'intéressent de l'histoire du Droit. La parole est à lui. Nous ne pouvons que dire que nous n'ambitionnons en aucune manière d'épuiser le sujet qui est inépuisable. Notre but était seulement d'ajouter une brique au grand bâtiment d'études sur la coutume et le Droit écrit incessamment édifié par les juristes et les historiens du Droit.

Ivan BILIARSKY

Bellum inter leges et consuetudines

I.

C'EST SOUS CE TITRE qu'en 1591 parut à Bologne un petit livre[1] dont l'auteur, Don Martin Alphons Vivaldi[2], comparait le rapport existant entre le droit coutumier et la loi écrite, la *consuetudo* et le *jus scriptum*, à une guerre où les deux adversaires combattaient l'un contre l'autre sous les ordres de leurs commandants, les *capitanei*. En introduction il constate que[3] :

> Il faut avant tout tenir compte du fait qu'il règne une lutte perpétuelle et très ancienne entre les lois écrites et les coutumes. Ce qui n'est pas pour nous surprendre, parce que le droit coutumier est antérieur à la loi. En effet, le droit coutumier commence à Caïn, alors que la loi commence à Moïse. Je ne serais donc nullement étonné que la loi ait été créée pour supprimer les coutumes mauvaises et fâcheuses, que l'on considère comme dépravées. En effet, la coutume a tendance à affaiblir la loi et tente de toutes ses forces de s'approprier sa puissance.

---

1 *Tractatus bellum legale inter leges et consuetudines nuncupatum*, Bononia, MDXCI.

2 Christian Gottlieb *Jöcher*, *Allgemeines Gelehrtten-Lexikon*, 1750/ ND 1981, Bd. IV, Sp.1659.

3 S. 2 f., Ziff. 3 : « *Notandum ergo primo est, antiquissimum, ac continuatum esse bellum inter leges, ac consuetudines. Nec mirum, quia antiquius est ius consuetudinis, quam ius constitutionis. Ius enim consuetudinis incepit a Cain ; ius autem constitutioinis a Moyse. Neque irem mirandum, cum lex ad hoc sit condita etiam ut malas, pravasque destituat consuetudines, quae corruptelae appellantur. Consuetudo autem ad hoc tendat, ac viribus omnibus procuret, ut legem omnino enervet, ipsaque vires acquirat eundo* ».

Ce qui attire particulièrement notre attention dans ce texte, c'est le choix des mots de l'auteur. Il fait soigneusement la différence entre *consuetudo* et *jus consuetidinis*, la coutume et le droit coutumier, et met ainsi en évidence le dilemme dans lequel sont enfermés de tout temps les juristes dans leurs rapports avec la *consuetudo*. La langue latine ne permet pas de faire cette différence et ne parle que de la *consuetudo*. Mais celle-ci est d'une part un fait, d'autre part une norme, et la question de savoir comment l'on passe de l'une à l'autre ne se pose pas quand on utilise le mot latin.

Des siècles de travail en droit canonique furent nécessaires avant que l'on ne parvienne, au Haut Moyen Âge, à clarifier la notion de droit, et à distinguer entre le fait et la norme[4]. Pour notre auteur toutefois, il allait de soi que l'on devait les différencier aussi sur le plan linguistique. Mais comme nous disposons aujourd'hui d'études érudites sur ce sujet, qu'il nous soit permis d'ajouter ici seulement quelques remarques et de jeter un regard sur ce champ de bataille ainsi que sur des querelles qui s'y livrèrent, au cours desquelles *consuetudo* et *lex* se firent la guerre avec des succès variables.

II.

Pourtant, notre savant Vivaldi de Bologne se trompe quand il affirme que cette guerre a eu lieu de tout temps, depuis que Moïse a rapporté du Mont Sinaï la Loi au peuple d'Israël et, par là, à l'humanité tout entière. Il y eut même après l'époque de Moïse des cultures sans loi, qui n'étaient cependant pas sans droit. Alors que les lois écrites étaient une évidence depuis des temps reculés pour les Romains et dans le droit canon, elles étaient loin encore d'avoir droit de cité chez les Germains et dans les autres cultures archaïques nordiques. Seule régnait la *consuetudo*, comme unique source de droit. C'est aussi pourquoi il était inutile de vouloir élucider le rapport de la loi avec le droit coutumier, et inutile de demander ce qui, dans la coutume, était fait et ce qui était droit. Pour ces cultures de droit archaïques, la coutume était absolument l'unique source de droit et n'était pas en concurrence avec d'autres normes. Ce qui, pour les Anciens, était coutume était également droit coutumier. On ne peut certes plus « maintenir d'une manière aussi générale » (Trusen) la théorie du « bon vieux droit » de

---

4 Hermann Krause, Art. « Gewohnheitsrecht », *HRG* Bd. I, 1971, Sp. 1675 ff. ; Winfried Trusen, Art. « Gewohnheitrecht », *LexMA* Bd. IV, 1999, S. 1426 f. ; Société Jean Bodin (Hg.), *La coutume*, Bd 2 : « Europe occidentale », 1990.

Fritz Kern[5], qui fut si critiquée au cours des dernières décennies, mais il n'en demeure pas moins qu'elle n'est pas complètement erronée et qu'elle part d'une pensée juste. Le bon droit était - soi-disant - la vieille coutume transmise oralement. Le droit écrit fait par les hommes était au contraire récent et par là sans valeur ; à proprement parler ce n'était pas du tout du droit. En tant que « bon vieux droit », la *consuetudo* domine donc sans conteste le terrain du droit nordique profane, par conséquent en dehors de l'Église, pendant encore des siècles. Un véritable droit législatif, qui affirmait puiser sa raison d'être dans la volonté de l'homme, ne se constitua en Allemagne qu'à partir du XIIe siècle[6].

Cette affirmation semble toutefois contredire le fait qu'avec les *leges barbarorum*, ou droits populaires germaniques, nous possédons des textes du début du Moyen Âge qui prétendent et revendiquent avoir qualité de loi. Nous ne pouvons pas ici approfondir en détail ces questions[7]. Mais il devrait être au moins évident que des textes rédigés en latin ne purent trouver d'utilisation du droit archaïque dans l'administration de la justice profane, analphabète et non latine. On ne s'occupait pas de ces textes dans la pratique, et l'on ignorait même leur existence. Ils remplissaient un tout autre but. Ils devaient donner à leurs initiateurs royaux, qui étaient eux-mêmes incapables de rédiger ces « lois » et qui devaient faire appel aux services d'un clergé érudit, le nimbe de l'idéal du souverain romain, du législateur qui rétablit la paix. Cela s'exprime particulièrement clairement dans la loi salique des Francs. Après leur conversion à l'Église romaine, ceux-ci se considéraient comme le nouvel Israël qui devait être en possession d'un droit écrit, comme l'ancien Peuple élu de Dieu et ses successeurs, l'Empire romain et l'Église romaine. En même temps, la loi salique était sans le moindre effet dans la pratique du droit et il n'était pas nécessaire qu'il en fût autrement. La rédaction des textes juridiques conséquents ne se produisit dans le royaume christianisé des Francs que lors des synodes.

On rédigea la *lex salica* selon un idéal transmis par l'Église au royaume franc, en imitant les lois de Moïse. On ne pourra jamais vraiment savoir

---

5 Fritz Kern, *Recht und Verfassung im Mittelalter*, HZ 1919, S. 1 ff. ; = Sonderausgabe 2. Aufl., 1958 ; Hermann Krause, « Dauer und Vergänglichkeit im mittelalterlichen Recht. », *ZRG* (Germ. Abt.), 75, 1958, S. 206 ff.

6 Wilhelm Ebel, *Geschichte der Gesetzgebung in Deutschland*, 3. Aufl. bes. v. Friedrich Ebel, 1988 ; Hans Hattenhauer, *Die Bedeutung der Gottes- und Landfrieden für die Gesetzgebung in Deutschland*, Diss. Marburg, 1960.

7 Hans Hattenhauer, *Europäische Rechtsgeschichte*, 3. Aufl., 1999, S. 117 ff.

pourquoi, on eut un jour l'idée de consigner par écrit le droit qui jusqu'à maintenant se transmettait oralement, parce que les traces se perdent dans le grand royaume du pays des deux fleuves. Il faut bien faire la différence entre cette question, et celle de savoir pourquoi on se mit ensuite à faire, par un acte d'écriture, et en vertu de la volonté d'un législateur humain, un droit nouveau, *nova jura facere*. L'acte du don de la loi sur le Sinaï servit de modèle à l'un et à l'autre. Dans ce cas précis, Dieu créa un droit nouveau et le concrétisa de plus par un écrit. Cette histoire apprit aux Juifs et aux Chrétiens que le droit écrit était non seulement l'égal de la coutume, mais qu'il lui était même supérieur, s'il était rédigé par le bon auteur. Et si l'exemple de la législation romaine apprit aux Chrétiens que les hommes sont capables de produire eux-mêmes du droit en le consignant par écrit, cette expérience était cependant influencée par le mythe du Sinaï et de son décalogue. Même après leur christianisation, il fallut encore un demi millénaire aux cultures européennes nordiques avant de pouvoir le mettre en pratique dans le droit profane. Le droit coutumier régnait seul dans le droit profane nordique, et ce jusque dans le Haut Moyen Age ; il n'y avait donc pas de *bellum inter consuetudinem et legem*, de conflit entre le droit coutumier et le droit écrit, comme l'affirmait Vivaldi. Bien qu'il n'ait pas étendu ses recherches concernant l'origine de la Loi à une époque antérieure à Moïse, il connaissait cependant par là l'existence d'un temps où ce conflit ne pouvait *de facto* avoir eu lieu.

III.

C'est alors qu'eut lieu cet affrontement apparemment sans fin, dont on devrait décrire les nombreuses batailles une par une. La victoire allait alternativement au droit écrit et au droit coutumier. Le cœur de notre Bolognais ne battait pas sans restriction du côté de la *consuetudo*, ou même du *jus consuetudinis*, c'est ce que nous constatons en lisant ses allusions aux *malae consuetudines*. Mais ce faisant, il semble toutefois n'avoir pas suffisamment distingué – consciemment ou inconsciemment – deux significations très différentes du mot « *consuetudo* ». « *Consuetudo*/ coutume/*custom* » peut signifier autre chose que le « droit coutumier » d'une manière générale, en l'occurrence l'impôt que le paysan devait à son maître, selon la coutume ancestrale. Plus tard, ce mot désigna d'autres redevances que les redevances paysannes. Cette signification a été conservée jusqu'à aujourd'hui dans le mot « *custom*/douane ». Elle est ancienne et on la trouvait déjà chez les Mérovingiens et les Carolingiens. C'est ainsi que Grégoire de Tours[8] rend compte de l'établissement de l'impôt par le roi Childebert. En effet, celui-ci avait fait à la ville le serment que :

> « *ut leges consuetudinesque novas populo non infligeret* / qu'il n'infligerait pas de nouvelles lois ni de nouvelles redevances au peuple ».

Les « *malae consuetudines* », les mauvaises coutumes, constituent un problème juridique particulier au Moyen Age. Les nouvelles coutumes (*novae consuetudines*) étaient toujours également des coutumes mauvaises et injustes (*malae et injustae consuetudines*), mais pas exactement comme nous l'entendons à l'époque moderne où l'on part du principe que chaque augmentation d'impôts est en soi une injustice. L'illégalité des *nocae consuetudines* se situait plutôt dans le fait que la notion de « *consuetudo* » et celle de « nouveauté » étaient en elles-mêmes contradictoires et incompatibles. La redevance-*consuetudo* était légale parce qu'elle était très ancienne et que son origine se perdait dans la nuit des temps. C'est pourquoi son montant était fixe et invariable. C'est ce qui explique que des *novae consuetudines* étaient en soi toujours des *malae et iniustae consuetudines*. Quand un seigneur les introduisait, il ne s'en tenait pas aux tarifs garantis par le droit coutumier des « *bonae, antiquae, justae consuetudines* », des bonnes coutumes antiques et justes, et il contrevenait au droit coutumier. Les seigneurs aimaient bien cependant modifier les impôts et, déjà à l'époque des Francs, ils s'attiraient ainsi les protestations des paysans et de l'Église. Lors du synode de Beauvais, en l'an 845, les Pères du Concile refusèrent leur soutien[9] au roi du royaume franc occidental, qui était affaibli politiquement, ce qui fut sans grand effet.

> « A l'avenir, n'encaissez pas les redevances et les impôts illégaux que vous exigiez des églises sous votre dépendance, et qui ne vous sont pas dus, mais au contraire, laissez-les inchangés, comme l'enseigne le droit de l'Église, et comme il était de tradition chez vos pères et grands-pères ».

Le fléau des *malae consuetudines* sévit pendant des siècles et se propagea particulièrement pendant le haut Moyen Age. Il arrivait souvent que les seigneurs exigeassent et appliquassent plus qu'ils n'étaient autorisés par

---

8 *Hist. Franc.* IX, 30.

9 *MGH* Cap. II, S. 403 : 19. *Ut ab ecclesiis vestrae ditioni subiectis indebitas consuetudines et iniustas exactiones de cetero non exactetis, sed ita eas conservetis, sicut ordo docet canonibus et tempore avi et patris vestri conservatae fuerunt.*

le droit coutumier, ce contre quoi l'Église et la royauté menaient un perpétuel combat, cette dernière en particulier contre la petite noblesse. Malheureusement, il n'existe pas encore d'étude moderne et exhaustive[10] sur ce chapitre de l'histoire du Droit occidental, si bien que nous ne pouvons que nous borner à des allusions et à des spéculations.

Du temps de notre Bolognais, les *bonae, antiquae et justae consuetudines* avaient depuis longtemps perdu la bataille contre les *malae, novae et injustae consuetudines* des seigneurs profanes et avides de redevances, et par là contre les lois écrites. En 1591, ce n'était un secret pour personne qu'il était possible d'augmenter les redevances par des décrets, à condition d'en avoir le pouvoir politique. Vivaldi considérait d'ailleurs que ce problème était encore et toujours un fléau de son époque. Lui-même faisait partie du clergé, et il n'avait pas oublié que l'Église s'était battue vaillamment contre les redevances injustes, et que, apparemment, elle continuait à le faire. Il connaissait la référence abusive à la *consuetudo*, cette fois dans sa signification plus générale et plus uniquement limitée au domaine des redevances.

IV.

À une époque où les états administratifs florissaient, entre les mains de puissants souverains, la loi écrite avait pour elle un avantage qui rendait la vie dure à la *consuetudo*. La loi définissait la volonté législative et exprimait les conditions préalables, ainsi que les conséquences juridiques, d'une manière beaucoup plus précise que la coutume. Même si besoin en était, on ne pouvait retrouver les coutumes qu'en requerrant le témoignage de vieillards, sans toutefois pouvoir mettre en question leurs origines ni les prouver. D'autre part, cela donnait à la *consuetudo* une imprécision réellement nébuleuse qui, entre les mains d'un pouvoir politique puissant, pouvait être utilisée selon son bon vouloir. Personne n'était vraiment en mesure de constater ce qui avait été coutume de tout temps, comment la coutume était devenue droit coutumier, ni quelle avait été sa portée.

En ce qui concerne en revanche le droit écrit, il suffisait de jeter un regard sur le texte pour connaître sa validité et son champ d'application. Il « définissait » le Droit et les droits des personnes concernées, au sens propre

---

10 En dehors des références dans les dictionnaires, on trouve une mention chez Julius Goebel, *Felony and Misdemeanor*, 1937, S. 217 ff.

du mot. Il justifiait leurs compétences, mais en même temps il en précisait les limites. Qui pourrait donc s'étonner de ce que les détenteurs de la plus haute puissance politique se soient toujours défendus avec acharnement – et qu'ils se défendent toujours plus ou moins ouvertement encore aujourd'hui – contre la définition de leur propre situation juridique sous forme de loi. La définition législative du pouvoir a toujours pour conséquence sa limitation. Si l'absolutisme ne rencontrait pas de difficulté de cet ordre en faisant de la volonté du souverain la source même du droit, la démocratie moderne, elle, est confrontée à de réelles difficultés par cette fonction du Droit. Telle est la raison des compromis de formulation des législateurs modernes et de l'imprécision du langage juridique. C'est ainsi qu'en République Fédérale d'Allemagne, il n'existe toujours pas de loi sur les associations où seraient entérinés les droits des grands cartels, des syndicats et des confédérations d'employeurs. Pour preuve du combat continuel contre la rigueur de la loi, il suffit de mentionner le mal que se donnent les partis politiques allemands pour que les lois régissant les partis restent aussi vagues que possible, situation qui produit régulièrement des scandales politiques et une effervescence de l'opinion publique.

Tout cela n'est pas un problème spécifique aux temps présents. L'histoire du Droit attend encore une réponse à la question de savoir quand et où le droit écrit a subi des défaites dans son combat contre le droit coutumier, à cause justement de cette « *rigor juris* », de sa précision et de sa rigueur, et où il a dû céder devant la coutume politique qu'on faisait passer pour droit coutumier. Citons pour exemple de ce combat de la *consuetudo* contre la *lex* celui de la petite noblesse de Bohême contre les aspirations législatives de leurs rois[11]. En Bohême, les nobles détenaient le pouvoir politique et ce jusqu'à la bataille de la Montagne Blanche, le 8 novembre 1620, et jusqu'au nouvel ordre national, rendu ainsi possible en 1627[12]. Si le roi voulait augmenter et affermir son pouvoir, il ne pouvait le tenter jusqu'alors que pas à pas, et en s'appuyant sur le droit écrit, par une codification complète du droit national. Pendant des siècles, sa volonté se brisa contre la résistance acharnée de la petite noblesse qui revendiquait ses *consuetudines*. C'est Premysl Ottokar I qui, en 1222, entreprit un premier

11 Emil Ott, *Beiträge zur Receptions-Geschichte des römisch-canonischen Processes in den Böhmischen Ländern*, 1879, S. 162 ff.

12 Lutz Rentzow, *Die Entstehungs- und Wirkungsgeschichte der Verneuerten Landesordnung für das Königreich Böhmen von 1617*, 1998.

essai dans cette direction. A l'occasion de la confirmation de la soi-disant *Statuta Conradi*, il déclara en préambule à l'acte de confirmation[13] :

> La justice, ainsi que la noblesse et l'honneur royaux, exigent que personne ne soit inquiété par quelque chose qui serait en contradiction avec les prescriptions du droit.

Par cette profession de foi, le roi se trouvait en plein accord avec l'empereur Frédéric II. Lui aussi voulait conduire le Saint Empire Germanique vers un meilleur avenir en le munissant d'une législation forte, et comme le Bohémien, il se heurta à la résistance du droit coutumier. Plein de colère et d'amertume, l'empereur déclara la guerre au droit coutumier dans le préambule à la paix de l'empire à la Diète de Mayence en 1225, treize ans après Premyzl Ottokar[14].

> Comme chacun sait, les sujets de notre empire agissent dans toute l'Allemagne, en ce qui concerne leur commerce et leurs affaires, selon des coutumes qui leur furent transmises de tout temps, et non selon un droit fixé par écrit. Car il n'avait pas encore été proclamé de décrets d'une valeur définitive et générale qui auraient pu rétablir la constitution et la paix générale dans l'empire. Il pouvait ainsi arriver que les affaires qui faisaient l'objet de procès soient réglées plus par des décisions fantaisistes que par l'application de textes de lois et, en raison de l'absence d'un procès contradictoire, par un verdict fondé sur le droit coutumier.

Pas davantage que l'empereur, le roi Premysl Ottokar I ne vit ses tentatives pour introduire la clarté dans les lois de Bohême couronnées de succès. Et son successeur Premysl Ottokar II n'eut pas plus de succès en l'an 1272[15].

---

13 Ott a.a.O. S. 162 : « *Aequitati est consentaneum et regiae conveniens excellentiae pariter et honori, modis omnibnus ad hoc intendere atque niti, ut nemo contra iuris ordinem aggravetur* ».

14 MGH Const. II, S. 241 : « *Licet per totam Germaniam constituti vivant in causis et negociis privatorum consuetudinibus antiquitus traditis et iure non scripto, quia tamen ardua quaedam generalem statum et tranquillitatem imperii reformabant nondum fuerant specialiter introducta, quorum partem aliquam, si quando casus trahebat in causam ficta magis opinio quam statuti iuris aut optente contradictorio iudicio consuetudinis sentencia terminabat* ».

15 Ott a.a.O., S. 163 : « (*rex*) *per totam quadragesimam in castellum se recepit et de iure magdeburgensium et aliarum terrarum et regionum meliora, quae sibi et suis fidelibus videbatur, erigere, et ius formare et confirmare in regno suo, iura vilia et mutilia amputando, consuetudines malas in melius commutando (cogitavit) quod suis baronibus displicuit* ».

Le roi se retira dans son château fort pendant toute la période de la Quadragésime et il travailla à un projet dans le but de donner un droit meilleur aux Magdebourgeois et aux habitants d'autres pays. Il voulait en faire le droit de son pays, l'appliquer et le valider, et en même temps abolir les droits inutiles et les droits coutumiers mauvais et qui ne convenaient pas, mais cela déplut à ses barons.

Wenzel II fut le troisième à échouer à cause de la résistance de la petite noblesse. Il avait exprimé la volonté que les tribunaux jugent à l'avenir selon des lois fixées et définies, au lieu de se laisser guider par un vague sentiment de justice, et avec un présumé manque de subtilité. C'est pourquoi :

> Il projetait de regrouper tout le droit du royaume dans des dispositions sûres, légales et canoniques / *omnia iura regni sub certis legum canonumque regulis constringere cogitavit.*

C'est même dans ce but que le roi avait fait venir d'Italie le magister Gozzius, un professeur du droit romain et canonique, pour l'aider, et pour mettre enfin en valeur le droit écrit dans son royaume. Mais cela ne lui servit à rien :

> Mais quand quelques uns de ses nobles l'apprirent, ils craignirent beaucoup que le droit écrit ne soit plus sévère, et que l'utilisation de l'autre droit devant le tribunal ne dépérisse. C'est pourquoi le roi abandonna son projet / *Quidam autem nobiles his auditis, non modicum doluerunt, ne vigor scripti iuris invalesceret et ne utilitas aliquorum in iudiciis deperiret, unde rex propter eos distulit facere suum inceptum.*

Le roi de Bohême était impuissant devant le pouvoir des nobles qui revendiquaient leurs *consuetudines*. Le droit écrit ne parvint à s'établir en Bohême que lorsque les Habsbourg vainqueurs exterminèrent la noblesse bohémienne après la bataille de la Montagne Blanche et, en passant à l'absolutisme, la remplacèrent par une nouvelle caste de barons fidèles à la couronne. Mais ceux-là savaient maintenant, entre loi écrite et coutumes, de quel côté il fallait se battre.

V.

Un demi-siècle avant que la loi écrite ne vainquît en Bohême par le feu et par l'épée, on était déjà plus avancé à Bologne, du temps de notre Vivaldi. Il y avait depuis longtemps une doctrine sur le rapport entre *lex* et *consuetudo*, qui s'était développée à partir du droit canonique romain. Le savant dominicain n'aurait donc pas à nouveau abordé le sujet s'il n'avait pas eu à se faire une raison particulière. Il dédia son traité au comte de Bologne Pyrrhus Malvetius / Pirro II Malvezzi[16] qui, selon toute vraisemblance, l'avait chargé de rédiger une expertise. Il s'agissait cette fois-ci d'une guerre que la *consuetudo* voulait déclarer à la *lex*.

Le grand concile réformateur avait siégé de 1545 à 1563 à Trente, et dans l'intervalle aussi à Bologne. Au cours de la vingt-quatrième séance, le 11 novembre 1563, les Pères du concile avaient adopté la réforme de la loi matrimoniale. Il s'était avant tout agi de régler le très vieux problème des mariages clandestins et de rendre le mariage obligatoirement public. Inutile de se demander ici si le comte Pirro n'était pas d'accord ni pourquoi, et s'il tenait éventuellement aux promesses clandestines de mariage ni pourquoi. En tout cas, la question se posait maintenant de savoir si, sur le plan juridique, le concile avait eu le droit d'invalider le droit coutumier par un acte législatif. Le droit coutumier avait-il donc le pouvoir de l'emporter sur le droit canonique ?

Vivaldi ne se trouvait pas dans l'obligation d'élaborer sa propre doctrine juridique et il pouvait s'en tenir à la doctrine canonique qui avait fait ses preuves. Il s'agissait de savoir si la *consuetudo* possédait une puissance capable de briser la loi, et par là de savoir s'il y avait une *desuetudo* légitimement reconnue. On partait de la hiérarchie des sources juridiques qui avait fait ses preuves : Il y en avait sept :

celle qui fut révélée par la création du monde	*lex aeterna*
celle qui en fut dérivée	*lex naturalis*
celle que Moïse rapporta du Sinaï	*lex Moysaica*
celle qui fut révélée par le Christ	*lex evangelica*
la *consuetudo* comme une sorte de	*lex humana*
la loi religieuse	*lex canonica*
la loi profane	*lex civilis vel politiva*

Il était aisé de comprendre où Vivaldi voulait en venir dans son argumentation, quand on voyait la place que tenait la *consuetudo* dans la hiérarchie des normes. On constatait que la *consuetudo* n'avait pour limites

16 *Enciclopedia Biografica e Bibliografica Italiana*, Serie XIX, Bd. 2 : Condottieri, Capitani, Tribuni, S. 177.

que la volonté divine révélée par la Création, et la parole divine. Si l'on partait du principe qu'elle se trouvait, de par son rang, au-dessus des législations religieuses et profanes, alors on ne pouvait pas douter de sa victoire dans le combat contre la *lex*. La seule question était donc maintenant de savoir s'il y avait aussi une *consuetudo contra legem* à côté de la *consuetudo secundum legem* et *praeter legem*, et quelles lois seraient en mesure de triompher d'elle.

Un autre aspect de la relation du droit coutumier au droit écrit se dévoile ici. Il s'avérait que leurs relations devenaient de plus en plus étroites, mais toutefois le droit écrit exigeait plus que jamais d'établir les critères. Sa fermeté obligea aussi la *consuetudo* à une définition plus scientifique. Il fallait clarifier, et c'était déjà clarifié par le droit canon, à partir de quel moment la coutume prenait un caractère juridique, et se renforçait pour devenir droit coutumier. La *consuetudo* devait de son côté être définie scientifiquement. Se contenter de répéter la loi romaine selon laquelle elle était la meilleure interprète de la loi, « *optima legum interpres*[17] », était maintenant aussi insuffisant que son origine qui remontait à la nuit des temps. Mille années d'*usus* illégal ne pouvaient produire une seule seconde de droit. Vivaldi constatait donc qu'en mettant en place les deux armées ennemies sur le champ de bataille, il fallait déterminer ce qu'est une *consuetudo* et quel pouvoir elle possédait. La réponse est la suivante[18] :

> La *consuetudo* est un droit qui a été créé par les usages et qui est reconnu comme droit, là où le droit écrit n'est pas présent... La *consuetudo* est un droit qui a été entériné par les usages de ceux qui s'y tiennent, par ce qu'un peuple entier ou sa majorité l'a exercé, et lui a conféré force de loi. Ou bien aussi : qui naquit par les usages et fut reconnu par celui qui était en possession du droit législatif.

Même si Vivaldi énumère plusieurs définitions qu'il trouve dans la littérature de l'époque, la *consuetudo* reste cependant pour lui entièrement dans l'ombre de la loi écrite. Sa validité, son modèle et son critère sont la loi écrite, et non l'ancienneté... Pour qu'elle devienne une source de droit quasiment légale, il faut l'accord exprimé ou tacite du législateur. C'est par

---

17 Dig. 1, 3, 37 a.E.

18 Ziff. 25 : « *Est ergo consuetudo ius quoddam moribus institutum, quod pro lege suscipitur, cum deficit lex.. ... Consuetudo est ius quoddam moribus utentium approbatum, quod pro lege suscipitur quando deficit lex. Vel est ius, quod est moribus seu usibus Populi totius, vel maioris partis ratione initiatum, continuatum, et constitutum habens legis auctoritatem. Vel est ius moribus introductum eius, qui potest legem condere auctoritate publica* ».

cet accord qu'étaient garanties sa rationalité et sa moralité que le droit canon a exigées si rigoureusement pendant des siècles et jusqu'à maintenant. La *consuetudo* ne doit pas enfreindre la *lex aeterna*, la *lex naturalis*, la *lex Moysaica* ou la *lex evangelica*, et, le cas échéant, n'est pas un *jus*. Mais le droit écrit, qu'il est plus facile de vérifier, a la priorité. Fondamentalement, la *consuetudo* ne peut que le représenter ou pallier son absence. Et là où s'exerce le droit écrit, le droit coutumier doit céder la place.

Ce n'était le cas qu'en général. Il existait malgré tout l'exception de la *consuetudo contra legem*. En effet, la *consuetudo* n'était pas sans pouvoir, et elle n'était pas non plus entièrement dépendante de la reconnaissance par le législateur profane. C'est ce que prouvait en toute occasion la pratique du droit de l'époque, qui était en grande partie dominée par la *consuetudo*.

Les paysans en Europe vivaient uniquement selon le droit coutumier local, c'est-à-dire selon la pratique dite des observances. Les commerçants attachaient la plus grande importance à ce que les législateurs profanes reconnaissent leurs propres coutumes comme source autonome de droit. Les corporations d'artisans revendiquaient avec fierté l'autonomie de leur droit, le fait qu'il ne soit pas écrit, et ils le transmettaient oralement comme un savoir occulte. Lorsque, au XVIIIe siècle, les gouvernements du Saint Empire essayèrent d'obliger les corporations à mettre par écrit leurs lois, ils rencontrèrent une résistance acharnée. L'artisanat tenait à ses coutumes et ses compagnons s'appelaient fièrement « *Grüßerer* », et regardaient avec mépris les renégats qui possédaient une carte corporative, les « *Brieferer* »[19].

En même temps, cet attachement au droit coutumier avait un fondement religieux. Contrairement à l'unique « *sola scriptura* » des Luthériens, l'Église romaine reconnaissait aussi la tradition comme source de révélation divine, qu'elle fût orale ou écrite. Il se peut que cette reconnaissance par l'histoire religieuse ait contribué au fait que les responsables du droit canon, sous l'influence de la réforme tridentine, prirent leurs distances aussi dans le domaine du droit avec une « *Sola scriptura legis* » qui était en théorie envisageable. La valeur pratique de la doctrine de la *desuetudo* était évidente. La question était seulement de savoir comment la concilier avec la hiérarchie des lois.

Vivaldi n'eut aucun mal à résoudre cette question : la *consuetudo* était de nul pouvoir face aux quatre premières sortes de lois. Mais par rapport aux

---

19 Décret concernant les abus des artisans du 22 Juni 1731, in : Johann Jacob Schmauß, *Corpus Iuris Publici S. R. Imperii*, 2. Aufl., 1774, S. 1371 ff.

lois faites par les hommes, que les législateurs fussent religieux ou profanes, il pouvait très bien y avoir une force capable de s'opposer aux lois, une *consuetudo contra legem*. Comme les décrets des pères du concile de Trente étaient, sans doute aucun, *jus canonicum, leges canonicae*, donc des lois humaines faites dans un but précis, la *consuetudo* avait ici le champ libre. Elle pouvait oser la confrontation avec la loi, et on verrait bien qui gagnerait la bataille à la fin.

Mais, un an plus tard, il s'avéra que la question scientifique que Vivaldi avait débattue sur ordre de son comte n'avait pas été réglée à la satisfaction générale. En 1592 parut, également à Bologne et certainement en réponse à Vivaldi, un écrit du magister et professeur de théologie de Perugia, Ludwig Carbon(e) a Costacciaro[20] sous le titre « *De bello legali inter legem et consuetudines* ». Nous aimerions bien savoir ce qu'il a à reprocher à Vivaldi, mais c'est sans importance pour le problème que nous posons ici. Il voulait sans doute renforcer l'autorité des Pères du concile, qui, en rejetant les mariages clandestins, avaient certainement pris une bonne décision. On n'a malheureusement retrouvé aucun exemplaire de l'écrit de Carbone.

VI.

Malgré tout, Vivaldi n'eut pas trop de mal à répondre à la question qui lui était posée quant à la fiabilité des décrets tridentins. Le droit canon avait depuis des siècles réfléchi à la question du droit coutumier et avait établi des règles sûres. Au départ de sa réflexion, se trouve une loi de l'empereur Constantin en l'an 319[21].

> L'autorité et l'usage très ancien de la *consuetudo* ne sont certes pas insignifiants, mais ils ne suffisent pas à vaincre la raison (*ratio*) et la loi.

Par conséquent, *Ratio* et *Lex* avaient une absolue priorité devant la *consuetudo*. Une *consuetudo* déraisonnable n'avait aucune portée juridique. De même qu'il ne pouvait y avoir de *consuetudo contra legem*, selon la volonté de l'empereur, c'était la volonté impériale qui avait avant tout valeur de loi. Il était hors de question pour l'empereur Constantin qu'on puisse contredire sa volonté et refuser de suivre ses ordres sous prétexte de coutumes transmises. Seulement sept années plus tôt, en l'an 312, il avait pris le pouvoir politique

20 Jöcher a.a.O. Bd. I, S. 1665.

21 Cod. 8, 53, 2 : « *Consuetudinis ususque longaevi non vilis auctoritas est, verum non usque adeo sui valitura momento, ut aut rationem vincat aut legem* ».

par sa victoire au pont Milvius, et un an plus tard, par son édit de tolérance, il avait montré son intention de transformer fondamentalement l'empire romain. Mais plus décisif encore que le changement de la religion d'État en 313, fut le transfert du siège du gouvernement pour Byzance en l'an 330, après la prise préalable du pouvoir par Constantin en 324. Il était évident que cette puissante volonté de domination n'accepterait pas que la réforme de l'empire fût gênée par les traditions. Il n'admettait que sa propre volonté. C'est ainsi que la mention de « l'autorité non insignifiante » de l'exercice de la tradition était plus une révérence polie devant les traditionalistes qu'une expression authentique de considération envers la *consuetudo*.

Cette loi du grand Constantin, expression de la volonté de l'empereur, était sûre de rencontrer le plus grand respect de la part des chrétiens. Son contenu politico-historique et, par là, la relativité de son message furent vite oubliés. La loi surpassait la coutume et une *desuetudo* ne fut plus possible par la suite. La vénération envers l'empereur Constantin et l'autorité du droit romain dans l'Église occidentale firent qu'on n'oublia pas non plus cette loi dans les siècles qui suivirent. Gratien intégra cette *lex* dans son décret vers l'an 1140[22]. Cela pouvait lui paraître sans difficulté à une époque où la législation profane ne faisait que timidement s'amorcer. Car la *consuetudo* dominait encore presque entièrement la loi profane, et sa mention de la puissance de la loi était plutôt de nature théorique. Mais les choses ne purent pas longtemps en rester là en ce qui concerne la suprématie de la loi de Constantin et Gratien. Plus le législatif se développa dans l'Église et le monde profane, plus fut pressante la question du rapport de la coutume au droit. C'est ainsi qu'un décret papal de 1229 fut peu après intégré dans le rassemblement des décrétales de Grégoire IX. Ce qui voulait passer pour une confirmation de la loi constantinienne, y apportait en réalité des restrictions, et ce par une nouvelle interprétation de la *consuetudo*, par laquelle l'Église prenait ses distances envers la prétention absolutiste de la loi impériale[23] :

> Plus les péchés sont lourds, plus ils pèsent sur l'âme malheureuse ; c'est pourquoi aucune personne de bon sens ne peut affirmer que le droit

---

22 D 11, 4.

23 X 1, 4, 11 : « *Cum tanto sint graviora peccata, quanto diutius infelicem animam detinent alligatam, nemo sanae mentis intelligit naturali iuris (cuius transgressio periculum saluti inducit) quacunque consuetudine (quae dicenda est verius in hac parte corruptela) posse aliquatenus derogari. Licet etiam longaevae consuetudinis non sit vilis auctoritas, non tamen est usque adeo valitura, ut vel iuri positivo debeat praeiudicium generare, nisi fuerit rationabilis, & legitime sit praescripta* ».

naturel, dont l'infraction met en danger les âmes, ne peut être abrogé par une coutume quelconque, en vérité corrompue. Une habitude ancienne n'est certes pas sans autorité, mais elle ne va pas jusqu'à valoir plus que le droit, si celui-ci a été décrété d'une manière raisonnable et légale.

Le message principal de la Décrétale était dissimulé dans la dernière moitié de la phrase. Le Pape avait ainsi donné des limites précises à l'autorité de la loi. Seule la loi issue de la volonté divine, et administrée par l'Église, avait été soustraite à la puissance de la *consuetudo*. Pour ce qui en est du reste – et cela signifie, dans son rapport avec la loi issue de la volonté humaine – il reconnaissait au droit coutumier une force capable de briser les lois, lorsque celles-ci étaient déraisonnables ou illégales. C'était une formule très vague, par laquelle l'Église aussi se liait. On pouvait maintenant refuser obéissance à la loi en se référant à la *consuetudo*, sous prétexte que la loi canonique ou profane était déraisonnable ou illégitime. C'est ainsi que la *consuetudo contra legem* était maintenant reconnue comme source valable de droit, à côté de la *consuetudo secundum et legem praeter*. Le droit canonique y fut fidèle à travers les siècles, comme l'apprend un regard jeté sur la dernière édition de « *Prompta Bibliotheca canonica, juridica, moralis, theoligica* » de Lucius Ferrari, datant de l'année 1865[24].

VII.

Deux cents ans après le traité de Vivaldi, la vieille guerre n'était certes toujours pas terminée, mais la *consuetudo* se trouvait dans une situation désespérée. Il semblait qu'elle avait perdu non seulement une bataille, mais toute la guerre. Pourtant elle avait encore en Prusse suffisamment de munitions à sa disposition, à l'époque de la rédaction de la Constitution générale pour les États prussiens, donc entre 1786 et 1794. Certes le roi Frédéric II le Grand régnait en monarque absolu : le pouvoir de la noblesse avait été radicalement amputé par son père Frédéric Guillaume I un siècle auparavant. Elle avait perdu son droit de parole au gouvernement. Mais, dans la « pleine campagne », la noblesse était toujours souveraine. C'est là qu'était le véritable pouvoir politique. La Prusse était un état agricole, presque sans centres urbains, et sans bourgeoisie pour jouer un rôle politique. La noblesse nantie régnait toujours sous le roi, et elle possédait le pouvoir local. Celui-ci reposait sur la propriété foncière. La relation législative

---

24 Band 2, Sp.1295 ff.

entre les seigneurs nobles et leurs paysans était le droit coutumier local, les observances. Les détenteurs du pouvoir politique n'auraient jamais accepté une législation uniforme et valable pour tous, et le roi n'y aurait jamais songé non plus. La Constitution générale du pays devait se résigner à reconnaître que ce monde, qui concernait plus de 90% des sujets, vivait pour le moment selon un droit coutumier rigoureux, même si sa codification se trouvait dans des livres de lois provinciaux, et pas d'une manière uniforme pour toute la monarchie[25] :

> § 87. Les relations des sujets qui vivent à la campagne envers leurs seigneurs doivent être fixées dans les livres de lois provinciaux, selon les différentes provinces, et les lois provinciales en vigueur à ce jour et les constitutions en découlant leur servir de base.

Mais les livres de lois provinciaux ne virent jamais le jour. La défaite de la Prusse contre Napoléon permit ensuite les réformes fondamentales de Stein et de Hardenberg. On tenta certes ici ou là de supprimer, comme cela avait été le cas dans d'autres régions, le régime féodal et de libérer les paysans, mais sans grand succès, à cause de la résistance de la noblesse. Dans le cadre des réformes, on parvint à se mettre d'accord sur un code urbain (*Städteordnung*), mais pas sur un code régional (*Landkreisordnung*), ce qui prouve bien la force avec laquelle la noblesse pouvait encore s'affirmer à la campagne. Le *rigor juris* n'avait encore rien à faire en pleine campagne. On y combattait également avec les nouveaux instruments linguistiques. Au mot « loi », les défenseurs de l'ordre ancien opposèrent le mot « droit ». Ils entendaient par là avant tout l'ancienne *consuetudo*, qui commençait à perdre un peu de son éclat sous cette désignation. Le fait que le « Livre Général des Lois » put enfin paraître sous le titre de « Droit général du pays » prouve bien qu'il ne s'agissait pas seulement d'un simple jeu avec les mots. Voilà quelle était la pratique politique en Prusse. La théorie des esprits éclairés qui avaient rédigé le droit général du pays était bien en avance sur elle. La codification devait apporter à la monarchie une nouvelle constitution, être elle-même la constitution, ce que l'on peut nommer « absolutisme des lois ». Le « Droit général national » en parlait en premier, et ouvertement[26] :

> § 1. Le Livre Général des lois contient des directives qui permettent de juger les droits et devoirs des habitants de l'État, dans la mesure ou ceux-

---

25 *Allgemeines Landrecht für die Preußischen Staaten von 1794*, II, 7, 3, § 87.

26 Préface.

ci ne sont pas soumis à des lois particulières.

§ 2. Seul l'accord du gouvernement du Land peut donner valeur de lois aux décrets et statuts provinciaux particuliers de certaines communautés et sociétés.

§ 3. Les droits coutumiers et les observances qui ont force de loi dans certaines provinces et certaines communautés doivent être intégrés aux livres de lois provinciaux.

§ 4. *Si l'observance entre en vigueur là où il n'existe pas de loi, elle peut le faire jusqu'à ce qu'une loi la remplace.*

C'était un programme clair. Le droit coutumier devait être arraché à la racine et remplacé par les lois. On devait certes s'accommoder dans un premier temps de sa présence et du fait qu'il dominait le pays sous forme d'observances, mais sa fin était proche. Tous les droits coutumiers devaient être enregistrés et éradiqués dans les années à venir. Seul le droit écrit devait avoir cours en Prusse. La domination absolue de la loi devait mettre fin à ce vieil affrontement. Le graveur sur cuivre Johann Mettenleiter donna en 1801 une idée du programme : Minerve tend à la Justice un livre des lois, symbole de la sûreté du droit, et jette au feu les observances. Ernst Gottlob Morgenbesser[27] jubilait avec enthousiasme quatre ans après l'entrée en vigueur du Droit général national :

> La constitution républicaine ne peut reconnaître ni droits coutumiers ni observances. L'observance laisse automatiquement la place à la loi, parce que la loi ne serait pas valable d'une manière générale dans le cas contraire. Ce que les lois empiriques ont laissé en suspens sera jugé par les principes archaïques du droit. Si une action s'y accorde, alors elle est légale, sinon elle est illégale, sans que l'accord tacite d'autres personnes en ce qui concerne les actions illégales de leurs congénères puisse obliger les autres à se soumettre à un traitement semblable.

VIII.

Mais ce n'était pas encore la fin de la guerre entre *consuetudo* et *lex*. Une nouvelle bataille s'annonça quand Frédéric Charles de Savigny fonda son Ecole de Droit sous la Restauration, donc au début du XIXe siècle, après la fin du règne de Napoléon, et alors que le premier engouement pour l'esprit

---

27 Ernst Gottlob Morgenbesser, *Beiträge zum republikanischen Gesetzbuche*, 1798, neu hg..v. Wolfgang Schild, 2000, S. 7.

des Lumières s'était fané étonnamment vite. Savigny, qui était un ennemi acharné de l'esprit des Lumières et de son idéal législatif, voulait renforcer l'autorité du droit romain qui serait à l'avenir la source de droit privilégiée. Le droit romain devait avoir cours, parce qu'il était le plus scientifique de tous les droits. De plus, l'utilité pratique du droit coutumier était bien connue des propriétaires fonciers. Il s'agissait de sauver aussi pour sa propriété de Trages le pouvoir des observances[28] qui était encore intacte à la campagne, donc aussi en Hesse. Pour Savigny, la nécessité de voler au secours du droit coutumier, y compris avec des arguments scientifiques, était une évidence.

Pourtant, la *lex* de l'empereur Constantin lui faisait obstacle plus encore que les canonistes chrétiens. Savigny ne pouvait se référer à la révélation divine, ni se servir du droit divin contre le droit humain. Il devait déployer tous ses efforts pour renforcer avec des moyens scientifiques l'autorité du droit romain comme fondement de l'ordre de droit profane. Mais pour cela, l'ancienne loi impériale lui causait des difficultés sur ce point. Si elle était vraiment valable, et il ne pouvait y avoir aucun doute à cela, il fallait lui donner une signification autre que celle qu'elle semblait communiquer. Savigny présenta sa justification scientifique du droit privé dans les huit tomes de son « *Système du droit romain actuel* » parus de 1840 à 1849. On y trouve également, dans l'appendice du premier tome en Supplément II[29], une étude critique de la loi de Constantin. Il s'agissait de l'affaiblir au moins suffisamment pour qu'elle n'empêche pas le renouveau de valeur du droit coutumier. Le grand juriste déplorait :

> C'est incroyable comme ce passage a depuis toujours causé la réprobation, et combien d'essais ont été entrepris pour y remédier. Il semble à première vue que la signification en soit la suivante : les coutumes ne doivent être valables qu'en complément des lois, mais ni pour transformer, ni pour supprimer celles-ci. Mais justement cette interprétation est si critiquable, si l'on en croit les témoignages de toutes les époques, que nous devons obligatoirement en trouver une autre.

Pour parvenir à ce but, Savigny se contentait en grande partie d'affirmations, et ne craignait pas non plus de mentionner la tradition canonique de l'interprétation. Il résumait ainsi son résultat[30] :

---

28 Sebastian Günther, *Friedrich Carl von Savigny als Grundherr*, 2002.

29 S. 420 ff.

30 S. 424.

Tout le contenu de ce passage serait donc celui-ci : les coutumes locales ne doivent pas avoir cours quand elles entrent en conflit avec l'intérêt de l'État, que ceci soit ou non reconnu par une loi d'État récente ou plus ancienne... [Il me semble] plus juste de rapporter cela uniquement aux lois absolues, c'est-à-dire à la plus grande partie des lois impériales, et en particulier aux importantes lois de Constantin.

Là où les canonistes avaient mis des limites à la *consuetudo* en se référant au droit divin, Savigny, lui, en cette époque d'essor de l'État Nation, devait faire appel à la raison d'État. La *consuetudo* avait tout de même gagné une bataille, pour laquelle Georg Friedrich Puchta avait livré les combats préliminaires avec la parution des deux tomes de son « *Le Droit coutumier* » parus en 1828 et 1837.

IX.

Au XXe siècle, la guerre pour le droit coutumier s'essouffla étonnamment vite. Au XIXe siècle, l'État de droit bourgeois avait permis que le législateur fasse s'écouler un flot intarissable de lois, sans qu'il se soucie de l'héritage romain et des objections scientifiques. L'État socialiste post-bourgeois du XXe siècle laissa le flot enfler et devenir inondation, pendant que, en même temps, la qualité de la législation diminuait de plus en plus, et que le besoin d'interprétations augmentait en conséquence[31]. Cette situation provoqua une extension insoupçonnée des interprétations judiciaires des lois. « Le pouvoir du juge », ou ce que l'on entendait par cela, remplaça la *consuetudo*. Comme auparavant pour celle-ci, on discuta donc maintenant du fait de savoir si, et dans quelle mesure, il pouvait y avoir un pouvoir du juge *praeter et contra legem*, et avec insouciance on répondit affirmativement à cette question. En Allemagne, cela se fit par le décret dit de « Soraya » du tribunal constitutionnel, le 14 février 1973, en ces termes[32] :

> La loi n'oblige pas le juge à appliquer les directives juridiques au cas particulier dans les limites du sens possible du terme... L'acte juridique ne consiste pas uniquement à prononcer les décisions du législateur. Le devoir de la jurisprudence peut en particulier exiger de faire paraître au grand jour et de réaliser des jugements de valeur qui sont immanents à la

---

31 Stefan Vogenauer, *Die Auslegung von Gesetzen in England und auf dem Kontinent*, 2 Bde., 2001.

32 BVerfGE 44, S. 287.

justice constitutionnelle, par un acte de prononciation évaluant, qui dénote aussi une volonté.

Le « pouvoir du juge », en tant que formation continue du droit tenue d'interpréter la loi, remplaça le droit coutumier. Les besoins du présent supplantèrent le passé comme source de droit. Aujourd'hui, on cherche en vain dans les recueils de jugements des tribunaux des déclarations fondamentales concernant le droit coutumier. Il a disparu de la jurisprudence allemande. On ne pose pas la question de savoir si ce récent « pouvoir du juge » est qualitativement et fonctionnellement supérieur à l'ancienne *consuetudo*. Ni la science, ni la pratique ne s'intéressent de manière approfondie au droit coutumier, ce qui rendrait pourtant service à la pratique du droit. Au premier abord, on dirait que la victoire définitive de la loi sur la coutume a mis fin au vieux conflit. Mais, en vérité, la loi s'est elle aussi affaiblie sous la domination du « pouvoir du juge ». Les deux adversaires épuisés sont couchés sur le champ de bataille, et ils constatent avec surprise qu'une nouvelle puissance victorieuse a pris leur place. C'est là qu'on se demande si le « pouvoir du juge » a vraiment remplacé la coutume, telle que Vivaldi l'entendait dans la phrase citée au début. A-t-il tendance, comme celui-ci, à détourner la force de la loi à son profit ? Sommes-nous maintenant confrontés au problème de la *mala, nova et injusta judicatura* ? Ce n'est pas à l'historien du droit d'en juger, de même que ce n'est pas à lui de juger de l'avenir du droit coutumier.

Hans HATTENHAUER
Professeur d'Histoire du Droit
Université « Christian Albrechts »
(Kiel)

Traduction par Brigitte LINDENAU

Rescrits du temps de Gordien III : CJ 5,12,7 Imp. Gordianus A. Marco (a. 238)

I. Introduction

JE VAIS M'ATTACHER dans les pages qui suivent à l'étude d'un rescrit : CJ 5,12,7 *Imp. Gordianus A. Marco* (a. 238). Nous pouvons, comme on le sait, définir sur un plan général cette importante source de droit qu'est le rescrit comme la réponse écrite de l'empereur (*subscriptio*) qui figure dans le document même sur lequel fut formulée la question (*libellus*, également *prex* ou *supplicatio*), et où se manifeste son point de vue et celui des juristes de sa chancellerie sur la question juridique qui leur a été posée[1]. Les destinataires d'une réponse impériale pouvaient être aussi bien des fonctionnaires publics dans l'exercice de leurs fonctions, que des personnes privées, hommes et femmes de tout état et de toute condition. Le rescrit était, en effet, à la disposition tant des personnes de haut rang que de condition modeste, quoique seules ces dernières en fussent les destinataires, les autres recevant une lettre indépendante du texte de la question (*epistula*)[2].

---

1 J.-P. Coriat, *Le Prince Législateur. La technique législative des Sévères et les méthodes de création du Droit Impérial a la fin du Principat*, Rome, 1997, pp. 77 et s.

2 On dispose d'une très riche bibliographie sur les rescrits. Ainsi, sans prétendre à l'exhaustivité, on peut consulter : Coriat, *op. cit.* ; E. Volterra, « Il problema del testo delle costituzioni imperiali », *Scritti Giuridici*, T. VI, Napoli, 1994, pp. 821-1097 ; W. Williams, « The Libellus Procedure and the Severan Papyri », *JRS*, 1974, 64, pp. 86-103 ; *Idem*, « Individuality in the Imperial Constitutions », *JRS*, 1976, 66, pp. 67-83 ; *Idem*, « Caracalla and the Autorship of Imperial Edicts and Epistles », *Latomus*, 1979,

Nombreuses sont les intéressantes questions qui peuvent se poser au sujet de cette importante manifestation du pouvoir réglementaire des empereurs que sont les rescrits. Les aborder excéderait largement le cadre de ces quelques pages[3]. Il est logique dès lors de penser, étant donné leur autorité originelle, que leur contenu juridique serait utilisé par la personne réceptionnaire du rescrit dans la procédure qui serait en cours, le cas échéant. Cependant, on ne peut écarter que certaines demandes puissent être formulées pour obtenir des informations sans plus et pas nécessairement au motif d'un procès sous-jacent[4]. Quand l'intention était d'employer la réponse impériale dans un procès déjà engagé, nous savons qu'en principe la solution juridique contenue dans le rescrit ne pouvait être appliquée que lorsque les autres circonstances alléguées par la partie qui invoque la réponse impériale étaient avérées, ce qu'il revenait au juge en charge du dossier[5] de vérifier. Toutefois, nous pouvons imaginer le poids que

---

38, pp. 67-89 ; F. Millar, « Emperors at Work », *JRS*, 1967, 57, pp. 9-19 ; U. Wilcken, « *Kaiserreskripten* », *Hermes*, 1920, 55, pp. 1-42 ; D. Nörr, « Zur Reskriptenpraxis in der hohen Prinzipatszeit », *ZSS*, 1981, 98, pp. 1-46 ; N. Palazzolo, *Potere imperiale ed organi giurisdizionali nel II secolo D. C. L'efficacia processuale dei rescritti imperiali da Adriano ai Severi*, Milano, 1974 ; T. Honoré, « "Imperial" Rescripts A.D. 193-305 : Authorship and Authenticity », *JRS*, 1979, 69, pp. 51-64 ; *Idem*, « The Severan Lawyers: A Preliminary Survey », *SDHI*, 1962, 28, pp. 162-232 ; *Idem*, *Emperors and Lawyers*, London, 1981 ; *Idem*, *Ulpian*, Oxford, 1982 ; *Idem*, « Some Constitutions Composed by Justinian », *JRS*, 1975, 65 pp. 107-123 ; A. D'Ors, « Rescriptos y cognición extraordinaria », *ADHE*, 1977, 47, pp. 5-41 ; *Idem*, « La signification de l'œuvre d'Hadrien dans l'histoire du Droit Romain », *Les empereurs romains d'Espagne*, Paris, 1965, pp. 147-158 ; *idem*, « La formación del ius novum en la época tardo-clásica », *REHJ*, 1979, 4, pp. 35-49 ; P. de Francisci, « Per la storia della legislazione imperiale durante il principato », *BIDR*, 1967, 70, pp. 187-226 ; F. de Martino, *La Giurisdizione nel Diritto Romano*, Padova, 1937 ; G. Gualandi, *Legislazione imperiale e giusrisprudenza*, T. I et II, Milano, 1963 ; M. Massei, « Le citazioni della giurisprudenza classica nella legislazione imperiale », *Scritti Ferrini*, Milano, 1946, pp. 403-475 ; M. Garcia Garrido, « Legislación imperial y Jurisprudencia. ("Fictio iuris" y rescriptos imperiales) », *AHDE*, 1962, 32, pp. 243-261 ; G. Rizzelli, « In margine a Gai. 1.5. », *Vestigia Iuris Romani. Festschrift für Gunter Wesener*, Graz, 1992, pp. 377-394 ; J. Harries, *Law and Empire in Late Antiquity*, Cambrigde, 1999, pp. 26-31.

3 Ces aspects ont été développés dans Osaba, *Gordianus rescripsit*, pp. 13-29. Il faut renvoyer par ailleurs à la bibliographie spécialisée.

4 J.-P. Coriat, *op. cit.*, p. 77. A. D'Ors, *op. cit.*, pp. 8-9, soutient que l'on ne peut pas affirmer avec certitude que les rescrits étaient effectivement présentés lors de procès. Selon lui, on ne peut pas non plus évaluer leur effet sur les décisions judiciaires. Palazzolo, *op. cit.*, pp. 52 et s., signale dans le même sens que le fait qu'un avis soit donné sur une question de droit ne signifie pas pour autant la mise en œuvre d'une procédure.

5 Coriat, *op. cit.*, pp. 77 et s. ; Palazzolo, *op. cit.*, p. 51.

devait prendre dans le litige l'existence d'un rescrit de l'empereur sur le pouvoir de décision du juge[6].

Enfin, suivant en cela Coriat, comment ne pas être frappé par le caractère personnel des rescrits, dans lesquels s'établit une relation directe entre l'empereur et les citoyens et citoyennes qui s'adressent à lui ? Contact qui peut parfois paraître presque proche, pour ne pas dire familier, à travers lequel l'empereur peut se présenter comme un prince plein de sollicitude envers ses sujets, y compris les plus humbles, autrement dit, les destinataires à proprement parler des rescrits, puisque les sujets de haut rang, comme nous l'avons signalé, recevaient une réponse indépendante du texte de la demande, appelée *epistula*[7].

Dans ce cas, le rescrit qui va être analysé a pour objet la réponse de l'empereur Gordien III à la demande formulée par un particulier nommé *Marcus*, lequel s'enquérait de la valeur du pacte dotal passé avec son beau-père et que j'aborderai par la suite. Mon analyse portera donc uniquement sur la dot, importante institution de droit matrimonial du passé et pièce maîtresse du droit romain de la famille. Plus encore, à l'époque de Gordien III, un empereur qui ne va rester à la tête de l'Empire que de l'an 238 à l'an 244 apr. J.-C., mais du mandat duquel il a été conservé néanmoins le plus grand nombre de constitutions impériales de toute la période connue sous le nom *d'anarchie militaire*[8]. Le nombre élevé de rescrits conservés de Gordien III facilite l'étude de cette étape conflictuelle et charnière, importante et décisive de ce point de vue, dont on s'accorde à reconnaître qu'elle marque

---

6 Coriat, *op. cit.*, pp. 338-341.

7 O*p. cit.*, pp. 176-178 et 340.

8 On peut trouver une information générale sur les sources de cette période et la bibliographie la plus importante dans Loriot, « Les premières années de la grande crise du IIIe siècle: De l'avènement de Maximin le Thrace (235) à la mort de Gordien III (244) », *ANRW*, 1975, 11.2, pp. 657-787. Voir aussi : Von Rodhen, « v. Antonius », *PWRE*, 1894, 1, 2, pp. 2619-2628 ; T. Spagnuolo Vigorita, *Secta temporum meorum. Rinnovamento politico e legislazione fiscale agli inizi del principato di Gordiano III*, Palermo, 1978. En ce qui concerne, sa production réglementaire, voir A. Nicoletti, *Sulla politica legislativa di Gordiano III. Studi*, Napoli, 1981 ; F. Wieacker, « Le droit romain de la mort d'Alexandre Sévère à l'avènement de Dioclétien », *RHDFE*, 1971, 49, pp. 201-223 ; G. Schnebelt, *Reskripte der Soldatenkaiser*, Karlsruhe, 1974, pp. 193 et s. ; Th. Sternberg, « Die Regierungszeit Gordians III. aus der Sicht der kaiserlichen Rechtsprechung », *Klio*, 1989, 71, pp. 164-178.

la fin de l'époque classique du droit romain et l'aube de l'époque postclassique[9].

2. CJ 5,12,7 *Imp. Gordianus A. Marco*

CJ 5,12,7 *Imp. Gordianus A. Marco. Cum a socero tuo pro uxore dos tibi daretur, si ea in stipulationem deducta non est sub tempore dationis, sed postea, socer tuus tecum paciscendo, si id non ex voluntate filiae suae fecit, condicionem eius laedere non potuit. quandoque enim sola de dote experiens id pactum non debere ad sui dispendium operari de iure defenditur. PP. d. k. Octobribus Pio et Pontiano conss.* (a. 238).

Ayant refermé cette brève introduction, j'aborderai l'analyse du texte de la constitution impériale, datée du mois d'octobre de l'an 238. Nous sommes par conséquent dans les premiers mois de l'accession au pouvoir d'un très jeune Gordien (qui a tout juste 13 ans quand il est désigné), que l'on peut situer entre les mois de juin et août du même an 238[10]. En avant de la date, figure le sigle PP (*proposita*), le plus utilisé dans l'ensemble des rescrits[11] et qui pourrait signifier que la réponse a été émise à la résidence de l'empereur et, précisément, à cette date qui le suit[12].

---

9 Le présent article s'inscrit dans le cadre d'un travail de recherche plus vaste actuellement en cours sur l'ensemble des rescrits de Gordien III, qui abordent des questions relatives à la dot et fruit duquel ont été publiés à ce jour : E. Osaba, *Gordianus rescripsit. Rescriptos de Gordiano III en materia dotal dirigidos a mujeres*, Bilbao, 2000 ; *eadem*, « Un rescripto de Gordiano III en materia de dote: CJ 5,14,3 Imp. Gordianus A. Torquatae », *Profesorowi Janowi Kodrębskiemu. in memoriam*, Lódź, 2000, pp. 265-288 ; *eadem*, « Un rescripto de Gordiano III en materia de intereses dotales: CJ 5,11,2, Imp. Gordianus A. Herodoto (a. 238) », *Estudios de Derecho Romano en memoria de Benito Mª Reimundo Yanes*, coord. A. Murillo Villar, Burgos, 2000, pp. 137-151. Ces rescrits occupent, de plus, un espace important dans l'ensemble des constitutions de cet empereur. Voir également à ce sujet, Sternberg, *op. cit.*, p. 165 ; L. Huchthausen, « Frauen fragen den Kaiser. Eine soziologische Studie über das 3. Jh.n.Chr. », *XENIA*, 1992, 28, pp. 7-22.

10 Loriot, *op. cit.*, pp. 721-722. S. Mazzarino, *L'Impero Romano*, T. II, Bari, 2e ed., 1986, p. 513 ; Nicoletti, *op. cit.*, p. 82.

11 Coriat, *op. cit.*, pp. 613 et s. Sur les 53 constitutions conservées de l'an 238, nous trouvons l'abréviation PP. sur tous les rescrits, excepté 4 d'entre eux ; sur ces derniers, à côté de la date, apparaît le sigle D. (CJ 2,52,2 ; CJ 5,75,3 ; CJ4,34,2 ; CJ 4,64,1) et sur 1, la lettre S. CJ 7,43,2). Je laisse de côté, étant donné sa nature spécifique, le rescrit adressé aux habitants de Scaptopara, également de l'an 238. Sur ce singulier rescrit, voir Coriat, « *op. cit.* », pp. 610-611.

12 Loriot, *op. cit.*, pp. 735 et s. Pour les autres possibles interprétations de ce sigle, voir Coriat, *op. cit.*, pp. 611 et s.

Dans le rescrit figurent en tant que consuls éponymes *Pius* et *Pontianus*. À défaut de renseignements plus précis sur le premier, le second a été identifié comme *Pontius Proculus Pontianus*, légat de Pannonie inférieure[13]. La jeunesse de Gordien III a conduit logiquement à confier le gouvernement effectif de l'Empire, du moins dans les premiers temps, à d'autres personnes, et notamment, parmi elles, à un certain nombre de protagonistes des troubles qui l'amenèrent au pouvoir. Dans cet entourage influent de l'empereur, on trouve des sénateurs, des chevaliers, quelques membres de la haute aristocratie et, significativement, d'anciens partisans des Sévères et, en particulier, de Sévère Alexandre[14].

Rédigée dans un style très direct et presque familier, la réponse impériale dans laquelle on recourt à la seconde personne du pronom personnel (*socero tuo, tecum paciscendo*), est adressée expressément au pétitionnaire, *Marcus*[15], dont on peut penser qu'il aura soumis à l'empereur un problème personnel. Il est pratiquement impossible de préciser l'identité des personnes concrètes qui soumirent leurs requêtes à l'empereur, dans la mesure où probablement suite au travail de synthèse auquel furent soumises les constitutions par les compilateurs (ou même peut-être avant eux), au début du texte du rescrit ne figure, en général, que le *cognomen* (au datif)[16]. Cela étant, dans certains cas, on peut se risquer à avancer une hypothèse sur l'identité de la personne concrète, en s'appuyant sur des conjectures sur sa possible provenance, sa situation juridique, son niveau social, etc.

Dans le rescrit, pour nous en tenir à la littéralité du texte, il est indiqué à *Marcus* que, si son beau-père lui a remis la dot de sa femme, mais qu'au

---

13 Nicoletti, *op. cit.*, p. 83. M. Grant, *A Guide to the Ancient World*, New York, 1986, pp. 469-470, offre de l'information sur la Pannonie inférieure.

14 Voir, à ce sujet, entre autres, Loriot, *op. cit.*, pp. 727-729 ; Spagnuolo Vigorita, *op. cit.*, pp. 87 et s. ; Howe, L. L. Howe, *The Pretorian Prefect from Commodus to Diocletian (A.D. 180-305)* , Roma, 1966 = Chicago, 1942, pp. 114-115.

15 I. Kajanto, *The Latin Cognomina*, Roma, 1982 = Helsinki, 1965, pp. 30, 39-40, fait figurer ce nom commun parmi les dérivés de *praenomina*, et pas précisément ceux d'usage très commun.

16 Une difficulté additionnelle se présente en ce qui concerne les destinataires mâles, car il est bien possible qu'ils ne soient pas le fait de particuliers mais de fonctionnaires, M. A. de Dominicis, « I destinatari dei rescritti imperiali da Claudio a Numeriano », *Annali della Università di Ferrara*, 1950, 8-3ª, pp. 1-72, notamment pour les rescrits de Gordien III, 67-69. Aussi H. E. Dirksen, « *Ueber die Adressen der Constitutionen römischer Kaiser* », *Hinterlassene Schriften zur Kritik und Auslegung der Quellen Römischer Rechtsgeschichte und Alterthumskunde*, T. II, Leipzig, 1871, pp. 1-31.

moment de la remise il n'y a pas eu de stipulation – laquelle s'est produite ultérieurement –, si son beau-père n'a pas tenu compte à ce moment de la stipulation de la volonté de sa fille, la dot en revanche ne pouvait en aucune manière causer de préjudice à la condition de cette dernière. Elle seule est fondée, à tout moment, à se défendre par l'action dotale pour que ce pacte ne lui porte pas préjudice.

Ce rescrit, en particulier, déclare directement nul un pacte dotal en fonction du préjudice causé à la femme par ce dernier. Le problème des pactes qui entraînent une altération négative de la situation de la femme au regard de la dot de celle-ci fit l'objet d'un autre rescrit du même Gordien III, émis un an plus tard. On trouve également indirectement trace de ce thème dans d'autres constitutions du même empereur[17].

Il semble que la personne qui a adressé la question à l'empereur prétende qu'on l'éclaire sur la validité ou non de l'accord passé entre elle et son beau-père, mais à en juger par sa teneur, sans tenir compte du consentement de sa femme. Dans le texte de la réponse impériale, cependant, il ne nous est fourni aucune indication sur l'objet du pacte conclu, de sorte que nous méconnaissons sur quels points de la dot *Marcus* et son beau-père se sont mis d'accord. Il se peut qu'il s'agisse d'un pacte concernant la restitution de la dot, dans la mesure où bon nombre de ces pactes avaient précisément pour finalité d'établir les conditions de la propre restitution, quoique d'autres pactes n'étaient pas moins fréquents. Nous pensons ici par exemple aux pactes visant à modifier l'objet de la dot – *permutatio dotis* –, ou à réaliser leur estimation en argent – *aestimatio* – [18]. Comme le signale Van Warmelo, les pactes dotaux, si fréquents, cherchaient à protéger les intérêts des parties impliquées et à faire respecter la fonction de la dot. Ils ne constituaient pas simplement, à ce titre, la base de la dot mais reflétaient les

---

17 CJ 8,56,2 ; CJ 5,14,3. Voir l'analyse de cette dernière constitution in E. Osaba, *op. cit.*, *Gordianus rescripsit*, pp. 31-43.

18 In Dig 23,4,23 (*Afric.*, *quaest.* 7) et Dig 23,4,26,5 (*Pap.*, *resp.* 4), sont abordés des cas dans lesquels le père stipule la restitution de la dote au moment de sa constitution. On peut consulter une synthèse des différents pactes dotaux qui étaient habituellement convenus in P. Van Warmelo, « Pacta dotalia », *Satura Roberto Feenstra Sexagesimum quintum annum aetatis complenti ab alumnis collegis amicis oblata*, Fribourg, Suisse, 1985, pp. 201-213.

besoins de la vie sociale et économique sous-jacente à l'institution du mariage[19].

Nous ne savons pas plus si c'est la femme qui a initié l'action en réclamation et si ce litige de fond est ce qui motive le rescrit, ou si, tout simplement, c'est l'époux qui, par ce moyen, cherche à connaître sa propre situation juridique. Mais en toute hypothèse, il y a lieu de présumer l'existence de positions antagoniques. Le différend à la base de ce rescrit pourrait avoir été soulevé entre la femme et le mari lorsque ce dernier prétendit mettre en œuvre ce qui avait été convenu par stipulation avec son beau-père. Il est digne de mentionner que dans ce rescrit il n'est nullement fait allusion – ce qui le distingue d'autres rescrits du même genre et bien entendu de ceux du propre Gordien – au juge de l'affaire peut-être en cours au moment où se produit la réponse impériale. Par la teneur de la réponse donnée à *Marcus*, il semble que celle-ci ait été émise avant le déroulement du procès ; il s'agirait d'un de ces rescrits que Coriat appelle *ex ante*[20], autrement dit, antérieurs au procès. Toutefois, comme dans le cas des rescrits dans lesquels on ne mentionne pas le juge chargé du dossier, nous ne pouvons affirmer catégoriquement que ce soit un litige qui ait été à l'origine du rescrit impérial, dans la mesure où la demande du pétitionnaire pourrait viser à connaître sa propre situation juridique pour la faire valoir le moment venu, par exemple lors de la restitution de la dot.

Voyons à présent en quels termes se pose la question juridique. Pour ce faire, dans un premier temps, j'aborderai la constitution de la dot. Dans un deuxième temps, je m'attacherai au pacte dotal conclu. Enfin, et avant de passer aux conclusions, j'analyserai le moyen de défense qui est offert à la femme dans le rescrit.

2.1.- Constitution de la dot

En premier lieu, on nous informe que ce fut le beau-père (*socero tuo*) qui constitua et remit la dot (*dos tibi daretur*) pour sa fille, épouse de *Marcus* (*pro uxore*). Nous pouvons inférer de ces précisions, par conséquent, nous

---

19 Van Warmelo, *op. cit.*, p. 205.

20 Coriat, *op. cit.*, pp. 339-340. Je dois signaler que le texte de cette constitution occupe sept lignes et que, par conséquent, il se rapproche de la moyenne de huit lignes que Honoré propose pour cette période et dont est absente la phrase finale conclusive qui signale la fin du rescrit, *op. cit.*, *Authorship*, pp. 53-54.

trouver dans un cas de dot *profecticia*[21], autrement dit, lorsque la dot est constituée par le père ou un autre ascendant paternel de la femme et que probablement le mode de constitution fut la *dotis datio*, laquelle, adoptant des effets réels, comme nous le savons, consiste soit dans la transmission de la propriété selon l'une des modalités prévues à cet effet, soit dans la constitution de tout autre droit réel[22].

Mais il est expressément signalé aussi dans le texte de la réponse impériale que la dot ne fut pas déduite en stipulation au moment de sa remise (*ea in stipulationem deducta non est sub tempore dationis*)[23]. Autrement dit, la constitution de la dot ne fut pas réalisée par contrat verbal de stipulation ou promesse stipulée, mais se vérifia par la propre remise, la *datio*. Cependant, et bien que, au moment de la constitution et de la remise de la dot, il n'ait été passé aucun contrat de stipulation, celui-ci a eu lieu postérieurement (*sed postea*) et son objet, comme il paraît découler du texte, fut la formalisation d'un accord entre *Marcus* et son beau-père (*socer tuus tecum paciscendo*), conclu sans aucun doute en laissant la femme dans l'ignorance et sans son consentement (*si id non ex voluntate filiae suae fecit*).

---

21 La *dos profecticia*, autrement dit, la dot constituée par le père ou un autre ascendant paternel de la femme, Dig 23,3,5 pr (*Ulp., ad Sab.* 31) ; Ulp. 6,3.

22 Ou tout acte réalisé avec la finalité de constituer une dot, en dehors de la promesse de dot, et pour transférer des biens en propriété au mari, voir P. Bonfante, *Corso di Diritto Romano*. T. I *Diritto di Famiglia*, ed. Rev. pour P. Bonfante y G. Crifò, Milano, 1963 = Roma, 1925, p. 417. Sur ce mode de constitution de la dot, on peut également consulter M. Lauria, *Matrimonio – Dote in Diritto Romano*, Napoli, 1952, pp. 131-133 ; G. E. Longo, *Diritto romano. Diritto di famiglia*, Roma, 2e ed., 1953, pp. 193 et s. ; A. Nicoletti, « v. *Dote* », *NNDI*, 1960, 6, pp. 257-258 ; C. A. Cannata, « v. *Dote* », *ED*, 1965, 14, pp. 2-3 ; M. Kaser, *Das römische Privatrecht I, Das altrömische, das vorklassische und klassische Recht*, München, 2e ed., 1971, p. 335 ; P. E. Corbet, *The Roman Law of Marriage*, Darmstadt, 1979 = Oxford, 1930, pp. 154 et s. ; M. J. García Garrido, *El patrimonio de la mujer casada en el derecho civil. I – La tradición romanística*, Barcelona, 1982, pp. 49 et s., 162 et s. Comme le signale M. Talamanca, *Istituzioni di Diritto Romano*, Milano, 1990, p. 146, pour que l'affaire juridique constitutive de la dot soit une *datio* il fallait que celle-ci ne fût pas motivée par une *promissio* ou *dictio* antérieure. Dans ces deux derniers cas, la constitution du droit réel dont il s'agit supposerait, non une *dotis datio*, mais uniquement la *solutio* de l'affaire juridique qui résulte de l'obligation antérieure. Dans le cas qui nous occupe, je crois que l'on peut inférer du texte du rescrit, et cela s'avère peut-être plus conforme à sa teneur, qu'il n'y eut pas *promissio* antérieure.

23 Tel est le sens que revêt, selon moi, l'expression *deducta in stipulationem*, comme d'ailleurs dans d'autres cas, ainsi dans un texte d'Ulpianus : Dig 45,1,75,1 (*Ulp., ad ed.* 22) ou également in : Dig 45,1,109 (*Pomp., ad Q. Muc.* 3). Sur cette signification du verbe *deducere*, voir H. Heumann et E. Seckel, *Handlexikon zu den Quellen des römischen Rechts*, Jena, 1907 = Graz, 1971, 11e ed., p. 126.

On peut gager par conséquent qu'il y a eu remise de la dot. Et que, postérieurement, beau-père et gendre ont conclu un pacte, probablement revêtu des formes d'une stipulation. Voilà l'interprétation du texte pour laquelle je penche bien qu'il soit pour le moins surprenant que, dans la constitution, on mentionne la stipulation et, tout de suite après, le pacte. Burdese avait déjà fait part de ses doutes sur l'authenticité de cette partie concrète du texte, autrement dit, le passage de la *stipulatio* au pacte, en précisant qu'il penchait pour la manipulation du passage en raison de cet étrange glissement[24]. Toutefois, nous ne pouvons que constater que la fongibilité des pactes, stipulations et *promissio* n'a fait que gagner du terrain au fil du temps, comme le souligne à juste titre P. Van Warmelo[25].

2.2. Nullité du pacte dotal

Le problème, par conséquent, et nous passons à présent au second aspect à aborder, ne découle pas tant de la constitution de la dot que de la stipulation réalisée par la suite. La première question dont il faut tenir compte – si mon hypothèse interprétative du texte est correcte – concerne le moment précis auquel le pacte a été conclu moyennant *stipulatio*, c'est-à-dire la façon d'interpréter cette allusion à un moment postérieur à la remise de la dot qui figure dans le rescrit. Il pourrait faire allusion, sans plus, à n'importe quel moment postérieur à celui de la *datio*, quel qu'il fût, mais en toutes circonstances, une fois réalisée la remise. Dans le Digeste, nous trouvons certes des passages qui remettent en question, de même que dans le rescrit gordien, la validité des pactes dotaux convenus à partir du moment où l'on vérifie la *datio dotis* sans aucune référence à un événement significatif qui donne le signal de ce « moment postérieur ». Ainsi, par exemple, dans un passage du Digeste figure un texte du jurisconsulte Pomponius dans lequel se pose le cas d'un père qui met en œuvre un pacte postérieurement à la constitution par *datio* d'une dot pour sa fille. Dans le texte, il est souligné – signe probablement d'une position juridique très similaire à celle de notre rescrit – que si l'on peut fixer des conditions au moment de la remise de la

---

24 *Op. cit.*, p. 181, n. 77.

25 *Op. cit.*, pp. 205-206. Söllner, *op. cit.*, pp. 84-107. D'autres constitutions du même Gordien III où sont abordés les pactes dotaux sont, par exemple, CJ 5,14,3 et 4. Postérieur est le rescrit de Dioclétien de l'an 294, où l'on admet que la stipulation mise en œuvre pour faire exécuter le pacte, soit avant, soit après, est valable pour l'effectivité du pacte. Et aussi, l'évolution dans le même sens, voir S. Riccobono, *Corso di Diritto Romano. Stipulationes, contractus, pacta*, Milano, 1935, pp. 389 et s.

dot sans le concours de la femme, une fois la dot transmise, c'est la femme qui doit obligatoirement intervenir dans les pactes qui seraient conclus par la suite. De plus, il paraît conseiller, en tout état de cause, que la femme ait son mot à dire dès le premier instant, à savoir, à la remise de la dot, en ce qui concerne les conventions qui seraient passées[26]. Un autre passage, également du Digeste, de Paulus cette fois, est tout aussi intéressant pour l'affaire qui nous occupe. Dans le texte, le jurisconsulte, dans une hypothèse de dot *adventicia* constituée par un tiers, pose également la question de l'efficacité des pactes dotaux et signale qu'au moment de la *datio* celui qui constitue la dot peut passer un accord et stipuler sans le concours de la femme qu'il dote, dans la mesure – argue le jurisconsulte – où il impose des conditions à ce qui lui appartient. Cependant, à partir de la remise de la dot, conclut-il, la femme doit pouvoir intervenir dans les conventions qui seraient conclues[27].

Dans ces passages que j'ai mis en exergue, il est affirmé que, au moment de la constitution de la dot, il y a place au pacte sans le concours de la femme dotée, même si son intervention, comme semble le signaler Pomponius, serait préférable. Cela étant, les textes sont concluants : la femme a reçu la dot après la remise.

Nous continuons cependant à ignorer quel est ce moment juridiquement important qui intervient postérieurement à la *datio*. Une réponse plausible à ce sujet est qu'il correspond au moment où le mariage a été contracté. Dans deux autres textes on voit se poser cette circonstance concrète. Ainsi, par exemple, en premier lieu, dans un passage de Papinianus, également repris dans le Digeste, il est décrit une séquence comparable à celle figurant dans la réponse adressée à *Marcus :* un père accorde la dot pour sa fille et, une fois les noces célébrées, il stipule, sans le consentement de celle-ci (*non ex filiae voluntate*), la restitution. La

---

26 Dig 23,4,7 (Pomp., ad Sab. 15) : *Cum dos filiae nomine datur, optimum est pactum conventum cum utroque generum facere, quamquam initio dotis dandae legem quam velit etiam citra personam mulieris is qui dat dicere possit, si vero post datam pacisci velit, utriusque persona in paciscendo necessaria est, quoniam iam adquisita mulieri dos tum esset* (...). Sur les doutes d'interpolation de ce texte, voir Burdese, *op. cit.*, p. 178, n. 66 et 179.

27 Dig 23,4,20,1 (Paul., de. 35) : *si extraneus de suo daturus sit dotem, quidquid vult pacisci et ignorante muliere, sicut et stipulari potest: legem enim suae rei dicit: postquam vero dederit, pacisci consentiente muliere debet.*

conséquence en est que, du vivant de la fille – il en va tout autrement si elle meurt –, on nie la valeur effective du pacte conclu par le père à ce moment postérieur au mariage[28]. Dans le second texte, cette fois d'Ulpianus, on aborde à nouveau la question et le jurisconsulte manifeste sans équivoque que, les noces étant célébrées, le père ne pourra par un pacte désavantager sa fille en matière de dot, sans son consentement[29]. Ces textes permettent d'inférer par conséquent que peut-être ce moment décisif, qui intervient après la constitution de la dot et à partir duquel s'impose le besoin du consentement de la femme, est celui de la célébration du mariage. Du moins pour que le pacte puisse être valable et exigible de la part de la femme. Dans le texte d'Ulpianus, en outre, s'ajoute la circonstance que le pacte conclu entre père et mari ne peut dégrader la situation de la femme du point de vue de sa dot, à moins que celle-ci n'y donne son consentement. En conclusion, la réalisation de la *stipulatio* postérieurement à la célébration du mariage et en l'absence de consentement de la femme détermine la nullité du pacte convenu[30].

En résumé et pour en revenir au texte concret du rescrit, le moment précis auquel *Marcus* et son beau-père ont conclu la *stipulatio* peut avoir été postérieur aux noces[31], quoique ceci n'apparaisse nullement dans le texte du rescrit, puisque l'on nous informe simplement que ce fut postérieurement à la remise.

Il est expressément signalé, en revanche, qu'une fois la dot constituée, si le père n'a pas jugé bon de tenir compte de la volonté de sa fille au moment

---

28 Dig 24,3,40 (Pap., quaest. 28) : *Post dotem datam et nuptias contractas stipulatus est pater non ex filiae voluntate divortio facto dotem dari. si condicio stipulationis impleatur et postea filia sine liberis decesserit, non erit impediendus pater, quo minus ex stipulatu agat: viva autem filia si agere vult, exceptione summovendus erit.* Sur la possible interpolation du texte, à nouveau Burdese, *op. cit.*, p. 181, n. 76.

29 Dig 24,3,29 *(Ulp., disput. 3) Quotiens pater dotem dat et stipulatur, ita demum in suam personam de dote actionem transfert, si ex continenti stipuletur: ceterum si interposito tempore stipulari velit, non nisi consentiente filia poterit, quamvis in potestate sit, quia deteriorem condicionem in dote filiae facere non potest nisi consentiat. plane si ante nuptias dotem dederit, poterit ex intervallo, ante nuptias tamen, et citra voluntatem quoque filiae stipulari.* Söllner, *op. cit.*, p. 107.

30 Il me semble utile de signaler que, dans le texte de Papinianus, on emploie la locution *non ex filiae voluntate* qui conserve une forte similitude avec celle adoptée dans la constitution analysée : *non ex voluntate filiae*.

31 Burdese, *op. cit.*, p. 179, n. 67, considère à ce sujet que l'on doit considérer le moment le plus significatif des noces qui est celui postérieur, sans plus, à la *datio*.

du pacte, il ne peut dégrader la condition de cette dernière au moment de remettre la dot. Cet assentiment de la fille est donc l'une des conditions requises pour la validité de la convention, ainsi que le signalent également les textes que j'ai cités auparavant. De plus, comme il est affirmé expressément dans le passage d'Ulpianus[32] même dans le cas où la fille aurait été soumise à l'autorité paternelle, *in potestate*, avant de passer le pacte, le père aurait dû lui demander son consentement (*non nisi consentiente filia poterit, quamvis in potestate sit, quia deteriorem condicionem in dote filiae facere non potest nisi consentiat*).

Il est intéressant de souligner l'importance accordée au consentement de la femme, y compris lorsque celle-ci est soumise à l'autorité paternelle. *A fortiori* quand des auteurs comme Burdese[33], Bonfante[34], Kaser[35], Bechmann[36], Czhylarz[37] ou Lauria[38] ont mis en évidence comment, dans le droit classique romain, il n'existait pas de principe général qui sanctionnât la nullité des pactes dotaux supposant un préjudice pour la femme et la défavorisant à travers la dot. Dans une constitution du propre Gordien III, il est rappelé également que la femme peut introduire dans sa dot les conditions qu'elle désire[39]. Seuls sont considérés nuls les pactes dotaux qui affectent le régime légal établi au bénéfice de la femme en ce qui concerne sa dot, et « auxquels on ne peut déroger par contrat privé »[40]. Nous pourrions parler en ce sens de pactes qui relèvent du droit, *ad ius pertinent*, et non de la volonté, *ad voluntatem*, selon la classification attribuée à Paulus[41]. Autrement dit, sont

---

32 Dig 24,3,29 (*Ulp., disput. 3*).

33 *Op. cit.*, pp. 173 et s.

34 *Op. cit.*, pp. 439-440.

35 *Op. cit.*, p. 341.

36 A. Bechmann, *Das römische Dotalrecht*, Erlangen, 2e ed., 1867, pp. 299 et s.

37 *Das römische Dotalrecht*, Giessen, 1870, pp. 429 et s.

38 *Op. cit.*, pp. 161-163.

39 CJ 8,56,2.

40 Burdese, *op. cit.*, pp. 182-183. Ces pactes seraient ceux qualifiés comme *ad ius pertinent* et non comme *ad voluntatem*, conformément à l'opposition établie in Dig 23,4,12,1. Ce texte n'est pas exempt de suspicions d'interpolation, voir P. Koschaker, « *Unterhalt der Ehefrau und Früchte der dos* », *Studi in onore di Pietro Bonfante*, T. 4, Milano, 1930, pp. 1-27.

41 Dig 23,4,12,1 (*Paul., ad ed.* 35) *Ex pactis conventis, quae ante nuptias vel post nuptias interponi solent, alia ad voluntatem pertinent, ut mulier dote promissa se alat et donec nupta sit, dos ab ea non petatur, aut certam summam viro praestet et ab eo alatur, et his similia: alia ad ius pertinent, veluti quando dos petatur, quemadmodum reddatur, in quibus non semper voluntas contrahentium servatur. ceterum si convenerit, ne omnino*

considérés nuls les quatre pactes dotaux suivants indépendamment du fait qu'ils auront été conclus avant ou après le mariage : 1) le pacte visant à retarder la remise de la dot – *ut longiore die dos solvatur* – ; 2) celui consistant à limiter la responsabilité maritale au dol – *ut maritus dolum solummodo praestet* – ; 3) celui de retenir plus en raison des mauvaises moeurs de la femme ou – *ut plus propter mores retineatur* – ; 4) également, le pacte consistant à ne pas restituer la dot en cas de mariage sans enfants – *non reddenda liberis non intervenientibus* —[42].

En revanche, la validité des autres pactes, y compris de ceux qui défavorisent la femme, est reconnue dès lors qu'elle-même y aura donné son accord. Autrement dit, un pacte ne sera jugé nul que s'il a été conclu pendant le mariage par le père qui a constitué la dot sans compter avec le consentement de la fille et s'il est défavorable à la situation de celle-ci, comme cela s'est passé, semble-t-il, dans l'hypothèse que relate notre rescrit adressé à *Marcus*.

2.3. Moyen de défense offert à la femme dans le rescrit

Voyons à présent, pour conclure, le moyen de défense offert à la femme dans le rescrit. En effet, dans la réponse impériale, après avoir déclaré fermement que ce pacte, qui défavorise sa situation, est sans valeur pour avoir été conclu après avoir vérifié la *datio* et sans son consentement, on l'informe de la façon dont il lui faut agir au plan procédural afin d'empêcher que son droit ne se voie lésé.

Elle seule, est-il répondu à son mari *Marcus*, est fondée à agir en toutes circonstances par l'action dotale, pour empêcher de la sorte que le pacte ne soit cause pour elle de préjudice (*quandoque enim sola de dote experiens*)[43]. La locution *experiens de dote* paraît indiquer la possibilité d'agir

---

dos petatur, indotata erit mulier. Considéré un texte suspect et d'époque postclassique par Van Warmelo, *op. cit.*, p. 205 et A. Söllner, *Zur Vorgeschichte und Funktion der actio rei uxoriae*, Köln, 1969, pp. 93-94.

42 Aussi, chaque fois qu'on le fera valoir en ce qui concerne la femme et plus encore quand, au lieu de la femme, il aura été conclu – dans l'hypothèse de *dos profecticia* – par le père. En réalité, ce pacte est nul, y compris *liberis intervenientibus* si l'on tente de le faire valoir par les héritiers du mari en cas de décès de ce dernier. Burdese, *op. cit.*, pp. 173 et s. ; Bonfante, *op. cit.*, pp. 439-440 ; Kaser, « *op. cit.* », p. 341.

43 Le terme *quandoque*, comme on sait, peut avoir un sens temporaire ou causal. Il peut prendre le sens de : quand, quelquefois, à condition que, etc., Il a trait, en tout cas, à des questions qui ont à voir avec le futur, voir Heumann-Seckel, *op. cit.*, p. 483. Par

au plan processuel à travers la *actio de dote*, autrement dit, par la *actio rei uxoriae*[44], action visant à empêcher la restitution de la dot au moment où le mariage se termine, qui correspondait à la femme ou à son *paterfamilias* si elle-même se trouvait soumise à l'autorité paternelle, mais que le *paterfamilias* ne pouvait mettre en œuvre qu'avec le consentement de la fille, *adiuncta filiae persona*[45], lors de l'acte consistant à demander l'action et à initier la procédure.

Cependant, il me semble digne de mentionner que l'on utilise le vocable *sola*, qui paraît insister sur la possibilité assignée à la femme d'agir indépendamment de son père. Ceci signifie-t-il que la femme puisse agir seule ? Car cela est possible, comme il est naturel, après la mort de son père, lorsqu'elle devient une femme indépendante de la tutelle paternelle, ou qu'elle se retrouve émancipée[46] mais du vivant du père, l'initiative de l'action

exemple, dans un texte d'Ulpianus, on retrouve les deux vocables *quandoque* et *experiri* : Dig 2,2,3,2 (*Ulp., ad. Ed. 3) (...) non solum eo postulante qui ab eo laesus est, sed omni, qui quandoque experitur.* Dans le texte d'Ulpianus, il prend le sens de "à tout moment" auquel a lieu la réclamation. On pourrait déduire de cette phrase du rescrit que la femme ne s'est pas encore décidée à utiliser le recours processuel et il est manifesté que celui-ci est à sa disposition, autrement dit, qu'elle peut le faire à tout moment dans l'avenir (*quandoque)*. Cependant, je crois également envisageable que la femme ait engagé une procédure et qu'on rappelle au mari qu'elle est dans son droit de le faire, autrement dit, qu'elle peut agir chaque fois qu'elle le souhaitera.

44 Je crois que cette expression – *experiens de dote* – peut se référer à la réclamation judiciaire, dans ce cas à travers l'action dotale, dans la mesure où il s'agit d'une locution qui a été utilisée dans ce sens. Ainsi, par exemple, dans Dig 47,10,7,5 (*Ulp., ad ed. 57*) (...) *Experiri de singulis iniuriis* (...) ; Heumann-Seckel, *op. cit.*, pp. 194-195. Dans un autre rescrit du même Gordien, il est également fait allusion à la *actio dotis* : *actionem integrae dotis habeas.* CJ 5,14,3, adressée à *Torquatae*, de l'an 239. Il est intéressant de constater que dans aucune de ces constitutions, il n'est fait allusion à l'action *ad hoc* pour demander la restitution de la dot comme *actio rei uxoriae.* Ceci pourrait être le résultat de la manipulation subie par ces textes, l'*actio rei uxoria* ayant été remplacée par l'*actio de dote* à l'époque justinienne. Talamanca, *op. cit.*, pp. 149-150.

45 Dig 24,3,2,1 (*Ulp., ad sab.* 35) *Quod si in patris potestate est et dos ab eo profecta sit, ipsius et filiae dos est: denique pater non aliter quam ex voluntate filiae petere dotem nec per se nec per procuratorem potest.* Ulp. 6,6 ; Dig 24,3,22,5 (*Ulp. ad ed.* 33) *Eo autem tempore consentire filiam patri oportet, quo lis contestatur. secundum haec si filia dicat se patri consentire et ante litis contestationem mutaverit voluntatem vel etiam emancipata sit, frustra pater aget.* Sur ce consentement, voir S. Solazzi, « Sul consenso della «filia familias» all'«actio rei uxoria» esercitata dal padre », *Scritti di Diritto Romano*, T. III (1925-1937) , Napoli 1960, pp. 557-561.

46 Dig 24,3,2,1 (*Ulp. ad sab.* 35) *Quod si in patris potestate est et dos ab eo profecta sit, ipsius et filiae dos est: denique pater non aliter quam ex voluntate filiae petere dotem nec per se nec per procuratorem potest. sic ergo et promittendum sabinus ait. ei ergo promittendum erit, cui uterque iusserit. ceterum si pater solus iussit, dotis actio filiae non erit adempta, quandoque sui iuris filia fuerit facta. item si voluntate solius filiae promittatur, remanebit dotis actio integra patri: sed utrum ut et agat solus an et ut*

procédurale est reconnue aussi bien à l'un qu'à l'autre agissant ensemble. Diverses hypothèses reprises dans le Digeste envisagent, toutefois, la possibilité qu'une fille puisse exiger de son propre chef, sans son père, la restitution de la dot, par exemple, lorsque ce dernier a perdu la raison[47], quand il a été fait prisonnier[48], ou lorsqu'il purge une peine hors de Rome[49]. On va même jusqu'à envisager une telle possibilité quand sa mauvaise réputation peut faire craindre qu'il puisse dissiper la dot[50], encore que sur ces textes plane le doute qu'ils aient pu être interpolés par les compilateurs du Digeste[51]. Y compris dans l'un des textes les plus importants du point de

---

adiuncta quoque filiae persona experiri possit ? et puto nec eam actionem amissam, quam adiuncta filiae persona potest habere. quod si sui iuris fuerit facta filia, nocebit ei ista stipulatio. Dig 24,3,21 (*Ulp., disp.* 3) *Sed et si ideo maritus ex dote expendit, ut a latronibus redimeret necessarias mulieri personas vel ut mulier vinculis vindicet de necessariis suis aliquem, reputatur ei id quod expensum est sive pars dotis sit, pro ea parte, sive tota dos sit, actio dotis evanescit. et multo magis idem dicendum est, si socer agat de dote, debere rationem haberi eius quod in ipsum impensum est, sive ipse maritus hoc fecit sive filiae ut faciat dedit: sed et si non pater experiretur, sed post mortem eius filia sola de dote ageret, idem erit dicendum: cum enim doli exceptio insit de dote actioni ut in ceteris bonae fidei iudiciis, potest dici, ut et celso videtur, inesse hunc sumptum actioni de dote, maxime si ex voluntate filiae factus sit.* Dig 24,3,2,2 (*Ulp. ad sab.* 35) *Voluntatem autem filiae, cum pater agit de dote, utrum sic accipimus, ut consentiat an vero ne contradicat filia ? et est ab imperatore Antonino rescriptum filiam, nisi evidenter contradicat, videri consentire patri. et Iulianus libro quadragesimo octavo digestorum scripsit quasi ex voluntate filiae videri experiri patrem, si furiosam filiam habeat: nam ubi non potest per dementiam contradicere, consentire quis eam merito credet. sed si absens filia sit, dicendum erit non ex voluntate eius id factum cavendumque ratam rem filiam habituram a patre: ubi enim sapit, scire eam exigimus, ut videatur non contradicere.*

47 Dig 24,3,22,10 (*Ulp., ad ed.* 33) *Si soluto matrimonio pater furiosus sit, curator eius voluntate filiae dotem petere poterit: aut si curatoris copia non sit, agere filiae permittendum erit caverique oportebit de rato.* Avec l'obligation pour la fille de verser la *cautio de rato* dans ce cas, voir, A. Burdese, « Dos patris et filiae communis », *Labeo*, 1959, p. 304.

48 Dig 24,3,22,11 (*Ulp., ad ed.* 33) *Idem decernendum est et si ab hostibus captus sit pater, puellae dandam actionem de dote repetenda.* Texte que, par exemple, considère comme authentique Bonfante, *op. cit.*, pp. 482-483 et Lauria, *op. cit.*, p. 93.

49 Dig 24,3,22,4 *(Ulp., ad ed. 33) Si patri propter condemnationem Romae, ubi dos petatur, esse non liceat, filiae satis dotis fieri oportet, ita tamen, ut caveat ratam rem patrem habiturum.*

50 Dig 24,3,22,6 *(Ulp., ad ed. 33) Nec non illud quoque probamus, quod Labeo probat, nonnumquam patri denegandam actionem, si tam turpis persona patris sit, ut verendum sit, ne acceptam dotem consumat: ideoque officium iudicis interponendum est, quatenus et filiae et patri competenter consuletur.*

51 Lauria, *op. cit.*, p. 202, Burdese, *op. cit.*, *Dos*, pp. 302-303, nourrit cependant des doutes à cet égard. De son point de vue peut-être, quoique travaillés par les compilateurs, les textes provenaient de l'époque classique. Aussi, H. J. Wolf, « Zur Stellung der Frau im klassichen römischen Dotalrecht », *ZSS*, 1933, 53, pp. 314 et s. M. Kaser –K. Hackl, *Das römische Zivilprozessrecht*, München, 2ᵉ ed., 1996, pp. 204-205, n. 10. A. Bechmann, *op. cit.*, pp. 299 et s.

vue de sa relation avec notre rescrit on semble envisager la possibilité d'une action procédurale de la fille sans son père. Cela dans un cas où il n'est pas non plus évident que l'on ait affaire à l'utilisation de l'action dotale après la mort du père[52]. En résumé, il découle des textes cités qu'il peut être attribué un certain caractère discrétionnaire au juge quand il s'agit pour ce dernier de concéder l'action à la fille ou au père, eu égard aux circonstances en l'espèce[53].

Autrement dit, la femme de Marcus pourrait être une femme *sui iuris*, indépendante de l'autorité paternelle au moment où a lieu la réponse impériale, mais on ne peut écarter complètement non plus que lui soit offerte la possibilité d'agir sans le concours paternel, même si cette solution paraît, disons-le, surprenante. Par ailleurs, en appui à cette dernière hypothèse, on peut alléguer que l'emploi de l'adjectif *sola* prend du poids s'il existe aussi la possibilité d'une action procédurale du père et le perd en partie si nous pensons que, s'agissant d'une femme *sui iuris*, dans tous les cas, elle devrait toujours agir *sola* et qu'il n'y aurait guère besoin de souligner ce fait[54].

Un autre aspect non moins important dont il convient de tenir compte est que l'allusion à l'action dotale nous conduit, en principe, au moment de la restitution de la dot et, par conséquent, à la dissolution du mariage. Nous savons que jusque-là, sauf peut-être dans certains cas, la femme ne pouvait

---

52 Dig 23,4,7 (*Pomp., ad Sab. 15*) : (...) *quo casu si solus pater pactus esset sine filia, sive solus agat sive adiuncta filiae persona, ei soli nocebit et proderit pactum conventum nec, si sola filia aget, neque proderit neque nocebit ei. si vero filia sola pacta fuerit, quo pacto melior condicio patris fiet, proderit et patri, quoniam per filiam patri adquiri potest, per patrem filiae non potest. si vero sic pacta sit filia, ut noceat, ipsi quandoque filiae agenti nocebit pactum, patri vero nullo modo nocebit, nisi adiecta quoque filiae persona experiatur. dicendum est paciscendo filiam patris condicionem deteriorem facere non posse eo casu, quo mortua ea in matrimonio dos ad patrem reversura est.*

53 Burdese, « *op. cit.* », *Dos*, pp. 301-303. Il est intéressant de vérifier, à cet égard, que dans un texte d'Ulpianus, Dig 4,4,3,5 (*Ulp., ad ed.* 11), on admet que même une fille de famille, *in potestate* et mineure, de moins de 25 ans, peut tenter une *in integrum restitutio* pour annuler les effets de la stipulation réalisée par son père, avec son consentement, lorsqu'elle a été réalisée postérieurement à la constitution de la dot, car, suivant en cela le jurisconsulte, la dot est patrimoine de la femme (*quoniam dos ipsius filiae proprium patrimonium est*) , voir H. Ankum, « La position juridique du <filius familias> mineur en droit romain classique », *Mélanges Felix Wubbe offerts par ses collègues et ses amis à l'occasion de son soixante-dixième anniversaire*, Fribourg, Suisse, 1993, pp. 22-24.

54 Voir Bonfante, *op. cit.*, pp. 482-483 ; Burdese, *op. cit.*, *Dos*, p. 302. Lavaggi, « Litis constestatio e trasmissione dell'actio rei uxoriae », *AG*, 1947, 134, pp. 24 et s.

demander la restitution de la dot[55]. Impossibilité de réclamation de la dot, telle est la doctrine constante réaffirmée, y compris dans les constitutions impériales du propre Gordien III[56]. De ceci nous pourrions peut-être inférer que le pacte déclaré nul dans le rescrit aurait pour objet quelque aspect qui pourrait porter préjudice et dégrader l'un des droits de la femme de *Marcus* en relation avec la restitution de la dot, lorsque le mariage se termine.

III. Conclusions

Nous aurions affaire à un rescrit, émis en réponse à la question soumise à l'empereur par un mari appelé *Marcus* qui, selon toute vraisemblance, chercha à s'informer des droits de son conjoint une fois le mariage terminé, au moment de la restitution de la dot. Dans le texte de la constitution impériale, il est établi de façon concluante qu'il n'est pas possible de porter atteinte à la situation d'une femme en ce qui concerne sa dot à travers un pacte réalisé postérieurement à sa constitution, si l'on n'a pas agi avec son consentement. Y compris si le pacte a été conclu par son propre père qui a constitué la dot. Et l'on signale, en outre, l'action en réclamation de la dot comme le moyen processuel indiqué afin que la femme, et elle seule, annule le préjudice que l'on aurait cherché, à travers le pacte, à imposer à sa dot.

Par conséquent et pour conclure, il ne s'est pas produit de réelle innovation juridique dans la réponse. Nous sommes dans le droit fil de la jurisprudence immédiatement antérieure – comme on a pu le vérifier dans les textes de Papinianus et d'Ulpianus, quelques-uns de ses plus insignes représentants[57] – et l'on va plus loin dans la protection des droits de la femme sur sa dot.

Esperanza OSABA
Professeur de Droit romain
Université du Pays basque (Bilbao)

55 Bonfante, *op. cit.*, pp. 461 et s.

56 CJ 6,20,5, ver Osaba, *op. cit.*, *Gordianus rescripsit*, pp. 43 et s.

57 J'ai eu l'occasion de montrer l'influence d'Ulpianus et, en général, des jurisconsultes sévériens sur la chancellerie de Gordien III, du moins en matière de dot, in Osaba, *op. cit.*, *Gordianus rescripsit*.

Droit Écrit et droit coutumier dans la Sardaigne Médiévale : Carta de Logu de Arborea et droit romain

I. Introduction

CET ARTICLE est consacré à l'étude des influences du droit romain sur la *Carta de Logu de Arborea*[1] : c'est l'ouvrage législatif le plus significatif de la tradition juridique sarde, promulgué par la « *giudicessa* » Eleonora Bas-Serra[2], au cours de la dernière décennie du XIVe siècle[3].

1 Le seul manuscrit existant de la *Carta de Logu* se trouve à la Bibliothèque Universitaire de Cagliari : E. Besta-P. E. Guarnerio, « Carta de Logu de Arborea. Testo con Prefazioni illustrative », tiré à part de *Studi sassaresi*, III, 1905. Pour l'histoire des différentes éditions, voir l'essai exhaustif et bien documenté de T. Olivari, « Le edizioni a stampa della "Carta de Logu" (XV-XIX sec.) », in *Medioevo. Saggi e rassegne*, XIX, 1994, pp. 159 et s.
La première réflexion « scientifique » se trouve dans les *Commentaria et Glosa in Cartam de Logu*, publiés à Madrid en 1567 par Gerolamo Olives (1505-1571 ?), juriste de Sassari très cultivé et avocat fiscal auprès du Conseil Supérieur d'Aragon (P. Martini, *Biografia Sarda*, II, Cagliari, 1837-38, pp. 339 et ss. ; et P. Tola, *Dizionario biografico degli uomini illustri di Sardegna, ossia storia della vita pubblica e privata di tutti i sardi che si distinsero per opere, azioni, talenti, virtù e delitti*, III, Torino, 1838, pp. 29 et s.). Je cite ici l'édition de 1617 : Hieronymi Olives sardi, *Commentaria et Glosa in Cartam de Logu. Legum, et ordinationum Sardarum noviter recognitam, et veridice impressam*, Sassari, MDCXVII.

2 Sur la « *giudicessa* »-régente du « *Giudicato di Arborea* » et sur son activité législative, voir la synthèse de F. C. Casula, *La Sardegna aragonese*, 2. *La Nazione sarda*, Sassari, 1990, pp. 413 et s. A. Mattone nous fournit des idées intéressantes pour une réflexion critique sur les problèmes historiographiques : A. Mattone, v. « Eleonora d'Arborea », in

Même si le lien profond de la *Carta de Logu*[4] avec le droit romain est perceptible dans la plupart de ses 198 chapitres, il est explicite dans les chapitres III, LXXVII, LXXVIII, XCVII et XCVIII ; dans ces chapitres, les compilateurs d'Arborea modelèrent les solutions juridiques proposées sur le droit romain grâce à des références explicites et des renvois à un autre système normatif, s'identifiant à *sa lege* ou *sa ragione*[5]. Ainsi dans le chapitre III, la peine capitale prévue pour l'homicide volontaire est fondée sur le caractère impératif du droit romain : « *secundu quessu ordini dessa rag(i)oni comandat* »[6]. Dans les chapitres LXXVII et LXXVIII, les délais légaux de

---

Dizionario Biografico degli Italiani, XLII, Roma, 1993, pp. 410 et s. (avec la bibliographie la plus complète sur Eleonora d'Arborea) ; ID., « Un mito nazionale per la Sardegna. Eleonora d'Arborea nella tradizione storiografica (XVI-XIX secolo) », in *Società e cultura nel Giudicato d'Arborea e nella Carta de Logu. Atti del Convegno internazionale di studi, Oristano 5-8 dicembre 1992*, a cura di G. Mele, Nuoro, 1995, pp. 17 et s.

3 La doctrine du XIXe siècle donnait comme date 1395 : cf., pour tous, G. M. Mameli De' Mannelli, *Le Costituzioni di Eleonora giudicessa d'Arborea intitolate Carta de Logu. Colla Traduzione Letterale dalla Sarda nell'Italiana Favella e con copiose Note*, Roma, 1805 [réimpression anastatique, Cagliari, 1974], p. 14, n. 4. E. Besta, « La Carta de Logu quale monumento storico-giuridico », in E. Besta-P. E. Guarnerio, Carta de Logu de Arborea. Testo con prefazioni illustrative, cit., p. 18, proposa 1392 ; cf. ID., *La Sardegna medioevale, 2. Le istituzioni politiche, economiche, giuridiche, sociali*, Palermo, 1909 [réimpression anastatique Bologna, 1979], p. 154. A. Era, « Le così dette questioni giuridiche esplicative della Carta de Logu », in *Studi di storia e diritto in onore di E. Besta per il XL anno del suo insegnamento*, II, Milano, 1939, p. 395, indiquait au contraire 1386 même si ensuite, dans sa dernière étude, Le 'Carte de logu', in *Studi sassaresi*, II, serie, XXIX, 1962, p. 12, il adopte une position plus nuancée, sans jamais accepter 1392. Dans le sillage d'Era, E. Cortese propose une « hypothèse » de datation : E. Cortese, *L'opera di Antonio Era nella storiografia giuridica. – Nel ricordo di Antonio Era : una proposta per la datazione della « Carta de Logu » d'Arborea*, Università degli Studi di Sassari – Facoltà di Giurisprudenza, Sassari, 9 dicembre 1982, p. 29. La date de 1392, devenue désormais presque canonique, est reproposée dans les éditions les plus récentes de la Carta d'Arborea : F. C. Casula, *La « Carta de Logu » del regno di Arborea. Traduzione libera e commento storico*, Sassari, 1995, p. 240.

4 Pour ce qui est de la définition du *genus* du document *Carta de Logu*, dont la *Carta de Logu de Arborea* est le modèle le plus complet que nous connaissions, je me réfère, pour son admirable clarté de synthèse, à ce qu'a écrit A. Era, *Le 'Carte de Logu'*, *op. cit.*, p. 15 : « *La legge giudicale è un « ordinamentu » che consta di uno [...] o più capitoli [...] riguardanti però un'unica materia* ; Carta de logu *è il complesso di più « ordinamentus » ciascuno di materia diversa e non si presenta come una codificazione finita, sibbene aperta ad innovazioni ed ampliamenti, ottenuti mediante l'aggiunta di altri « ordinamentus » singoli o plurimi e, a differenza dei codici moderni che sono dedicati ad una singola materia e chiusi, abbraccia materie varie, come gli statuti medievali, e consente successive stratificazioni come un editto romano o longobardo* ».

5 Cf. F. Sini, *Comente comandat sa lege. Diritto romano nella Carta de Logu d'Arborea*, [Università degli Studi di Sassari – Pubblicazioni del Seminario di diritto romano del Dipartimento di Scienze Giuridiche, 11] Torino, 1997.

6 Dans les citations de la Carta de Logu d'Arborea, j'ai généralement suivi le texte de l'édition incunable : *Carta de Logu. Riproduzione dell'edizione quattrocentesca*

recours, qui sont de 10 jours maximum, se rapportent de façon explicite au droit romain : « *si appellado non est infra tempus legittimu de dies deghi comenti comandat sa lege* ». En outre, le chapitre XCVIII renvoie au droit romain lorsqu'il désigne la portion légitime de l'héritage avec « *sa parti sua secundu ragione* ».

Dans les chapitres de la *Carta de Logu* que nous venons de citer, d'autres éléments, très significatifs, prouvent que le droit romain était en vigueur dans la Sardaigne médiévale ; en effet, l'utilisation de verbes ayant une valeur impérative (*comandare / ordinare*) et l'emploi de ces mêmes verbes au présent de l'indicatif (*comandat*) attestent de façon incontestable que les compilateurs de la *Carta de Logu* considéraient que ce système normatif (*sa lege, sa ragione*), objet d'un renvoi dans le « code » du *Giudicato di Arborea*, était encore en vigueur.

Je tiens à présent à préciser l'objet et les limites de mon exposé. Je n'exposerai pas ici tous les éléments romanistes que l'on peut trouver dans la *Carta de Logu*. J'examinerai les chapitres de la *Carta* dans lesquels la législatrice d'Arborea se réfère de façon explicite au droit romain avec des termes qui lui sont propres comme *sa lege* ou *sa ragione*, en les comparant ensuite avec des textes juridiques romains. Pour prouver l'influence du droit romain de Justinien sur la *Carta de Logu*, il suffira de vérifier de manière incontestable, à travers une lecture synoptique et une analyse exégétique des fragments du *Corpus Iuris Civilis* concernés, dans quelle mesure les chapitres sus-cités de la *Carta de Logu* adhèrent au *Corpus Iuris Civilis*, qui a presque certainement constitué le modèle de référence pour la législatrice et pour ses compilateurs cultivés[7].

---

conservata nella Biblioteca Universitaria di Cagliari, a cura di Antonina Scanu, Sassari, 1991.

7 À propos des compilateurs de la *Carta de Logu*, voir A. MARONGIU, « Sul probabile redattore della Carta de Logu », à présent in ID., *Saggi di storia giuridica e politica sarda*, cit., pp. 60 et s. Pour les aspects généraux de la culture (principalement de modèle italien) du Giudicato d'Arborea pendant la période de la compilation d'Eléonore, voir F. C. Casula, « La cancelleria sovrana dell'Arborea dalla creazione del « Regnum Sardiniae » alla fine del giudicato (1297-1410) », in *Medioevo. Saggi e rassegne*, III, 1977, pp. 75 et s. ; ID., « Cultura e scrittura nell'Arborea al tempo della Carta de Logu », in *Il mondo della Carta de Logu*, *op. cit.*, pp. 71 et s.

II. La *Carta de Logu* dans l'histoire et dans les traditions juridiques du Peuple sarde

La *Carta de Logu d'Arborea*, monument législatif extraordinaire rédigé en « sarde ancien »[8], fournit à l'historien du droit l'outil le plus précieux et le plus stimulant pour la redecouverte des caractères originaux et des caractéristiques des structures juridiques de la Sardaigne médiévale, moderne, contemporaine. En effet, n'oublions pas que la *Carta de Logu*, a forgé pendant des siècles, et presque jusqu'à nos jours, de nombreux aspects des institutions juridiques du Peuple sarde. Après l'affirmation définitive de la souveraineté aragonaise en 1421, la *Carta de Logu* fut étendue à tout le *Regnum Sardiniae*. Elle ne cessa formellement d'être en vigueur qu'en 1828, date à laquelle entrèrent en vigueur les *Leggi civili e criminali* edictées par le roi de Sardaigne Charles-Félix de Savoie en 1827[9].

Il faut chercher les raisons d'une durée aussi longue surtout dans les qualités intrinsèques et dans l'épaisseur juridique de la compilation[10], dont les chapitres, bien que rédigés en « termes cultivés »[11], représentaient les instances fondamentales d'expériences populaires et de coutumes mûries dans les communautés sardes pastorales et paysannes dans lesquelles la

---

8 E. Blasco Ferrér, *Storia linguistica della Sardegna*, Tübingen, 1984, p. 64 ; Id., *La lingua sarda contemporanea. Grammatica del logudorese e del campidanese*, Cagliari, 1986, pp. 70 et s.

9 M. Da Passano, *Delitto e delinquenza nella Sardegna sabauda (1823-1844)*, [Pubblicazioni della Facoltà di Giurisprudenza dell'Università di Sassari. Serie storica, 3] Milano, 1984, pp. 1 et s. (avec une vaste revue de la bibliographie précédente).

10 Il faut donc partager le jugement de F. Schupfer, *Manuale di storia del diritto italiano*, 4e ed. riveduta e riordinata, Città di Castello-Firenze, 1908, p. 382, selon lequel la durée de la *Carta de Logu* « *fa fede certamente della bontà intrinseca della legge, ma attesta eziandio l'indole piuttosto stazionaria di cotesti insulari* ».

11 P. E. Guarnerio, « La lingua della "Carta de Logu" secondo il manoscritto di Cagliari », in E. Besta-P. E. Guarnerio, *Carta de Logu de Arborea. Testo con prefazioni illustrative*, *op. cit.*, pp. 69 et s. ; A. Sanna, « La lingua della Carta de Logu », in Id., *Il dialetto di Sassari e altri saggi*, Cagliari, 1973, pp. 9 et s. ; Id., « Il carattere popolare della lingua della Carta de Logu », in *Il mondo della Carta de Logu*, *op. cit.*, pp. 49 et s. ; G. Paulis, « Parole e storia nel mondo della 'Carta de Logu' e del Giudicato di Arborea », in *Studi in onore di Massimo Pittau*, I, Sassari, 1994, pp. 11 et s. À propos des aspects hitorico-linguistiques du « *sardo antico del periodo giudicale e dei condaghi* », je renvoie à E. Blasco Ferrér, *Storia linguistica della Sardegna*, *op. cit.*, pp. 64 et s. ; ID., « Carta de Logu d'Eleonora d'Arborea, 1355-1376 », in *Diritto @ Storia. Quaderni di scienze giuridiche e tradizione romana*, II, 2003 (marzo) : < http://www.dirittoestoria.it/tradizione2/Blasco-Crestomanzia.htm >.

Carta a continué à être utilisée bien après son abandon[12]. Ainsi, aujourd'hui encore, certaines institutions et coutumes typiques de la Sardaigne paysanne et pastorale ont leurs racines, souvent sans la conscience historique du fait, dans la *Carta* antique voulue par Eleonora d'Arborea.

C'est certainement le cas des compagnies de « *barracelli* » qui, dans de nombreux villages de la Sardaigne, s'occupent, comme les anciens *Jurados de padru*[13], de la protection des cultures, du bétail et du territoire[14]. Que peut-on dire également de la persistance tenace dans la Sardaigne paysanne du *juargiu*[15] et du contrat de société partiaire pour la culture de la terre ou des baux à cheptel, habituels entre bergers et propriétaires (des troupeaux ou des pâturages), stipulés dans les campagnes sardes dans des formes et avec des contenus ressemblant beaucoup, dans les faits, aux anciens *Ordinamentos de cumonis*[16], qui réglaient ces aspects dans la *Carta de Logu* d'Arborea.

Enfin, il faudrait examiner très attentivement les réflexions stimulantes sur la *Carta de Logu* que nous pouvons lire dans la monographie d'Antonio Pigliaru, consacrée à la plus caractéristique des « *consuetudini giuridiche sarde* » : la vengeance de la Barbagia[17]. Dans certaines pages de son

---

12 Cette particularité de la Carta de Logu n'avait pas échappé à A. Pertile, *Storia del diritto italiano dalla caduta dell'impero romano alla codificazione*, II. 2. *Storia del diritto pubblico e delle fonti*, 2ᵉ ed., a cura di P. Del Giudice, Milano-Roma-Napoli, 1898, pp. 88-91. Celui-ci soutenait que la Carta était restée en vigueur bien après son abolition formelle : « *essa non perdette ogni valore nell'isola che allorquando vi fu introdotto il codice civile italiano, e con esso si ruppe ogni filo della storia* ».

13 *Carta de Logu*, chap. XXXVIII, CXLII, CLXVII ; cf. aussi chap. CLXXI et CXCIV.

14 G. Pazzaglia, « L'istituto del barracellato e l'agricoltura della Sardegna », in *Atti del secondo Congresso Nazionale di Diritto agrario (Mussolinia-Cagliari-Sassari 16-19 ottobre 1938)*, Roma, 1939, pp. 95 et s. ; P. Sanna, « Le origini delle compagnie barracellari e gli ordinamenti di polizia rurale nella Sardegna moderna », in *La Carta de Logu nella storia del diritto medievale e moderno*, a cura di I. Birocchi e A. Mattone, sous presse aux Editions Laterza.

15 *Carta de Logu*, chap. XCIV (*De sotzus*).

16 *Carta de Logu*, chap. CLX-CLXV [= chap. 132-137, ed. Besta-Guarnerio].

17 A. Pigliaru, *La vendetta barbaricina come ordinamento giuridico* (Milano 1959), à présent in ID., *Il banditismo in Sardegna. La vendetta barbaricina come ordinamento giuridico*, Nouvelle édition, avec introduction de L. M. Lombardi Satriani, Milano, 1975, pp. 85 et s. ; 168 et s. Titulaire, jusqu'à sa mort prématurée en 1969, de la Chaire de Doctrine de l'Etat à l'Université de Sassari, Antonio Pigliariu a été, en Sardaigne, le philosophe du droit le plus important de la seconde moitié du XXᵉ siècle : pour une vision d'ensemble, cf. la biographie de M. Puliga, *Antonio Pigliaru. Cosa vuol dire essere uomini*, Pisa-Sassari, 1996. Il est impossible, dans une note, de dessiner la complexité de sa pensée, ses multiples intérêts théorétiques et son engagement civique ; je me borne à mentionner quelques-uns de ses ouvrages les plus significatifs : *Persona umana e ordinamento giuridico*, Milano, 1953 ; *Meditazioni sul regime penitenziario*

ouvrage, cet éminent philosophe du droit, après avoir mis clairement en évidence l'influence de l'« expérience romaniste » sur le code d'Arborea et le lien très étroit de celui-ci avec les « *consuetudini giuridiche sarde* »[18], a formulé, avec l'originalité et la finesse qui lui étaient propres, une hypothèse très suggestive : le fait que la communauté de la Barbagia, à un moment indéterminé de son histoire, « *sia pervenuta al concetto che la vendetta è un dovere* »[19] peut être attribué à l'influence de la législation pénale de la *Carta de Logu*, même si c'était en une dialectique souvent conflictuelle entre « coutume et loi ».

III. *Carta de Logu de Arborea* et droit romain dans l'historiographie juridique contemporaine : études et recherches au siècle dernier

Pour ce qui est du problème de la continuité et de l'influence du droit romain, des opinions très différentes entre elles, mais présentant souvent des éléments de crédibilité, ont fini par coexister dans la doctrine : alors que Francesco Brandileone, dans ses *Lezioni di storia del diritto*, affirmait que les « *Giudicati* » sardes « *fino al secolo XIV, erano stati regolati assai più dalla consuetudine che dalle leggi scritte* »[20], Arrigo Solmi, dans la « préface » à *Testi e documenti per la storia del Diritto agrario in Sardegna*, soutenait fermement que, en réalité, dans la Sardaigne médiévale, les formes du droit romain étaient restées intactes[21].

Bien sûr, il apparaît aujourd'hui impossible d'adhérer, dans ses lignes générales, à la vieille position formulée, je crois, par Giovanni Dexart, juriste sarde du XVIIe siècle (1590-1646)[22], d'après qui, en Sardaigne, le *ius commune o Romanorum* aurait été en vigueur depuis des temps immémoriaux

---

italiano, in appendice *Saggio sul valore morale della pena*, Sassari, 1959 ; *La piazza e lo Stato*, Sassari, 1961 ; *Struttura, soprastruttura e lotta per il diritto*, Padova, 1965 ; *Scritti sul fascismo*, a cura di M. Addis Saba e M. Puliga, Pisa-Sassari, 1983.

18 A. Pigliaru, *Il banditismo in Sardegna. La vendetta barbaricina come ordinamento giuridico*, *op. cit.*, pp. 85-86.

19 A. Pigliaru, *Il banditismo in Sardegna. La vendetta barbaricina come ordinamento giuridico*, *op. cit.*, pp. 171 et s.

20 F. Brandileone, *Lezioni di storia del diritto italiano*, Roma, 1922, pp. 136-137.

21 A. Solmi, *Prefazione*, in *Testi e documenti per la storia del Diritto agrario in Sardegna*, *op. cit.*, pp. VII-VIII ; ID., *Studi storici sulle istituzioni della Sardegna nel medio evo*, *op. cit.*, pp. 261-262.

22 A. Mattone, v. *Dexart, Giovanni*, in *Dizionario Biografico degli Italiani*, XXXIX, Roma, 1991, pp. 617 et s.

« *mediante veteri consuetudini et continua observantia* »[23]. Cette position est encore présente dans le célèbre manuel d'Antonio Pertile, surtout lorsqu'il définit la *Carta de Logu* comme un « *diritto locale modificante il diritto generale o comune ; onde quel nome corrisponde a quello di statuti dato alle proprie norme dai principi di Savoia e dalle nostre città* »[24].

Entre la dernière décennie du XIXe siècle et la première du XXe, d'autres ouvrages généraux d'histoire du droit parlent plus ou moins brièvement de la *Carta de Logu*. Dans son *Manuale di storia del diritto italiano*, Francesco Schupfer expose, presque avec admiration, le contenu de la *Carta d'Arborea* : « *una legge, che ebbe il vanto di essere tenuta per segno di un grande perfezionamento sociale, da cui altre e più vaste contrade del continente italiano erano ancora lontane* » ; il soutient entre autre que ce n'est qu'à la suite de la codification d'Eleonora d'Arborea en Sardaigne que « *ebbero stabili norme i riti giudiziari, la ragione civile e criminale e la pubblica economia* »[25].

En 1901, à la demande d'Enrico Besta, Vittorio Finzi publia, sous le titre *Questioni giuridiche esplicative della Carta de Logu*[26], une édition critique des *Exposiciones de sa 'llege* : c'est un petit ouvrage qui suit le texte de la *Carta de Logu* aussi bien dans le code des miscellanées de la Bibliothèque Universitaire de Cagliari que dans les premières éditions imprimées ; toutefois, dans ces dernières, il est présenté sous le titre *Sequuntur infra Sas leges pro cales si regint in Sardigna*[27]. L'auteur était convaincu que les *Exposiciones* devaient être considérées comme des *questioni giuridiche esplicative* de la *Carta de Logu* ; il les présenta donc

---

23 Ioannis Dexart, *Capitula sive Acta Curiarum regni Sardiniae*, Carali, 1645, I, 4, 3, n° 6-7. Cf. aussi G. Manno, *Storia di Sardegna*, II, Torino, 1824 [réimpression anastatique, Bologna, 1973], p. 398.

24 A. Pertile, *Storia del diritto italiano dalla caduta dell'impero romano alla codificazione*, II.2, *op. cit.*, p. 89.

25 F. Schupfer, *Manuale di storia del diritto italiano*, « *op. cit.* », pp. 380 et s.

26 V. Finzi, *Questioni giuridiche esplicative della Carta de Logu*, in « Studi sassaresi » I (1901), Sez. I – Fasc. II, pp. 125 et s.

27 Carta de Logu. *Riproduzione dell'edizione quattrocentesca conservata nella Biblioteca Universitaria di Cagliari, a cura di Antonina Scanu, op. cit.*, pp. 43 et s. ; *Carta de Logu, fata et instituida dae sa donna Helionora iuyghissa de Arboree, novamente revista et corretta de multos errores, cun unu breve ispedidu ordine in dogna cabidulu conforme a su chi tratat.* Stampado novamente en Napolis, pro Tarquinio Longu, ad istancia de Martine Saba stampador en Calleris, MDCVII, pp. 153 et s.

comme une preuve incontestable de l'influence du droit romain dans la législation d'Arborea[28].

La thèse selon laquelle la *Carta de Logu*, avec les termes *lege* ou *ragioni*, rappelle expressément l'autorité du droit romain eut parmi ses partisans les plus convaincus Enrico Besta, auteur d'un essai magistral : *La Carta de Logu quale monumento storico-giuridico*, publié comme préface à la première édition imprimée du manuscrit de la *Carta de Logu de Arborea* (Sassari 1905). Parmi les éléments qui prouvent « l'autorità generale del diritto romano », Besta attribue une importance fondamentale au fait que la *Carta de Logu* en fasse mention dans plusieurs chapitres. Il estime que ces citations ne pouvaient être purement formelles mais qu'elles répondaient aux conditions réelles de la pratique juridique de l'époque[29] ; c'est dans cette optique qu'il affirma également le caractère romain de nombreuses institutions de la Sardaigne médiévale, en commençant par la « *costituzione della famiglia* » qui, d'après lui, « *restò pur essa fondamentalmente romana* »[30].

Raffaele di Tucci voyait au contraire les « *Carte de Logu come espressione di diritto consuetudinario* ». Abordant l'examen de quelques-unes des institutions les plus importantes du droit public (coutume sarde, groupement territoriaux, classes sociales et origine des seigneuries, assemblées, crimes et peines, procès), il affirma la thèse de l'existence d'une uniformité régionale de la coutume sarde[31] avec comme conséquence la négation de toute influence du droit romain sur la formation des institutions et de la coutume juridique de l'Ile[32]. Ce contexte permet de mieux préciser la singularité de la thèse de Di Tucci sur les caractères de la *Carta de Logu* : ce n'est pas une loi, « mais la confirmation, à travers un document public de l'autorité la plus élevée de la seigneurie, de normes provenant de des us et coutumes régionaux » ; elle ne devrait donc pas « *essere ritenuta come una codificazione, ma come una sanzione* »[33].

---

28 V. Finzi, *Questioni giuridiche esplicative della Carta de Logu*, *op. cit.*, p. 126.

29 E. Besta, *La Carta de Logu quale monumento storico-giuridico*, *op. cit.*, p. 19.

30 E. Besta, *Il diritto sardo nel medioevo*, Bari, 1898, p. 24 ; Id., *La Sardegna medioevale*, 2, *op. cit.*, p. 161.

31 R. Di Tucci, *Il diritto pubblico della Sardegna nel Medio Evo*, *op. cit.*, p. 3.

32 R. Di Tucci, *Il diritto pubblico della Sardegna nel Medio Evo*, *op. cit.*, p. 6 ; cf. aussi pp. 91 et s.

33 R. Di Tucci, *Il diritto pubblico della Sardegna nel Medio Evo*, *op. cit.*, pp. 10 et s.

Quelques décennies après, Vittorio Devilla[34] indiquait une tout autre orientation dans son étude consacrée à l'importance romaniste des cas de droit agraire contenus dans les *Questioni giuridiche esplicative della Carta de Logu*[35] : « *L'espressione "sa lege" che ricorre frequentemente sia nella rubrica che nel testo, come ad esempio nella frase continuamente ripetuta : "sa lege narat", deve intendersi nel senso di norma attinta dal diritto romano. Tale è il significato di "lege" nelle fonti giuridiche della Sardegna e tale risulta dalla lettura del testo il quale dopo avere invocato la legge, cita subito fr. del Digesto e del Codice* »[36].

Vers la fin des années trente, Antonio Marongiu étudia certains « aspects de la vie juridique de la Sardaigne médiévale »[37]. Dans son essai sur « *Delitto e pena nella* Carta de Logu », il analyse la présence du droit romain dans la législation du droit pénal, en rapport avec l'élément subjectif du délit[38] et avec la définition des concepts de dol, faute et cas fortuit[39].

---

34 Vittorio Devilla (1889-1960) fut chargé du cours de Droit romain à l'Université de Sassari de 1937 à 1959. Il avait été formé à l'école de Carlo Fadda et de Flaminio Mancaleoni. Il fut l'auteur de monographies très appréciées et de nombreux essais : *'Actio incerti'*, Sassari, 1932 ; *Problemi relativi all' « optio servi »*, Sassari, 1933 ; *Le 'usurae ex pacto' nel diritto romano*, Roma 1937 ; *La 'liberatio legata' nel diritto classico e giustinianeo*, Milano, 1939 ; « Contributo alla storia e alla teoria della 'condictio possessionis' », in *Studi sassaresi*, II serie, X, 1932, pp. 137 et s. ; « *Aequitas naturalis* », in *Scritti in onore di Flaminio Mancaleoni* [= *Studi sassaresi*, II serie, vol. XVI], Sassari, 1938, pp. 123 et s. ; « *Studi sull' "obligatio naturalis"* », in *Studi sassaresi*, II serie, XVII, 1939, pp. 30 et s., 85 et s., 185 et s. ; « Appunti sul Senatoconsulto Macedoniano », in *Studi sassaresi*, II serie, XVIII, 1941, pp. 255 et s. ; « *Aqua et igni interdictio* », in *Studi sassaresi*, II serie, XXIII, 1950, pp. 1 et s. ; « *Exilium perpetuum* », in *Studi in memoria di E. Albertario*, I, Milano, 1953, pp. 293 et s. ; *La 'manumissio vindicta' nel diritto giustinianeo*, in *Studi in onore di Pietro De Francisci*, II, Milano, 1956, pp. 273 et s. ; « L'obbligazione naturale nel diritto classico », paru après sa mort in *Studi in onore di E. Betti*, II, Milano, 1962, pp. 362 et s.

35 V. Devilla, « Casi di diritto agrario nelle c. d. "Questioni esplicative della Carta de logu" », in *Testi e documenti per la storia del Diritto agrario in Sardegna*, *op. cit.*, pp. 95 et s.

36 V. Devilla, « Casi di diritto agrario nelle c. d. "Questioni esplicative della Carta de logu" », *op. cit.*, p. 97.

37 A. Marongiu, « Aspetti della vita giuridica sarda nei Condaghi di Trullas e di Bonarcado (secoli XI-XIII) », in *Studi Economico-Giuridici dell'Università di Cagliari*, XXVI, 1938, pp. 624 et s. [= ID., *Saggi di storia giuridica e politica sarda*, *op. cit.*, pp. 13 et s.] ; *Sul probabile redattore della Carta de Logu*, cit. [= ID., Saggi, cit., pp. 61 et s.] ; *Delitto e pena nella Carta de logu di Arborea*, in *Studi in onore di Carlo Calisse*, I, Milano, 1940, pp. 107 et s. [= ID., *Saggi*, cit., pp. 75 et s.].

38 Sur lequel, d'après A. Marongiu, *Delitto e pena nella Carta de logu di Arborea*, à présent in ID., *Saggi di storia politica e giuridica sarda*, *op. cit.*, p. 81 et s., Eleonora d'Arborea aurait fondé « *la affermazione o la esclusione della responsabilità e (naturalmente in relazione anche alle circostanze dei singoli delitti) la commisurazione della pena : ciò in particolare nella ricerca degli estremi del dolo o della colpa e, per i delitti intenzionali e volontari – cioè dolosi –, del movente dell'azione* ».

Dans un long essai publié en 1939 et consacré à l'étude des *Questioni giuridiche esplicative della Carta de Logu*[40], Antonio Era[41] adopte une position tout à fait différente. D'après lui, il n'était pas possible de soutenir les thèses selon lesquelles, à une époque précédant ou suivant immédiatement la rédaction de la *Carta de Logu de Arborea*, il y aurait eu dans la pratique juridique sarde des situations réglées sur la base de la législation de Justinien[42]. Dans cette optique, Era critique sévèrement les rappels au droit romain dans la *Carta de Logu* : il nie notamment que l'on ait pu utiliser pour la Sardaigne, avant le XVIe siècle, l'équivalence loi/droit romain, car « *con la "legge" non si indicò soltanto il diritto romano, nè questo fu indicato con la sola parola "legge"* »[43].

Les observations d'Antonio Era nous semblent aujourd'hui dépassées grâce également à la réflexion critique d'Ennio Cortese[44]. Ce dernier abordait le problème en partant de la question suivante : « *Perché non chiedersi quale importanza ha avuto nella prassi quel diritto comune che – in temporalibus – i contemporanei identificavano proprio nelle "leggi" romane raccolte nella compilazione giustinianea ? Era un sistema vigente, quindi attivo : e non soltanto un fossile sepolto nel terreno della vita, e dalla vita ormai del tutto assimilato* »[45]. Pour Ennio Cortese, ce qui avait été relevé à propos de la législation en vigueur pendant la même période sur le continent italien était aussi valable pour la *Carta de Logu* : « *il legislatore tendeva soprattutto a*

39 A. Marongiu, *Delitto e pena nella Carta de logu di Arborea*, à présent in ID., *Saggi di storia politica e giuridica sarda, op. cit.*, pp. 82 et s.

40 A. Era, *Le così dette questioni giuridiche esplicative della Carta de Logu, op. cit.*, p. 377 et s.

41 Pour la biographie, la bibliographie et les intérêts scientifiques de cet éminent auteur, voir : C. Sole, « Antonio Era : profilo bio-bibliografico », in *Studi storici e giuridici in onore di Antonio Era*, Padova, 1963, p. VII et s. ; E. Cortese, *L'opera di Antonio Era nella storiografia giuridica, – Nel ricordo di Antonio Era : una proposta per la datazione della « Carta de Logu » d'Arborea*, Università degli Studi di Sassari – Facoltà di Giurisprudenza, Sassari, 9 dicembre 1982 (= ID., *Nel ricordo di Antonio Era. Una proposta per la datazione della « Carta de Logu » d'Arborea*, in *Quaderni Sardi di Storia* 3, 1983, pp. 25 et s.).

42 A. Era, Le così *dette questioni giuridiche esplicative della Carta de Logu, op. cit.*, pp. 379-380.

43 A. Era, *Le così dette questioni esplicative della Carta de Logu, op. cit.*, p. 398.

44 Cet auteur avait consacré au thème des rapports entre droit romain et *Carta de Logu* une communication présentée au colloque sur Eleonora d'Arborea (Oristano, avril 1962) ; le texte de cette communication fut incorporé par l'auteur dans l'essai *Diritto romano e diritto comune in Sardegna*, et publié dans le volume E. Cortese, *Appunti di storia giuridica sarda*, Milano, 1964, pp. 119 et s.

45 E. Cortese, *Diritto romano e diritto comune in Sardegna, op. cit.*, p. 125.

emanare norme che noi diremmo di diritto singolare o speciale – e qui la materia penalistica urgeva per la pretesa più vivace di adeguarsi ai tempi e ai siti –, mentre per tutto il resto era implicito il rinvio, nonché a talune consuetudini locali, principalmente al sistema ampio e minuzioso del diritto comune »[46]. C'est ainsi que pourrait s'expliquer la faiblesse des normes de droit privé dans la législation d'Arborea, faiblesse qui est encore plus évidente lorsqu'elle est comparée à la procédure pénale, caractérisée par une plus grande complexité et par un système de sanctions relativement modérées[47]. Ennio Cortese pense aussi qu'il existe un lien très probable entre le terme *ragione*, utilisé dans la *Carta de Logu* pour indiquer le droit romain, et la définition *ratio scripta*, souvent employée pour le *ius commune*[48]. Pour terminer ce compte-rendu des idées d'Ennio Cortese, il faut parler de la position de synthèse qu'il exprime dans le second volume de son manuel d'histoire du droit[49], publié plus récemment, dans la partie consacrée à la *Carta de Logu* et aux « *ispirazioni esterne* » de la législation d'Eleonora[50].

IV. Références textuelles au droit romain dans la *Carta de Logu de Arborea* : le chapitre III (*qui ochirit homini*)

Passons, à présent, à l'analyse des chapitres de la *Carta de Logu* dans lesquels les compilateurs d'Arborea se sont référés textuellement au droit romain, avec des termes tels que *sa lege* ou *sa ragione*.

Commençons l'examen du chapitre III, intitulé *Qui ochirit homini*, dans lequel la législatrice d'Arborea réunit en un seul chapitre plusieurs dispositions concernant différentes cas d'homicide[51]. Comme nous le verrons

---

46 E. Cortese, *Diritto romano e diritto comune in Sardegna*, *op. cit.*, p. 127.

47 E. Cortese, *Diritto romano e diritto comune in Sardegna*, *op. cit.*, pp. 126-127.

48 E. Cortese, *Diritto romano e diritto comune in Sardegna*, *op. cit.*, pp. 134-135.

49 Cf. E. Cortese, *Il diritto nella storia medioevale*. *II. Il basso medioevo*, Roma, 1995, pp. 348 et ss.

50 E. Cortese, *Il diritto nella storia medioevale*, II, cit., p. 353 : « *Almeno in alto loco, e almeno di nome, le leges di Giustiniano erano conosciute da lunga data, da quando taluni giudici sardi avevan preso ripetuti impegni, sin dal tardo XII secolo, di giudicare i mercanti soprattutto genovesi oltre che secondo gli usi anche secondo le leggi romane. Due secoli più tardi la Carta de Logu si riferisce certo al diritto giustinianeo quando richiama la lege o la ragione : pur senza sopravvalutare la cosa, si tratta dell'indizio di un'importante apertura al mondo della romanità continentale. E di un primo passo verso l'ingresso della Sardegna nel sistema del Diritto comune* ».

51 E. Artizzu, « L'omicidio nella Carta de Logu », in *Quaderni bolotanesi* XXII, 1996, p. 157 et s. ; pour une synthèse rapide du droit médiéval, cf. G. Diurni, v. *Omicidio (dir. interm.)*, in *Enciclopedia del diritto*, XXIX, Milano, 1979, pp. 910 et s.

dans le texte, le dispositif de la *Carta de Logu* laisse entrevoir clairement que son organisation dérive du droit romain ; c'est ce qui nous intéresse ici, avant tout parce la *Carta* fonde expressément la *ratio* de la peine capitale infligée à l'homicide volontaire sur le caractère impératif du droit romain : « *secundu quessu ordini dessa rag(i)oni cumandat* »

> *Carta de Logu*, chap. III (*Qui ochirit homini*) : *Volemus et ordinamus que si alcuna persona ochirit homini : et est indi confesso in su iudiciu : o ver convinto, secundu quessu ordini dessa rag(i)oni comendat, siat illi segada sa testa in su loghu dessa iusticia per modu quindi morgiat et pro dinari alcuno non campit. Salvu si su dictu homini hochirit deffendendo asi, sa quali deffenssa deppiat provari et mostrare legittimamente per bonos hominis infra dies XV da essa die qui lat esser comandado per issu armentargiu nostru de loghu ; o ver per atero officiali nostru at qui sa dicta causa esseret comissida. Et in casu qui provarit aver mortu su dictu homini deffendendo assi comente est naradu desupra, non siat mortu et pena alcuna non patischat et non paghit. Et si perventura avenerit qui plus hominis esserent in compagnia de pari et unu de cussos hochirit alcuno atero homini. Et issos ateros qui non esserent in culpa assa dicta morte non benerent assa corte et non si ischulparint legittimamente que issus non furunt culpabilis nen consentivilis*[52] *assa morte de cussu tali homini, infra tres dies, qui issos siant ponidos et condenpnados a morte comente et issu qui avirit mortu su dictu homini pro qui nara(n)t sas leges : agentes et consentientes pari pena puniuntur*[53]. *Et in casu qui alcuno homini hochirit alcuno attero homini improvisa(da)mente et non cum animu deliberadu et non pensadamente ma pro causa fortunabili*[54] *secundu qui solint a venne(r) multos desastros.*

---

52 Le mot « *consentivilis* » de l'édition incunable se présente sous une variante (« *consentibilis* ») dans le manuscrit conservé à la Bibliothèque Universitaire de Cagliari (E. Besta-P. E. Guarnerio, *Carta de Logu de Arborea. Testo con prefazioni illustrative*, *op. cit.*, p. 6) ; alors qu'il devient « *consentientes* » dans le texte du commentaire de G. Olives à la *Carta* d'Arborea : Hieronymi Olives sardi, *Commentaria et Glosa in Cartam de Logu*, *op. cit.*, p. 9.

53 La leçon du manuscrit est différente : « *pro qui narat sa lege : Facientes e consencientes pari pena pariuntur* ». Donc, dans le texte manuscrit de la *Carta de Logu*, sa *lege* est au singulier, *agentes* de l'édition incunable est remplacé par le terme *facientes*, enfin le verbe *puniuntur* devient *pariuntur* ; mais les éditeurs corrigent, à raison, *pariuntur* par *puniantur* : E. Besta-P. E. Guarnerio, *Carta de Logu de Arborea*, *op. cit.*, p. 6.

54 J'ai préféré garder la lecture « *ma pro causa fortunabili* » de l'édition incunable (suivie aussi par Hieronymi Olives sardi, *Commentaria et Glosa in Cartam de Logu*, *op. cit.*, p. 9 ; G. M. Mameli De' Mannelli, *Le Costituzioni di Eleonora giudicessa d'Arborea intitolate Carta de Logu*, *op. cit.*, p. 16 ; F. C. Casula, *La « Carta de Logu » del regno di Arborèa*, *op. cit.*, p. 36), plutôt que la forme « *anti pro casu fortuitu* » du manuscrit. Bien

Volemus qui in tali casu istet et istari depiat at arbitriu et correctione nostra[55].

Dans ce long chapitre de la *Carta de Logu*, on retrouve facilement les différents blocs normatifs correspondant aux différents cas d'homicide considérés comme importants du point de vue juridique même par le droit criminel romain[56].

---

que la forme que je viens de citer semble plus précise du point de vue technico-juridique (elle semble en effet calquée sur le *sed casu fortuito* du C.I. 1,9,16,4), la leçon « *ma pro causa fortunabili* » me paraît toutefois beaucoup plus significative car elle constitue un cas exemplaire d'adaptation linguistique – donc le fruit d'une *interpretatio* de la jurisprudence – d'un texte latin au langage « populaire » choisi par la législatrice d'Arborea pour sa compilation.

55 Trad. : « Nous voulons et ordonnons que si quelqu'un tue un homme, et qu'il le confesse lors du procès, ou bien que (son crime) soit prouvé, selon ce que l'ordre de la raison commande, qu'il soit décapité là où il a été condamné, de façon à ce qu'il en meure. Et personne ne soit sauvé par l'argent, à moins que le sus-cité (homicide) n'ait tué pour se défendre. Cette défense devra être prouvée et démontrée par le témoignage d'hommes honorables dans les quinze jours à partir du jour établi par notre *armentariu de logu*, ou bien par un autre de nos officiers, auquel l'affaire a été confiée. Et s'il est prouvé que la personne a tué pour se défendre, comme il est dit plus haut, qu'elle ne soit pas tuée, qu'aucune peine ne lui soit infligée, qu'elle ne paie rien. Et si par hasard il arrivait que plusieurs personnes soient ensemble et que l'une d'elles tue un autre homme et que les autres, non coupables de cette mort, ne viennent pas dans les trois jours à la Cour (de justice) se disculper légitimement en se déclarant non consentants pour la mort de cet homme, qu'ils soient punis et condamnés à mort comme celui qui a perpétré le crime, parce que les lois disent : « *agentes et consentientes pari pena puniuntur* » (« que celui qui agit et celui qui consent soit puni avec la même peine »). Tandis qu'au cas où quelqu'un tue un autre homme à l'improviste, sans le faire délibérément et sans préméditation mais par cas fortuit, comme beaucoup d'accident arrivent, nous voulons que dans ce cas, il soit soumis, il doive être soumis, à notre volonté et à notre correction ».

56 Sur la discipline romaniste : U. Brasiello, « Sulla ricostruzione dei crimini in diritto romano. Cenni sull'evoluzione dell'omicidio », in *Studia et documenta historiae et iuris* XLII, 1976, pp. 246 et s. ; B. Santalucia, v. *Omicidio (diritto romano)*, in *Enciclopedia del diritto*, XXIX, Milano, 1979, pp. 886 et s. [= Id., *Studi di diritto romano*, Roma, 1994, pp. 107 et s.] ; A. Biscardi, « L'imputabilità dell'atto delittuoso in diritto romano », in *Apollinaris*, LII, 1979, pp. 150 et s. ; L. Rodríguez Alvarez, « La tentativa de homicidio en la jurisprudencia romana », in *Anuario de historia del derecho español*, XLIX, 1979, pp. 5 et s. ; A. Wacke, « Fahrlässige Vergehen in römischen Strafrecht », in *Revue internationale des droits de l'antiquité*, XXVI, 1979, p. 505 et s. ; Evelyn Höbenreich, « überlegungen zur Verfolgung unbeabsichgter Tötungen von Sulla bis Hadrian », in *Zeitschrift der Savigny-Stiftung für Rechtsgeschichte*, (Rom. Abt.), 120, 1990, pp. 249 et s. Cf. aussi, dans une optique plus étendue, G. Pugliese, « Linee generali dell'evoluzione del diritto penale pubblico durante il principato », in *Aufstieg und Niedergang der römischen Welt*, II.14, Berlin-New York, 1982, pp. 722 et s. ; V. Giuffrè, *La 'repressione criminale' nell'esperienza romana. Profili*, 3ᵉ ed., Napoli, 1993 ; A. D. Manfredini, « Crimini e pene da Augusto ad Adriano », in *'Res publica' e 'princeps'. Vicende politiche, mutamenti istituzionali e ordinamento giuridico da Cesare ad Adriano. Atti del Convegno internazionale di diritto romano. Copanello 25-27 maggio 1994*, a cura di F. Milazzo, Napoli, 1996, pp. 219 et s.

Nous avons d'abord l'énoncé de la peine pour l'homicide volontaire, prévue – comme je l'ai déjà dit – sur la base d'un rappel précis à l'observation du droit romain (« *si alcuna persona ochirit homini et est indi confesso in su iudiciu, o ver convinto, secundu quessu ordini dessa rag(i)oni comendat* »). Cette peine prévoyait la décapitation en un lieu public (« *Siat illi segada sa testa in su loghu dessa iusticia per modu quindi morgiat* »), et le condamné ne pouvait proposer aucun arrangement pécuniaire (« *et pro dinari alcuno non campit* »).

Eleonora d'Arborea dicte ensuite la norme absolutoire en cas d'homicide par légitime défense (« *Salvu si su dictu homini hochirit deffendendo asi* ») ; elle continue par la liste des cas de concours en homicide, qui comprend aussi la simple participation passive (c'est-à-dire si ceux qui « *non esserent in culpa assa dicta morte non benerent assa corte et non si ischulparint legittimamente que issos non furunt culpabilis nen consentivilis assa morte de cussu tali homini infra tres dies* »), pour laquelle est prévue la peine de mort sur la base du principe que « *nara(n)t sas leges : agentes et consentientes pari pena puniuntur* ». Elle établit enfin que l'homicide involontaire, c'est-à-dire celui qui a tué « *alcuno attero homini improvisa(da)mente et non cum animu deliberadu et non pensadamente, ma pro causa fortunabili* (*anti pro casu fortuitu*, Ms.) »[57], ne soit pas soumis à la peine ordinaire.

Nous ne discuterons pas ici des problèmes plus généraux posés par le chapitre III, surtout en ce qui concerne les caractéristiques des lois pénales d'Arborea ; il faut toutefois rappeler à ce propos l'opinion d'un éminent historien du droit, Francesco Brandileone selon lequel, « *avuto riguardo alle condizioni dei tempi* », ces lois devaient être considérées comme « *assai notevoli* »[58]. En effet, non seulement la *Carta de Logu* codifiait le principe selon lequel, face à la peine capitale, le coupable (quelle que soit sa condition sociale) ne pouvait racheter sa condamnation par une compensation pécuniaire : « *et pro dinari alcuno non campit* », mais elle considérait « *altresì attentamente all'elemento soggettivo del reato, sul quale fondava la*

---

57 À propos de dol, faute et cas fortuit, voir A. Marongiu, *Delitto e pena nella « Carta de logu » d'Arborea*, à présent in ID., *Saggi di storia giuridica e politica sarda*, *op. cit.*, pp. 75 et s., en particulier p. 82 s.

58 F. Brandileone, *Lezioni di storia del diritto italiano*, *op. cit.*, pp. 139-140.

affermazione o la esclusione della responsabilità e (naturalmente in relazione anche alle circostanze dei singoli delitti) la commisurazione della pena »[59].

V. *Salvu si su dictu homini hochirit deffendendo asi* : la légitime défense dans la Carta de Logu et dans le droit romain

La *Carta de Logu* permettait donc la légitime défense ; elle y était considérée comme cause exempte de toute peine, même en cas d'homicide : « *Et in casu qui provarit aver mortu su dictu homini deffendendo assi comente est naradu desupra, non siat mortu et pena alcuna non patischat et non paghit* ». Bien entendu, la légitime défense devait être prouvée par le responsable de l'homicide qui devait exhiber des témoins de réputation indiscutable en raison de leur rôle social (*bonos homines*)[60], dans les quinze jours suivant la date fixée par l'*armentargiu de loghu*[61], ou par tout autre fonctionnaire du « *Giudicato* », chargé de l'instruction et du jugement : « *sa quali deffenssa deppiat provari et mostrare legittimamente per bonos hominis infra dies XV da essa die qui lat esser comandado per issu armentargiu nostru de loghu ; o ver per atero officiali nostru at qui sa dicta causa esseret comissida* ».

Passons à présent au droit romain. A propos de ce genre d'homicide[62], il est important de rappeler que les juristes romains de l'époque impériale théorisèrent que la légitime défense n'était pas punissable, arguant qu'elle

---

59 A. Marongiu, *Delitto e pena nella « Carta de logu » d'Arborea*, à présent in ID., *Saggi di storia giuridica e politica sarda*, *op. cit.*, pp. 81 et s.

60 Cf. Gabriella Olla Repetto, *I « boni homines » sassaresi ed il loro influsso sul diritto e la società della Sardegna medioevale e moderna*, in *Gli Statuti sassaresi. Economia, Società, Istituzioni a Sassari nel Medioevo e nell'Età Moderna. Atti del convegno di studi. Sassari*, 12-14 maggio 1983, *op. cit.*, pp. 355 et s., en particulier p. 358.

61 E. Besta, *La Sardegna medioevale*, 2, *op. cit.*, pp. 61 et 96 ; cf. aussi G. M. Mameli De' Mannelli, *Le Costituzioni di Eleonora giudicessa d'Arborea intitolate Carta de Logu*, *op. cit.*, p. 16, n. 7 ; A. Solmi, *Studi storici sulle istituzioni della Sardegna nel medio evo*, Cagliari, 1917, p. 72 ; plus récemment G. Olla Repetto, *L'ordinamento costituzionale-amministrativo della Sardegna alla fine del '300*, in *Il mondo della Carta de Logu*, *op. cit.*, pp. 111 et s. ; mais surtout pp. 140 et s.

62 C. Ferrini, *Diritto penale romano*, Milano, 1889, pp. 31 et s. ; Th. Mommsen, *Römisches Strafrecht*, Leipzig, 1899, pp. 620 et s. [= Id., *Le droit penal romain*, trad. de J. Duquesne, II, Paris, 1907, pp. 334 et s.] ; J. Caroï, *La violence en droit criminel romain*, Paris, 1914, pp. 27 et s. ; C. Gioffredi, *I principi del diritto penale romano*, Torino, 1970, pp. 90 et s. ; G. Longo, *Sulla legittima difesa e sullo stato di necessità in diritto romano*, in *Sein und Werden im Recht. Festgabe für Ulrich von Lübtow*, Berlin, 1970, pp. 321 et s. ; J. M. García Marín, « La legítima defensa hasta fines de la Edad Media. Notas para su estudio », in *Anuario de historia del derecho español*, L, 1980, pp. 413 et s.

était licite sur la base du *ius naturale*[63]. En d'autres termes, la jurisprudence romaine considérait la légitime défense comme une application juridique des facultés naturelles de l'homme ; une action extrême, mais nécessaire, pour la protection de son intégrité physique, face à la violation de la part de tiers des principes généraux du *ius naturale*, universellement reconnus, selon lesquels l'homicide et tout autre acte portant atteinte à la personne sont interdits.

Les trois fragments des *Digesta* de l'empereur Justinien, que nous citons ci-dessous, en sont un excellent exemple. Le premier est un célèbre fragment des *institutiones* du juriste Florentinus[64].

> D. 1.1.3 (Florentinus *libro primo institutionum*) : *ut vim atque iniuriam propulsemus : nam iure hoc evenit, ut quod quisque ob tutelam corporis sui fecerit, iure fecisse existimetur, et cum inter nos cognationem quandam natura constituit, consequens est hominem homini insidiari nefas esse.*

L'enseignement de Florentinus était donc que rien de ce qui aurait été fait *ob tutelam corporis sui* ne pouvait être considéré comme illégal (*iure fecisse existimetur*) car, sur la base de la *cognatio* que la nature a constitué

---

63 Sur le *ius naturale* : J. Gaudemet, « Quelques remarques sur le droit naturel à Rome », in *Revue internationale des droits de l'antiquité*, I, 1952, pp. 453 et s. ; M. Villey, *Deux conceptions du droit naturel dans l'Antiquité*, in *Revue historique de droit français et étranger*, XXXI, 1953, pp. 475 et s. ; A. Burdese, « Il concetto di 'ius naturale' nel pensiero della giurisprudenza classica », in *Rivista Italiana per le Scienze Giuridiche*, Serie III, VII, 1954, pp. 407 et s. ; G. Nocera, *'Ius naturale' nella esperienza giuridica romana*, Milano, 1962 ; Ph. Didier, « Les diverses conceptions du droit naturel à l'œuvre dans la jurisprudence romaine des IIe et IIIe siècles », in *Studia et documenta historiae et iuris*, XLVII, 1981, pp. 195 et s. ; F. Sini, *Bellum nefandum. Virgilio e il problema del « diritto internazionale antico »*, Sassari, 1991, pp. 216 et s. ; L. C. Winckel, « Einige Bemerkungen über ius naturale und ius gentium », in *Festschrift für Wolfgang Waldstein zum 65. Geburtstag*, Stuttgart, 1993, pp. 443 et s. ; W. Waldstein, « Ius naturale im nachklassischen römischen Recht und bei Juristen », in *Zeitschrift der Savigny-Stiftung für Rechtsgeschichte* (*Rom. Abt.*), 111, 1994, pp. 1 et s.

64 S. Brassloff, v. *Florentinus*, in *Real-Encyclopädie der classischen Altertumswissenschaft*, VI, Stuttgart, 1909, coll. 2755 et s. ; P. Krüger, *Geschichte der Quellen und Litteratur des römischen Rechts*, 2e ed., München und Leipzig, 1912, p. 215 ; M. Villey, *Recherches sur la littérature didactique du droit romain*, Paris, 1945, p. 42 ; F. Wieacker, « Doppelexemplare der Institutionen Florentins, Marcians und Ulpians », in *Revue internationale des droits de l'antiquité*, III, 1949, pp. 275 et s. ; D. Liebs, *Römische Provinzialjurisprudenz*, in *Aufstieg und Niedergang der römischen Welt*, II.15, Berlin-New York, 1976, pp. 348 et s. ; H. L. W. Nelson, *Überlieferung, Aufbau und Stil von Gai Institutiones*, Leiden, 1981, pp. 372 et s. ; M. Bretone, *Storia del diritto romano*, 5e ed., Roma-Bari, 1995, pp. 401 et s. ; S. Querzoli, *Il sapere di Fiorentino. Etica, natura e logica nelle 'Institutiones'*, Napoli, 1997, pp. 11 et s.

entre tous les êtres humains, *consequens est hominem homini insidiari nefas esse*[65].

Il existe, sur ce fragment une vaste littérature et une élaboration doctrinaire très complexe ; ceci nous permet de ne pas entamer ici une discussion approfondie ; il faut toutefois remarquer que la plupart des auteurs soulignent l'importance juridique de la *cognatio naturalis*[66] alors que d'autres, au contraire, mettent également en évidence la valeur constitutive du *nefas*[67].

En ce qui concerne les composantes culturelles de ce fragment, Max Pohlenz pensait à une forte influence philosophique stoïcienne : « *In modo ancor più preciso Florentino, riallacciandosi direttamente alla teoria stoica del primo istinto naturale, fa derivare il diritto naturale dal diritto all'autoconservazione e dalla parentela che lega tra loro tutti gli uomini* »[68] ; Biondo Biondi au contraire souligne surtout la partie du texte qui situe dans le *ius naturale* les racines de « *la fratellanza umana* ». Il estimait que ce fragment était un exemple de l'influence de la « conception chrétienne » sur le droit de Justinien[69].

---

65 S. Querzoli, *Il sapere di Florentino*, *op. cit.*, p. 132 et s., avec des réflexions intéressantes sur la propension à l'universalisme de la culture de ce juriste.

66 W. Waldstein, *Entscheidungsgrundlagen der klassischen römischen Juristen*, in *Aufstieg und Niedergang der römischen Welt*, II.15, Berlin-New York, 1976, pp. 85 et s. ; Ph. Didier, *Les diverses conceptions du droit naturel à l'œuvre dans la jurisprudence romaine des IIe et IIIe siècles*, *op. cit.*, p. 256 et s. ; M. Kaser, « *'Ius publicum' und 'ius privatum'* », in *Zeitschrift der Savigny-Stiftung für Rechtsgeschichte* (*Rom. Abt.*), CXVI, 1986, p. 95 et s. ; Yang Zhenshan, « La tradizione filosofica del diritto romano e del diritto cinese antico e l'influenza del diritto romano sul diritto cinese contemporaneo », in *Index*, XXI, 1993, p. 527.

67 W. Waldstein, *Entscheidungsgrundlagen der klassischen römischen Juristen*, in *Aufstieg und Niedergang der römischen Welt*, II.15, Berlin-New York, 1976, pp. 85 et s. ; Ph. Didier, *Les diverses conceptions du droit naturel à l'œuvre dans la jurisprudence romaine des IIe et IIIe siècles*, *op. cit.*, pp. 256 et s. ; M. Kaser, « *'Ius publicum' und 'ius privatum'* », in *Zeitschrift der Savigny-Stiftung für Rechtsgeschichte* (*Rom. Abt.*), CXVI, 1986, pp. 95 et s. ; Yang Zhenshan, « La tradizione filosofica del diritto romano e del diritto cinese antico e l'influenza del diritto romano sul diritto cinese contemporaneo », in *Index*, XXI, 1993, p. 527.

68 M. Pohlenz, *Die Stoa. Geschichte einer geistiger Bewegung*, Göttingen, 1959, trad. it. : *La stoa. Storia di un movimento spirituale*, I, Firenze, 1967, p. 547. Plus généralement, sur l'influence de la doctrine stoïque sur la culture juridique romaine, cf. à présent l'essai de P. A. Vander Waerdt, « Philosophical Influence on Roman Jurisprudence ? The Case of Stoicism and Natural Law », in *Aufstieg und Niedergang der römischen Welt*, II.36.7, Berlin-New York, 1994, p. 4789 et s.

69 B. Biondi, « La concezione cristiana del diritto naturale nella codificazione giustinianea », à présent in Id., *Scritti giuridici*, I. *Diritto romano. Problemi generali*, Milano, 1965, pp. 583 et s.

Le deuxième fragment, très souvent objet de discussion de la part de la doctrine romaniste récente, consiste en un texte du juriste Gaius. Les compilateurs des *Digesta* l'ont placé au titre II (*Ad legem Aquiliam*) du livre IX :

> D. 9.2.4. pr. (Gaius *libro septimo ad edictum provinciale*) : *Itaque si servum tuum latronem insidiantem mihi occidero, securus ero : nam adversus periculum naturalis ratio permittit se defendere.*

Dans ce fragment, Gaius insiste très clairement sur un principe fondamental du droit romain, selon lequel le caractère licite de la légitime défense est lié à la nature (*naturalis ratio*) : *nam adversus periculum naturalis ratio permittit se defendere*[70]. La doctrine romaniste récente ne remet plus en question l'authenticité de la référence de Gaius à la *naturalis ratio*[71] ; on peut donc partager pleinement les arguments de G. Longo : « *"Nam adversus periculum naturalis ratio permittit se defendere", a mio modo di vedere, è una frase infondatamente sospettata. Nulla – se non un preconcetto illogico – può farne attribuire la paternità ai compilatori. Il giurista romano affermò essere una esigenza insita nell'ordine naturale dei rapporti umani la legittimità della difesa a quelle condizioni ; ed è, invero, questa l'accezione filosofico-giuridica classica della* naturalis ratio »[72].

Il est intéressant également de rappeler l'interprétation proposée par M. Bartošek qui voit dans ce fragment de Gaius la preuve du fait que dans les théorisations des juristes romains « *la conoscenza dei rapporti*

---

70 Sur le concept de *naturalis ratio* et sur les particularités de son utilisation par les juristes romains, il existe une importante bibliographie : cf. J. J. de Koschembahr-Lyskowsji, « Naturalis ratio en droit classique romain », in *Studi in onore di Pietro Bonfante*, III, Milano, 1930, p. 467 et s. ; R. Voggensperger, *Der Begriff des « Ius naturale » im römischen Recht*, Basel, 1952, pp. 100 et s. ; D. Nörr, *Rechtskritik in der römische Antike*, *op. cit.*, p. 98 et s. ; P. Stein, « The Development of the Notion of Naturalis Ratio », in *Daube Noster. Essays in Legal History for David Daube*, Edinburgh and London, 1974, p. 305 et s. ; G. G. Archi, « *"Lex"* e *"natura"* nelle istituzioni di Gaio », in *Festschrift für Werner Flume zum 70. Geburtstag*, I, Köln, 1978, pp. 3 et s. ; F. Casavola, *Giuristi adrianei*, Napoli, 1980, pp. 213 et s. ; M. Kaser, *Ius gentium*, Köln-Weimar-Wien, 1993, pp. 98 et s.

71 H. Wagner, *Studien zur allgemeinen Rechtslehre des Gaius (Ius gentium und ius naturale in ihrem Verhältnis zum ius civile)*, Zutphen, 1978, p. 110 ; O. Diliberto, « Considerazioni intorno al commento di Gaio alle XII Tavole », in *Index. Quaderni camerti di diritto romano*, XVIII, 1990, p. 416 ; O. Behrends, « Anthropologie juridique de la jurisprudence classique romaine », in *Revue historique de droit français et étranger*, LXVIII, 1990, p. 345, n. 27 ; S. Querzoli, *Il sapere di Fiorentino*, *op. cit.*, pp. 153 et s.

72 G. Longo, *Sulla legittima difesa e sullo stato di necessità in diritto romano*, *op. cit.*, p. 329 et s.

fondamentali della vita materiale e delle circostanze sociali della convivenza umana in generale conduceva anche alla formulazione di massime giuridiche generali »[73].

Rappelons enfin le troisième fragment, un texte du juriste Ulpien dans lequel est rapportée une maxime tirée d'un ouvrage de Caius Cassius Longinus[74] :

> D. 43.16.1.27 (Ulpianus *libro sexagensimo nono ad edictum*) : *Vim vi repellere licere Cassius scribit idque ius natura comparatur : apparet autem, inquit, ex eo arma armis repellere licere.*

D'après Ulpien, Cassius avait théorisé que la légitimité du *vim vi repellere*[75] était fondée sur le *ius natura*. Parmi les positions exprimées par la doctrine la plus récente à propos du fragment d'Ulpien, je pense que deux d'entre elles sont à partager tout particulièrement. La première est celle d'Antonio Mantello qui affirme que le contenu du passage constitue une preuve de l'attention que l'école des sabiniens, mais surtout Cassius, portait au « *concetto che la realtà delle cose potesse giustificare certe regole giuridiche* »[76] , alors que, en ce qui concerne le texte, pour Mantello « *è fuor di dubbio che idque – comparatur potrebbe essere o una glossa o un'interpolazione o una specificazione ulpianea. Ma non mi pare neppure da escludere che Ulpiano riassumesse ad sensum il discorso cassiano* »[77]. La seconde position est celle de José Luis Murga à propos du principe *vim vi repellere licere* : « *La doctrina clásica debió tomar de la más antigua jurisprudencia veterana la idea de que siempre era lícita la fuerza para oponerse a una injusta violencia :* vim vi repellere licere. *Este principio del que*

---

73 M. Bartošek, *Sulla concezione « naturalistica » e materialistica dei giuristi classici*, in *Studi in memoria di Emilio Albertario*, II, Milano, 1953, p. 480.

74 Pour la biographie de Caius Cassius Longinus P. Jörs, v. *Cassius*, in *Real-Encyclopädie der classischen Altertumswissenschaft*, III.2, Stuttgart, 1899, coll. 1736 et s. ; P. Krüger, *Geschichte der Quellen und Litteratur des römischen Rechts*, 2ᵉ ed., München-Leipzig, 1912, p. 168 et s. ; L. Wenger, *Die Quellen des römischen Rechts*, Wien, 1953, p. 502 ; W. Kunkel, *Herkunft und soziale Stellung der römischen Juristen*, 2ᵉ ed., Graz-Wien-Köln, 1967, pp. 130 et s. ; F. D'Ippolito, *Ideologia e diritto in Gaio Cassio Longino*, Napoli, 1969 ; D. Nörr, « Zur Biographie des Juristen C. Cassius Longinus », in *Sodalitas. Scritti in onore di Antonio Guarino*, VI, Napoli, 1984, pp. 2957 et s. ; R. A. Bauman, *Lawyers and Politics in the Roman Empire. A study of relations between the Roman jurists and the emperors from Augustus to Hadrian*, München, 1989, pp. 76 et s. (avec une autre bibliographie).

75 Cf. D. 9.2.45.4 ; D. 4.2.12.1.

76 A. Mantello, *'Beneficium' servile – 'debitum' naturale. Sen., 'de ben.' 3.18.1 ss. – D. 35.1.40.3 (Iav., 2 'ex post. Lab.')*, I, Milano, 1979, p. 382.

77 A. Mantello, *'Beneficium' servile – 'debitum' naturale*, *op. cit.*, p. 382, n. 322.

Ulpiano se hace eco en sus commentarios al interdicto de vi, D. 43.16.1.27, *atribuyéndolo a Casio es sin embargo más antiguo* »[78]. Enfin, il pourrait être intéressant, en raison des liens culturels et économiques qui existaient entre la Catalogne-Aragon et l'Arborea des Bas-Serra[79], de souligner que le principe *vim vi repellere licere* est mentionné dans un document catalan de 1128 et qu'il représente le premier exemple de réception du droit romain en Catalogne[80].

Bien que l'ancienne doctrine romaniste ait considéré que les fragments que nous venons de citer contenaient des interpolations et que, dans l'après-guerre, d'éminents spécialistes tels que Gabrio Lombardi[81] et Alberto Burdese[82] aient manifesté de sérieux doutes quant leur authenticité, il me semble très difficile de pouvoir affirmer la thèse de l'interpolation, surtout si l'on tient compte que, dans le texte de ces fragments, apparaissent des termes et des concepts (*natura, cognatio, nefas*) qui se trouvaient déjà, liés entre eux, dans l'élaboration juridique et dans la spéculation philosophique de la période républicaine tardive et des premières décennies de l'empire.

Nous savons en effet que la première mention de « *natura ius* » digne de foi qui nous est parvenue remonte à la *Rhetorica ad Herennium*, datable des premières décennies du Ier siècle av. J.-C. :

> *Rhet. ad Herenn.* 2.19 : *Natura ius est, quod cognationis aut pietatis causa observatur, quo iure parentes a liberis, et a parentibus liberi coluntur*[83].

Mais nous pouvons lire des références à la légitime défense et à son fondement juridique « *ex natura* » même dans les oraisons de Cicéron.

---

78 J. L. Murga, « La *'preclusio locatoris'* como *'vis privata legittima'* », in *Revue internationale des droits de l'antiquité*, XXXIV, 1987, p. 256, n. 45.

79 Ces liens ne cessèrent jamais tout à fait, même pendant les périodes de violents contrastes, comme l'a montré Luisa D'Arienzo, « I possessi catalani dei giudici d'Arborea », in *Studi sardi*, 21, 1968-70 [mais 1971], pp. 134 et ss.

80 Cf. A. Iglesia Ferreirós, « La creación del derecho en Cataluña », in *Anuario de historia del derecho español*, XLVII, 1977, pp. 142 et s.

81 G. Lombardi, *Sul concetto di 'ius gentium'*, *op. cit.*, p. 132, n. 1 (à propos du fragment de Gaius D. 9.2.4.pr., G. Lombardi ne considère pas authentique la partie relative à la justification fondée sur la *naturalis ratio*) ; pp. 154 et s. (il conteste l'authenticité de la partie du fragment de Florentinus D. 1.1.3 allant de *et cum nos* jusqu'à *nefas esse*).

82 A. Burdese, *Il concetto di 'ius naturale' nel pensiero della giurisprudenza classica*, *op. cit.*, p. 415.

83 Sur la datation de l'œuvre, je renvoie aux travaux de G. Calboli (a cura di), *Cornifici Rhetorica ad Herennium. Introduzione, testo critico e commento*, Bologna, 1969, pp. 12 et s. ; et de C. Achard, « L'auteur de la "Rhétorique à Herennius" ? », in *Revue des études latines*, LXIII, 1985 [mais 1987], pp. 56 et s., qui considère comme peu probable l'attribution à Cornificius.

Pro Milone 10 : *Est igitur haec, iudices, non scripta sed nata lex, quam non didicimus, accepimus, legimus, verum ex natura ipsa adripuimus, hausimus, expressimus, ad quam non docti sed facti, non instituti sed imbuti sumus, ut si vita nostra in aliquas insidias, si in vim et in tela aut latronum aut inimicorum incidisset, omnis honesta ratio esset expediendae salutis*[84].

Alors que, pour la première période du principat, il suffira de citer la doctrine philosophique de Sénèque selon laquelle, sur la base de la conviction que *natura nos cognatos edidit cum ex isdem et eadem gigneret*, l'homme doit être considéré comme *res sacra homini*[85], il me semble plus juste, à propos des sources romaines du chapitre III de la *Carta de Logu*, de rechercher dans le *Codex Iustinianus* les textes qui ont inspiré aux compilateurs de la *Carta* le principe selon lequel l'homicide commis par légitime défense n'est pas punissable. Il pourrait s'agir du livre IX, titre XVI (*Ad legem Corneliam de sicariis*), dans lequel les deux constitutions impériales citées ci-dessous exempte de toute peine la personne qui aurait commis un homicide par légitime défense[86].

Codex Iustinianus 9.16.2 (*Imp. Gordianus A. Quintiano*) : *Is, qui adgressorem vel quemcunque alium in dubio vitae discrimine constitutus occiderit, nullam ob id factum calumniam metuere debet.*

Codex Iustinianus 9.16.3 (*Imp. Gallienus A. Munatio*) : *Si, ut adlegas, latrocinantem peremisti, dubium non est eum, qui inferendae caedis voluntate praecesserat, iure caesum videri.*

VI. *Improvisa(da)mente et non cum animu deliberadu et non pensadamente* : l'homicide involontaire

Une évidence ultérieure renforce la conviction que la *Carta de Logu de Arborea* a puisé dans le titre XVI (*Ad legem Corneliam de sicariis*) du livre IX du *Codex Iutinianus* les modèles normatifs de l'homicide par légitime

---

84 Voir encore, toujours de Cicéron, *De leg.*, 1.18. Sur ces deux derniers passages : interprétation, commentaire et bibliographie pécédente in K. M. Girardet, *Die Ordnung der Welt : ein Beitrag zur philosophischen und politischen Interpretation von Ciceros Schrift 'De legibus'*, Wiesbaden, 1983, pp. 65 et s.

85 *Epist.* 15.3.33 ; 15.3.52.

86 L'adhésion d'Eleonora d'Arborea à ce principe nous parait significative, surtout parce que, en général, il est ignoré par la tradition juridique germanique : cf. A. Cavanna, « Nuovi problemi intorno alle fonti dell'Editto di Rotari », in *Studia et documenta historiae et iuris*, XXXIV, 1968, pp. 323 et s.

défense : dans ce titre du *Codex* ont pris place deux autres constitutions impériales. C'est presque certainement sur les fragments de ces constitutions que les compilateurs ont calqué le cas de l'homicide involontaire prévu dans le dernier alinéa du titre III de la *Carta de Logu*.

> *Codex Iustinianus* 9.16.1 (*Imp. Antoninus A. Aurelio Herculiano et aliis militibus*) : *Frater vester rectius fecerit, si se praesidi provinciae obtulerit : qui si probaverit non occidendi animo Iustum a se percussum esse, remissa homicidii poena secundum disciplinam militarem sententiam proferet. Crimen enim contrahitur, si et voluntas nocendi intercedat. Ceterum ea, quae ex improviso casu potius quam fraude accidunt, fato plerumque, non noxae imputantur*[87].

> *Codex Iustinianus* 9.16.4 (*Exemplum sacrarum litterarum Diocletiani et Maximiani AA. Agathoni*) : *Eum, qui adseverat homicidium se non voluntate, sed casu fortuito fecisse, cum calcis ictu mortis occasio praebita videatur, si hoc ita est neque super hoc ambigi poterit, omni metu ac suspicione, quam ex admissae rei discrimine sustinet, secundum id quod adnotatione nostra comprehensum est volumus liberari*[88].

D'autre part, il existait déjà, dans la même ligne que les constitutions sus-citées, un précédent rescrit[89] de l'empereur Hadrien figurant, avec un commentaire du juriste Marcien[90], dans un fragment tiré du livre XIV de ses *Institutiones*[91] et inclus dans le livre XLVIII des *Digesta* de Justinien, sous le titre VIII *Ad legem Corneliam de sicariis et veneficis*[92].

---

87 La constitution avait également été recueillie auparavant dans le *Codex Gregorianus*, sous le titre *ad legem Corneliam de sicariis et veneficis*, comme l'atteste *Collat.* 1.8.pr.-1.

88 Sur le texte de cette importante constitution (rescrit ou *epistula* ?), qui oppose la *voluntas* au *casus fortuitus* dans la détermination du crime, voir A. Dell'Oro, *'Mandata' e 'litterae'. Contributo allo studio storico degli atti giuridici del 'princeps'*, Bologna, 1960, en particulier, pp. 88 et s. ; N. Palazzolo, « Le modalità di trasmissione dei provvedimenti imperiali nelle province (II-III sec. d.C.) », in *Iura*, XXVIII, 1977 [mais 1980], pp. 79 et s. ; A. Wacke, *Fahrlässige Vergehen in römischen Strafrecht*, *op. cit.*, pp. 539 et s. ; W. Turpin, « 'Adnotatio' and Imperial Rescript in Roman Legal Procedure », in *Revue internationale des droits de l'antiquité*, XXXV, 1988, pp. 298 et s.

89 D. Nörr, « Zur Reskriptenpraxis in der hohen Prinzipatszeit », in *Zeitschrift der Savigny-Stiftung für Rechtsgeschichte (Rom. Abt.)*, CXI, 1981, pp. I et s. ; T. Honoré, *Emperors and lawyers*, Oxford, 1981, pp. 24 et s. (« The Rescript System »).

90 Le texte de G. Polara, « Marciano e l'elemento soggettivo del reato (Delinquitur aut proposito aut impetu aut casu) », in *Bullettino dell'Istituto di diritto romano*, LXXVII, 1974, p. 110 et s., est consacré à la pensée du juriste Marcien à propos de l'incidence de la *voluntas* dans la qualification du crime.

91 À propos de l'organisation de l'œuvre, je renvoie à L. De Giovanni, « Per uno studio delle *'Institutiones'* di Marciano », in *Studia et documenta historiae et iuris*, XXXIX,

D. 48.8.1.3 (Marcianus *libro quarto decimo institutionum*) : *Divus Hadrianus rescripsit eum, qui hominem occidit, si non occidendi animo hoc admisit, absolvi posse, et qui hominem non occidit, sed vulneravit, ut occidat, pro homicida damnandum : et ex re constituendum hoc : nam si gladium strinxerit et in eo percusserit, indubitate occidendi animo id eum admisisse : sed si clavi percussit aut cuccuma in rixa, quamvis ferro percusserit, tamen non occidendi animo. Leniendam poenam eius, qui in rixa casu magis quam voluntate homicidium admisit*[93].

Ce fragment montre clairement que l'empereur prescrivait qu'il fallait absoudre de l'accusation d'homicide volontaire toute personne qui, ayant tué un homme, prouvait qu'elle l'avait fait sans *animus occidendi*, car c'est justement l'absence d'*animus occidendi* qui impliquait que l'homicide n'avait pas été volontaire. À propos du passage de Marcien, il est intéressant de formuler une première considération formelle sur la fidélité du juriste au texte impérial en question. G. Galandi écrit : « *si delinea, molto chiaramente, che i riassunti delle ordinanze imperiali contenute nelle opere giuridiche, sono, assai spesso redatti con parole tratte dalle stesse* »[94]. En revanche, pour ce qui est de la substance, certains (comme par exemple Valerio Marotta[95]) ont vu dans le rescrit de l'empereur Hadrien une influence grecque très nette : « *Che la decisione adrianea sia stata ispirata dalla legge draconiana sull'omicidio, è ipotesi priva di qualsiasi riscontro. La* constitutio *altro non è, in effetti, che il punto di arrivo di una linea interpretativa pienamente affermatasi in età ciceroniana. Eppure sul modello argomentativo adoperato dalla cancelleria imperiale ha esercitato la sua influenza un topos che risale a Lisia, il principale esponente della logografia attica* »[96].

À la lumière des textes de Justinien vus précédemment, la ressemblance, même terminologique, avec le texte d'Eleonora d'Arborea me

---

1983, pp. 91 et s. ; réédité avec de légères modifications dans Id., *Giuristi severiani. Elio Marciano*, Napoli, 1989, pp. 13 et s. Le spécialiste napolitain souligne l'importance des fragments relatifs à la *lex Cornelia de sicariis* conservés dans les *Digesta* de Justinien (p. 137 = p. 66).

92 Pour la reconstruction palingénésique de la loi, qui remonte à la période de Silla, voir J.-L. Ferrary, « Lex Cornelia de sicariis et veneficiis », in *Athenaeum*, LXXIX, 1991, pp. 417 et s.

93 Le rescrit de l'empereur Hadrien figure aussi, avec de légères modifications par rapport au texte de Marcien, dans *Collat.* 1.6.1-4 ; et dans *Pauli Sent.* 5.23.3.

94 G. Gualandi, *Legislazione imperiale e giurisprudenza*, II, Milano, 1963, p. 78.

95 V. Marotta, 'Multa de iure sanxit'. Aspetti della politica del diritto di Antonino Pio, Milano, 1988, pp. 298 et s.

96 V. Marotta, *'Multa de iure sanxit'*, *op. cit.*, p. 300.

paraît évidente. Pour le *Codex Iustinianus* comme pour la *Carta de Logu*, on ne peut parler d'homicide volontaire si l'homicide a été commis avec « *non occidendi animo* », car « *ea, quae improviso casu potius quam fraude accidunt* » (cf. *improvisadamente et non cum animu deliberadu* de la *Carta*) ne sont pas imputables au dol de l'agent. En outre, tout comme les normes du *Codex* statuent que, lorsqu'il est établi qu'il n'y a pas eu préméditation, l'accusation d'homicide pour celui qui « *qui adseverat homicidium se non voluntate, sed casu fortuitu ferisse* » soit dérubriquée, de même la *Carta de Logu* prescrit qu'un homme qui a causé la mort d'un autre homme « *non pensadamente ma pro causa fortunabili* » soit confié au jugement discrétionnaire du souverain : « *Et in casu qui alcuno homini* – lit-on dans la *Carta* – *hochirit alcuno attero homini improvisa(da)mente et non cum animu deliberadu et non pensadamente ma pro causa fortunabili secundu qui solint a venne(r) multos desastros. Volemus qui in tali casu istet et istari depiat at arbitriu et correctione nostra* ».

VII. La Carta de Logu entre droit romain et droit canon : le principe agentes et consentientes pari poena puniuntur

Je soulignais plus haut que le chapitre III semble, sans aucun doute, modelé sur les normes du droit romain de Justinien. En effet, il serait tout à fait possible de considérer (comme on le fait désormais depuis les études de Marongiu sur le rédacteur probable de la *Carta de Logu*[97]) que la maxime selon laquelle « *agentes et consentientes pari poena puniuntur* »[98] dérive du droit canon plutôt que du droit romain. Pour plus de précision, il semblerait que la maxime, insérée comme citation littérale dans le texte du chapitre III de la *Carta de Logu*, provienne des *Decretales Gregorii IX*, dans lesquelles on peut lire :

> Liv. I, Tit. XXIX (*De officio, et potestate iudicis delegati*), c. I : Alexander III *Londonensi Episcopo* (*an.* 1165). *Quia quaesitum est, quid faciendum sit de potestatibus, quae, cum praecipimus alicui iustitiam exhiberi, minis, ac terroribus conquerentes filere compellunt, et sic mandatum nostrum eluditur : sic tibi respondemus, quod sicut agentes, et consentientes pari poena (Scripturae testimonio) puniuntur : sic tam eos, qui trahuntur in causam,*

97 A. Marongiu, « Sul probabile redattore della Carta de Logu », in Id., *Saggi di storia giuridica e politica sarda*, *op. cit.*, pp. 61 et s.

98 A. Marongiu, « Sul probabile redattore della Carta de Logu », in Id., *Saggi di storia giuridica e politica sarda*, *op. cit.*, pp. 62 et s.

quam principales eorum fautores (si eos manifeste cognoveris iustitiam impedire) districtione Ecclesiatica poteris coercere.

Liv. V, Tit. XXXIX (*De sententia excommunicationis*), c. XLVII : Innoc. III (*an.* 1214). *Quantae praesumtionis, et temeritatis exsistat in Rectores Ecclesiae manus iniicere violentas. Ne autem solos violentiae huiusmodi auctores aliquorum praesumtio existimet puniendos, facientes, et consentientes pari poena plectendos catholica condemnat auctoritas. Eos delinquentibus favere interpretamur, qui cum possint, manifesto facinori desinunt obviare*[99].

Il me semble difficile, sur la base du texte, de nier que, dans ce cas, le renvoi à *sas leges* sous-entend un rappel du droit canon, même s'il faudrait réfléchir plus attentivement sur les doutes manifestés par Marongiu dans la formulation de sa thèse à propos de la provenance de la citation : « *si tenga presente* – avait écrit Marongiu – *che, per quel che ne sappiamo, non vi è alcun precedente di norme statutarie le quali diano al diritto canonico l'autorità di fonte superiore di diritto : ossia di fonte per eccellenza, a preferenza del diritto romano* »[100]. Il s'agit, d'après moi, de comprendre que l'expression « *nara(n)t sas leges* » du chapitre III de la *Carta de Logu* se réfère non seulement au droit romain mais aussi au droit canon : cette interprétation, d'ailleurs déjà partagée par les juristes du XVIᵉ siècle[101], est en effet suggérée par l'utilisation du pluriel. La constatation que, dans les *Questioni giuridiche esplicative alla Carta de Logu*, l'expression « *narat sa lege* » se rapporte toujours, sans aucun doute possible, au droit romain constitue un argument décisif ultérieur en faveur de la thèse soutenue ici. Marongiu, lui aussi, considérait comme « circostanza singolarissima » le fait que dans le chapitre 3 de la *Carta de Logu*, le mot *sa lege* ne se rapportait pas « *alla legge per eccellenza, che doveva essere il diritto romano* »[102].

---

99 Cf. *Decretum Gratiani*, I, Dist. LXXXVI, c. III ; II, C. II, q. I, c. X.

100 A. Marongiu, *Sul probabile redattore della Carta de Logu*, à présent in Id., *Saggi di storia giuridica e politica sarda*, *op. cit.*, pp. 62 et s.

101 Cf. Hieronymi Olives sardi, *Commentaria et Glosa in Cartam de Logu*, *op. cit.*, pp. 13-14 : « *Nota secundum istum text. duo. Primum est, quod agentes, et consentientes pari poena debent puniri, secundo ex isto tex. notatur, dum dicit secundum leges, quod de iure communi est idem. Quaero ergo an hoc sit verum, quod de iure communi agentes , et consentientes pari poena puniuntur, et circa hoc reperiuntur varia iura* ».

102 A. Marongiu, « Delitto e pena nella "Carta de logu" d'Arborea, à présent in Id., *Saggi di storia giuridica e politica sarda*, op. cit., p. 78, n. 16.

VIII. *Conscii et ministri*. A propos de D. 48.9.6 et Codex Iustinianus 1.3.53(54).5

Il suffira de ne citer que quelques cas relatifs à la réglementation romaine du concours de plusieurs personnes au crime, pour se rendre compte que cette règle[103] est attestée aussi bien dans les textes des premiers juristes romains que dans les constitutions impériales du *Codex Iustinianus*.

Le premier exemple est constitué par un bref fragment tiré du livre VIII *de officio proconsulis* d'Ulpien[104] que nous trouvons à présent au titre *de lege Pompeia de parricidis* du XLVIII livre des *Digesta Iutiniani*.

> D. 48.9.6 (Ulpianus *libro octavo de officio proconsulis*) : *Utrum qui occiderunt parentes an etiam conscii poena parricidii adficiantur, quaeri potest. Et ait Maecianus etiam conscios eadem poena adficiendos, non solum parricidas. Proinde conscii etiam extranei eadem poena adficiendi sunt*[105].

Dans ce fragment, le juriste abordait un problème très controversé : l'extension de la peine prévue pour le parricide à la simple participation des *conscii*, c'est-à-dire de ceux qui étaient au courant du crime même sans avoir matériellement participé à son exécution. Le texte indique qu'Ulpien était orienté en ce sens[106] ; il fondait son opinion sur l'autorité du juriste L.

---

[103] C. Ferrini, *Diritto penale romano. Esposizione storica e dottrinale*, *op. cit.*, pp. 107 et s. ; L. Chevailler, « Contribution à l'étude de la complicité en droit pénal romain », in *Revue Historique de Droit Français et étranger*, XXXI, 1953, pp. 200 et s. ; C. Gioffredi, *Principi del diritto penale romano*, *op. cit.*, pp. 111 et s. ; enfin, V. M. Amaya Garcia, *Coautoria y complicidad : estudio historico y jurisprudencial*, Madrid, 1993, voir en particulier pp. 15 et s.

[104] Sur les *libri de officio proconsulis* d'Ulpien, voir F. Schulz, *Storia della giurisprudenza romana*, *op. cit.*, pp. 439 et s. ; pour l'analyse des fragments qui ont survécu, voir A. Dell'Oro, *I 'libri de officio' nella giurisprudenza romana*, Milano, 1960, p. 117 et s. ; la consultation de O. Lenel, *Palingenesia iuris civilis*, II, Leipzig, 1888, coll. 966 et s., reste naturellement indispensable.

[105] C. Ferrini, Diritto penale romano. Esposizione storica e dottrinale, *op. cit.*, p. 122 ; A. Dell'Oro, I 'libri de officio' nella giurisprudenza romana, *op. cit.*, p. 163 ; J. D. Cloud, « Parricidium : from the lex Numae to the lex Pompeia de parricidiis », in *Zeitschrift der Savigny-Stiftung für Rechtsgeschichte* » *(Rom. Abt.)*, LXXXIII, 1971, pp. 53 et s. ; Lucia Fanizza, « Il parricidio nel sistema della 'lex Pompeia' », in *Labeo*, XXV, 1979, pp. 288 et s. ; et plus généralement sur le parricide, H. Kupiszewski, « Quelques remarques sur le 'parricidium' dans le droit romain classique et post-classique », in *Studi in onore di Edoardo Volterra*, IV, Milano, 1971, pp. 602 et s.

[106] On retrouve le même enseignement dans les '*Institutes*' de Justinien : *Inst.* 4.18.6.

Volusius Maecianus[107] qui avait affirmé qu'ils devaient être soumis à la même peine que les parricides *etiam conscii*[108].

Le second exemple est une constitution de l'empereur Justinien datée de 533 apr. J.-C. :

> *Codex Iustinianus* 1.3.53(54).5 (*Imp. Iustinianus A. Hermogeni magistro officiorum*) : *Poenas autem, quas praediximus, id est mortis et bonorum amissionis, constituimus non tantum adversus raptores, sed etiam contra eos, qui hos comitati in ipsa invasione et rapina fuerint. Ceteros autem omnes, qui conscii et ministri huiusmodi criminis reperti et convicti fuerint vel eos susceperint vel quamcumque opem eis intulerint, sive masculi sive feminae sunt, cuiuscumque condicionis vel gradus vel dignitatis, poenae tantummodo capitali subicimus, ut huic poenae omnes subiaceant, sive volentibus sive nolentibus sanctimonialibus virginibus seu aliis supra dictis mulieribus tale facinus fuerit perpetratum*[109].

Le texte que nous venons de citer montre que dans cette constitution, reproduite presque sous la même forme dans le *Codex Iustinianus* 9.13.1.3, l'empereur Justinien infligeait la même peine, prévue *adversus raptores*, à ceux qui étaient simplement *conscii et ministri* de ce même crime.

IX. Les chapitres LXXVII (*De chertos dubitosos*) et LXXVIII (*De appellationibus*)

Examinons à présent deux autres références au droit romain que l'on rencontre dans la *Carta de Logu* et, plus précisément, exprimées par les termes *sa lege* ou *sa ragione*, dans les chapitres LXXVII et LXXVII, intitulés *De chertos dubitosos* et *De appellationibus*, qui se trouvent dans la partie de

---

107 Sur la biographie et sur la carrière de ce juriste, voir L. Fanizza, *Giuristi crimini leggi nell'età degli Antonini*, Bari, 1982, pp. 104 et s. ; et A. Ruggiero, *L. Volusio Meciano tra giurisprudenza e burocrazia*, Napoli, 1983, pp. 9 et s.

108 T. Honoré, *Ulpian*, *op. cit.*, p. 221, pense qu'il s'agirait d'une citation tirée du *de iudiciis publicis* : « *In his work on the office of proconsul Ulpian refers to Maecianus when dealing with the* lex Pompeia de parricidiis. *The reference is probably to Maecianus' fourteen book work on* iudicia publica ». Il situe, grâce à des observations précises, « la figura del conscius » dans la réflexion du juriste Maecianus Lucia Fanizza, *Giuristi crimini leggi nell'età degli Antonini*, *op. cit.*, pp. 87 et s.

109 C. Ferrini, *Diritto penale romano. Esposizione storica e dottrinale*, *op. cit.*, pp. 122 et s. ; A. Wacke, « Notwehr und Notstand bei der aquilischen Haftung », in *Zeitschrift der Savigny-Stiftung für Rechtsgeschichte (Rom. Abt.)*, CIXX, 1989, p. 487.

la *Carta* disciplinant les *Ordinamentos de chertos e de nunzas* (chapitres L-LXXX)[110].

Carta de Logu, chap. LXXVII : *Volemus et ordinamus, cum ciò siat causa qui in sas coronas nostras de loghu et ateras qui se tenent per nos per issu armentargiu nostru, multas boltas advenit que inter issos lieros que sunt in sas ditas coronas est adivisioni, discordia o ver differentia in su iuygare que faghint supra alcuno chertu et desiderando nos qui ciascuna dessas terras nostras siant mantesidas et observadas in iusticia et in raxone et pro defectu dessa dita divisione, o ver discordia non perdat nen manquit alcuna rax(i)one sua, ordinamus et bolemus quisi in alcuna dessas ditas coronas pervengiat alcunu chertu quesseret grosso et dubitosu, de su quali sos lieros dessa dita corona esserent perdidos et divisidos insu iuigare issoro, qui incussu casu su armentargiu nostru de loghu, over atero officiali nostru quest assu presenti, o chat esser per inantes, sia tenudo dessu chertu e dessu iuighamentu cant faghire sos ditos lieros supra su ditu chertu, de avirinde consigiu cum sos savios dessa corte nostra et cum alcunos dessos lieros de sa corona qui pargiant sufficientes ad elect(i)one dessu ditu armentargiu, o ver officiali cat reer sa corona, et icussu qui pro issos o per ipsa maiore parte de(i)ssos s'at deliberari de raxione siat de faghire dessu dito chertu, su armentargiu o ver officiali nostru fazat leer et publicare in sa predicta corona*[111] *in presencia de ambas partis pro sentencia diffinitiva et mandit ad executione, si appellando*

---

110 Hieronymi Olives sardi, *Commentaria et Glosa in Cartam de Logu, op. cit.*, p. 87, explique le terme *nunza* (« *Nunça. Idem est, quod citatio, vel notificatio, quasi nuntio a nuntio, est enim latinum corruptum, ut saepe dixi, quod lingua Sarda est latinitas corrupta, quod nunça fit citatio, vel notificatio de aliquo actu probatur infra cap. 52 de Corona, et in cap. 53 de nunça de Corona, et in cap. 55, in rubric. de nunças, et in cap. 58 rubr. de mandare nunça* »).
Sur le procès civil dans la Sardaigne médiévale, cf. E. Besta, *La Carta de Logu quale monumento storico-giuridico, op. cit.*, pp. 31 et s. ; Id., *La Sardegna medioevale, 2. Le istituzioni politiche, economiche, giuridiche e sociali, op. cit.*, pp. 228 et s. ; R. Di Tucci, *Nuove ricerche e documenti sull'ordinamento giudiziario e sul processo sardo nel Medio Evo*, Cagliari, 1923 ; A. Checchini, « Note sull'origine delle istituzioni processuali della Sardegna medioevale », in Id., *Scritti giuridici e storico-giuridici*, II. *Storia del processo – Storia del diritto privato, op. cit.*, pp. 207 et s. ; G. Pittiu, « Il procedimento giudiziario nei condaghi e nella Carta de Logu », in *Studi sardi*, IV, 1940, pp. 31 et s. ; P. Marica, *La Sardegna e gli studi del diritto*, II. *Le fonti*, Roma, s. d., pp. 21 et s.

111 On lit le mot *corona* dans le manuscrit. (cf. E. Besta-P. E. Guarnerio, *Carta de Logu de Arborea. Testo con prefazioni illustrative, op. cit.*, p. 40), là où l'édition incunable emploie le mot *carta* ; mais la correction « *corona* » est déjà présente dans les anciennes éditions imprimées : voir, pour tous, Hieronymi Olives sardi, *Commentaria et Glosa in Cartam de Logu, op. cit.*, p. 130 ; G. M. Mameli De' Mannelli, *Le Costituzioni di Eleonora giudicessa d'Arborea intitolate Carta de Logu, op. cit.*, p. 92 ; enfin, F. C. Casula, *La « Carta de Logu » del regno di Arborea*, op. cit., p. 108.

non est infra tempus legitimu de dies deghi comenti cumandat sa lege, non infirmando[112] *però sa carta de logu*[113].

> *Carta de Logu*, chap. LXXVIII : *Constituimus et ordinamus qui ciascuna persona qui si sentirit agravada de alcuna sententia quilli esseret dada incontra supra alcunu chertu de alcuna questione qui avirit daenante de qualuncha officiali si pozat, si bolet, appellaresi infra su tempus ordinadu dae [s] sa ragione duas boltas secundu quest naradu de supra, cio est de una de questione non usit et non si pozat appellari plus et in casu qui plus boltas si appellarit ultra sas secundas duas non silli deppiant amittere nen acceptare*[114].

---

112 La correction de « *informando* » de l'édition incunable en « *infirmando* » est basée sur le manuscrit : cf. E. Besta-P. E. Guarnerio, *Carta de Logu de Arborea. Testo con prefazioni illustrative, op. cit.*, p. 40 ; mais les éditions imprimées, qui suivirent la première, contenaient déjà la correction (cf. Hieronymi Olives sardi, *Commentaria et Glosa in Cartam de Logu, op. cit.*, p. 130 : « *sequitur litera, quae etiam hic est mendosa non informando, vult stare non infirmando, id est revocando cartam localem* » ; G. M. Mameli De' Mannelli, *Le Costituzioni di Eleonora giudicessa d'Arborea intitolate Carta de Logu, op. cit.*, p. 92 ; F. C. Casula, *La « Carta de Logu » del regno di Arborea, op. cit.*, p. 108).

113 Trad. : « Nous voulons et nous ordonnons : il arrive que dans nos *coronas de logu*, et dans les autres *coronas* gouvernées pour Nous par notre *armentariu* (*de logu*), souvent parmi les « libres » qui composent la *corona* se créent division, désaccord et divergence dans le jugement d'un litige ; et, étant donné que nous souhaitons que dans tous nos territoires règnent la justice et la raison et qu'elles ne soient pas perdues à cause desdites divisions, nous voulons et nous ordonnons que si dans une desdites *coronas* a lieu un différend grave et douteux qui cause incertitude et division parmi les « libres » chargés de juger, alors notre *armentariu de logu*, ou tout autre fonctionnaire de la couronne présent ou futur, avec l'aide de certains « libres » de la *corona*, qu'il aura lui-même choisis, doit demander un avis aux sages de notre Cour, et ce que ceux-ci délibèreront à l'unanimité ou à la majorité sera lu et rendu public comme jugement définitif dans la *corona*, en présence des parties en cause. Et si aucun appel n'est présenté dans le temps légitime des dix jours, selon la loi, ladite sentence deviendra exécutive, bien entendu si elle n'infirme pas la *Carta de Logu* ».
Voir quelques réflexions sur le contenu de ce chapitre, avec un commentaire qui est dans l'ensemble encore très utile, dans Hieronymi Olives sardi, *Commentaria et Glosa in Cartam de Logu, op. cit.*, p. 130 et s., où le mot *sa lege* est identifié, sans aucune hésitation, avec l'expression *ius commune*.

114 Trad. « Nous établissons et nous ordonnons que toute personne qui se sentirait frappée par une jugement injuste pour une cause devant un fonctionnaire de la Couronne pourra, si elle le veut, se pourvoir en appel dans les délais consentis par la raison deux fois – et pas plus – selon ce que nous avons spécifié plus haut ; tout autre appel, au-delà des deux appels consentis, ne doit pas être accueilli ».
Cf. C.I. 7.70. *Nov.* 82.5. Le commentaire d'Olives est vraiment singulier (Hieronymi Olives sardi, *Commentaria et Glosa in Cartam de Logu, op. cit.*, p. 132). Pour lui la procédure de la *Carta d'Arborea* aurait consenti aux parties de faire appel quatre fois pour la même cause ; mais Mameli (G. M. Mameli De' Mannelli, *Le Costituzioni di Eleonora giudicessa d'Arborea intitolate Carta de Logu, op. cit.*, p. 93, n. 138) considérait que la conclusion d'Olives était inacceptable. Sur ce chapitre, cf. également G. Zirolia, *Ricerche storiche sul governo dei Giudici in Sardegna e relativa legislazione*,

Dans ces chapitres, il faut surtout relever qu'Eleonora d'Arborea renvoie à *sa lege* pour la définition des délais légaux pour attaquer un jugement ; dans la *Carta de Logu* ce délai est de dix jours maximum : *si appellando non est infra tempus legitimu de dies deghi comenti cumandat sa lege* (chap. LXXVII). Il faut souligner, en outre, que le contenu de ces deux chapitres est étroitement lié au contenu des deux chapitres suivants qui, eux aussi, règlent la matière *de appellationibus*. L'un des deux fixe, en effet, le point de départ du délai pour le recours et dispose que les dix jours pour faire appel du jugement commencent à partir du moment où celui-ci est prononcé.

> *Carta de Logu*, chap. LXXIX : *Item ordinamus. Ciascuna persona qui sat sentiri agravadu de alcuna sentencia quilli esseret dada in contra si pozat appellari si bolet incontinente viva voce o per iscriptu infra dies X. de qui ad esser dada sa sententia, et qui cussa appellatione et icussu processu dessa questione deppiant levare et presentare assa corte infra ad ateras dies XV. Et si ya non romaneret pro culpa et negligencia dessu nodaiu o ver scrivanu qui non lu daret su processu infra su dictu tempus*[115] ;

Le chapitre suivant établit que, pour que l'appel soit valable, la valeur de la cause traitée ne peut être inférieure à la somme de cent sous, c'est-à-dire cinq lires :

> *Carta de Logu*, chap. LXXX : *Volemus et ordinamus pro cessare ispesas a sos subditos nostros et litingantes nostros qui de alcuna sententia et iuighamentu cat esser factu per armentargiu nostru de loghu, o per chaluncha atero oficiali nostru subra alcuna questione nostra o chertu qui esseret dae C. soddos ingiosso non usit nen deppiat appellari an nos nen ad atter officiali nen etiam [des] assos auditores nostros. In casu qui si appellarit, bolemus quessa dicta appellatione non bagiat nen contenyat pro qui bolemus qui sentencia qui sos officialis nostros et quantu casu ant dari et*

---

op. cit., p. 187 ; E. Besta, *La Sardegna medioevale*, 2. *Le istituzioni politiche, economiche, giuridiche, sociali*, *op. cit.*, p. 241.

115 Trad. : « En outre nous ordonnons. Toute personne qui se sentirait frappée par une sentence contraire peut se pourvoir en appel immédiatement si elle le souhaite, de vive voix ou par écrit, dans les dix jours à partir du moment où la sentence a été émise ; elle doit ensuite se faire délivrer le document de l'appel et les actes du procès et les présenter à la cour dans les quinze jours qui suivent. A moins qu'elle ne soit pas en mesure de donner les actes du procès dans les délais sus-cités à cause de la négligence du notaire ou du copiste ».
Hieronymi Olives sardi, *Commentaria et Glosa in Cartam de Logu*, *op. cit.*, pp. 132 et s.

liberari bagiat et tenghat et mandit a executione secundu qui per issos iuighantes issoro at esser determinadu[116].

Sur la base du contenu des quatre chapitres, il me paraît plutôt évident que, dans la *Carta de Logu*, toute la partie du procès concernant les délais et les modalités d'appel a été réglée en suivant de très près la législation romaine tardive *de appellationibus*, codifiée et innovée, même pour ce qui est des *tempora appellandi*[117], par l'empereur Justinien[118]. Mais pour dissiper tout doute à ce sujet, il suffira de lire quelques passages de la Novella 23 (*De appellationibus et intra quae tempora debeat appellari*), adressée à *Triboniano magistro officiorum et quaestori sacri palatii* et qui ne

---

116 Trad. : « Nous voulons et nous ordonnons que, afin d'éviter des dépenses à nos sujets et à nos litigants, pour toute sentence ou pour tout jugement prononcé par notre *armentariu de logu* ou par un de nos fonctionnaires à propos de différends ou de litiges ne dépassant pas cent sous (cinq lires), il soit interdit d'en appeler à Nous, ou à tout autre fonctionnaire ou même à nos auditeurs. Au cas où l'appel serait présenté, nous voulons qu'il ne soit pas accepté et que la sentence prononcée par nos officiers soit considérée comme définitive et soit exécutée comme établie par les juges ».
C.I. 7.62.37.pr. Brièvement sur le chap. LXXX, voir Hieronymi Olives sardi, *Commentaria et Glosa in Cartam de Logu, op. cit.*, p. 133 ; G. M. Mameli De' Mannelli, *Le Costituzioni di Eleonora giudicessa d'Arborea intitolate Carta de Logu, op. cit.*, pp. 94 et s.

117 Plus généralement, sur les *tempora appellandi*, voir R. Orestano, *L'appello civile in diritto romano*, 2ᵉ ed., Torino, 1953, pp. 237 et s.

118 Sur la discipline de l'appel, dans certains cas en particulier à propos des normes fixées par Justinien, voir pour tous V. Scialoja, *Procedura civile romana. Esercizio e difesa dei diritti*, a cura di A. Giannini, Roma, 1936, pp. 505 et s. ; L. Wenger, *Istituzioni di procedura civile romana*, trad. it., Milano, 1938, pp. 302 et s. ; L. Raggi, *Studi sulle impugnazioni civili nel processo romano*, I, Milano, 1961, notamment pp. 109 et s. ; A. H. M. Jones, *The Later Roman Empire, 284-602*, Oxford, 1974, pp. 470 et s. [trad. it. : *Il tardo impero romano, (284-602)*, Milano, 1974, pp. 695 et s.] ; M. Kaser, *Das römische Zivilprozessrecht*, München 1966, pp. 507 ss. ; A. Padoa Schioppa, *Ricerche sull'appello nel diritto intermedio*, I, Milano, 1967, pp. 13 et s. ; F. De Martino, *Storia della costituzione romana*, V, 2e ed., Napoli, 1975, pp. 485 et s. ; P. E. Pieler, « Gerichtsbarkeit. D. Dominat », in *Reallexikon für Antike und Christentum*, X, 1978, coll. 391 et s., en particulier 434 et s. ; I. Buti, « La *'cognitio extra ordinem'* da Augusto a Diocleziano », in *Aufstieg und Niedergang der römischen Welt*, II.14, Berlin-New York, 1982, pp. 29 et s. (sull'appello pp. 54 et s.) ; J. Caimi, *Burocrazia e diritto nel « De magistratibus » di Giovanni Lido*, Milano, 1984, pp. 287 et s. ; J. L. Linares Pineda, « Para un estudio de los límites de la apelación romana », in *Seminarios complutenses de derecho romano*, III, 1991, pp. 105 et s. ; F. Goria, « La giustizia nell'impero romano d'Oriente : organizzazione giudiziaria », in *La giustizia nell'alto medioevo (secoli V-VIII), 7-13 aprile 1994*, Settimane di studio del Centro Italiano di Studi sull'Alto Medioevo XLII, Spoleto, 1995, pp. 273 et s.

nous est parvenue intégralement que dans la version latine de l'*Authenticum*[119].

> *Novella* 23.1 : *Et sancimus omnes appellationes, sive per se sive per procuratores seu per defensores vel curatores et tutores ventilentur, posse intra decem dierum spatium a recitatione sententiae numerandum iudicibus ab his quorum interest offerri, sive magni sive minores sunt (excepta vidilicet sublimissima praetoriana praefectura) : ut liceat homini intra id spatium plenissime deliberare, sive appellandum ei sit sive quiescendum. Ne timore instante opus appellatorium frequentetur, sed ait omnibus inspectionis copia, quae et indiscussos hominum calores potest refrenare*[120].

La *novella* a été édictée par l'empereur Justinien en janvier 536 apr. J.-C.[121] avec l'intention déclarée de remettre de l'ordre dans « *la materia dell'appello, innovando i termini di impugnazione, la competenza per valore e i limiti di appellabilità per le cause di minor valore* »[122] afin d'offrir à ses contemporains – comme on peut lire dans la *praefatio* – « *Anteriorum legum acerbitati plurima remedia* »[123]. C'est la raison pour laquelle l'empereur sanctionne dans *Nov.* 23.1 que *omnes appellationes* peuvent être présentées par toute personne ayant intérêt, *intra decem dierum spatium a recitatione sententiae*

---

119 On trouve également la *Novella* 23, résumée de façon différente, dans les Épitomés grecs de Théodore et Athanase (*Epit. Theod.* 23 ; *Epit. Athan.* 7.2) et dans l'Épitomé latin de Julien (*Epit. Iuliani* 24).

120 Pour une analyse approfondie de la constitution, W. Litewski, « Die römische Appellation in Zivilsachen (IV) », in *Revue internationale des droits de l'antiquité*, 3ᵉ s., XV, 1968, pp. 152 et s. ; Id., *Die römische Appellation in Zivilsachen (Ein Abriss), I. Principat*, in *Aufstieg und Niedergang der römischen Welt*, II., Berlin-New York, 1982, pp. 60 et s. ; sur la contenu de la *Novella* 23, cf. également l'ouvrage de J. Caimi, *Burocrazia e diritto nel « De magistratibus » di Giovanni Lido, op. cit.*, pp. 320 et s.

121 Quant à la date de promulgation, 3 janvier 536, l'opinion de E. Stein, *Histoire du Bas-Empire, II. De la disparition de l'Empire d'Occident à la mort de Justinien (476-565)*, publiée par J.-R. Palanque, Paris-Bruxelles-Amsterdam, 1949 [réimpression Amsterdam, 1968], pp. 805 et s., est que cette date devrait être corrigée en l'avançant d'un an exactement, c'est-à-dire au 3 janvier 535. Cf., en accord avec la thèse de Stein, N. van Der Wal, *Manuale Novellarum Justiniani. Aperçu systématique du contenu des Novelles de Justinien*, Groningen-Amsterdam, 1964, p. 144, n. 3 ; J. Caimi, *Burocrazia e diritto nel « De magistratibus » di Giovanni Lido, op. cit.*, pp. 321 et s. ; enfin, sur la même ligne, cf. aussi F. Goria, *La giustizia nell'impero romano d'Oriente : organizzazione giudiziaria*, in *La giustizia nell'alto medioevo (secoli V-VIII) op. cit.*, p. 274 note.

122 U. Zilletti, *Studi sul processo civile giustinianeo*, Milano, 1965, p. 256. M. Amelotti, *La prescrizione delle azioni in diritto romano*, Milano, 1958, p. 153, avait déjà insisté sur le caractère innovateur de la *Novella* 23.

123 L'intention de mettre en œuvre une innovation radicale en matière d'appel est explicitement affirmée par l'empereur dans la *praefatio* de la *Novella* 23.

numerandum[124], devant n'importe quel juge (*sive magni sive minores sunt*), à l'exception de la *sublimissima praetoriana praefectura.*

Il me paraît opportun d'exposer ici, même brièvement, les parties des autres *capita* de la *Novella* 23 avec lesquelles on peut comparer les normes similaires de la *Carta de Logu.* Dans le *caput* 3, par exemple, il est prescrit qu'il est interdit de renvoyer en appel à Constantinople (afin de ne pas occuper *super minimis causis maximi nostri iudices*) les différends jusqu'à une valeur de dix livres d'or et qui ont été jugés en province par un *vir clarissimus* ; ce *caput* dispose que ces différends seront réexaminés et qu'un jugement sans appel sera prononcé par un haut fonctionnaire impérial supérieur de rang *spectabilis.* Le *caput* 4, au contraire, confirme la norme qui réglait les appels contre les jugements émis par les *spectabiles* : ces jugements étaient toujours transférés, sans tenir compte de la valeur de l'affaire, à la juridiction conjointe du *praefectus praetorio* et du *quaestor sacri palatii.*

Nous pouvons conclure en affirmant que, selon moi, la preuve est faite que dans les chapitres *de appelationibus* de la *Carta de Logu*, notamment pour ce qui est de la détermination du délai de dix jours comme *tempus legitimu de appellare*, les compilateurs ont procédé, une fois encore, en renvoyant à un autre système normatif dont la simple dénomination *sa lege* (« *comenti cumandat sa lege* ») ou *sa ragione* (« *infra su tempus ordinadu dae sa ragione* »)[125] sous-entend, sans équivoque, le droit romain de Justinien.

Mais la lecture des chapitres que nous venons de citer permet de relever une donnée encore plus importante : en effet, l'utilisation, dans les normes d'Arborea, de verbes indiquant clairement le commandement (cumandare / ordinare) et surtout l'emploi de ces verbes au présent (cumandat), fait comprendre nettement que le législateur renvoie à l'autorité

---

124 G. Pugliese, avec la collaboration de F. Sitzia e L. Vacca, *Istituzioni di diritto romano. Sintesi*, Torino, 1994, pp. 208 et s. : « *I termini erano brevissimi [...] Giustiniano li fissò in 10 giorni, termine rimasto poi stabile per secoli nella tradizione romanistica* ». Cf., V. Arangio-Ruiz, *Istituzioni di diritto romano*, XIV édition revue, Napoli, 1978, pp. 153 et s. ; M. Talamanca, *Istituzioni di diritto romano*, Milano, 1990, pp. 371 et s. ; P. Voci, *Istituzioni di diritto romano*, 4e éd., Milano, 1994, p. 224.

125 Cette référence à un autre système normatif disparaît complètement dans la traduction italienne du chapitre 78 proposée par F. C. Casula, *La « Carta de Logu » del regno di Arborea*, *op. cit.*, p. 109. Casula, avec une 'liberté' surprenante traduit la phrase « *infra su tempus ordinadu dae sa ragione* » par l'expression « *in tempo ragionevole* » qui, du point de vue linguistique, n'est pas fidèle au texte et, du point de vue juridique, est tout à fait insignifiante. Il vaut mieux suivre, encore une fois, la traduction de G. M. Mameli De' Mannelli, *Le Costituzioni di Eleonora giudicessa d'Arborea intitolate Carta de Logu*, *op. cit.*, p. 93.

d'un système normatif de référence encore en vigueur. Et ce système est, sans aucun doute possible, le droit romain dans le *corpus* duquel les compilateurs de la Carta de Logu les dispositions attribuées à *sa lege* : ici la *Novella* 23.

X. Les chapitres XCVII (*De deseredari*) et XCVIII (*De coyamentos*)

Examinons enfin les chapitre XCVII et XCVIII, intitulés respectivement *De deseredari* et XCVIII *De coyamentos ;* malgré leurs titres, ils concernent tous deux le droit successoral[126].

> *Carta de Logu*, chap. XCVII : *Volemus et ordinamus qui nexuna persona de su rennu nostru de Arbaree usit nen deppiat deseredare sos figios, o ver nebodes suos nados dessos figios, dessas rexonis qui sillis at apertenne pro sa heredidadi de su padre, o ver de sa mama issoro ; salvu si su padre over sa mama a sa morte issoro bolerent narri et apponerent contra issos figios, o ver nebodes, iusta ochaxione pro sa quale illos deberent diseredare et assa dita ocaxione si deppiat provare legittimamente* per icusos a quj ant[127] *aviri lexadu sos benes issoro infra unu mese da essa die de sa morte de su testadore*[128].

> *Carta de Logu*, chap. XCVIII : *Constituimus et ordinamus qui, si alcuna persona coiarit figia sua a dodas, qui non siat tenudu de lassareli nen darelli in vida nen in morte sua si non cussu quillat aviri dadu in dodas si non a voluntadi sua. Salvu si issu non avirit ateru figiu quilli deppiat laxari sa parte sua secundu raxione, contadu illoy in cussa parte cat deber avire sas dodas cat aviri appidu daenante. Et simigiamente si intendat pro tottu sos dixendentes suos et totu satero quillat remanne inde possat faguere cussu*

---

126 Pour une vision générale de cette matière, je renvoie à E. Besta, *La Sardegna medioevale, 2. Le istituzioni politiche, economiche, giuridiche, sociali, op. cit.*, pp. 181 et s. Cf. en outre G. Zirolia, *Ricerche storiche sul governo dei Giudici in Sardegna e relativa legislazione, op. cit.*, pp. 179 et s.

127 Pour l'intégration, j'ai suivi le texte du manuscrit : E. Besta-P. E. Guarnerio, *Carta de Logu de Arborea. Testo con prefazioni illustrative, op. cit.*, p. 45.

128 Trad. : « Nous voulons et ordonnons que personne dans notre règne d'Arborea n'ait l'habitude, ou doive, déshériter ses enfants, ou ses petits-enfants nés de ses enfants, des droits qui leur reviennent pour l'héritage de leur père, ou de leur mère, sauf si leur père ou leur mère avant de mourir ont voulu disposer contre ces enfants, ou petits-enfants, une juste cause d'exhérédation et cette juste cause doit être légitimement prouvée par ceux qui ont hérité des biens dans les délais d'un mois à compter de la mort du testateur ».
Cf. le vaste commentaire, fortement ancré à la doctrine du *ius commune*, de Hieronymi Olives sardi, *Commentaria et Glosa in Cartam de Logu, op. cit.*, pp. 143 et s.

quillat plaghere et in casu qui morret ab intestadu sussedat sa figia femina coiada cus sus ateros fradis et sorris suas iscontandu daessa parti sua cunssa doda qui at aviri appidu[129].

Même si la référence explicite au droit romain ne se trouve que dans le chapitre 98, dans lequel l'expression « *sa parte sua secundu raxione* » désigne la réserve héréditaire[130] qui, dans ce cas, revient à la fille précédemment dotée, l'analyse du contenu normatif des deux chapitres permet de comprendre clairement que le droit romain en est la source[131]. On peut raisonnablement indiquer comme source la *Novella* 115[132] : c'est sur son *caput* 3 que la discipline de l'exhérédation semble calquée.

Nov. 115.3.pr. : *Aliud quoque capitulum praesenti legi addendum esse perspeximus. Sancimus igitur non licere penitus patri vel matri, avo vel*

---

129 Trad. : « Nous constituons et nous ordonnons que, si quelqu'un donne en mariage sa fille avec une dot, il n'est tenu à lui laisser pendant sa vie ou à sa mort rien de plus que ce qu'il lui a déjà donné, si ce n'est par sa volonté. Si toutefois il n'a pas d'autres enfants, il devra laisser (à sa fille mariée) sa part selon la raison (= la totalité de la « légitime »), en comptant dans cette part la dot qu'elle avait eue précédemment. Il en est de même pour tous ses descendants. Il pourra disposer du reste à son gré. S'il meurt *intestat*, sa fille mariée lui succèdera, avec ses frères et ses sœurs (du mort), la dot qu'elle avait déjà eue sera déduite de la part (de sa fille) ».

130 Hieronymi Olives sardi, *Commentaria et Glosa in Cartam de Logu*, *op. cit.*, p. 146 ; sur cette même ligne, G. M. Mameli De' Mannelli, *Le Costituzioni di Eleonora giudicessa d'Arborea intitolate Carta de Logu*, *op. cit.*, p. 110, n. 161.

131 E. Besta, *La carta de Logu quale monumento storico-giuridico*, *op. cit.*, pp. 58 et s.

132 Sur le contenu de la *Novella*, voir entre autres : C. F. Glück, *Ausführliche Erläuterung der Pandecten nach Hellfeld ein Commentar*, VII. 1, Erlangen, 1804, pp. 209 et s. [*Commentario alle Pandette di Federigo Glück*, Libro V, traduit et annoté par B. Brugi, Milano, 1893, pp. 507 et s.] ; C. Ferrini, *Manuale di Pandette*, Milano, 1900, pp. 780 et s. ; B. Windscheid, *Diritto delle Pandette*, III, trad. it. de C. Fadda e P. E. Bensa, [Nuova rist. stereotipa] Torino, 1925, pp. 274 et s. ; P. Bonfante, *Istituzioni di diritto romano*, [*Opere complete di Pietro Bonfante*, X] Ristampa corretta della 10ᵉ ed., 1946, a cura di G. Bonfante e di G. Crifò, Milano, 1987, p. 514 ; P. Voci, *Diritto ereditario romano, II. Parte speciale. Successione ab intestato. Successione testamentaria*, 2ᵉ ed., Milano, 1963, pp. 738 et s. ; A. Burdese, *Manuale di diritto privato romano*, 3ᵉ ed., Torino, 1975, p. 671 ; V. Arangio-Ruiz, *Istituzioni di diritto romano*, « *op. cit.* », pp. 549 et s. ; G. Pugliese, *Istituzioni di diritto romano. Sintesi*, *op. cit.*, p. 571 ; M. Talamanca, *Istituzioni di diritto romano*, *op. cit.*, p. 772 ; P. Voci, *Istituzioni di diritto romano*, *op. cit.*, pp. 624 et s. ; M. Marrone, *Istituzioni di Diritto Romano*, 2ᵉ ed., Palermo, 1994, p. 663.
Quant à l'influence de la *Novella* 115 sur la législation médiévale, notamment sur la législation lombarde, voir B. Paradisi, « Il prologo e l'epilogo dell'Editto di Rotari », in *Studia et documenta historiae et iuris*, XXXIV, 1968, p. 16 ; sur la même ligne, N. Tamassia, *Le fonti dell'Editto di Rotari*, Pisa, 1889, p. 16 ; E. Besta, *Le fonti dell'Editto di Rotari*, in *Atti del I Congresso di studi longobardi (27-30 settembre 1951)*, Spoleto, 1952, p. 67, n. 12. Plus généralement, P. Frezza, *L'influsso del diritto romano giustinianeo nelle formule e nella prassi in Italia*, [*Ius Romanum Medii Aevi, pars I, 2*] Milano, 1974.

aviae, proavo vel proaviae suum filium vel filiam vel ceteros liberos praeterire aut exheredes in suo facere testamento, nec si per quamlibet donationem vel legatum vel fideicommissum vel alium quemcumque modum eis dederint legibus debitam portionem, nisi forsitan probabuntur ingrati et ipsas nominatim ingratitudinis causas parentes suo inseruerint testamento. Sed quia causas, ex quibus ingrati liberi debeant iudicari, in diversis legibus dispersas et non aperte declaratas invenimus, quarum aliquae nec dignae nobis ad ingratitudinem visae sunt, aliquae vero cum essent dignae praetermissae sunt, ideo necessarium esse perspeximus eas nominatim in praesenti lege comprehendere, ut praeter ipsas nulli liceat ex alia lege ingratitudinis causas opponere nisi quae huius constitutionis serie continentur[133].

Édictée par l'empereur Justinien le 1er février 542 apr. J.-C., la *Novella* 115, dans ses *capita* 3,4 et 5 pr., « *prescrisse che gli ascendenti e i discendenti dovessero necessariamente venire istituiti* eredi. *La diseredazione non è ammessa se non per motivi gravi e determinati dalla Novella stessa* »[134]. En outre, dans la nouvelle réglementation de Justinien, qui « *fonde in un sol sistema quello formalistico della diseredazione e quello della querela* »[135], pour l'exclusion de la succession aucune exhérédation expresse n'est demandée, il suffira de mentionner l'exclusion à propos de la personne que l'on veut priver de ses droits successoraux. L'héritier réservataire injustement frappé peut naturellement attaquer le testament, ce qui a comme conséquence la rescision ce dernier ; cependant, écrit Voci, cette rescision « *colpisce propriamente solo le* heredis institutiones, *giacché le altre disposizioni rimangono valide* »[136].

Mais revenons à la *Novella* 115. Ce texte éclaire les raisons qui poussèrent l'empereur à légiférer dans cette matière (*Sed quia causas, ex quibus ingrati liberi debeant iudicari, in diversis legibus dispersas et non aperte declaratas invenimus, quarum aliquae nec dignae nobis ad*

---

133 Je cite le texte de la *Novella* dans la version latine de *Authent.* 111 = *Coll.* 8 *tit.* 12 : *gloss.* Cfr. E. Nardi, *Istituzioni di diritto romano, B. Testi 2*, Milano, 1975, pp. 276 et s.

134 P. Bonfante, *Istituzioni di diritto romano*, *op. cit.*, p. 514.

135 C. Ferrini, *Manuale di Pandette*, *op. cit.*, pp. 780 et s. ; sur la même ligne, G. Pugliese, *Istituzioni di diritto romano. Sintesi*, *op. cit.*, p. 571 ; la position de M. Talamanca, *Istituzioni di diritto romano*, *op. cit.*, p. 772, apparaît plus réductrice quant à la portée des innovations introduites par la *Novella*.

136 P. Voci, *Diritto ereditario romano, II. Parte speciale. Successione ab intestato. Successione testamentaria*, *op. cit.*, p. 740.

ingratitudinem visae sunt, aliquae vero cum essent dignae praetermissae sunt), en fixant définitivement les *iustae causae ingratitudinis* légalement reconnues, et à sanctionner l'interdiction absolue *de ex alia lege ingratitudinis causas opponere*[137].

La confrontation entre les normes de la *Carta de Logu* et celles de la législation impériale que nous venons de citer présente un grand intérêt. *Nov.* 115.3 pr. et le chapitre XCVIII sanctionnent qu'en cas d'exhérédation le testateur doit obligatoirement déclarer la *iusta causa ingratitudinis* ou la *justa occagione* et, en quelque sorte, la prouver (*nisi forsitan probabuntur ingrati et ipsas nominatim ingratitudinis causas parentes suo inseruerint testamento*). Il n'en reste pas moins qu'en cas de litige les héritiers ont le fardeau de la preuve aussi bien dans le droit de Justinien (*Sive igitur omnes memoratas ingratitudinis causas sive certas ex his sive quamlibet unam parentes testamento suo inseruerint, et scripti heredes nominatam vel*

137 Le *iustae causae ingratitudinis* relatives aux enfants, édictées par l'empereur Justinien dans la *Novella* 115, *caput* 3, sont les suivantes : [3.1] *Si quis parentibus suis manus intulerit.* [3.2] *Si gravem et inhonestam iniuriam eis ingesserit.* [3.3] *Si eos in criminalibus causis accusaverit, quae non sunt adversus principem seu rempublicam.* [3.4] *Si cum maleficis ut maleficus versatur,* [3.5] *vel vitae parentum suorum per venenum aut alio modo insidiari temptaverit.* [3.6] *Si novercae suae aut concubinae patris filius sese miscuerit.* [3.7] *Si delator contra parentes filius extiterit et per suam delationem gravia eos dispendia fecerit sustinere.* [3.8] *Si quemlibet de praedictis parentibus inclusum esse contigerit, et liberi qui possunt ab intestato ad eius successionem venire, petiti ab eo, vel unus ex his in sua eum noluerit fideiussione suscipere vel pro persona vel debito, in quantum esse qui petitur probatur idoneus. Hoc tamen quod de fideiussione censuimus ad masculos tantummodo liberos volumus pertinere.* [3.9] *Si convictus fuerit aliquis liberorum, quia prohibuit parentes suos condere testamentum, ut si quidem postea facere potuerint testamentum, sit eis pro tali causa filium exheredandi licentia : ...* [3.10] *Si praeter voluntatem parentum inter arenarios aut mimos sese filius sociaverit et in hac professione permanserit, nisi forsitan etiam parentes eius professionis fuerunt.* [3.11] *Si alicui ex praedictis parentibus volenti filiae suae vel nepti maritum dare et dotem secundum vires substantiae suae pro ea praestare illa non consenserit, sed luxuriosam degere vitam elegerit. ...* [3.12] *Si quis de praedictis parentibus furiosus fuerit, et eius liberi vel quidam ex his aut liberis ei non existentibus alii eius cognati qui ab intestato ad eius hereditatem vocantur obsequium ei et curam competentem non praebuerint, si quidem a tali sanus fuerit infirmitate, erit ei potestas utrum velit neglegentem filium vel filios aut cognatos ingratum vel ingratos in suo scribere testamento. ...* [3.13] *Si unum de praedictis parentibus in captivitate detineri contigerit et eius liberi sive omnes sive unus non festinaverint eum redimere, si quidem valuerit calamitatem captivitatis evadere, in eius sit potestate, utrum hanc causam ingratitudinis testamento suo velit adscribere ; ...* [3.14] *Si quis de praedictis parentibus orthodoxus constitutus senserit suum filium vel liberos non esse catholicae fidei nec in sacrosancta ecclesia communicare, in qua omnes beatissimi patriarchae una conspiratione et concordia fidem rectissimam praedicare et sanctas quattuor synodos, Nicaenam Constantinopolitanam Ephesinam primam et Calchedonensem, amplecti seu recitare noscuntur,* ****** *licentiam pro hac maxime causa ingratos eos et exheredes in suo scribere testamento.*

nominatas causas vel unam ex his veram esse monstraverint, testamentum suam firmitatem habere decernimus)[138] que dans le « code » d'Arborea (*et assa dita ocaxione si deppiat provare legittimamente per icusos a quj ant aviri lexadu sos benes issoro infra unu mesi da essa die de sa morte de su testadore*).

Autre point de contact entre la réglementation impériale romaine et les normes de la *Carta de Logu* en matière de *deseredari* : la réserve héréditaire destinée aux enfants ; elle est indiquée dans *Novella* 115.3. pr. avec l'expression *legibus debitam portionem* de laquelle semble dériver la *parte sua secundu ragione*, dont la fille, dans le cas décrit au chapitre 98 de la *Carta*, ne peut être privée par le testateur.

Quant au régime de la succession nécessaire, au-delà de la confrontation, très utile, des textes, il est opportun de réfléchir davantage sur ce qui manque dans le texte normatif de la *Carta de Logu* : ainsi, le chapitre XCVII ne fait, par exemple, aucune allusion aux causes légitimes sur lesquelles pouvait se fonder légalement *sa justa occagione* du *deseredari*. Le texte renvoie donc, une fois encore, tacitement à d'autres normes qui, pour le législateur, sont encore en vigueur et assez connues pour être sous-entendues. D'autres éléments nous permettent de déduire indirectement qu'il s'agissait d'un renvoi au droit romain.

Le premier d'entre eux nous est fourni par un juriste sarde inconnu, auteur d'un petit ouvrage de casuistique juridique connu sous le nom de *Questioni giuridiche esplicative della Carta de Logu* (mais, dans le code de la Bibliothèque Universitaire de Cagliari, il porte le titre *Exposiciones de sa 'llege*, alors que les premières éditions imprimées ont un autre titre : *Sequuntur infra Sas leges prosas cales si regint in Sardigna*). Dans la rubrique *Qui potest deseredare*, afin de répondre à la question « *Ponamus qui su padri bolit isderedari asu figiu : podet illu faghiri o non ?* », le juriste recourt presque naturellement au texte de la *Novella* 115, *caput* 3 : « *Narat su testu quillu podet faghiri in XIIII maneres* » ; il énumère ensuite, une après l'autre, les quatorze *iustae ingratitudinis causae* de la *Novella* qu'il lisait « *in autentico* »[139]. L'ouvrage atteste un emploi plutôt fréquent et original du droit

138 *Nov.* 115.3.15.

139 *Sas leges prosas cales si regint in Sardigna*, in *Carta de Logu. Riproduzione dell'edizione quattrocentesca*, « *op. cit.* », p. 46 B : *Qui potest deseredare. Ponamus qui su padri bolit isderedari asu figiu : podet illu faghiri : o non. Narat su testu quillu podet fagheri in XIIII maneres. Sa prima esti sissu figiu battit a su padri. Sa segunda esti sillat naradu villania. Sa III esti sillu accusat quinde curgiat in pena. Sa IIII esti si habitat cum fardonis. Sa V esti si averit factu consigiu dellu ochiere. Sa VI si su figiu avirit appidu*

romain de Justinien dans la Sardaigne du XIVᵉ siècle[140], bien qu'une analyse plus attentive du texte montre que l'auteur n'avait pas une connaissance approfondie des sources et qu'il les utilisait de façon très rudimentaire ; c'est ce qu'avait déjà bien vu Vittorio Finzi : « *il modo con cui le allegazioni stesse furono barbaramente storpiate* – écrivait-il – *potrebbe provare che ad esse si ricorreva di rado* »[141].

Il y a enfin une autre preuve qui, bien qu'elle ne puisse concerner Eleonora d'Arborea, éclaire bien le climat culturel de l'époque de la compilation de la *Carta de Logu*. C'est le texte d'une intégration aux *Statuti Sassaresi*, voulue par Brancaleone Doria en qualité de comte de Monteleone, contenant des rappels à *sa iusta et comuni rasone* et à *sa lege comuni*. Ce document, plutôt lacunaire, que nous pouvons lire grâce à la transcription publiée par Besta[142], nous permet de comprendre que la norme ajoutée concernerait justement l'interdiction d'exhérédation du fils (à laquelle la tripartition *ut lege naturali, canonica et civili* se rapportait peut-être, même si ceci est absolument indéchiffrable), exhérédation que le législateur voulut considérer en général comme inadmissible (*ordinamus et bolemus qui su patri ad su figiu et non isu figiu ad su patrj non poçat diseredare dessa legittima sua*) ; « *exceptu cum iusta casione de sa lege comuni ordinadu* ». Sur la base de cette intégration aux Statuts communaux de Sassari, pour élaborer lesquels le mari d'Eleonora d'Arborea a certainement fait recours aux mêmes experts juridiques qu'elle, je crois qu'il est plus logique de supposer que c'est de cette même *lege comuni* qu'avait dû s'inspirer la législation d'Arborea en matière d'exhérédation. C'est d'ailleurs ce qu'il me semble avoir suffisamment prouvé dans mon analyse des textes juridiques romains.

---

mugiere de su padri over femina qui averit issu appidu. Sa VII si su figiu accusat a su patri a su procuradore de su re. Sa VIII si esseret tentu su patri et su figiu nondellu bolleret bogare de prigione. Sa IX si su patri bolirit faghiri testamentu et issu fageri non boleret. Sa X si habitat cum gentis condemnados a sa arena. Sa XI si esti figia femina et boleret illa coyuare su padri, et issa non bolerit et bahat a su peccadu. Sas XII sissa figia adiminus de XXV annis illa podet isderedare, ma sidi at plus de XXV annus non la podet diseredare de su cat. Sas XIII si su patri est sanu et poscha deventat machu over malaydu, et nolli darint ayudu de meygu : et essu cant et plus. Sas XIIII si esseret tentu de paganis over de inimicus et non lo bolerent recaptare. Sa quale q(uestione) est in autentico.

140 V. Finzi, *Questioni giuridiche esplicative della Carta de Logu*, op. cit., p. 126.

141 V. Finzi, *Questioni giuridiche esplicative della Carta de Logu, op. cit.*, p. 126. V. Devilla, *Casi di diritto agrario nelle c. d.* « *Questioni esplicative della Carta de logu* », in *Testi e documenti per la storia del Diritto agrario in Sardegna, op. cit.*, p. 98.

142 E. Besta, *La Carta de Logu quale monumento storico-giuridico, op. cit.*, pp. 19 et s.

XI. Suggestions romanistes : « su bene dessa re plubigha sardischa », « su utili cummoni » et autres idées inspiratrices de la législation des Seigneurs d'Arborea

En conclusion, voici quelques suggestions romanistes relatives aux idées qui ont inspiré la *Carta de Logu*. La finalité déclarée dans le prologue était principalement de *affrenare* e *constringhere* « *sa superbia dessos reos et malvagios hominis* », afin de consentir « *quisos bonos et puros et innocentes pozant viver et istare inter issos reos ad seguritades pro paura dessas penas* »[143].

Eleonora d'Arborea, « *per issos bonos capidulos* » de la *Carta de Logu*, se proposait ainsi de porter remède de façon ferme et efficace à la mauvaise situation de son époque, au cours de laquelle – comme d'ailleurs aujourd'hui

143 *Carta de Logu*, Prologue : « Ici commence le livre des constitutions et ordonnances sardes faites et disposées par la très illustre Dame Eleonora par la grâce de Dieu « *giudice* » d'Arborea, comtesse du Goceano et vicomtesse de Bas, intitulé *Carta de Logu*, divisé en cent quatre-vingt-dix-huit chapitres. Afin que les provinces, les régions et les terres s'inclinent et se soumettent à la Justice pour mieux grandir et s'élever, et que grâce aux bons articles de la loi l'orgueil des coupables et des méchants soit freiné et réprimé et qu'ainsi les bons, les purs et les innocents puissent vivre dans la tranquillité et sûrs face aux coupables car ceux-ci craignent les châtiments, et que ces mêmes bonnes personnes soient obéissantes aux chapitres et aux ordonnances de cette *Carta de Logu* en vertu de l'attachement, nous Eleonora par la grâce de Dieu *Juighissa* d'Arborea, comtesse du Goceano et vicomtesse de Bas, désirant que les *fedelis* (les vassaux continentaux) et les sujets de notre royaume d'Arborea soient informés des chapitres et ordonnances grâce auxquels ils pourront vivre et rester sur la voie de la vérité et de la Justice, et en bon, pacifique et tranquille état, en l'honneur de Dieu tout-puissant et de la glorieuse vierge Sainte Marie sa mère, et pour préserver la Justice et le pacifique, tranquille et bon état du peuple de notre royaume, des églises, des droits ecclésiastiques, des *li(b)eros*, des *bonos homines*, et de tous les gens de notre terre et du royaume d'Arborea, nous faisons les ordonnances et les chapitres mentionnées ci-dessous et nous voulons et commandons expressément qu'ils soient respectés et observés comme loi, aussi bien en jugement qu'en dehors, par toute personne de notre « *Giudicato* » d'Arborea. La *Carta de Logu* qui fut faite grâce à une importante disposition par feu le juge Mariano notre père, en qualité de souverain légitime d'Arborea, et qui n'a pas été rectifiée depuis seize ans, et qui par conséquent nécessite de corrections et d'amendements à cause de l'évolution des temps qui l'ont suivie, et de la condition des hommes qui depuis l'a beaucoup changée, d'autant plus que chacun est plus enclin à faire le mal plutôt que le bien de la *res publica* sarde, avec réflexion déterminée nous la corrigeons, nous la faisons et la transformons de mieux en mieux, et nous ordonnons qu'il faut l'observer intégralement à partir de Pâques de la façon susdite, et c'est-à-dire » (d'après la traduction de F. C. Casula).
Sur les principes fixés par Eleonora d'Arborea et sur la division du prologue, voir A. Era, *Lezioni di storia delle istituzioni giuridiche ed economiche sarde. Parte I e II § 1*, *op. cit.*, pp. 326 et s. ; ID., « *Le 'Carte de logu'* », in *Studi sassaresi*, XXIX, *op. cit.*, pp. 15 et s.

encore – « *ciaschuno est plus inquenivili assu malu fageri qui non assu bene dessa re plubigha sardischa* »[144].

Soulignons, à ce propos, que le rappel ci-dessus « *assu bene dessa re plubigha sardischa* » permet de percevoir, une fois encore, une solide référence à la culture juridique de l'époque de la part des compilateurs inconnus de la *Carta de Logu* ; il me semble en effet qu'il est possible de percevoir distinctement, pour l'utilisation du concept de *respublica*, aussi bien la conscience du rapport syntagmatique entre *populus* et *respublica*, déjà soutenue par les glossateurs les plus anciens[145], que la connaissance des différentes significations du mot *respublica*, qui étaient schématisées dans la Glose d'Accursius[146].

Eleonora d'Arborea voulut aussi relier les normes de la *Carta de Logu* aux motifs qui avaient inspiré l'œuvre réformatrice de son père, Mariano IV d'Arborea[147] ; le premier de ces motifs étant la défense intransigeante des

---

144 F. Crosara, « Republica e respublicae. Cenni terminologici dall'età romana all'XI secolo », in *Atti del Congresso Internazionale di diritto romano e di storia del diritto, Verona 27-29 XI 1948*, a cura di G. Moschetti, IV, Milano, 1953, pp. 227 et s.
Sur l'utilisation du terme par rapport à *Civitas* et à *Commune*, voir entre autres : P. Costa, *Iurisdictio. Semantica del potere politico nella pubblicistica medioevale (1100-1433)*, Firenze, 1969, pp. 232 et s. ; M. Staszków, « *'Civitas'* et *'Respublica'* chez les glossateurs », in *Studi in onore di Edoardo Volterra*, III, Milano, 1971, pp. 605 et s. ; O. Banti, « *"Civitas"* e *"Commune"* nelle fonti italiane dei secoli XI e XII », in Id., *Studi di storia e di diplomatica comunale*, Roma, 1983, pp. 1 et s. ; I. Birocchi, v. « Persona giuridica nel diritto medioevale e moderno », in *Digesto. Delle discipline privatistiche*, XIII, Torino, 1996, pp. 407 et s. ; Id., « Contratto e persona giuridica pubblica. Spigolature su "causa", "communis utilitas" e diritto dei privati nell'età del diritto comune », in *I rapporti contrattuali con la pubblica amministrazione nell'esperienza storico-giuridica. Atti del Congresso internazionale della Società Italiana di storia del diritto, Torino 17-19 ottobre 1994*, Napoli, 1997, pp. 239 et s.

145 Cf. Irnerio, *Glo. ad* l. *Lex est*, ff. *De legibus*, v. *reipublicae* (ed. E. Besta, *L'opera d'Irnerio. Contributo alla storia del diritto italiano*, II. *Glosse inedite d'Irnerio al Digestum Vetus*, Torino, 1896, p. 5) : *(reipublicae) scilicet populi, quod unum et idem est re ipsa ; secundum diversas inspectiones hec nomina recipit ; populus universitatis iure precipit.*

146 Glossa, *Reipublicae*, in *Authenticum, De haeredibus et Falcidia*, v. *reipublicae* (*Reipublicae, idest totius imperii. Sic in prooemio ff. in princip. Et nota quod tribus modis respublica dicitur. Primo Romanorum, ut hic. Item pro civitate Romana tantum : et tunc proprie : ut ff. de verbo. signific. l. eum qui. Item pro qualibet civitate : et tunc improprie : ut C. de offic. eius qui vicem al. iu. obt. l. j. Ponitur et quarto pro quolibet municipio : ut ff. de pub. et vec. l. sed et hi. § penult.*).

147 R. Carta Raspi, *Mariano IV, conte del Goceano, visconte di Bas, giudice d'Arborea*, Cagliari, 1934, en particuluer pp. 149 et s. ; F. C. Casula, *La Sardegna aragonese*, 1. *La Corona d'Aragona*, Sassari, 1994, pp. 263 et s. ; 2. *La Nazione sarda*, *op. cit.*, pp. 377 et s. ; Id., *Cultura e scrittura nell'Arborea al tempo della Carta de Logu*, *op. cit.*, pp. 88 et s.

activités agricoles[148] contre les invasions fréquentes des bergers[149] ; défense que ce juge avait mis en œuvre avec la promulgation du « Code rural »[150], qui fut introduit, et ce n'est pas un hasard, dans la *Carta de Logu* d'Eleonora dès la première édition imprimée[151] : « *L'economia terriera sarda, nella « Carta » di Eleonora* – écrivait à ce propos Carlo Guido Mor – *ci appare imperniata, quasi, sul duello fra cultura e pastorizia, ma la legislatrice ci si palesa nettamente favorevole alla prima, difesa energicamente di fronte all'invandenza degli armenti* »[152].

La référence générale à la finalité suprême du pouvoir souverain de légiférer, finalité exprimée par la phrase « *provvideri a su utili cummoni et bonu istadu de sa gente nostra* »[153] que nous pouvons lire dans le prologue du « Code rural »[154], est un des motifs qui ont inspiré Mariano d'Arborea. Dans ce rappel *a su utili cummoni*, en tant qu'objectif premier de la législation des « Giudici » d'Arborea, il me semble qu'il est possible d'entrevoir les

---

148 Sur les caractéristiques intrinsèques de la protection juridique réservée aux terrains cultivés, voir I. Birocchi, « La consuetudine nel diritto agrario sardo, riflessioni sugli spunti offerti dagli Statuti sassaresi », in *Gli Statuti sassaresi. Economia, Società, Istituzioni a Sassari nel Medioevo e nell'Età Moderna. Atti del convegno di studi. Sassari, 12-14 maggio 1983*, a cura di A. Mattone e M. Tangheroni, Sassari, 1986, p. 344.

149 En Sardaigne, les racines du conflit agriculture/élevage sont très anciennes ; déjà pendant la domination romaine des divergences entre bergers et paysans se vérifiaient assez fréquemment. Ceci est attesté dans la documentation épigraphique : *La Tavola di Esterzili. Il conflitto tra pastori e contadini nella 'Barbaria' sarda. Convegno di Studi. Esterzili 13 giugno 1992*, a cura di A. Mastino, Sassari, 1993. Pour la « continuité » de ce conflit à l'époque moderne et contemporaine, voir les pages consacrées à la Sardaigne centrale par M. Le Lannou, *Pâtres et paysans de la Sardaigne*, Tours, 1941.

150 A. Era, *Il codice agrario di Mariano IV d'Arborea*, in *Testi e documenti per la storia del Diritto agrario in Sardegna*, cit., pp. 15 ss. ; et Barbara Fois, « Il "Codice rurale" di Mariano IV d'Arborea », in Medioevo. Saggi e rassegne, VIII, 1983, pp. 41 et s.

151 Cf. E. Besta, *La Carta de Logu quale monumento storico-giuridico, op. cit.*, p. 13 ; A. Era, *Il codice agrario di Mariano IV d'Arborea, op. cit.*, p. 5 ; E. Cortese, *Il diritto nella storia medioevale, II. Il basso medioevo, op. cit.*, p. 350.

152 C. G. Mor, *Le disposizioni di diritto agrario nella Carta de logu di Eleonora d'Arborea*, in *Testi e documenti per la storia del Diritto agrario in Sardegna, op. cit.*, p. 35.

153 Sur la définition de ces concepts, assimilables aux concepts de *causa publica utilitas* et de *bonum commune*, voir quelques aperçus sommaires de I. Birocchi, « Contratto e persona giuridica pubblica. Spigolature su "causa", "communis utilitas" e diritto dei privati nell'età del diritto comune », in *I rapporti contrattuali con la pubblica amministrazione nell'esperienza storico-giuridica, op. cit.*, pp. 260 et s.

154 Dans les éditions imprimées de la *Carta de Logu*, le prologue du « Code rural » suit le chapitre cxxxii.

quaedam publice utilia[155], que la jurisprudence romaine avait conçues comme éléments caractérisant le *ius publicum*[156].

Francesco SINI
Professeur de Droit romain
Université de Sassari

155 Sur *utilitas*, avec un important recueil de textes juridiques romains, voir F. B. Cicala, *Il concetto di « utile » e sue applicazioni in diritto romano*, Milano-Torino-Roma, 1910.

156 D. 1.1.1.2 (Ulpianus, *libro primo institutionum*) : *Publicum ius est quod ad statum rei Romanae spectat, privatum quod ad singulorum utilitatem : sunt enim quaedam publice utilia, quaedam privatim.*

La place du Vieux Droit genevois entre Droit romain et Droit coutumier
Un débat historique
Le sens des Franchises d'Adhémar Fabri

I. Introduction

C'EST UN DÉBAT HISTORIQUE, qui a longtemps divisé les historiens du droit genevois, que la place du *vieux droit indigène* de Genève dans la géographie juridique des pays de culture française. Cette géographie juridique est dominée, on le sait, par l'opposition entre *Pays de Coutumes* et *Pays de Droit écrit*, dont la frontière, coïncidant partiellement avec la Loire, sépare la France en deux régions selon une ligne allant de l'île d'Oléron jusqu'au Pays de Gex[1].

En ce qui concerne la place du *vieux droit genevois* dans ce découpage géographique et la détermination de ce qui en fait le fond, trois thèses ont été défendues par ses principaux historiens entre le XVIIIe siècle et le deuxième tiers du XXe siècle. Examinons quelles sont ces thèses dans l'ordre de leur radicalité.

La première, défendue au XIXe siècle par l'historien genevois Charles Le Fort (1821-1888), professeur de Droit romain et d'histoire du droit à la Faculté de Droit entre 1854 et 1872[2], affirme la *continuité* du Droit romain à

1 Cf. entre autres F. Olivier-Martin, *Précis d'histoire du Droit français*, Paris, 1945, n° 226, p. 86, et *Histoire du Droit français des origines à la Révolution*, Paris, 1951, n° 78, pp. 111-112.

2 Cf. Chs. Borgeaud, *Histoire de l'Université de Genève – L'Académie et l'Université au XIXe siècle, 1814-1900*, Genève, 1934, pp. 380-383 et 475-476.

Genève jusqu'au XIIe siècle, ce qui implique le rattachement du *vieux droit indigène genevois* aux Pays de Droit écrit conçus comme régis par le Droit romain. Prenant à cet égard le domaine-test du Droit des successions au XIIIe siècle pour exemple, Charles Le Fort relève ainsi :

> On peut distinguer deux zones juridiques : dans la partie du diocèse de Lausanne la plus soumise à l'influence du Droit Germanique, c'est la succession *ab intestat* qui domine et les statuts de Berne et de Fribourg en particulier limitent excessivement le droit de disposition pour cause de mort. Dans les autres parties du diocèse de Lausanne et dans ceux de Genève et de Sion, il n'y a guère en définitive d'autre limitation que celle du Droit Romain[3].

La deuxième thèse, plus nuancée, est illustrée au XVIIIe siècle par le collègue de Jean-Jacques Burlamaqui (1694-1748) à l'Académie de Calvin, Jean Cramer (1701-1778), professeur à l'Auditoire de Droit entre 1723 et 1738[4]. Elle affirme tout à la fois que c'est bien le *Droit romain* qui fait le fond du *vieux droit genevois* et que ce *Droit romain*, comme celui des *Pays de Droit écrit*, a subi quelques altérations coutumières. Dans ses *Recherches historiques sur les lois de Genève* qui introduisent son monumental *Commentaire des Edits Civils* en quatorze volumes écrit entre 1755 et 1761[5], Jean Cramer écrit ainsi :

> Que si ces preuves établissent fortement, que, dans les Provinces de France les plus voisines de Genève le Droit Romain n'a cessé d'être observé, quelles raisons aurions-nous de croire qu'il en etoit autrement à Genève ? Et que sera-ce si nous ajoutons que la Savoye en général, et entr'autres le Genevois, le Faussigny (*sic*), le Chablais, et le Pays de Gex, dans lesquels Genève est enclavée, ont toujours été, comme ils sont encor, des Pays de Droit écrit ? Par des concessions particulières leurs Souverains les ont maintenus dans le droit de continuer d'user des Loix Romaines. Nul

---

3 Cf. Papiers Charles Le Fort, Archives de la Société d'Histoire et d'Archéologie, liasse 82, pp. 1-2, cité par G. Partsch, « Bestand im mittelalterlichen Genfer Recht letzwillige Verfügungsfreiheit oder Freiteilsrecht ? », *Revue de Droit Suisse*, NS, 71, 1952, p. 469, n. 2.

4 Cf. Chs. Borgeaud, *Histoire de l'Université de Genève – L'Académie de Calvin, 1559-1798*, Genève, 1900, pp. 512-514 et 520, et G. Partsch, « Jean Cramer et son Précis de l'Histoire du Droit genevois », *Bulletin de la Société d'Histoire et d'Archéologie de Genève (BSHAG)*, t. XIII, 1964, pp. 15-16.

5 Cf. Ms. Cramer 145-158, BPU Genève. Voir à ce sujet G. Partsch, *op. cit.*, *BSHAG*, pp. 17-18, ainsi que la contribution de notre collègue Victor Monnier dans le présent volume.

> Etat, petit ou grand, ne peut être sans quelques Loix Civiles : Genève, selon toutes les apparences, suivoit le Droit Romain dès les tems les plus anciens, et l'Histoire ne fournit aucun Document en vertu duquel elle auroit cessé d'en reconnoître l'autorité. De cette foule de Monuments naît une présomcion très forte en faveur de l'observance des Loix Romaines à Genève du tems des Evêques[6].

Jean Cramer ne tarde cependant pas à ajouter ce qui suit :

> Mais quand nous disons que Genève reconnoissoit déjà avant la Réformation, comme nous verrons qu'elle reconnoit encor l'autorité des Loix Romaines, nous devons entendre cela dans le même sens qu'on l'entend en France par rapport aux Provinces de Droit Ecrit.
>
> Il n'y a plus de Pays où l'on suive le pur Droit Ecrit ; car non seulement dans chaque Etat, souvent même dans chaque Province, il y a des Coutumes particulières qui dérogent à ce Droit. Mais encor il y a quantité de dispositions des Loix Romaines qui n'ont jamais été reçues. Ainsi on appelle Provinces de Droit Ecrit, celles où le plus grand nombre des Loix Romaines est demeuré en vigueur. Dans ce sens Genève continuoit d'être du tems des Evêques regie par le Droit Ecrit, parce que l'on y observoit ce Droit comme le plus ancien, et qu'on ne regardoit celles de nos Coutumes qui s'en éloignoient que comme un supplément et une modification de ce même Droit[7].

La troisième thèse enfin, relative à ce qui fait la spécificité du *vieux droit genevois* comme à la détermination de sa place entre *Pays de Coutumes* et *Pays de Droit écrit*, prend forme dans la conception encore plus affinée développée entre 1950 et 1965 par Gottfried Partsch, longtemps privat-docent à la Faculté de droit de Genève, puis professeur d'histoire du droit à celle de Liège. Selon cette conception – la plus adéquate à notre sens – ce qui s'impose à l'historien du droit, c'est, d'une part, le profond *dualisme* du *vieux droit indigène de Genève*, tributaire pour partie du *Droit germanique*, en l'occurrence du *Droit burgonde*, et pour partie du *Droit romain*, et c'est, d'autre part, le rattachement du *vieux droit genevois* aux *Pays de Droit écrit*,

---

6 Cf. Ms. Cramer 145, BPU Genève, p. 21, dans l'édition qu'en donne G. Partsch, *op. cit.*, p. 35.

7 Cf. Ms. Cramer 145, BPU Genève, p. 26, éd. G. Partsch, *op. cit.*, p. 39.

dans la mesure seulement où il faut entendre par-là des régions dominées par un Droit à la fois *romain* et *coutumier*[8].

Traitant des relations entre *Coutumes* et *Droit romain* dans le *vieux droit genevois* du XIIIe au XVe siècle, G. Partsch souligne à cet égard, notamment dans son *Rapport au Comité Suisse du Nouveau Savigny* de 1962 :

> Nous saisissons l'influence croissante du Droit romain à Genève de façon particulièrement claire, si nous considérons tout d'abord la situation à la fin du XIIIe siècle. Il y a alors à Genève deux ordres juridiques clairement délimités : l'ordre juridique coutumier de la Coutume de la Ville et de la banlieue de Genève. Son instance exclusive, c'est la Cour du Vidomne qui n'applique que la Coutume et jamais le Droit romain. Quant à l'ordre juridique romain, il se concentre sur l'officialité et sa sphère de compétences. A la fin du XVe siècle, les rapports entre ces deux ordres juridiques ont tellement évolué au profit du Droit romain qu'en 1493 le juriste genevois Claudio Grossi, dans un recours porté devant la Cour d'appel de Chambéry, pouvait déclarer, que les Genevois vivaient au XVe siècle en partie selon leur Droit coutumier, en partie selon le Droit commun[9].

S'interrogeant alors sur les domaines d'application du *Droit coutumier* et du *Droit romain*, G. Partsch constate :

> Le Droit coutumier (...) se décèle dans les domaines juridiques les plus divers. On le rencontre ainsi en Droit des régimes matrimoniaux, en Droit des baux à loyer, en Droit de mutation, en Droit successoral. Le Droit romain au contraire est attesté pour certaines catégories de personnes, les juristes et les clercs, et auprès de l'officialité comme de la quasi-totalité des tribunaux. Cette dichotomie entre Droit matériel, coutumier, et Droit formel de la procédure romano-canonique est caractéristique.

pour conclure :

> Genève se rattache par sa structure sociale et juridique à ces pays du Sud de la France que l'on qualifie de Droit écrit, dans lesquels cependant le

---

8 Cf. P. Tisset, « Mythes et réalités du Droit écrit », *Etudes d'histoire du Droit privé offertes à Pierre Petot*, Paris, 1959, pp. 553-560, notamment pp. 554-555.

9 Cf. G. Partsch, *Bericht an das Schweizerische Komitee des Neuen Savignys über den Einfluss des römischen Rechts auf das Genfer Recht vom 13. bis zum ausgehenden 15. Jahrhundert*, Tranchepied, 1962, pp. 79-80.

Droit romain n'est pas la source première et originelle du Droit.

Le rapport entre Droit romain et Droit coutumier est difficile à définir, il ne s'agit pas d'une supériorité ou d'une subordination, mais bien plutôt de deux ordres juridiques avec des domaines de compétences séparés, [à savoir], d'une part, de la *patria consuetudinaria*, comme du *forum consuetudinarium*, d'autre part, du droit commun des juristes de profession. Selon notre conception, il s'agit non pas d'un Droit européen mixte, non pas d'un univers de formes et de formules romanisées (A. Beck, in : *Festschrift Rennefahrt*, p. 200), mais d'un ordre juridique spécifique, dont la procédure est exclusivement romano-canonique, tandis que le droit matériel, abstraction faite de quelques foyers d'influence, relève du Droit coutumier[10].

A ces trois thèses défendues depuis le XVIIIe siècle par les principaux historiens du droit genevois qui se sont intéressés à la spécificité du *vieux droit genevois* et à sa place dans la géographie juridique des pays de culture française, s'oppose la thèse du caractère résolument *coutumier* de ce droit, à l'instar de ceux des autres pays romands – c'est-à-dire des droits médiévaux de la Suisse romande –, thèse formulée à la fin du dernier tiers du XXe siècle dans sa volumineuse *Histoire comparative des droits des pays romands du XIIIe à la fin du XVIe siècle* par l'éminent historien du droit vaudois Jean-François Poudret. Ce dernier affirme ainsi, dès les premières pages de cette somme présentée comme un « état des lieux » (p. IX) :

> Limités au sud et à l'ouest par la Savoie et le pays de Gex, soumis au droit écrit, les pays romands sont résolument coutumiers, à l'exception – nous le verrons – du Chablais et du Bas-Valais savoyard. Ce caractère coutumier est affirmé avec force en 1288 déjà par les citoyens de Genève, qui protestent énergiquement contre les empiétements des clercs devant la cour du vidomne et établissent par enquête que les causes doivent y être démenées ni par écrit ni selon les rigueurs du droit, mais selon les coutumes de la cité (*per consuetudines civitatis Gebennensis*) et en suivant l'avis des citoyens (*sed de consilio civium*).
>
> (...) Enserrée de tous côtés par les pays de droit écrit, la ville de Genève n'en est pas moins régie par une ou plutôt des coutumes propres, les *consuetudines civitatis gebennensis*. Nous avons rencontré la première mention de celles-ci en 1246 dans un abergement et nous avons vu avec

10 Cf. *op. cit.*, p. 80-82.

> quelle vigueur, quelques années plus tard, les Genevois défendaient leur application devant la cour du vidomne. Depuis lors, la référence à ces coutumes est fréquente dans les actes notariés, notamment à propos des droits de mutation dus par le tenancier, des obligations du locataire d'une maison ou de l'augment de dot.

Et J.F. Poudret de conclure :

> Bien que cette conclusion soit controversée parmi les historiens du droit genevois, nous considérons, comme les Genevois eux-mêmes en 1288, que la cité est coutumière et que l'application du droit écrit dans le plat pays environnant n'exclut pas celle de coutumes particulières, telles celles de Champagne et du comté de Genève. Seule l'étude du droit matériel nous permettra de déterminer, d'une part, les domaines régis par celles-ci et, d'autre part, l'exacte influence exercée par le droit écrit même en ville de Genève[11].

Voilà pour le débat historique relatif à la place du *vieux droit privé indigène* de Genève et ce qu'il faut bien retenir de sa *spécificité* et de son *évolution*.

Deux monuments importants méritent d'être retenus quant à cette évolution du *vieux droit privé genevois* : il s'agit de ceux qui marquent sa fixation par écrit et du même coup définissent les rapports qui le caractérisent avec l'*ordre juridique coutumier* de tradition *germanique* comme avec le *Droit romain*. Le premier de ces deux monuments juridiques de l'histoire du *vieux droit privé genevois* est constitué par les *Franchises* de l'Evêque Adhémar Fabri (1325-1388) du 23 mai 1387, qui fait l'objet de la présente étude ; le second par les *Edits Civils* du 29 janvier 1568, œuvre du jurisconsulte Germain Colladon (1508-1594), au centre de la contribution de notre collègue Victor Monnier.

---

11 Cf. J. F. Poudret (avec la collaboration de M. A. Valazza Tricarico), *Coutumes et Coutumiers – Histoire comparative des droits des pays romands du XIIIe à la fin du XVIe siècle, Partie I : Les sources et les artisans du droit*, Berne, 1998, pp. 1, 10 et 12 ; voir aussi pp. 70-72 contre les conclusions précitées de G. Partsch *supra*, n. 9-10.

Les Franchises d'Adhémar Fabri : auteur, circonstances, nature et teneur

Les *Franchises* de l'Evêque de Genève Adhémar Fabri (1325-1388) sont bien connues des historiens de Genève comme de ceux du Droit genevois[12]. Nous ne nous y arrêterons ici que dans la perspective qui nous intéresse, à savoir celle de la problématique des rapports du *vieux droit genevois* avec l'ordre juridique coutumier de tradition germanique comme avec le droit romain, nous bornant à rappeler à titre liminaire la figure de l'*auteur* de cet acte, les *circonstances* de sa rédaction, le caractère *sui generis* de sa *nature* juridique et l'essentiel de sa *teneur*.

Originaire de la Roche-sur-Foron, Adhémar Fabri, issu d'une ancienne famille bourgeoise du diocèse, est l'un des très rares Evêques de Genève ayant appartenu à un Ordre mendiant, à savoir l'Ordre des Frères Prêcheurs. Ayant exercé diverses charges ecclésiastiques, il sera en particulier Prieur du Couvent des Dominicains de Genève de 1353 à 1357, puis deviendra Evêque auxiliaire de Genève en 1376-1377, enfin Evêque de Saint-Paul-Trois Châteaux en Provence dès 1378 sur la recommandation du Cardinal Robert de Genève, le futur Pape Clément VII. Confesseur de Clément VII, il sera nommé par ce dernier au siège épiscopal de Genève le 12 juillet 1385 et il l'occupera jusqu'à sa mort le 8 octobre 1388[13].

Si nous sommes fort mal renseignés sur les *circonstances* exactes de la rédaction des *Franchises*, ce que l'on en connaît résulte directement du *Préambule* même de l'acte. Il en résulte que ce n'est ni en accord avec les

---

12 Pour ce qui est du texte même des *Franchises*, une traduction en français moderne a été récemment donnée par J. Mayor et J. E. Genequand, à l'occasion de leur sixième centenaire (*Les Libertés et Franchises de Genève, 1387-1987*, Genève, 1987, pp. 31-61) : le texte latin et la traduction française de Michel Montyon (1455) ont été édités avec une introduction « Libertés, franchises, immunités, us et coutumes de la Cité de Genève », par Ed. Mallet, in *Mémoires et Documents publiés par la Société d'Histoire et d'Archéologie de Genève (MDG)*, t. II, 1843, pp. 271-358 ; autre édition par E. Rivoire - V. van Berchem, *Les Sources du Droit du Canton de Genève*, t. I, Aarau, 1927, pp. 190-237, que nous suivrons ici en donnant en annexe les principales dispositions auxquelles nous nous référerons. Sur la traduction française du notaire M. Montyon, que nous citerons, voir Ed. Mallet, *op. cit.*, t. à.p., Genève 1843, p. 36.

13 Sur Adhémar Fabri et sa carrière ecclésiastique, voir la notice documentée qui lui est consacrée dans le volume de l'*Helvetia Sacra*, publié par L. Binz, J. Emery et C. Santschi, *Le diocèse de Genève - L'archidiocèse de Vienne en Dauphiné, Helvetia Sacra*, Sect. I, vol. 3, Berne, 1980, pp. 93-94, ainsi que, en relation avec les *Franchises*, l'étude de P. Duparc, « Originalité des Franchises de Genève », *BSHAG*, t. 16, 1976, p. 5.

citoyens, ni à leur requête, mais *motu proprio* qu'Adhémar Fabri procède à la rédaction des *Franchises*[14]. Ce n'est par ailleurs pas à son entrée en fonction, pour déterminer l'étendue de ses droits sur la Ville, qu'Adhémar Fabri procède à cette rédaction, puisque les *Franchises* sont postérieures de deux ans à son entrée en fonction. Ce dont le texte même fait explicitement mention, c'est d'abord l'*enquête* ordonnée par l'Evêque et la *procédure* suivie en la matière[15] ; ce sont ensuite les *motivations* de cette entreprise : le bien de la Ville et l'intérêt de ses sujets, dans une perspective tout à la fois *pastorale* et *politique*[16] ; et c'est enfin l'*objectif* poursuivi par l'Evêque, à savoir l'approbation, la ratification et la confirmation pour lui et ses successeurs des *libertés* et des *coutumes* des citoyens de Genève[17].

Du coup, quant au caractère spécifique de la *nature* juridique de l'acte, les *Franchises* constituent une *source directe*, l'Evêque en sa qualité de Prince de la Ville codifiant et promulguant un ensemble de règles régissant la vie des citoyens et habitants de Genève. Plus précisément, il s'agit non pas d'un acte bilatéral passé avec la Commune, ni d'une concession unilatérale de privilèges d'un seigneur à ses sujets, mais bien d'une charte confirmatoire, aux effets novatoires[18], des *libertés* et des *coutumes* genevoises, par laquelle l'Evêque scelle de son autorité le droit coutumier en vigueur, le préservant ainsi de l'altération et des effets irréversibles de la désuétude auxquels des règles purement coutumières demeuraient exposées.

Pour ce qui est enfin de la *teneur* propre du texte, une distinction apparaît établie dès le *Préambule* et c'est la distinction entre *libertés, franchises* et *immunités*, d'une part, et *us et coutumes* du pays, d'autre part[19]. Cette distinction révèle assez bien le *double caractère* de cette première fixation du *vieux droit genevois*, double caractère qu'il convient de garder à l'esprit dans le dédale de ses 79 articles. D'un côté, en effet, les *Franchises* fixent les règles régissant les libertés des habitants, l'organisation de la Commune, la détermination de ses pouvoirs ainsi que la police de la

---

14 Cf. L. Micheli, *Les institutions municipales de Genève au XVe siècle*, *MDG*, t. XXXII, Genève, 1972, p. 43.

15 Cf. *op. cit.*, *loc. cit.* Voir *Préambule* en *Annexe*.

16 Cf. Ed. Mallet, *op. cit.*, *Introduction* citée *supra* (n.12), t. à.p. Genève, 1843, p. 25 et L. Micheli, *op. cit.*, *loc. cit.* Voir *Préambule* en *Annexe*.

17 Cf. L. Micheli, *op. cit.*, pp. 43-44. Voir *Préambule* en *Annexe*.

18 Cf. Ed. Mallet, *op. cit.*, *Introduction* citée *supra* (n. 12), pp. 4, 8 et 22.

19 Cf. Ed. Mallet, *op. cit.*, pp. 25-26, de même que L. Micheli, *op. cit.*, p. 44, et P. Duparc, *op. cit.*, p. 4.

Ville et des marchés ; d'un autre côté, elles fixent de manière fragmentaire des règles du *droit coutumier indigène*, que ce soit en matière de *procédure* ou de *droit de fond*.

Le droit privé dans les Franchises d'Adhémar Fabri

Le caractère *sui generis* des *Franchises* d'Adhémar Fabri par rapport aux Franchises d'autres villes du diocèse, comme Seyssel, Thonon ou Chamonix, se retrouve tout particulièrement dans les *us et coutumes* de Genève que l'Evêque fixe en matière de *droit privé*. Si ces dispositions des *Franchises* relatives aux règles régissant les rapports des individus entre eux dénotent déjà sur le plan *formel* un caractère relativement fragmentaire, elles se rapportent sur le plan *matériel* à des domaines assez hétéroclites. Il s'agit, à cet égard :

1°) de la *procédure civile* (art. 1er et 36-40) ;
2°) du *droit des successions* (art. 34, 35, 39, 77) ;
3°) du *droit de gage* (art. 25-27 ; 38-41 ; 49) ;
4°) d'un secteur très limité du *droit du mariage* (art. 56).

En fait, laissant de côté la disposition relative au *droit du mariage* (art. 56), qui ne concerne en réalité que la pleine liberté de *remariage* des veuves – « que les femmes veuves se puissent marier quant il leur plaira, sans aulcune peine »[20] – et ne rappelant que pour mémoire la réglementation du *droit de gage mobilier* (art. 25, 26, 40 et 41)[21], c'est avant tout à

---

20 Cf. *Annexe*, art. 56. Voir, à ce propos, l'interprétation qu'en donne P. Duparc, *op. cit.*, pp. 18-19, dans le sens d'une suppression, dans l'esprit du droit canonique, de l'infamie frappant la violation du délai de viduité, plutôt que d'une libération des taxes grevant le remariage des veuves (cf. L. Micheli, *op. cit.*, p. 48, n. 1)

21 Concernant la réglementation détaillée du *droit de gage mobilier* – *nantissement* et *droit de rétention* –, il convient de remarquer d'abord qu'on retrouve des dispositions analogues dans les chartes de Franchises savoyardes dès la fin du XIIIe siècle et que ces dispositions portent la même marque coutumière d'inspiration germanique. Pour ce qui est de leur *teneur*, on se bornera à en relever ici les *principes* avec L. Micheli, *op. cit.*, p. 48. Il s'agit, d'une part, en matière de *nantissement* : 1°) de l'obligation pour le créancier-gagiste de garder en sa possession les biens qu'il reçoit en gage sans les sortir de la ville pendant le délai d'une semaine (art. 25 et 41) ; 2°) du droit du créancier-gagiste, passé ce délai, de vendre de sa propre autorité les biens engagés, mais ceci dans la ville aux enchères publiques et de plein jour après trois criées (art. 25) ; 3°) corrélativement du droit du débiteur-propriétaire du gage d'intervenir dans les enchères et de racheter les biens engagés ; 4°) enfin, pour la sécurité des achats en foire, et selon une règle commune aussi bien aux villes allemandes qu'aux villes du Midi, de l'obligation pour le propriétaire qui entend rentrer en possession de son gage de rembourser du prix payé par l'acheteur de bonne foi de la chose sur un

l'inspiration des dispositions relatives à la *procédure civile* (art. 1er : *du stile de la Cour du Vidomne*) et au *droit des successions* (art. 34-35-39 et77) que nous voudrions nous arrêter, parce que ce sont là deux ordres de dispositions qui nous paraissent les plus révélatrices de l'originalité, de la place et de l'évolution du *vieux droit privé genevois*. Il conviendra de bien distinguer cependant à cet égard, d'une part, la *teneur* des dispositions mêmes des *Franchises* et, d'autre part, l'*évolution* spécifique qu'elles présupposent et qu'elles consacrent.

La procédure civile

Qu'en est-il tout d'abord de la *teneur* des dispositions des *Franchises* en matière de *procédure civile* ? Quant à ces dispositions, elles fixent au premier chef les principes de la procédure devant la Cour du Vidomne, par opposition à l'Officialité, en stipulant que la procédure sera *orale*, en *langue vulgaire* et *sommaire*, rejetant ainsi la procédure écrite romano-canonique, avec intervention d'avocats, sauf pour les causes importantes[22] ; elles excluent par-là même écrits et taxes, garantissant la *gratuité* de la justice[23] ; elles impliquent par ailleurs la *consultation* de deux à quatre citoyens pour les jugements civils et réservent enfin le *droit d'évocation* de l'Evêque[24].

Telles qu'elles se présentent, ces dispositions attestent la très forte résistance de la Commune à la romanisation du droit qui est alors en cours dans les juridictions ecclésiastiques et singulièrement à Genève. Il faut savoir à cet égard que c'est à Genève, en effet, qu'a été établie en 1225 la première Officialité de Suisse[25], jugeant tout naturellement selon le droit romano-

---

marché public (art. 26). Quant au droit de *rétention*, il fait l'objet de deux dispositions relatives aux *débiteurs étrangers* (art. 36) et au *droit de rétention du bailleur* sur les biens du locataire jusqu'au paiement du loyer (art. 40). Voir à cet égard, à titre comparatif avec ses nombreuses analogies et sa forte influence romaine, le droit savoyard de l'époque, tel qu'il est fixé dès 1263-1264 par les Statuts de Pierre II, cf. L. Chevailler, *Recherches sur la réception du Droit romain en Savoie des origines à 1789*, Annecy, 1953, pp. 43-44.

22 Cf. art. 1er : *Du stile de la court du vidomne*, cité en *Annexe*. Voir à ce sujet P. Duparc, *op. cit.*, p. 10.

23 Cf. *art. cit.*, *Annexe*. Voir à ce propos L. Micheli, *op. cit.*, p. 49, ainsi que P. Duparc, *op. cit.*, *loc. cit.*

24 Cf. *art. cit.*, *in fine*, *Annexe*. Voir P. Duparc, *op. cit.*, *loc. cit.*

25 Cf. *Helvetia Sacra*, *op. cit. supra*, (n.13), I, 3, p. 24, et G. Partsch, « Un aspect général de la première apparition du droit romain en Valais et à Genève au début du XIVe siècle », *Mémoires de la Société pour l'histoire du droit et des institutions des anciens pays bourguignons, comtois et romands*, 19, 1957, pp. 71-72.

canonique. Ainsi ce sera un combat incessant que mèneront les Genevois dès la seconde moitié du XIIIe siècle, et notamment au sein de la Commune, contre l'extension du Droit romain, précisément de l'Officialité à la Cour du Vidomne, la juridiction temporelle de l'Evêque. A cet égard, les dispositions de l'art. 1er des *Franchises* marquent l'aboutissement d'un long combat, qui avait déjà culminé en 1288, exactement un siècle plus tôt, dans une protestation solennelle de la Commune auprès de l'Evêque Robert de Genève contre l'application de la procédure romano-canonique écrite et savante devant le Tribunal civil du Vidomne[26]. Après enquête de l'Evêque, il y aura en effet, le 3 janvier 1288, rétablissement de l'ancienne procédure orale et sommaire en langue vulgaire avec consultation pour le jugement de deux à quatre citoyens, de même que confirmation de l'application de la coutume genevoise[27]. Puis seront formellement exclus du Tribunal civil du Vidomne et le retour à la procédure romano-canonique et le recours aux juristes savants, dont l'Evêque fera mention dans des déclarations et monitions du 2 décembre 1291[28].

De tels documents – dont une étude de détails dépasserait le cadre de la présente contribution – attestent à l'évidence la vigueur du *vieux droit indigène genevois* en même temps qu'ils fournissent des indices sur son *originalité*.

Si les Genevois se dressent avec tant d'obstination en effet contre l'extension du Droit romain et pour le maintien de leurs coutumes et de leur procédure, c'est l'indice que le *Droit romain* du *Bas Empire* n'avait pas survécu à Genève aux invasions germaniques comme le voulait un Charles Le Fort au XIXe siècle[29] ; c'est du même coup l'indice de l'*originalité* profonde du *vieux droit indigène genevois*. Cette originalité est encore plus sensible dans les dispositions des *Franchises* concernant le *droit successoral*.

Le droit successoral

Nous distinguerons ici à nouveau la *teneur* des dispositions des *Franchises* et l'*évolution* qu'elles présupposent.

---

26 Cf. E. Rivoire – V. van Berchem, *op. cit.*, t. 1, pp. 44-45.

27 Cf. *op. cit.*, *loc. cit.*

28 Cf. *op. cit.*, pp. 62-63 et 64-66.

29 Cf. Chs. Le Fort, *op. cit.*, *supra* (n. 3).

Pour ce qui est de la *teneur* des différentes dispositions des *Franchises* en matière *successorale*, force est de constater d'emblée la double vocation successorale *volontaire* et *légale*.

D'un côté, en effet, c'est, en matière de vocation *volontaire* d'abord, la proclamation du principe de la *liberté testamentaire*[30], c'est-à-dire de la « faculté absolue de disposer de ses biens après décès » (L. Micheli), principe commun aux chartes de l'époque[31] ; c'est ensuite, ce qui est alors *spécifique* à Genève, l'*extension* de cette *liberté testamentaire* à deux catégories de personnes qui en étaient en général privées ailleurs : les *usuriers*, c'est-à-dire les prêteurs à intérêt, et les *enfants naturels*, qui en étaient privés en suite des dispositions discriminatoires du Droit canonique à leur égard[32]. Pour les *usuriers*, il semble que l'Evêque de Genève se soit plié aux exigences du développement économique de la Ville, dont les foires appelaient la garantie de la liberté des opérations de crédit[33] ; cela est d'autant plus vraisemblable qu'une autre disposition des *Franchises* garantit expressément, de leur vivant, la sûreté de la personne et des biens des usuriers en stipulant « qu'aucun d'entre eux ne soit inquiété, accusé, dénoncé ou molesté, ni l'objet de saisie ou de séquestre »[34], et qu'une autre disposition garantissait encore à leur décès les droits de leurs héritiers, légaux ou institués, et la sûreté de leurs biens en excluant toute espèce de confiscation de leur patrimoine[35].

Du coup nous touchons aux dispositions des *Franchises* en matière de *succession légale*. D'un autre côté, en effet, c'est, à cet égard, d'abord la garantie du principe et la réglementation de la *succession ab intestat*, les *Franchises* stipulant que « quiconque meurt sans testament ait pour héritiers

30 Cf. art. 35 : *Des testamens à devoir faire*, cité en *Annexe*.

31 Cf. L. Micheli, *op. cit.*, p. 47.

32 Cf. art. 35 *in fine*. Voir, à ce sujet, Ed. Mallet, *op. cit.*, t. à.p. pp. 30-31, L. Micheli, *op. cit.*, *loc. cit.* et P. Duparc, *op. cit.*, p. 17, ainsi que tout récemment J. F. Poudret (en collaboration avec M. A. Valazza Tricarico), *Coutumes et coutumiers*, *op. cit.*, n. 11, *Partie IV : Successions et testaments*, Berne, 2002, p. 106, au terme d'un exposé sur la succession des usuriers en Suisse romande, pp. 101-106.

33 Cf. A. Babel, *Histoire économique de Genève des origines au début du XVIe siècle*, Genève, 1963, t. II, pp. 473-478, notamment pp. 476-478, de même que « La portée économique des Franchises d'Adhémar Fabri (1387) », *Genava*, t. 11, 1963, pp. 331-349, notamment, pp. 345-347.

34 Cf. art. 77 : *Que nul à cause de usure ne soit molesté ne inquiété*, cité en *Annexe*. Voir J. F. Poudret, *op. cit.*, *loc.cit.*

35 Cf. art. 39 : *Des biens des usuriers mors ou autres en la cité, lesquels ne se doivent point occuper*, cité en Annexe. A ce sujet, voir Ed. Mallet, *op. cit.*, t. à.p., p. 31 et L. Micheli, *op. cit.*, *loc. cit.*, ainsi que J. F. Poudret, *op. cit.*, *loc. cit.*

ses enfants ou à défaut ses parents les plus proches »[36], et c'est ensuite, quant à la *capacité successorale*, le principe de l'universalité de la capacité successorale, qui s'étend à nouveau aux *usuriers* et aux *enfants naturels*[37], tous ces enfants nés hors mariage, qui, dans nombre de droits coutumiers de l'époque, étaient soit exclus de toute succession, soit héritiers seulement dans celle de leur mère. Enfin, dernier point important, en matière de *successions vacantes*, c'est le principe général posé par les *Franchises*, dans l'intérêt des citoyens, du maintien de la vacance pendant un an et un jour[38]. Ce délai, qu'on retrouve dans la plupart des Chartes urbaines du XIIIe siècle, exclut l'exercice normal du droit de l'Evêque comme seigneur de se saisir des biens sans maître de l'hérédité vacante et apparaît clairement destiné à permettre aux héritiers de se manifester. Ce n'est qu'après un an et un jour que l'Evêque deviendra maître légitime de l'hérédité vacante, dont il incombera alors au Vidomne de se saisir en son nom.

Si nous nous interrogeons alors sur la *portée* de ces dispositions d'ordre successoral des *Franchises* et sur l'*évolution* qu'elles présupposent, nous pouvons faire trois constatations :

1°. La première, c'est que la proclamation de la *liberté testamentaire* marque l'aboutissement d'une longue évolution et constitue en même temps l'indice d'une indéniable *romanisation* du droit à Genève. Jusqu'au début du XIVe siècle, le *vieux droit successoral genevois* paraît ignorer, en effet, la liberté de disposer et apparaît dominé par l'antique principe germanique « *nullum testamentum* » (G. Partsch)[39]. C'est ce que révèlent, d'une part, l'existence à Genève de l'institution de la « *laudatio parentum* », d'autre part, le caractère tardif des premiers véritables testaments genevois.

Quant à la « *laudatio parentum* », bornons-nous à relever qu'il s'agit là de l'institution de l'accord ou du concours des héritiers, c'est-à-dire des proches parents (*laudatio parentum*) pour toute aliénation de biens d'importance, en particulier d'immeubles[40]. La nécessité de ce concours

---

36 Cf. art. 34 : *De ceulx qui trepassent sans faire testament*, cité en *Annexe*.

37 Cf. *art. cit.* Voir Ed. Mallet, *op. cit.*, *loc.cit.*, L. Micheli, *op. cit.*, *loc. cit.* et J. F. Poudret, *op. cit.*, *loc. cit.*, concernant la capacité successorale des usuriers, et P. Duparc, *op. cit.*, *loc. cit.*, concernant celle des enfants naturels et l'obtention par les bourgeois de la suppression du droit de bâtardise.

38 Cf. art. 39, cité *supra* (n. 35) *in fine*.

39 Cf. G. Partsch, *op. cit.*, (n. 3), p. 479 ; *contra* J. F. Poudret, *op. cit.*, (n. 32), pp. 154-155.

40 Cf. G. Partsch, *Das Mitwirkungsrecht der Familiengemeinschaft im älteren Walliser Recht (Laudatio parentum et hospicium)*, Diss.jur. Zurich, 1955, pp. 1-19, ainsi que les exposés classiques, auxquels renvoie l'auteur, de K. von Amira,

atteste, d'abord, une communauté de biens familiale difficilement compatible avec le régime de la succession testamentaire et elle constitue, ensuite, la plus sérieuse entrave à la liberté de disposer[41]. C'est l'indice à Genève d'un droit successoral de tradition *germanique*, probablement *burgonde* ou *franque*, dominé par l'indisponibilité des biens familiaux[42].

Pour ce qui est du *caractère tardif* de l'apparition du testament à Genève, à la différence du Valais[43], les premiers testaments genevois ne datent, l'un que de 1266 – et c'est significativement celui d'un *Croisé*, soumis au droit canon, – l'autre de 1273 – et c'est celui, fait aussi significatif, du *Vidomne* Hugues de Confignon[44]. L'institution ne s'en généralisera qu'à partir du début du XIVe siècle et les *Franchises* consacreront à cet égard une importante mutation du *vieux droit privé genevois*.

2°. La deuxième constatation qu'il convient d'opérer, à propos cette fois de l'*évolution* consacrée par les *Franchises*, c'est qu'en *matière successorale* les mesures en faveur des *usuriers* mettent un terme à plusieurs exactions du Vidomne à l'égard de citoyens soupçonnés de se livrer au prêt à intérêt. Dans les décennies qui précèdent immédiatement les *Franchises*, il y avait eu, en effet, non seulement enquêtes et saisies de biens de prétendus

---

Verwandtschaftsgliederung nach den altniederdeutschen Rechten, Munich, 1876, et *Grundriss des Germanischen Rechts*, 3e éd., Strasbourg, 1913, et A. Schultze, *Augustin und der Seelteil des germanischen Erbrechts. Studien zur Entstehung des Freiteilsrechtes*, Leipzig, 1928, dans la doctrine allemande, et d'E. Chenon, *Histoire générale du droit français public et privé des origines à 1815*, 2 vol., Paris, 1925-1929, de L. Falletti, *Le retrait lignager en droit coutumier français*, thèse de droit, Paris, 1923, et F. Olivier-Martin, *Histoire de la Coutume de la Prévôté et Vicomté de Paris*, 2 vol., Paris, 1922-1926, Vol. 2, pp. 147 et s., dans la doctrine française.

41 Cf. G. Partsch, *Das Mitwirkungsrecht, op. cit.*, pp. 124-125, dans le sillage d'A. Schultze, *op. cit.*, pp. 6 et s. et de F. Olivier-Martin, *op. cit.*, (n. 40), Vol. 2, pp. 148-150 et s.

42 Cf. G. Partsch, *op. cit.*, (n.3), p. 479.

43 Cf. G. Partsch, *op. cit.*, pp. 475-476. *Contra* J. F. Poudret, *op. cit.*, (n.32), pp. 153 et 199-200, qui considère le testament comme « connu à Genève en 1266 », tenant le règlement de partage d'Anselme Villars du 12 juillet 1264 stipulé avec le consentement exprès de son épouse et de son fils aîné (*de consensu et voluntate expressa Johannete uxoris mee et Petri filii mei qui presentes fuerunt*), cité et commenté par G. Partsch, *op. cit.*, pp. 476-478, pour un « acte à cause de mort ne devant prendre effet qu'au décès, alors même que le caractère révocable demeure problématique » (p. 200).

44 Cf. G. Partsch, *op. cit.*, (n.3), p. 484, n. 31 ; le premier de 1266, fait en faveur du chapitre, est d'un certain Guillaume, croisé célibataire et sans enfant (*Archives d'Etat de Genève, Inventaire des titres du Chapitre de 1334, f.27v*), le second du 16 juillet 1273, impliquant institution d'héritier, a pour auteur le principal agent épiscopal (*MDG*, t. XIV, pp. 129-130, n°140).

usuriers sur dénonciation, mais encore ordonnance de séquestre par le Vidomne, précisément de successions de personnes soupçonnées d'usure[45].

3°. La troisième remarque qu'il convient enfin de formuler, c'est que la réglementation des *successions vacantes* assigne une limite au droit de saisie de l'Evêque sur les biens des citoyens décédés sans proches héritiers – le *droit de déshérence* –, en en confiant ce que nous appellerions la *curatelle* aux Syndics de la Commune[46]. Il en va de même de la réglementation de la succession des *enfants naturels*, dont les biens étaient normalement acquis à leur mort sans descendance légitime au seigneur comme des biens sans maître en vertu d'une espèce de *droit d'aubaine :* le *droit de bâtardise*[47].

Le sort des Franchises au XVᵉ siècle

Maintenant qu'adviendra-t-il des *Franchises* et du *vieux droit privé indigène* qu'elles consacrent dans le courant du XVᵉ siècle ? En fait, jurées par les Evêques et les Officiers épiscopaux successifs, elles seront soumises pour confirmation par les autorités de la Commune au Pape Félix V – le Duc de Savoie Amédée VIII, élu au Souverain pontificat par le Concile de Bâle en 1439 – et qui se réserve pour lui-même l'administration de l'Evêché de Genève à la mort de l'Evêque François de Metz en 1444[48]. Il s'en faudra de beaucoup que ce « Pape–Evêque de Genève » ratifie sans autre toutes les dispositions des Franchises, en particulier les dispositions relatives aux *usuriers* et aux *enfants naturels*[49]. Car Félix V était précisément l'auteur, comme premier Duc de Savoie, des fameux *Statuta Sabaudiae* de 1430, vaste codification du Droit savoyard et des Ordonnances ducales, qui prohibaient, entre autres, toutes les formes de prêt à intérêt[50]. Dès lors, Félix V se refusera de confirmer toutes les dispositions des *Franchises* relatives aux

---

45 Cf. Ed. Mallet, *op. cit.*, t. à.p., pp. 16 et 31.

46 Cf. art. 39 *in fine*.

47 Cf. art. 34. Voir P. Duparc, *op. cit.*, p. 17.

48 Sur Amédée VIII de Savoie (Félix V 1444-1451), voir la notice du volume cité de l'*Helvetia Sacra*, L. Binz – J. Emery – C. Santschi, *op. cit.*, (n.3), pp. 102-103, qui suit celle consacrée à son prédécesseur sur le siège épiscopal de Genève, François de Metz, 1426-1444, pp. 101-102.

49 Cf. Ed. Mallet, *op. cit.*, t. à. p., pp. 31-33. Sans doute s'engagera-t-il par le truchement d'un procureur à respecter les *Franchises* le 9 mars 1444, cf. E. Rivoire – V. van Berchem, *op. cit.*, t. 1, pp. 354-355, mais il ne tardera pas, le 22 mai suivant, à supprimer dans sa Bulle de confirmation les dispositions concernant les usuriers et les enfants naturels, cf. E. Rivoire – V. van Berchem, *op. cit.*, t. 1, pp. 355-357.

50 Cf. Ed. Mallet, *op. cit.*, t. à.p., p. 32.

droits des *usuriers*, abrogeant ainsi les articles concernant la sûreté personnelle des usuriers et la garantie de leurs biens (art. 77) comme leurs droits successoraux dans la succession légale et dans la succession testamentaire (art. 34-35 et 39) ; par ailleurs, il ne confirmera pas non plus les dispositions concernant les droits successoraux des *enfants naturels* (art. 35), mais cela à raison de la disparition généralisée des incapacités frappant la bâtardise dans les communautés urbaines des Etats de Savoie[51].

Tel apparaît le sort au XVe siècle du *vieux droit privé genevois* consacré par les *Franchises* d'Adhémar Fabri.

Conclusion

Ce n'est pas sur le *débat*, de portée avant tout académique, concernant le rattachement du *vieux droit genevois* aux *Pays de Droit écrit* ou aux *Pays de Coutumes* que nous conclurons, mais plutôt sur le *sens* qu'il convient de reconnaître aux *Franchises* d'Adhémar Fabri dans l'histoire du droit genevois et singulièrement dans l'évolution des rapports de ce droit avec le *Droit romain* comme avec le *Droit coutumier*. A cet égard, il nous paraît que ce ne sont pas tant des *raisons* de *pure politique*, quelque rôle qu'elles aient pu effectivement jouer du fait de l'affrontement de la Commune avec les visées des Comtes de Savoie sur Genève dès le deuxième tiers du XIVe siècle, qui sont déterminantes dans la rédaction des dispositions coutumières des *Franchises* hostiles au Droit romain[52], mais des *raisons* de véritable *politique juridique*, que l'on retrouve *mutatis mutandis* dans nombre de rédactions de coutumes des *Pays de Droit écrit*, de celle de Perpignan de la fin du XIIe siècle à celles de Montpellier ou de Narbonne au début du XIIIe siècle[53]. La rédaction des dispositions des coutumes genevoises est ainsi à comprendre dans le contexte d'un phénomène plus vaste de l'histoire juridique occidentale : celui de la *Renaissance du droit romain*. Comme on l'a bien relevé pour les coutumes du Midi, et la remarque peut être légitimement transposée à d'autres *Pays de Droit écrit* que le Languedoc ou le Roussillon : « ces coutumes méridionales ainsi rédigées officiellement aux XIIe et XIIIe

---

51 Cf. E. Rivoire - V. van Berchem, *op. cit.*, t. 1, pp. 355-357. A ce sujet voir Ed. Mallet, *op. cit.*, t. à. p., pp. 31-33, et P. Duparc, *op. cit.*, p. 18.

52 Voir dans ce sens P. Duparc, *op. cit.*, p. 20.

53 Cf. à ce sujet les pertinentes réflexions de P. Tisset, *op. cit.*, (n. 8), pp. 553-554. Voir dans le même sens, J. Massot-Reynier, Introduction à *Les Coutumes de Perpignan*, publié par la Société archéologique de Montpellier, Montpellier, 1848, notamment, p. LV.

siècles connaissent le droit romain, en savent non seulement l'existence, mais parfois et de façon plus ou moins exacte la consistance, parfois l'admettent et le respectent, parfois l'écartent résolument : *legibus in hac parte nullatenus observandis* (Cout. de Montpellier, 1204, art. 58). On peut penser que les rédacteurs ont de quelque façon voulu donner aux usages juridiques locaux le moyen de résister au droit romain plus ou moins renaissant »[54]. Et comme dans la vie juridique du Midi des XIIIe et XIVe siècles[55], on verra alors prendre forme dans la vie juridique de la Genève épiscopale de la même époque des ordres juridiques distincts : celui du *droit romain*, gravitant autour de l'Officialité, et celui du *droit coutumier* de la Coutume de la Ville[56], partiellement rédigé à partir de 1387 et appliqué par la Cour du Vidomne.

En consacrant la procédure romano-canonique pour les affaires importantes ainsi que l'institution romaine du testament comme en sauvegardant la procédure coutumière pour les affaires ordinaires portées devant le vidomne, nul doute que les *Franchises* d'Adhémar Fabri vont perpétuer l'originalité du droit genevois et sa dimension coutumière. Reste à savoir si les progrès du droit romain dans la pratique ne vont pas entraîner la disparition progressive de la coutume. C'est ce que l'étude attentive du second monument de l'histoire du droit genevois consacrant sa fixation ultérieure, les *Edits Civils* de 1568, devrait permettre d'élucider.

Alfred DUFOUR
Professeur d'Histoire du Droit
Université de Genève

---

54 Cf. P. Tisset, *op. cit.*, p. 554.

55 Cf. P. Tisset, *op. cit.*, p. 555.

56 Cf. G. Partsch, *op. cit.*, *loc. cit.*, (n. 9).

ANNEXE

102. Libertés concédées à la Ville de Genève par l'évêque Adhémar Fabri. 23 mai 1387.

In nomine sancte et individue trinitatis patris et filii et spiritus sancti, amen. Nos Ademarus Dei et sedis apostolice gracia episcopus Gebennensis, ad perpetuam rei memoriam universis et singulis presentes paginam, licteras et instrumentum inspecturis, visuris seu eciam audituris, ex ipsorum serie volumus fore notum et perpetuo perpetuam roboris firmitatem obtinere quod, consideratis informacionibus legitimis nobis factis de libertatibus, franchisiis et immunitatibus civitatis nostre Gebennensis infrascriptis et declaratis ac eciam de aliis consuetudinibus et usibus quibus fideles cives, incole, habitatores et jurati nostri dicte nostre civitatis usi fuerunt et uti consueverunt tanto tempore quod de contrario memoria hominis non extitit, de quibus sumus et fuimus ad plenum cum maxima diligencia informati; et nostri pastoralis officii proprium hoc esse judicamus ut omni tempore subjectorum comoda tam investigare quam eis mederi procuremus. Eapropter, considerata et diligenter inspecta evidenti utilitate ecelesie et civitatis nostrarum Gebenn.; volentes et cupientes dictos cives, incolas, habitatores, juratos et civitatem nostros predictos more pii patris et pastoris favoribus prosequi et nuctriri graciosis, et in dictis libertatibus, franchisiis, usibus, consuetudinibus et immunitatibus confovere et totaliter preservare; habito prius consilio et deliberacione maturis super hiis et infrascriptis cum venerabilibus et circonspectis viris dominis Roberto Camerarii, Petro de Bignins, Petro Bouczani, Rodulpho Boneti, Anselmo de Chavana, Jacobo de Arenthone, Richardo de Allodiis, Giraldo Tronberti, Francisco Falconis, Johanne de Lavenay, Johanne de Marcossey, Petro Chartresii, Stephano de Chalanconio, Jacobo de Monthouz, Guidone de Cauhliaco, Guichardo Camerarii, Hugone de Bignins, Jacobo de Nanto et Francisco de Dereya, canonicis nostris Gebenn., in ecclesia nostra Gebenn. predicta, inter duo majora altaria dicte ecclesie capitulantibus et capitulum facientibus et representantibus et ad capitulandum specialiter et tractandum de negociis infrascriptis more solito congregatis; prius vero omnibus et singulis articulis infrascriptis in scriptis visis, lectis diligenter et explicatis seriatim, ac eciam aliis usibus et consuetudinibus dicte civitatis eisdem explicatis, de ipsius capituli voluntate, et communicato consilio eorumdem, consensuque et assensu et ex nostri certa scientia et liberalitate mera, pro nobis et successoribus nostris in dicta ecclesia Gebenn. et causam a nobis habituris, omnes et singulas libertates, franchesias, immunitates, usus et consuetudines infrascriptos, et alias quascunque, quibus dicti cives, incole, habitatores et jurati dicte nostre civitatis communiter vel divisim usi fuerunt hactenus et uti consueverunt, dictis nostris civitati, civibus, incolis, habitatoribus et juratis, tam clericis quam laycis, et eorum posteritatibus et successoribus universis, tanquam bene meritis, nunc et imperpetuum, tenore presencium, approbamus, ratifficamus et confirmamus, ac eciam de novo damus et concedimus, presentibus dominis canonicis superius nominatis, capitulum nobiscum facientibus, et notariis publicis curie nostre juratis infrascriptis, quibus precipimus et injunximus, ipsosque requisivimus de omnibus et singulis supra et infrascriptis licteras et instrumenta ad opus quorum interest sub sigillo nostro et signis ipsorum signanda. Que quidem libertates, franchesie, immunitates, usus et consuetudines per nos eisdem concesse inferius seriatim et distincte sunt descripte.

[1.] Et primo, quod sicut de consuetudine antiqua et hactenus observata per vicedognos, cives et alios in predicta civitate habitantes, et stilus curie qui talis est: quod cause non ventilentur seu tractentur coram vicedogno seu ejus locumtenente in scriptis, nec eciam per clericos verbis latinis sed linga materna per consuetudinem dicte ci-vitatis Gebenn., et non secundum rigorem juris, sed summarie et de plano, sine strepitu et figura judicii tantummodo et non alias; et quod aliqua scripta non debent fieri in dicta curia vicedognatus super causis coram vicedogno vertentibus, preterquam testes in arduis causis, et dicta testium, qui ad dandam perpetuam rei memoriam bene debent in scriptis redigi; nec debent eciam aliqua scripta seu transcripta a parte parti in dicta curia dari; et quod vicedognus vel ejus locumtenens pro sigillo non debet aliquid petere seu habere, nec eciam pro assessore; et sentencie in dicta curia non dentur per clericos neque de eorum solo consilio, sed de consilio civium Gebenn. Ita tamen quod si opus sit in arduis causis bene debent dari sentencie predicte ad consilium duorum, trium vel quatuor civium, duorum canonicorum et duorum hominum nobilium ecclesie Gebenn., si factum requirat; et quod aliqui clerici in dicta curia non debent patrocinari seu latinaliter allegare preterquam linga materna coram vicedogno seu quocunque alio judice vel officiario seculari; hoc salvo et excepto quod nos universas et singulas causas tam civiles quam criminales, lite mota vel non mota coram vicedogno seu quocunque alio officiario seculari, possimus ante sentenciam ad nos advocare, remittere, cognoscere et diffinire per nos vel alium seu alios nostro nomine.

[25.] Item quod quilibet infra civitatem et banna ejusdem teneatur custodire res sibi traditas a domino vel privato ad vendendum de pignore per septem dies antequam ipsas vendat; quibus elapsis habeat licenciam vendendi propria auctoritate, nullius domini aut alterius persone licencia requisita, publice tamen per tricridam et li(ti)citacionem ut est moris.

[26.] Item si aliquis res mobiles emerit aut pignora acceperit publice in nundinis, foro et loco publico infra civitatem, rem furtivam bona fide et sine fraude, et verus dominus velit rem rehabere, reddere capitale teneatur ementi aut creditori. De pignoribus vero tabernarum que ab aliis acceperint et aliorum revenditorum, credatur eorum juramentis ad sancta Dei evvangelia prestitis, usque ad duos solidos Gebenn., qui solvantur per veros dominos volentes dicta pignora rehabere; et de residuo teneatur facere justicie complementum; nec in casibus predictis valeant in aliquo per nos vel alium reculpari vel impugnari in pecunia vel persona.

[27.] Item quod pignora et res ypothecate que venduntur infra civitatem debent vendi et expediri extra tectum post ortum solis et ante solis occasum et non alias, et potest lui sive redimi pignus et res ypothecata quousque pecuniam sive precium emptor pignorum et ypothece solverit et numeraverit venditori.

[34.] Item si aliquis clericus aut civis, juratus vel habitator Gebenn. intestatus decesserit[57], *sive sit usurarius publicus vel non, bastardus sive spurius aut quicunque alius ex dampnato cohitu, vel* cujuscunque *alterius* condicionis, liberi, si habet, et si non habet, proximiores infra et extra banna succedant, et nullus dominus eorum bona capere possit aut aliquid petere in eisdem.

[35.] Item quod cuicunque clerico, civi, burgensi et jurato Gebenn. liceat testamentum facere pro sue libito voluntatis, cujuscunque status vel condicionis existat, *nec propter statum vel condicionem vel nativitatis dampnacionem vel dampnatam vel minus legitimam vel usurariam pravitatem, etiam si publicus et manifestus, impugnari non valeat testamentum.*

[36.] Item si aliquis clericus, civis vel habitator Gebenn. invenerit infra banna predicta aliquem extraneum vel forensem qui in aliquo sibi teneatur, eidem liceat de bonis ipsius extranei detinere impune quousque habeat dominum vel aliquem de familia domini qui facere teneatur justiciam de predictis secundum consuetudinem civitatis predicte.

[39.] Item si clericus vel laycus *usurarius*[*], civis vel habitator Gebenn., vel quicunque alius burgensis vel juratus dicte civitatis, moriatur testatus vel intestatus, bona que tempore mortis defunctus possidebat non possint occupari, detineri, eciam extra banna aliqualiter expediri per nos vel alium officiarium nostrum qualemcunque, nec *de hoc, nec de facto usurario debet per nos inquiri, nec* inventarium bonorum suorum fieri. Sed heredes sui omnia bona ipsius defuncti, *licet sit usurarius publicus*, propria sua auctoritate accipere possi[n]t et possessionem bonorum adhipisci, absque aliqua controversia seu difficultate

---

57 Les mots imprimés en italique dans les articles 34, 35, 39, 68 et 77 ont été supprimés dans la confirmation du pape Félix V ; voir ci-après, à la date du 22 mai 1444. Ils figurent dans l'édition de 1507 mais non dans celle de 1767.

* *Voir note ci-dessus.*

quacunque. Et si non appareat heres legitimus, dicta bona custodiantur per annum et diem per quatuor sindicos dicte civitatis ad opus quorum intererit, de consensu et ordinacione nostra, vicarii aut officialis nostri duntaxat. Et quociens venerit legitimus vel testamentarius heres, bona restituantur eidem.

[40.] Item quod res invente vel illate in domo locata, pro locacione domus pre ceteris creditoribus locatori sint obligate pro illo anno, et ipsas conductor extrahere non possit, nec alius qualiscunque, nisi prius locatori solucione facta de mercede seu locacione. Sed ipsas res auctoritate propria impune possit retinere, et ipsis retentis mense elapso vendere possit, domino rerum prius notificato.

[41.] Item quod nullus pignora sibi tradita de pignore infra civitatem et banna extra civitatem portare non possit nec vendere; et si contingat ipsa vendere, infra civitatem vendantur secundum bonos usus et consuetudines antiquitus observatos et superius expressatos.

[56.] Item quod mulieres vidue possint matrimonium contrahere quando voluerint, absque pena.

[77.] Item quod pretextu usure contracte publice vel occulte, eciam si dicatur factus per aliquem civem vel habitatorem Gebenn., clericum vel laycum utriusque sexus, nos et successores nostri per nos, vicedognum vel alium seu alios officiarios nostros, non possimus nec debeamus dictum talem contrahentem, quicunque sit, inquietare, accusare, arguere vel alias molestare, nec contra ipsum super hoc inquirere, ipsumque nec ipsius bona seysire, sequestrare, nec ad manus nostras vel curie nostre reducere vel ponere, nec eciam bona ipsius tam vivi quam mortui occupare nec apprehendere, seu inventarium facere de ipsis bonis, nec aliquod jus in hiis pretendere quoquomodo. Sed heredes sui, tam ab intestato quam ex testato, seu causam habituri ab eodem, possint dicta bona eorum propria auctoritate adhipisci, apprehendere et retinere impune, non obstante querela vel questione per nos vel officiarios nostros facta vel facienda in bonis usurariorum predictorum, si qui sint vel pro tempore esse contingerit*.

[78.] Item si dicti clerici aut cives Gebenn. nunc et in futurum, et qui pro tempore fuerint in dicta civitate procuratores vel sindici ejusdem, singulis privilegiis predictis et capitulis eorundem non uterentur, quod propter non usum, dictis civibus et communitati per non usum triginta, quadraginta, quinquaginta et plurium annorum non amitterent nec amittere deberent privilegia predicta in

---

* *Voir note ci-dessus.*

toto, vel in singulis capitulis, nec perscripcio[58] curreret in predictis contra clericos, cives et communitatem predictos. Et si nos vel officiarii nostri qui pro tempore fuerint in dicta civitate Gebenn. aliter in contrarium uteremur seu uterentur aliquibus capitulis predictis vel pluribus eorundem, aliquid attemptaretur propter vel contra contenta in ipsis capitulis, quod per abusum non fieret prejudicium dictis clericis, civibus et communitati, nec derogaretur dictis privilegiis, nec per usum vel consuetudinem longissimi temporis contra dicta privilegia vel aliqua eorundem non valeat nec debeat perscribi[59], nec perscripcio[60] longissimi temporis allegari, dictis privilegiis in singulis eorum capitulis rectis et firmis remanentibus, usu, possessione vel quasi in contrarium usitate[61] vel possesse non obstantibus, nisi quantum de ipsorum clericorum, civium et communitatis predicte civitatis processerit voluntate et communicato consensu.

[79.] Item quod singuli officiarii nostri in civitate predicta officia gerentes et exercentes infuturum, in principio sui regiminis promittere et jurare teneantur et debeant predicta privilegia, ordinaciones, et concessiones et singula capitula attendere, servare, et in contrarium per se vel per alium imposterum non facere vel venire, nec alicui contravenire volenti in aliquo consentire, sed ipsa omnia et singula inviolabiliter observare.

Les libertés et franchises de Genève

Cy après s'ensuyt la copie des coustumes, ordonnances, franchises et libertés de la noble et insigne cité de Geneve, faisans à l'ayde, proffit et utilité d'icelle, transmises et translatees de latin en francoys par noble Michel Montyon.

Au nom de la sainte, parfaicte et individue trinité du pere, du filz et du saint esprit, amen.

Nous Ademarus, par la grace de Dieu et du siege apostolique evesque de Geneve, par la teneur de ces presentes faisons savoir à tous ceulx qui les verront et orront que, estre considerez par nous certaines informations legitimes avons faites, c'est assavoir des libertés, franchises et immunitez de la dessusdite cité cy après escriptes et declarees; et en oultre aussi certaines coustumes par lesquelles nos feulx citoyens, bourgois, habitans et jurez de ladite cité usent et ja devant sont acoustumés de user par l'espace de si long temps qu'il n'est memoire du contraire. Et des quelles informacions et coustumes bien à plain à une tres grande diligence nous nous sommes informez, car il est ainsi que de nostre propre office pastoral nous devons en tous temps serchier et enquerre l'utilité et singulier proffit de nos subjectz, et, quant lieu et temps est, de leur donner

58 *Lisez :* prescripcio.

59 *Lisez :* prescribi.

60 *Lisez :* prescripcio.

61 *B* usitatis.

medicine de nostre povoir. Pourtant consideré et diligentement estre veue l'evidente utilité et singulier proffit de la dessusdite nommee nostre eglise et cité de Geneve; desirans aussi par affection tres grande les dessusditz nostrez citoyens, bourgois, habitans et jurez par amiable faveur gracieusement traicter et nourrir, selon la nature du bon et piteux bergier et pasteur ; et en les dessusdictez franchisez, libertés, usaiges, immunitez et coustumes consoler, et contre tous adversaires proteger et defendre totalement ; avoir eu premierement bon conseil et mature deliberacion sur toutes ces choses cy escriptes avec les venerables seigneurs monseigneur Robert Chambrier, Pierre de Bigny, Pierre Bouczan, Raul Bonnet, Anselme de Chavanna, Jaquet d'Arenton, Richard des Aloes, Girard Trombert, Francois Falcon, Jehan de Lavenay, Jehan de Marcossey, Pierre Chartrier, Estienne de Chalansonay, Jaques de Monthou, Guidon de Chaulay, Guichard Chambrier, Hugonet de Bigny, Jaques Denant et Francois de Deriaz, chanoynes de la dessus nommee nostre eglise de Geneve, nous et eulx estans representans tout le chapitre et singulierement tractans des negoces cy après escriptes selon la forme et la guise acoustumee; avoir veu premierement ung chascun des articles cy après escript et estre point par point leus et diligentement expliqués, ensemble les aultres usages, ordonnances et coustumes de ladite cité, du vouloir et expresse voulenté dudit chapitre avec lequel comme dessus nous avons eu bon conseil, de nostre science et entiere liberté, par nous et nostres successeurs en ladite eglise et aussi par ceulx qui au temps advenir auront cause de nous, toutes universelles et singulieres libertés, franchises, immunitez, usages et coustumes cy après escriptes, et aussi toutes aultres en lesquelles les dessus nommez citoyens, bourgois, habitans et jurés communement ont esté et en ont usé tant conjointz comme divisez par cy devant, soyent clercz ou lays, par la teneur de ces presentes à eulx et leurs successeurs, comment à ceulx qui l'ont bien amerité, approuvons, ratificons et confermons et de beau nouvel donnons et concedons, presens les dessusditz seigneurs chanoynes estans en chapitre, faisans avecques nous et les notaires publiques cy après escriptz, jurés de nostre court, auxquelz nous commandons, enjoingnons et les requerons qu'il facent de toutes les choses la dessus et cy après escriptes lettres et instrumens publiques □ l'ayde de ceulx à qui il apartiendra, lesquelles nous voulons estre cellees de nostres seaulx et de leurs signetz en tesmoing de verité. Lesquelles libertés, franchises, immunitez, usages, coustumes, aux dessusditz citoyens, bourgois et habitans par nous donnees, baille[e]s, confermees et approuvees s'ensuivent et sont cy après prochainement escriptes.

Du stile de la court du vidomne [25]

[1] Et premierement, car comme il est de coustume ancienne et ca devant observee par les vidomnes, citoyens et aultres en ladicte cité de Geneve habitans, que les causes ne se doivent nullement commencer ne traiter devant le vidomne ou son lieutenant par escript ne par clercz en latin, mais par cueur et en langage maternel, c'est assavoir en rommant, selon la coustume de ladite cité de Geneve, et non pas pour vigeur de droit, mais sommerement et de plan, sans figure de plait et non aultrement. Et aussi que en ladite court du vidomne, sus les causes qui devant luy se commencent et traitent, ne se doyve faire quelconque escripture que ce soit par escript, sinon en causes pesantes et ardues de grant pris, en lesquelles il est de necessité de examiner tesmoings à donner souvenance perpetuelle de la chose faicte, lesquelles causes se doivent bien reduyre par escript. Et en oultre que l'une partie à l'aultre ne doivent bailler par escript en ladite court nulz escriptz ne transcriptz; aussi que le vidomne ne son lieutenant ne doivent ne soient tenus de demander à nully rien pour le seau des lettres qui se cellent en ladite court; ne les sentences ne se doivent point donner en ladite court par clercz ne de leur conseil, mais du conseil des citoyens de la dessusdite cité de Geneve, en telle maniere que, s'il est de necessité de les donner, que □n les doive donner moyennant le conseil de troys ou quatre des citoyens, deux chanoynes et deux aultres nobles gens de ladite eglise, se le fait le requiert; et que nul clerc ne soit tenu d'avoquer devant ledit vidomne ou aultre officier seculier en latin, si non en langage maternel comme dessus est dit; excepté que nous tentees les causes, tant civiles comme criminelles, commencees ou devoir commencer devant le vidomne ou aultre juge seculier, par avant que la sentence soit donnee nous puissons et soit licite d'à nous evoquer, remettre, congnoistre et diffinir par nous ou aultres à nostre nom.

Des gages baillés par le seigneur ou par la partie

[25.] Item que ung chascun dedens la cité et les bans d'icelle soit tenu de garder les choses a luy baillees par le seigneur de la chose ou aultre privee personne, pour vendre des gages, par l'espace de sept jours par avant qu'il les vende; et après les sept jours, que de sa propre auctorité il ayt puissance de les vendre sans licence d'aulcune personne, publiquement devant chascun, estre faite premierement par trois foys la crie, ainsi qu'il est de coustume.

Des choses meubles achetees

[26.] Item que se aulcun a acheté aulcunes choses meubles ou aultres gages publiquement es foires, marchés ou aultres lieux publiques dedens la cité, sans point de barat mais à la bonne foy, qui ayent esté robees à quelcun, et celuy de qui elles estoient les veuille ravoir, qui soit entenu de rendre le capital à celuy qui ces choses a achetees.

Des gages qui ce vendent et de leur expedition

[27.] Item que les gages et aultres choses ypothequees qui ce vendent dedens la cité, qu'on les doive vendre et expedier dehors du toyt après le soleil levant et devant le soleil couchant et non aultrement, en tant que les gages et choses ypothequees se puissent rembre par celuy à qui elles estoient, paravant que celuy qui les a achetees ayt nombré l'argent □ celuy qui les vent.

De ceulx qui trepassent sans faire testament

[34.] Item que se aulcun clerc, citoyen, juré ou habitant de ladite cité meurt sans faire testament, ou soit usurier public ou non, bastart ou aultre, quel qu'il soit ou de quelle condition, les enfans qu'il aura soient ses heritiers; et s'il n'a nulz enfans, ses parens plus prochains dedens et dehors les bans soient ses heritiers, en telle maniere que nulz seigneurs leurs biens ne puissent prendre ne aultre chose demander.

Des testamens à devoir faire

[35.] Item qu'à ung chascun clerc, citoyen, bourgoys et juré de Geneve soit licite de faire testament à sa propre voulenté et à son plaisir, de quelle condition qu'il soit; et que par sa condition, estat, nativité mains legitime, soit usurier publique ou bastart, qu'on ne puisse en maniere quelconque impugner ne contredire à ce testament ainsi fait.

Des creanciers qui par les citoyens se peuvent detenir ou leurs biens

[36.] Item que se aulcun clerc, citoyen ou habitant de ladite cité ayt trouvé dedens les bans de la cité quelcun estrangier qui luy est obligé ou entenu en quelque chose, que à celuy à qui on doit soit licite de prendre et detenir des biens de celuy qui luy doit, sans reprehension, jusques à tant qu'il y ayt quelcun des familiers du seigneur qui luy soit tenu de faire justice selon les coustumes de ladite cité.

Des biens des usuriers mors ou aultres en la cité, lesquelz ne se doivent point occuper.

[39.] Item que se quelque clerc ou lay qui soit usurier ou aultre citoyen ou habitant de la cité trespasse et meurt estre fait testament ou non estre fait, les biens qu'il avoit au temps de sa mort ne se doivent ne ne puissent par nous ou aultres nostres officiers quelz qu'ilz soient occuper ne detenir; ne aussi à cause de ceste usure on ne le doive ne puisse molester ou inquieter ne aulcunement faire inventoire de ces biens, mais celuy qui sera son heritier, nonobstant qu'il soit usurier publique, de sa propre auctorité les biens dudit mort il puisse prendre et posseder comme les siens propres, et à la possession de ceulx entrer sans empeschement et difficulté quelconque. Et s'il ne se trouve nul qui soit son heritier legitime, les dessusditz biens soient gardés par l'espace d'ung an et ung jour par les quatre sindiques de la cité à l'ayde de celuy □ qui les biens seront, du consentement et ordonnance de nous ou nostres vicaires ou official. Et quant il viendra celuy qui debvera estre heritier legitime, qu'on soit tenu de luy restituer ces biens.

Des choses qui sont obligees au seigneur de la maison qui est louee

[40.] Item que les choses trouvees dedens aulcune maison qui a esté ou qui est louee par quelcun soient premierement obligees à celuy qui a loué sa maison qu'à aultre; ne celuy à qui elles sont ne les puisse traire hors de la maison qu'il a louee jusques à tant qu'il ait satisfait du louage; et celuy à qui est la maison, lesdites choses de sa propre auctorité puisse detenir l'espace d'ung moys, et passé ledit moys il les puisse vendre mais premierement estre notiffié à celuy de qui elles sont.

Des choses levees de gages qu'on vent dedens la cité

[41.] Item que nul ne puisse ne ne doive dedens la cité ou ses bans les gages qui luy ont esté baillés par quelcun dedens la cité ou les bans, hors de la cité les porter ne vendre; et s'il advenoit les vendre dedens la cité, qu'on soit tenu de les vendre selon les bons usages et coustumes anciennement observees par devant en ladite cité.

Des femmes veufves

[56.] Item que les femmes veufves se puissent marier quant il leur plaira, sans aulcune peine.

Que nul à cause de usure ne soit molesté ne inquieté

[77.] Item que nulz à cause de usure faite publiquement par quelconque que ce soit, bourgois, citoyen, habitant, clerc ou lay, ou homme ou femme, par nous, nostres successeurs, nostre vidomne ou aultres officiers ne soit inquieté, accusé, argué ne en aulcune maniere molesté; ne contre celuy ou celle ou ses biens saisir, sequestrer ne mettre à nostres mains ou à nostre court deduyre; ne les bien d'ung tel ou telle vif ou mort occuper ne apprehender; ou faire inventoire desditz biens, ne en maniere du monde aultre quelque droit que ce soit pretendre. Mais les heritiers de celuy ou d'icelle, par testament ou sans testament, ou ceulx qui ont cause d'icelluy ou auront au temps advenir, lesditz biens de leur propre auctorité puissent et à eulx soit licite prendre, retenir sans reprehension, non obstant toute question par nous, nostres officiers faite ou devoir à faire es biens desditz usuriers qui seroient par le present ou seront au temps advenir.

Que se les sindiques ne usent desdites franchises, que pourtant elles ne soient point perdues

[78.] Item que se les dessusditz citoyens de Geneve qui par le temps present sont et seront au temps advenir procureurs de ladite cité, des dessusditz privileges et franchises en tous leurs chapitres ou en aulcuns d'eulx n'en usent, que pourtant es ditz citoyens et communité par l'espace de trente ans, quarante ans, cinquante ans ou plus, ne soient pas perdus ne ne leur puisse encourre prescription de temps. Et se nous ou nostres officiers qui par le temps advenir venoient au contraire en tout ou en partie de ces privileges ou qu'il attentassent de venir au contraire, que pourtant il ne deussent ne ne peussent ausditz citoyens, clercz et communité porter prejudice quelconque, ne alleguer rescription de temps, sinon en tant qu'il seroit du consentement et voulenté desditz citoyens de ladite communité.

Que tous officiers de ladite cité de Geneve soient tenus de jurer lesdites franchises

[79.] Item que tous nostres officiers de ladite cité qui exerceront office au temps advenir, qu'ilz soient tenus au commencement de leur office de jurer et promettre les dessusditz privileges, ordonnances et concessions server et garder, et de non venir ne faire au contraire en nulle maniere, ne a nully contre celles veuillant venir en riens consentir, mais tous ceulx perpetuellement observer.

Les Édits civils de la République de Genève (1568) et leur commentaire par Jean Cramer (1701-1773)

CETTE ÉTUDE a pour objet de démontrer l'importance du droit coutumier et du droit romain dans l'histoire du droit privé de Genève, république située entre pays de coutumes et pays de droit écrit. Dans une première partie, nous évoquerons la législation civile de la cité protestante, son évolution du XVIe jusqu'au début du XIXe siècle ; dans une seconde partie, nous nous pencherons plus particulièrement sur différents domaines de cette législation, ce qui nous permettra de rappeler les principales composantes de l'histoire du droit privé genevois de l'ancien régime.

Première partie

I. Les *Édits civils* de 1568[1] et l'œuvre de Germain Colladon (1508-1594)

Devenu le Souverain de la ville de Genève après la fuite du prince évêque Pierre de la Baume (1477-1544), le Conseil général[2] adopte, le 21 mai

1 Les *Édits civils* de 1568 figurent dans : *Les sources du droit du Canton de Genève*, publié par Emile Rivoire. Aarau, H. R. Sauerländer, 1933, vol. III, pp. 176-232.

2 Le Conseil général, c'est-à-dire le corps électoral. Seuls les citoyens et bourgeois de sexe masculin, ayant atteint la majorité (25 ans), ont le droit de vote et sont éligibles. Roth-Lochner, Barbara, *De la banche à l'étude. Une histoire institutionnelle,*

1536, la réforme protestante. Ayant rompu avec son seigneur, avec la religion traditionnelle ainsi qu'avec son droit, le droit canonique, Genève, devenue indépendante, est prête à réorganiser tant ses institutions ecclésiastiques, que ses institutions politiques et juridiques[3]. Si quelques mesures partielles ont sans doute été adoptées auparavant[4], ce sont les *Édits civils*, sanctionnés par le Conseil général, le 29 janvier 1568, qui véritablement consacrent la refonte de tout l'ordre juridique genevois.

L'objectif poursuivi par Jean Calvin (1509-1564), le réformateur de Genève, est de doter cette cité d'un code de lois politiques de même que d'un code de lois civiles[5]. C'est ce dernier aspect que nous allons développer. La rédaction des *Édits civils* est une entreprise qui débute en 1560 ; elle est l'œuvre d'une commission, qui dès 1561, a pour mission de revoir l'ancienne législation et de la compléter par ce qui pourrait favoriser l'intérêt public[6]. La composition de la commission variera au cours des ans ; en font partie notamment le syndic[7] Michel Roset (1534-1613), Théodore de Bèze (1519-1605) et Germain Colladon (1508-1594), le seul qui assistera à tous les travaux et dont l'influence sera déterminante. Relevons que Théodore de Bèze et Germain Colladon sont les deux seuls étrangers, les autres commissaires représentant des familles genevoises de vieille souche[8]. Germain Colladon,

---

professionnelle et sociale du notariat genevois sous l'Ancien Régime, Genève, Société d'histoire et d'archéologie de Genève, 1997, p. 531.

3 Emile Golay, « Etude sur le vieux droit genevois. Les Édits civils et les Ordonnances ecclésiastiques de 1576 », *Bulletin de l'Institut national genevois*, t. XXIX, 1889, pp. 116-117.
Histoire de Genève, publiée par la Société d'histoire et d'archéologie de Genève, [dir. Paul-E. Martin], Genève, A. Jullien, 1951, vol. 1er, pp. 237-244.
Alfred Dufour, *Histoire de Genève*, Paris, Presses Universitaires de France, 3e éd., 2001, pp. 49-51.

4 A propos notamment de l'Edit du Lieutenant de 1542, voir Barbara Roth-Lochner, *Messieurs de la Justice et leur greffe. Aspects de la législation, de l'administration de la justice civile genevoise et du monde de la pratique sous l'Ancien Régime*, préf. de Jacques Droin, Genève / Paris, Société d'histoire et d'archéologie, Droz [diff.], Champion [diff.], 1992, pp. 35-36.

5 Emmanuel de Peretti DE LA Rocca, *De l'influence des Coutumes de Berry sur la législation de Genève au XVIe siècle*, thèse manuscrite de l'Ecole des chartes, Paris, 1893, copie déposée à la Bibliothèque publique et universitaire de Genève (Ms. Fr. 1084), pp. 2-3.

6 Erich-Hans Kaden, *Le jurisconsulte Germain Colladon, ami de Jean Calvin et de Théodore de Bèze*, Genève, Georg, Mémoires publiés par la Faculté de droit de Genève, n°41, 1974, pp. 100-101.

7 Les quatre syndics expédient les affaires courantes et partagent avec le Petit Conseil qu'ils président le pouvoir exécutif de la République.

8 Peretti de la Rocca, *De l'influence des Coutumes de Berry ...*, *op. cit.*, p. 4.

un juriste savant, ami de Jean Calvin (1509-1564), avait été formé à Orléans et à Bourges, villes où il avait suivi les leçons d'un Pierre de l'Estoile (1480-1537) et d'un André Alciat (1492-1550), maîtres professant à l'école de l'humanisme juridique. Dès 1531, il enseigne le droit romain à l'Université de Bourges et, à partir de 1533, se met à exercer le métier d'avocat au Parlement de cette ville. Cet habile praticien, écouté et estimé dans son pays natal, est sans doute attentif à la rédaction et réformation des anciennes coutumes de Berry en 1539-1540. En raison de sa foi protestante, il doit, en 1550, se réfugier avec sa famille à Genève où, en 1555, il est admis à la bourgeoisie de cette cité. Au cours de sa vie genevoise Germain Colladon servira la République protestante comme conseiller juridique dans de nombreux domaines, son œuvre la plus originale étant sans conteste la réalisation des *Édits civils*[9].

A l'exemple des rédactions officielles de coutumes, les *Édits civils* de 1568 représentent, comme le résume le professeur Alfred Dufour dans son *Histoire de Genève*, une véritable compilation des différentes lois genevoises dans les domaines régis par les *Franchises*[10]. En effet, on retrouve la procédure civile et la procédure criminelle dans les douze premiers titres de ce corps de lois de 372 articles (au total trente-deux titres), ainsi que 262 articles, aux titres XIII à XXXII, représentant l'essentiel du droit civil matériel. Cependant, insérées dans cette matière, apparaissent également des dispositions de droit fiscal au titre XVI à propos des lods[11] et de droit administratif réglementant le métier de notaire au titre XXV. Sont ainsi répartis dans les vingt-deux titres restants : – le droit civil comprenant le droit des personnes, le droit de la famille et le droit successoral aux titres XIII à XV et XXVI à XXX ; – le droit des obligations aux titres XVII et XVIII, XXIII et XXIV ; – les droits réels aux titres XIX à XXII ; – le droit des faillites aux titres XXXI et XXXII. Ainsi pour la première fois, ces différentes matières ressortissant au droit privé sont fixées par écrit dans ce « Corps de loix » que sont les *Édits civils*, rédigés en français[12] alors qu'auparavant seule une très

---

9 *Ibid.*, p. 7.
Kaden, *Le jurisconsulte Germain Colladon*, *op. cit.*, pp. 21 et s.
Alfred Dufour, « Germain Colladon », *Dictionnaire historique de la Suisse*, (support électronique), 2003, 1 p.

10 Dufour, *Histoire de Genève*, *op. cit.*, p. 50.

11 Droit de mutation ; part du prix de la vente d'un fonds dû à la Seigneurie de qui il relève, c'est-à-dire la République de Genève, pour avoir son approbation.

12 Jean Cramer, *Recherches historiques sur les loix de Genève, et sur Ceux qui y ont administré la Justice, pour servir d'Introduction au Commentaire sur les Édits Civils de*

petite partie figurait dans les *Franchises*, nécessitant le recours soit aux statuts des autorités de la Cité, soit au droit coutumier, soit au droit romain[13].

La double formation de romaniste et de juriste coutumier de Germain Colladon est des plus utiles pour l'élaboration de cette espèce de code civil dont il s'agit de doter la République protestante. Se servant de la rédaction des *Coutumes générales des pays et duché de Berry* – coutumes qu'il connaît particulièrement bien pour les avoir pratiquées à Bourges et qui sont les coutumes françaises les plus influencées par le droit romain – remarquables parce qu'elles sont en harmonie avec le droit coutumier[14] – il se garde toutefois de vouloir les implanter telles quelles sur sol genevois, préférant les utiliser comme canevas et comme modèle, ainsi que le relève le jurisconsulte genevois Antoine Flammer (1826-1891)[15]. Le recours aux coutumes de Berry n'est de la sorte point systématique, d'une part parce que le droit en vigueur à Genève est dans certains domaines bien plus complet que celui de Berry, d'autre part parce que les besoins de la société genevoise ne correspondent pas à ceux de la société berrichonne. Procédant toujours avec prudence dans l'utilisation qu'il fait des Coutumes de Berry, il n'a de cesse de confronter ces dispositions à celles du droit en vigueur à Genève : les *Franchises*, les statuts des autorités de la Cité, le droit coutumier et le droit romain. Les *Édits civils*, résultat de ce labeur, se présentent de la sorte comme une harmonieuse synthèse entre ces divers droits[16].

1713 in Partsch, Gottfried « Jean Cramer et son précis de l'histoire du droit genevois », *Bulletin de la Société d'histoire et d'archéologie de Genève*, t. XIII, 1964, p. 65.

13 Antoine Flammer, *Le droit civil de Genève, ses principes et son histoire*, Genève, Collection du bulletin de l'Institut national genevois, t. 20, 1875, pp. 10-29.
Kaden, *Le jurisconsulte Germain Colladon*, *op. cit.*, pp. 108-116.
Roth-Lochner, *Messieurs de la Justice et leur greffe*, *op. cit.*, pp. 38-39.
Dufour, *Histoire de Genève*, *op. cit.*, p. 50.

14 Jacqueline Vendrand-Voyer, « Réformation des coutumes et droit romain. Pierre Lizet et la coutume de Berry », *Annales de la Faculté de droit et de science politique de l'Université de Clermont I*, fasc. 18, 1981, p. 366.
Roth-Lochner, *Messieurs de la Justice et leur greffe*, *op. cit.*, p. 38.

15 Flammer, *Le droit civil de Genève*, *op. cit.*, p. 13.

16 *Ibid.*
Kaden, *Le jurisconsulte Germain Colladon*, *op. cit.*, pp. 117-118.
Dufour, « Germain Colladon », *op. cit.* p. 1.

II. La publication des *Édits civils* en 1707[17]

Au cours des XVIe et XVIIe siècles, le législateur genevois complète les *Édits civils* en comblant leurs différentes lacunes. La plupart des Édits adoptés durant cette période touchent la procédure[18], mais il en est un, celui du 4 janvier 1573, qui a trait d'une part au droit successoral à propos des héritiers sous bénéfice d'inventaire et d'autre part au droit des faillites, touchant entre autres la cession de tous les biens du débiteur de bonne foi à ses créanciers pour obtenir la liberté de sa personne[19].

Il faut attendre le mois de mai 1707 pour que l'essentiel de la législation genevoise comprenant les *Édits politiques*, les *Édits civils* et les *Ordonnances ecclésiastiques* soit pour la première fois imprimé et distribué aux bourgeois et citoyens majeurs, c'est-à-dire de 25 ans révolus. Jusqu'alors, en effet, c'est par le biais de copies manuscrites que l'on pouvait connaître la loi. Lors de la crise politique qui ébranle Genève en 1707, l'opposition s'inquiète de ne pas avoir en main les textes officiels qui régissent la République et réclame leur publication[20]. Le gouvernement fait

---

17 *Édits de la République de Genève*, Genève, chez la Société des Libraires, 1707, 174 p.

18 Voir Roth-Lochner, *Messieurs de la Justice et leur greffe*, *op. cit.*, p. 39.

19 L'Edit sur les héritiers bénéficiaires et discussions générales figure dans *Les sources du droit du Canton de Genève*, *op. cit.*, vol. III, pp. 301-304.
Cramer, *Recherches historiques sur les loix de Genève*, *op. cit.*, p. 65.
Roth-Lochner, *Messieurs de la Justice et leur greffe*, *op. cit.*, p. 39

20 Cette mesure visait principalement les Édits politiques de 1543, révisés en 1568, qui de façon générale réglementent l'organisation politique de la République protestante, le mode d'élection de ses organes et les diverses compétences de ses magistrats. Voilà ce qu'en dit François D'Ivernois (1757-1842), un des chefs de l'opposition genevoise lors des troubles de 1781-1782 dans son mémoire adressé au roi de France :
« Fatio [Pierre Fatio 1662-1707, avocat patricen qui défendit au prix de sa vie les thèses de l'opposition démocratique] *réclamait aussi non-seulement l'impression, mais une révision de tous les édits politiques et civils. Le recueil de 1568 n'était point encore imprimé ; et ce n'avait pas été là un oubli de la part des Conseils,* [c'est-à-dire, le Petit conseil et le Conseil des deux cents qui se réunissent généralement une fois par mois pour débattre de certaines affaires que lui soumet le Petit conseil. Sur proposition de ce dernier, il décide également des lois] *mais l'effet d'une délibération expresse prise le lendemain de la sanction de cet édit ; il est aisé de comprendre quels motifs avaient engagé à soustraire aux citoyens des lois qui leur eussent retracé leurs droits. La publicité de ces édits était un bien qui leur appartenait* ; Fatio, *demandait avec raison que chacun pût connaître sous quelles lois on vivait, et comme plusieurs articles étaient tombés en désuétude ou avaient été remplacés par des usages violateurs, il proposait que le souverain* [le Conseil général] *élût une commission pour les revoir, en supprimer les articles abrogés ou inutiles, éclaircir ceux qui étaient obscurs, et distribuer d'avance cet ouvrage aux membres du Conseil général, pour en recevoir des observations.* [François d'Ivernois.], *Tableau historique et politique des révolutions de Genève dans le*

suite à cette revendication. Dans le domaine des *Édits civils*, il ordonne l'impression de la version de 1568, qu'il adapte au français du XVIIIe siècle, en y adjoignant les compléments apportés depuis cette année-là, soit en notes, soit en annexes comme l'Edit de 1573[21].

III. La révision des *Édits civils* en 1713[22]

Le gouvernement de la République se rend compte de la nécessité d'une refonte complète des *Édits civils* en raison des lacunes et des obscurités que la publication vient de mettre en lumière. Le 20 mai 1707, il nomme une commission qui a pour tâche de mener à bien cette entreprise, décision approuvée par le Conseil général, le 26 mai 1707. Celle-ci est formée de trois avocats et docteurs en droit, jurisconsultes renommés ; il s'agit du syndic David Sartoris (1659-1735), du lieutenant[23] Abraham Mestrezat (1651-1721) et de l'ancien auditeur[24] Jean Sales (1655-1740). Cette révision s'achève six ans plus tard par son approbation, votée en Conseil général, le 5 octobre 1713. Ces Édits sont imprimés en 1714 et distribués gratuitement aux bourgeois et citoyens majeurs[25].

L'essentiel de ce travail touche tant la procédure civile que le droit civil. S'agissant de ce dernier domaine, les commissaires insèrent dans le corps du texte des *Édits civils* de 1713 les compléments ajoutés dans leur version de 1707. En outre, ils y introduisent, en le révisant, le règlement sur le commerce adopté par le Conseil des deux cents le 6 septembre 1698, législation qui se fondait principalement sur l'Ordonnance de 1673 du roi de France Louis XIV (1638-1715) sur la même matière. L'insertion de ces

---

dix-huitième siècle dédié à sa majesté très-chrétienne Louis XVI par un citoyen de Genève, Genève, Vaney, 1850, pp. 26-27.

21 D'Ivernois, *Tableau historique*, *op. cit.*, pp. 30-42.
Cramer, *Recherches historiques sur les loix de Genève*, *op. cit.*, pp. 66-67.
Flammer, *Le droit civil de Genève*, *op. cit.*, pp. 34-35.
Histoire de Genève, *op. cit.*, vol. 1er, pp. 403-412.
Roth-Lochner, *Messieurs de la Justice et leur greffe*, *op. cit.*, pp. 39-40.
Roth-Lochner, *De la banche à l'étude*, *op. cit.*, pp. 38-39.

22 *Édits civils de la République de Genève*, Genève, chez la Société des libraires, 1714, 136 p.

23 Le lieutenant préside la cour du lieutenant ayant les fonctions de tribunal civil de première instance et de tribunal de police.

24 Les auditeurs sont les juges-assesseurs du lieutenant.

25 Cramer, *Recherches historiques sur les loix de Genève*, *op. cit.*, pp. 66-69.
Flammer, *Le droit civil de Genève*, *op. cit.*, p. 35.
Roth-Lochner, *Messieurs de la Justice et leur greffe*, *op. cit.*, p. 40.

dispositions, qui avait comme objectif de leur donner plus de publicité et donc d'efficacité, se présente ainsi : *Des Négotians & Sociétés, Des Agens de Change & Courtiers de Marchandise, Des Lettres de Change* ; elles trouvent leur place aux titres XVI à XVIII, entre les articles sur le droit de la famille (titre XIII à XV) et ceux relatifs au droit fiscal (titre XIX) ; quant à celles traitant *Des Faillites, & peines contre ceux qui fraudent leurs Créanciers*, elles figurent au dernier titre des *Édits civils*, le trente-sixième[26].

A propos des objectifs qui avaient présidé à la révision des *Édits civils* en 1713, le jurisconsulte genevois Jean Cramer (1701-1773), personnalité sur laquelle nous reviendrons plus loin, relevait en 1761 que le premier but avait été « *d'abréger les procès et réprimer la chicane* »[27]. Et d'évoquer dans cette optique les améliorations apportées non seulement par la procédure civile des dix premiers titres, mais encore par le soin mis à clarifier les articles dont l'obscurité était source de conflit, donc de procès[28]. A ce sujet, l'historienne Barbara Roth-Lochner précise que les modifications apportées en 1713 vont souvent au-delà du simple toilettage car il s'agit aussi de l'adaptation d'une législation pensée au XVIe siècle à la réalité juridique du début du XVIIIe siècle[29]. Quant au deuxième but poursuivi par les Édits de 1713, Jean Cramer soulignait qu'il s'était agi de favoriser l'essor du commerce dans la République, notamment par l'adjonction des dispositions figurant aux titres XVI à XVIII[30].

IV. La destinée des *Édits civils* au XVIIIe siècle

Le débat auquel on assiste à Genève durant le XVIIIe siècle, et qui s'insère dans les luttes politiques entre le pouvoir et l'opposition[31], a notamment pour objet la nécessité d'avoir un code dans lequel on trouverait l'ensemble de la législation genevoise en vigueur, comprenant donc également

---

26 Jean Cramer, *Commentaire sur les Édits civils de 1713*, tome VII, pp. 13-14, Ms Cramer, 151.
Cramer, *Recherches historiques sur les loix de Genève, op. cit.*, pp. 68-69.
Flammer, *Le droit civil de Genève, op. cit.*, p. 37.
Roth-Lochner, *Messieurs de la Justice et leur greffe, op. cit.*, pp. 40-42.

27 Cramer, *Recherches historiques sur les loix de Genève, op. cit.*, p. 79.

28 *Ibid.* pp. 79-80.

29 Roth-Lochner, *Messieurs de la Justice et leur greffe, op. cit.*, p. 41.

30 Cramer, *Recherches historiques sur les loix de Genève, op. cit.*, p. 80.

31 Pour un résumé des conflits politiques qui secouent Genève au XVIIIe siècle, voir Dufour, *Histoire de Genève, op. cit.*, pp. 82-86.

le droit privé, entreprise impliquant forcément une refonte des Édits et notamment des *Édits civils*. Cette promesse de code général, qui figure dans le *Règlement de l'illustre Médiation*[32] et dans l'*Edit de conciliation*[33], textes approuvés par le Conseil général le 8 mai 1738 pour le premier et le 11 mars 1768 pour le second, reste cependant lettre morte. Remarquons que quelques années auparavant, en 1735[34], on avait décidé une nouvelle impression des *Édits* en raison de la rareté de l'édition de 1714. Si maintes tentatives de révision partielle de ces *Édits civils* ont été proposées, bien souvent par des juristes soucieux d'apporter un peu de clarté à certains articles quelque peu vieillis par rapport à une pratique en constante évolution, en particulier dans le domaine commercial, le gouvernement plus d'une fois s'y oppose, de crainte qu'une révision partielle n'aboutisse à une révision totale, ce qu'il n'est pas prêt à accepter[35].

Les troubles politiques de 1781-1782 provoquent l'intervention des puissances étrangères qui rétablissent dans tous leurs pouvoirs les autorités de la Cité et imposent, d'entente avec ces dernières, l'*Edit de pacification*, adopté par un Conseil général épuré, le 21 novembre 1782[36]. Ce texte prévoit au titre XVII « *Du Code* » le projet de refonte générale de toute la législation genevoise et précise que la commission qui aura la tâche d'établir cette collection des *Édits civils* devra conserver intégralement la législation en vigueur, la mettre en harmonie avec les usages qui lui sont contraires, enfin l'éclaircir dans les domaines dans lesquels la pratique a des doutes[37]. Le 21 juin 1783, la commission est désignée : trois avocats et membres du Petit Conseil, Jean-Jaques Bonnet (1717-1802), ancien lieutenant et ancien

---

32 Ce *Règlement* est le résultat de la médiation de la France d'entente avec les Cantons alliés de Berne et Zurich ; il met fin à la crise qui a secoué Genève depuis 1734.
Art. XLII. *Règlement de l'illustre Médiation pour la pacification des troubles de la République de Genève*, Genève, chez les frères De Tournes, 1738.

33 Cet *Edit* restaure la tranquillité dans la République après les troubles politiques déclenchés par l'affaire Rousseau dès 1762.
Art. XII. *Edit du 11. Mars 1768*.

34 *Édits civils de la République de Genève*, Genève, Chez les frères de Tournes, 1735, 135 p.

35 Cramer, *Recherches historiques sur les loix de Genève*, *op. cit.*, p. 69.
Flammer, *Le droit civil de Genève*, *op. cit.*, pp. 37-38.
Histoire de Genève, *op. cit.*, vol. 1er, pp. 440-441 et 455-456.
Roth-Lochner, *Messieurs de la Justice et leur greffe*, *op. cit.*, pp. 42-45.
Roth-Lochner, *De la banche à l'étude*, *op. cit.*, p. 40

36 *Édit de Pacification de 1782*. Imprimé par ordre du gouvernement, Genève, J. L. Pellet, 1782, 220 p.

37 *Ibid.*, titre XVII, art. VI, al. 2.

syndic ; Ami Lullin (1748-1816), ancien châtelain de Jussy[38] ; Isaac-Louis Naville (1748-1801), ainsi que quatre membres du Conseil des deux cents, Jean-Manassé Cramer (1728-1797), professeur de droit ; René-Guillaume-Jean Prevost (1749-1816), auditeur, avocat et notaire ; François-André Naville (1752-1794), procureur général. Pierre-André Rigaud (1750-1804), avocat et châtelain de Jussy, sera le secrétaire de la commission. Barbara Roth-Lochner, dans son étude *Messieurs de la justice et leur greffe*, relève que l'essentiel du travail porta moins sur un remaniement total, dont l'objectif aurait été une refonte générale tant de l'économie des *Édits civils* que de leur contenu que sur un arrangement de ceux-ci, en particulier dans le domaine de la procédure, du droit successoral, de celui des personnes et des biens ainsi que sur leur adaptation aux édits précédents notamment l'*Edit de pacification*. Ce projet, présenté en Conseil général le 19 octobre 1783, est rejeté. Ce refus est de toute évidence motivé avant tout par l'exaspération du Souverain contre ses autorités qui viennent de le réprimer, à la première occasion donnée par celles-ci de s'exprimer. Pour remédier à ce refus que l'*Edit de pacification* de 1782 avait d'ailleurs prévu[39], la commission ne fera qu'insérer dans les *Édits civils* les dérogations principales que cet édit apportait à l'édition de 1713 et qui ne concernaient point le droit privé. Ces édits révisés entrent en vigueur le 30 décembre 1783 sous le titre de *Collection des Édits civils*[40]. Les dispositions, à caractère pénal et fiscal, développées dans l'*Edit de pacification* n'y figurent plus, de sorte que cette législation débarrassée de ces matières se rapproche davantage de la notion moderne de code. D'ailleurs tant dans son introduction que dans sa table des matières, le terme de code est utilisé[41].

Durant la période révolutionnaire (1789-1798), Genève conserve ses *Édits Civils*. La République protestante annexée à la Grande nation en 1798 les maintiendra jusqu'à la promulgation du Code civil des Français du 21

---

38 Les châtelains correspondent aux lieutenants dans les territoires ruraux dépendant de la République.

39 Art. VIII, al. 1er « *Si le Projet de la Commission est rejeté par l'un des trois Conseils, la collection des Édits Civils revus en 1713, auxquels il n'aura pas été dérogé par des Lois subséquentes, formera le Code des Lois Civiles de l'Etat, & il ne pourra s'introduire aucun usage qui y soit contraire.* » Titre XVII, Du Code, Edit de Pacification de 1782.

40 *Collection des Édits civils, Revus en 1713, Auxquels il n'a pas été dérogé par L'Edit de Pacification. Faite En exécution de l'Article VIII du Titre XVII de l'Edit de Pacification*, Genève, Chez Jean-Léonard Pellet, Imprimeur de la République, 1783, 160 p.

41 Roth-Lochner, *Messieurs de la Justice et leur greffe*, *op. cit.*, pp. 45-49.

mars 1804, qui dès lors s'appliquera à Genève, chef-lieu du département du Léman[42].

V. Jean Cramer et le Commentaire sur les Édits civils de 1713

Avant d'aborder quelques domaines ressortissant aux *Édits civils* qui nous permettent d'illustrer les principales composantes de l'histoire du droit privé genevois de l'ancien régime, évoquons la personnalité de Jean Cramer, que nous avons déjà rencontré, et son célèbre commentaire, qui constitue une source importante de l'histoire du droit privé genevois.

Jean Cramer est né à Genève en 1701. Après des études au Collège de Genève, il défend une thèse en physique sur le baromètre. Il poursuit des études de droit à l'université de Bâle de 1718 à 1720, et obtient en 1721, le titre de docteur en droit grâce à une thèse sur les donations. Dès 1723, Jean Cramer et Jean-Jacques Burlamaqui (1694-1748) sont nommés professeurs de droit à l'Académie de Genève. Chacun des deux juristes enseignait à tour de rôle le droit naturel et l'année suivante le droit civil, c'est-à-dire les *Pandectes*, les *Institutes* et les *Édits de Genève*. En 1728, Jean Cramer est nommé au Conseil des deux cents, mais dix ans plus tard, au moment où, en 1738, il accède au Petit Conseil, il renonce à l'enseignement pour se consacrer pleinement aux charges publiques, celles de trésorier général de 1740 à 1746, de syndic, poste qu'il assume cinq fois de 1747 à 1763, et de premier syndic en 1770. Durant ces années de magistrature, alors qu'il est accaparé par ses fonctions, Jean Cramer trouve encore du temps pour rédiger un *Recueil de décisions et d'observations de jurisprudence, à l'usage des juges et des avocats de Genève*[43], qu'il achève en 1758. Cet ouvrage de douze volumes, qui est selon le professeur Gottfried Partsch (1919-2002) « ... *une véritable encyclopédie des faits juridiques du droit genevois aux XVII*^e^ *et XVIII*^e^ *siècles*[44] », est le prélude à son autre grande œuvre : le *Commentaire*

---

42 Flammer, *Le droit civil de Genève*, *op. cit.*, pp. 38-45.
Jean-Louis Halpérin, *Histoire du droit privé français depuis 1804*, Paris, Presses Universitaires de France, 1996, p. 15.
Roth-Lochner, *De la banche à l'étude*, *op. cit.*, pp. 52-54.

43 Ce manuscrit qui n'a jamais été publié est conservé à la Bibliothèque publique et universitaire de Genève, Ms Cramer, 159-170.

44 Partsch, « Jean Cramer et son précis de l'histoire de droit genevois (1761) », *op. cit.*, p. 17.

sur les Édits civils de 1713[45]. Cette œuvre non moins monumentale, comprenant quatorze volumes, dont seul le premier consacré à l'historique de la législation genevoise a été publié par Gottfried Partsch[46], est terminée en 1761. L'un des objectifs poursuivis par Jean Cramer est de remonter aux origines même du droit genevois, travail qui constitue pour nous une source importante de l'histoire du droit privé de la République protestante. Cette somme, qui étudie avec soin tous les articles contenus dans les *Édits civils*, nous fournit un témoignage précieux sur ce que représente le droit en vigueur à Genève au XVIIIe siècle. En particulier, elle nous permet de connaître et comprendre la teneur de la législation privée et le fonctionnement des institutions qui l'appliquaient. En outre, ce commentaire révèle la vaste érudition de son auteur ainsi que ses qualités de pédagogue. A sa mort en 1773, son fils et son petit-fils continueront son œuvre de commentateur du droit genevois. Il s'agit de Jean-Manassé (1728-1797), également professeur de droit de 1757 à 1789 et membre du Conseil des deux cents, et de Jean-Antoine (1757-1818), le fils de Jean-Manassé, qui appartient au Conseil des deux cents depuis 1785 et qui succède à son père en 1789 à la chaire de droit qu'il quittera en 1795[47].

Seconde partie

Pour éclairer les principales composantes du droit privé genevois dans les *Édits civils* et nous rendre compte de leur influence, nous allons examiner certaines de ses dispositions. Nous le ferons en mettant à profit, d'une part, le *Commentaire sur les Édits civils de 1713* de Jean Cramer et, d'autre part, l'étude remarquable d'Emmanuel de Peretti de la Rocca (1870-...), *De*

45 Ce manuscrit est conservé à la Bibliothèque publique et universitaire de Genève, Ms Cramer, 145-158.

46 Cramer, *Recherches historiques sur les loix de Genève*, *op. cit.*

47 Charles Borgeaud, *Histoire de l'Université de Genève*. L'Académie de Calvin 1559-1798, Genève, Georg, vol. 1er, 1900, pp. 512-514, 520, 527, 642-643.
Lucien Cramer, *Une famille genevoise : les Cramer, leurs relations avec Voltaire*, Rousseau et Benjamin Franklin-Bache, *Documents inédits*, Genève, Droz, 1952, p. 2.
Gottfried Partsch, « Jean Cramer et son précis de l'histoire de droit genevois (1761) », *Bulletin de la Société d'histoire et d'archéologie de Genève*, t. XIII, 1964, pp. 15-19.
Le livre du recteur de l'Académie de Genève 1559-1878, publ. par Suzanne Stelling-Michaud, Genève, Droz, vol. 2, 1966, pp. 590-591.
Ferdinand Elsener, *Die Schweizer Rechtsschulen vom 16. bis zum 19. Jahrhundert unter besonderer Berücksichtigung des Privatrechts. Die kantonalen Kodifikationen bis zum schweizerischen Zivilgesetzbuch*, Zürich, Schulthess Polygraphischer Verl., 1975, pp. 186 et 188-189.
Roth-Lochner, *Messieurs de la Justice et leur greffe*, *op. cit.*, pp. 19-.20

l'influence des Coutumes de Berry sur la législation de Genève au XVIe siècle, ouvrage datant de 1893 et qui n'a jamais été publié[48].

I. L'émancipation par le mariage[49]

L'article II du titre XIII des *Édits civils* de 1713 reprend la teneur de l'article II du titre XIII de ceux de 1568[50] à une exception près que nous évoquerons plus bas. Nous retrouverons la même disposition de 1713 dans la *Collection des Édits civils* de 1783[51].

Dans son *Commentaire*, Jean Cramer évoque tout d'abord le droit romain à propos de l'émancipation par le mariage. Sous le régime romain, écrit-il, les enfants, bien qu'ils fussent mariés, restaient sous l'autorité de leur père. En outre, dans les *Institutes*, remarque-t-il, il n'est point fait allusion à l'émancipation par le mariage comme moyen permettant de mettre fin à la puissance paternelle. Ensuite, à propos du droit en vigueur à Genève et dans les autres pays, il constate que le mariage émancipe[52].

En fait, l'émancipation par le mariage se pratique dans les pays coutumiers, alors que, dans les pays de droit écrit, la conception de la puissance paternelle est par essence celle du droit romain, c'est-à-dire perpétuelle, de sorte que le mariage, en général, ne suffit pas pour l'abolir[53]. A Genève, les *Franchises*, ce droit coutumier indigène rédigé en 1387, ne traite point de cette question, ni d'ailleurs de la puissance paternelle. Le seul texte antérieur aux *Édits civils* de 1568 qui aborde ce sujet est un Edit du Conseil général du 17 novembre 1532, qui défend d'acheter des biens de mineurs et qui annule les ventes d'immeubles situés sur le territoire de la

---

48 Peretti de la Rocca, *De l'influence des Coutumes de Berry ...*, *op. cit.*

49 Article II. « *Les enfans qui ont plus de vint ans & sont mariés sont réputés émancipés par le mariage, & peuvent ester en jugement, agir, disposer & contracter, comme s'ils étoient émancipés & majeurs ; sauf quant à l'alienation de leurs immeubles, que lesdits mineurs mariés ou émancipés ne pourront vendre sans autorité du curateur, soit pére ou autre.* » Titre XIII. *De l'Estat & Qualité des Personnes, et des Tutéles & Gouvernement des Pupiles & Mineurs & Confection d'Inventaire de leurs biens. Édits civils de 1713.*

50 *Cf.* art. II, titre XIII des *Édits civils* de 1568.

51 *Cf.* art. II, titre XI de la *Collection des Édits civils* de 1783.

52 Jean Cramer, *Commentaire sur les Édits civils de 1713*, tome V, p. 153, Ms Cramer, 149.

53 Gabriel Lepointe, *Droit romain et ancien droit français. Régimes matrimoniaux, libéralités, successions*, Paris, Editions Montchrestien, 1958, pp. 253-254.
Jean Bart, *Histoire du droit privé de la chute de l'Empire romain au XIXe siècle*, Paris, Montchrestien, 1998, p. 339.

ville, ventes auxquelles ils auraient procédé[54]. C'est donc à la *Coutume de Berry* que les *Édits civils* ont emprunté cette disposition traitant des conséquences du mariage sur le statut des enfants. D'ailleurs maints articles du titre XIII en sont la réplique littérale et l'ordre des matières correspond, pour ainsi dire, à celui que l'on trouve dans les coutumes berrichonnes[55]. C'est le cas de l'article premier qui précise que les enfants demeurent en la puissance du père jusqu'à l'âge de vingt-cinq ans révolus, pour autant qu'ils n'aient pas été émancipés auparavant. Et c'est le cas de l'article II qui prévoit que le mariage émancipe ; les enfants libérés de la puissance de leur père peuvent alors ester en jugement, agir, disposer et contracter, sauf s'il s'agit d'aliénation d'immeubles, laquelle requiert alors l'autorisation du curateur, que ce soit le père ou quelqu'un d'autre. Ainsi les deux premiers articles des *Édits civils* de 1713 ont quasiment la même teneur[56]. Selon l'article IV, titre I des *Coutumes générales des pays et duché de Berry*, si le mineur émancipé a été considérablement lésé en contractant, il peut, bien qu'étant libéré de la puissance paternelle, obtenir l'annulation du contrat et la restitution de sa prestation. Cette mesure reprise de la Coutume de Berry qui renvoie au *Digeste*, comme le note Jean Cramer[57], figurait dans les Édits civils de 1568 à la fin de l'article II[58], mais n'apparaît plus dans l'édition de 1713. Est-ce à dire que cette suppression implique que désormais le mineur émancipé par le mariage ne sera plus protégé et que dès lors il n'y aura plus de différence

---

54 *Défense d'acheter des biens de mineurs et de vendre des immeubles aux étrangers in* Les sources du droit du Canton de Genève. Publié par Emile Rivoire et Victor van Berchem. Aarau, H. R. Sauerländer, 1930, vol. II, pp. 293-294.

55 Peretti de la Rocca, *De l'influence des Coutumes de Berry ...*, *op. cit.*, pp. 109-113.

56 *Cf. Article IIII-IV, Titre Ier, Coutumes générales des pays et duché de Berry...*, *in* Bourdot de Richebourg, Charles A., *Nouveau coutumier général ou corps des coutumes générales et particulières de France et des Provinces....* Paris, Théodore le Gras, 1724, vol. III, p. 935, avec les articles I et II du Titre XIII des *Édits civils* de 1713.

57 Ulpien D. (*Digeste*) 4, 4, 44, *Corpus juris civilis*, vol. 1er, *Digesta Justiniani Augusti. Recognovit adsumpto in operis societatem Paulo Kruegero Th. Mommsen. Hildesheim*, Weidmann, 1988, [12. Aufl.= Nachdr. der 8. Aufl.].
Cramer, *Commentaire sur les Édits civils de 1713*, tome V, p. 157, Ms Cramer, 149.

58 Art. II. *Par mariage les enfans au dessus de vingt ans sont reputtez emancipez et peuvent ester en jugement, agir, disposer et contracter comme emancipez et majeurs, sauf quant à l'alienation de leurs immeubles, laquelle ne peult estre faicte par lesdicts mineurs, mariez et emancipez, sans authorité du curateur, soit pere ou autre,* ***et quant es autre contractz où ilz seroient notablement deceuz, pourront s'aider du benefice de restitution en entier et recision.*** Titre XIII des *Édits civils* de 1568.

entre le mineur et le majeur, s'interroge Jean Cramer. Non répond-il car cette disposition, si elle n'a plus sa place à l'article II, figure à l'article XXV[59].

Dans ses nombreux commentaires sur ce sujet, Jean Cramer s'interroge aussi sur l'exigence d'avoir un domicile séparé pour être pleinement émancipé, comme le veulent certaines coutumes, telles celles d'Anjou ou de Toulouse[60]. Il constate que l'article II qui fait autorité en la matière est muet sur ce point. Du silence de la loi, on peut déduire que celle-ci a renoncé à introduire une condition supplémentaire et, ajoute-t-il, qu'il n'est pas de la compétence des jurisconsultes ni des juges d'exiger une telle restriction[61].

A propos des dispositions sur l'état des personnes figurant dans les *Édits civils* de 1568, Emmanuel de Peretti de la Rocca remarque que Germain Colladon, à part quelques détails, n'a fait que reprendre les Coutumes de Berry. Cette compilation précise-t-il, « ... *ne veut pas dire que Colladon ait introduit autant d'innovations qu'il a emprunté d'articles. Les principes qui sont exposés dans ce titre étaient en vigueur dans toute la France ; ils l'étaient aussi à Genève, mais sans se trouver écrits dans les textes officiels. Colladon eut à les mettre par écrit pour la première fois, et il se servit du texte des Coutumes de Berry comme modèle de rédaction* »[62].

II. L'augment de dot et le contre-augment[63]

Ni les *Franchises*, ni les statuts des autorités communales n'abordent la question du régime matrimonial avant les *Édits civils* de 1568. En outre, il

---

59 Art. XXXV. *Et quant aux autres contrats, qui auront été faits par les tuteurs pour leurs pupiles, par les mineurs de l'autorité de leurs curateurs, & par ceux qui auront été émancipés, si lesdits jeunes gens sont dans iceux notablement déceus, ils pourront s'aider du benefice de restitution en entier, & de rescission.* Édits civils de 1713.

60 Lepointe, *Droit romain et ancien droit français*, *op. cit.*, pp. 253-254.
Jacques Poumarède, « Droit commun versus coutumes de Toulouse, XIIIe-XVIIIe siècles » *El dret comú i catalunya. Actes del IV Simposi Internacional*, Barcelona, Fundació Noguera, 1995, p. 205.

61 Cramer, *Commentaire sur les Édits civils de 1713*, tome V, p. 154, Ms Cramer, 149.

62 Peretti de la Rocca, *De l'influence des Coutumes de Berry ...*, *op. cit.*, pp. 118-119.

63 Pour une étude comparative de l'augment dans les pays romands du moyen-âge jusqu'au XVIe siècle, voir Jean-François Poudret, *Coutumes et coutumiers. Histoire comparative des droits des pays romands du XIIIe à la fin du XVIe siècle*, partie III, *Le mariage et la famille*, avec la collab. de Marie-Ange Valazza Tricarico, Berne, Staempfli, 2002, pp. 369-386.
Marie-Ange Valazza Tricarico, *Le régime des biens entre époux dans les pays romands au Moyen Âge. Comparaison des droits vaudois, genevois, fribourgeois et neuchâtelois (XIIIe-XVIe siècle)*, Lausanne, Mémoires et documents publiés par la Société d'histoire de la Suisse romande, 4e série, t. 2, 1994, pp. 229-244.

n'y a aucune relation entre les articles du titre XIV qui traitent cette question et la *Coutume de Berry*. Celle-ci consacre le régime de la communauté des biens entre époux, qui est celui qui prédomine dans les pays de coutumes, alors que les *Édits civils* de 1568 reconnaissent un régime dotal d'origine romaine, qui est celui que l'on trouve généralement dans les pays de droit écrit. Dans ce régime-ci, les biens des époux sont en principe séparés ; la dot apportée par la femme pour sa participation aux charges du ménage et remise au mari, qui l'administre, reste ainsi la propriété de l'épouse[64].

Dans son *Commentaire sur les Édits civils de 1713*, Jean Cramer étudie de manière approfondie le régime matrimonial en vigueur à Genève. Parmi les nombreuses notions qu'il passe en revue, il en est une, très intéressante pour nous, celle de l'augment[65], qu'il définit comme : « ... *la portion des biens du mari, qui est ajoutée à la dot de la femme qui s'est mariée étant vierge, en cas qu'elle survive à son mari* »[66]. On l'appelle *augment*, car il augmente la dot de la femme. Ainsi relève-t-il trois conditions nécessaires pour l'attribution de l'augment à la veuve : qu'elle ait été vierge au moment du mariage, qu'elle ait apporté une dot et qu'enfin elle survive à son mari. A propos de l'exigence de la virginité, il constate, en recherchant les fondements de cette très ancienne pratique genevoise, que le sentiment général considère l'augment dû à la femme comme une récompense pour sa virginité au moment du mariage. D'ailleurs, remarque-t-il, cette coutume est à l'honneur auprès des nations civilisées. Et de mentionner le président Antoine Favre (1557-1624), premier président du Sénat de Savoie et auteur du *Codex fabrianus* qui, écrit-il, connaît si bien les coutumes de Savoie, de même que celles des provinces

---

64 Peretti de la Rocca, *De l'influence des Coutumes de Berry ...*, *op. cit.*, p. 147.
Lepointe, *Droit romain et ancien droit français*, *op. cit.*, p. 212.
Vendrand-Voyer, « Réformation des coutumes et droit romain.... », *Annales de la Faculté de droit et de science politique de l'Université de Clermont I*, *op. cit.*, fasc. 18, 1981, pp. 357-359.

65 Cette notion était définie aux articles V et VI du titre XIV des *Édits civils* de 1568, reprise aux articles X et XI du titre XIV des *Édits civils* de 1713.
Art. X. *Il sera deu aux femmes, qui lors de leur mariage étoient vierges, un augment sur les biens de leurs maris, si elles survivent ; lequel sera, s'il n'a été autrement convenu, de la moitié de la dote ; pour jouïr des fruits d'icelui pendant leur vie, en donnant caution pour la restitution du capital, aprés leur décés, aux enfans procedans de ce mariage, s'il y en a, mais s'il n'y en avoit aucun, cet augment leur apartiendra entiérement.* Titre XIV des *Édits civils* de 1713.

66 Cramer, *Commentaire sur les Édits civils de 1713*, tome VI, p. 61, Ms Cramer, 150.

avoisinantes, et qui certifie que l'augment est dû aux seules filles *in praemium virginatis*[67].

Avant de passer en revue les gains nuptiaux qui pourraient être à l'origine de l'augment, Jean Cramer note au préalable qu'il a pour but d'assurer à la femme, au décès de son mari, un gain de survie qui lui permette de bénéficier d'une subsistance honorable sur les biens du défunt, soit en propriété, soit en usufruit[68].

Par rapport à l'*augmentum dotis* évoqué dans les *Novelles*, Jean Cramer explique que l'augment des *Édits civils* est un profit que la femme tire de sa dot et qu'elle prélève sur les biens de son mari au décès de celui-ci, alors que, en droit romain, l'augment est une augmentation que la femme apporte à sa dot confiée au mari pendant la durée du mariage[69]. Il déplore donc la confusion qui s'opère à ce propos dans les pays de droit écrit et mentionne la rectification proposée par Jacques Cujas (1520-1590). Le jurisconsulte français utilise le terme d'*incrementum dotis* plutôt que d'*augmentum dotis*, ce qui, selon le commentateur genevois, se rapproche du mot « accroit » employé dans les *Édits civils* de 1568[70].

Jean Cramer poursuit ses observations en rapprochant l'augment genevois de ce que les Romains appelaient *donatio ante nuptias*, devenue avec la réglementation de Justinien (482-565) *donatio propter nuptias*. Cette libéralité faite par le mari à sa femme, qui provient du patrimoine de l'époux, est inconnue en droit classique et semble avoir une origine orientale. Elle provient de l'usage des cadeaux offerts par le fiancé à sa fiancée. Elle sert à la fois de gain de survie et de garantie contre une répudiation injustifiée. Au VIe siècle, Justinien décide que cette donation nuptiale pourra être constituée ou augmentée au cours du mariage comme c'était déjà le cas pour la dot, en renforçant le principe d'égalité absolue entre l'apport du mari et celui de la femme[71]. Le commentateur des *Édits civils* note néanmoins des différences

---

67 Antoine Favre, *Codex Fabrianus definitionum forensium et rerum in sacro Sabaudiae Senatu tractatarum*.... Coloniae Allobrogum [Genève], De Tournes, 1765, *liv.* V, *tit.* I, *def.* 3, *alleg.* I.
Cramer, *Commentaire sur les Édits civils de 1713*, tome VI, pp. 61-62, Ms Cramer, 150.

68 Cramer, *Commentaire sur les Édits civils de 1713*, tome VI, pp. 64-65, Ms Cramer, 150.

69 N. (*Novelles*) 97, 2, *Novellae in Corpus juris civilis*. Vol. 3. Recognovit Rudolfus Schoell, opus Schoellii morte interceptum absolvit Guilelmus Kroll. Hildesheim, Weidmann, 1988, [12. Aufl.= Nachdr. der 8. Aufl].

70 Jacques Cujas, *Operum priorum – Observationum lib. XXVIII in Opera omnia*. Goldbach, Keip, 1996, vol. 3, *obs. liv.* V, *cap.* IV, p. 127.

71 Cramer, *Commentaire sur les Édits civils de 1713*, tome VI, pp. 71-72, Ms Cramer, 150.
Raymond Monier, *Manuel élémentaire de droit romain*, Aalen, Scientia, 1977,

essentielles avec l'augment genevois comme l'impossibilité de le constituer ou de l'accroître après le mariage. De plus, la donation romaine devait être égale à la dot, alors que l'augment résulte de la volonté des nupturients ; si rien n'a été fixé préalablement, il correspond à la moitié ou au tiers de la dot. La donation pour cause de noces nécessite une stipulation expresse alors que l'augment est dû de plein droit sans cette dernière exigence[72]. En dépit de ces divergences, Jean Cramer conseille : « *...pour résoudre des cas qui regardent l'Augment on peut alléguer ce que l'on trouve dans les lois Romaines concernant les Donations à cause de noces, parce que ce sont également des gains nuptiaux et de survie, au profit de la femme ; mais il faut le faire avec prudence et discernement*[73] ».

La donation pour cause de noces tombe en désuétude peu après la mort de Justinien ; elle est remplacée dans l'Empire byzantin par la pratique du gain de survie, dont Jean Cramer indique le nom : « l'*hypobolon* » (ὑπόβολον)[74]. Il lui semble qu'on y fait allusion dans la vingtième *Novelle* de l'empereur Léon VI (866-912), ce que nous avons vérifié[75]. Et de mentionner Konstantinos Harmenopulos (~1320-~1383), célèbre juriste byzantin, auteur du *Promptuarium juris*[76], qui relate dans cet ouvrage que, selon l'usage, ces gains de survie reconnus à l'épouse se réglaient par convention. Et si ceux-ci ne faisaient pas l'objet de contrat, ils étaient dus d'après une convention supposée. Alors que, autrefois, cet « *hypobolon* » correspondait à la moitié de la dot, les derniers usages l'estimaient au tiers de celle-ci[77]. Jean Cramer conclut alors : « *Cet Hypobolon était donc assez conforme à notre Augment, et si ce n'est pas précisément la même chose il y a du moins lieu de conjecturer que notre augment en tire son origine ; d'autant plus que les Romains, dès le temps de*

Reproduction de 2e reprod. photomécanique des éd. 5 et 6, Paris, Domat-Montchrestien, 1947-1954, t. 1er, pp. 300-302.
Lepointe, *Droit romain et ancien droit français*, *op. cit.*, pp. 44-47.

72 Cramer, *Commentaire sur les Édits civils de 1713*, tome VI, pp. 72-73, Ms Cramer, 150.

73 *Ibid.*, p. 73.

74 Ce qui est soumis à l'augmentation de la dot, c'est-à-dire la donation par contrat de mariage qui, à la mort du mari, rejoint la dot. ΜΕΓΑΛΗ ΕΛΛΗΝΙΚΗ ΕΓΚΥΚΛΟΠΑΙΔΕΙΑ. Αθήνα, Πυρσός, 1933, t. 23, p. 684.

75 *Ibid.*
Imperatorum Iustiniani, Justini, Leonis Novellae constitutiones, Genève, H. Estienne, 1558, p. 445.

76 Konstantinos Harmenopulos, *Promptuarium juris*. Interprete Johanne Mercero. [Gr.-lat. Accesserunt] Dion. Gothofredi Paratitla. Genevae, apud Guillelmum Laemarium, 1587, pp. 340-343.

77 Cramer, *Commentaire sur les Édits civils de 1713*, tome VI, pp. 73-74, Ms Cramer, 150.

Léon, abandonnèrent les donations à cause de noces pour pratiquer cet Hypobolon, et que les Habitants des Provinces de France que l'on appelle de Droit Ecrit, et qui sont nos voisins, adoptèrent probablement cet usage, soit pour se conformer à ce qui se pratiquait chez les Romains, soit parce qu'ils l'auraient apporté de l'Orient où ils allèrent dès le XIe Siècle faire la guerre aux Infidèles. »[78] S'étant certainement inspiré du *Traité des gains nuptiaux*[79] de l'éminent jurisconsulte français Antoine Gaspard Boucher d'Argis (1708-1791) pour la rédaction de son exposé sur « l'*hypobolon* », auteur à qui d'ailleurs il se réfère à maintes reprises, Jean Cramer termine en évoquant deux autres juristes français, Gérauld de Maynard (1537-1607) et Julien Brodeau (†1653) qui ont traité la question dans les recueils d'arrêts qu'ils ont publiés[80].

Dans cet exposé sur les origines de l'augment, Jean Cramer termine par le douaire, gain de survie au profit de la veuve en vigueur dans les pays de droit coutumier et qui consiste en un usufruit sur une partie des biens du mari prédécédé. A ce sujet, il remarque que plusieurs auteurs considèrent que cette institution, qui se pratique dans les pays de coutumes, est l'équivalent de l'augment des pays de droit écrit. Cette assertion, relève-t-il, n'est pas tout à fait fausse mais pas tout à fait juste non plus. Comme le douaire, l'augment est un avantage que la femme survivante retire des biens de son mari décédé. S'il y a des enfants, ils en ont la propriété et leur mère l'usufruit, mais ceux-ci ne peuvent y prétendre qu'après le décès de leur mère. Le commentateur des *Édits civils* observe encore que tant l'augment que le douaire sont dus de plein droit et sans stipulation le jour de la célébration du mariage, même s'il n'y a pas de contrat de mariage ou de mention expresse dans celui-ci. En revanche, souligne-t-il, plusieurs différences essentielles séparent ces deux notions. L'augment relève d'une catégorie de biens à part, qui n'est point comprise dans les biens du père ou de la mère alors que le douaire appartient aux biens paternels. Lorsqu'il n'y a point d'enfant, l'augment demeure pleine propriété de la veuve, ce qui n'est pas le cas du douaire qui retourne aux héritiers du mari. En outre, pour que

---

78 *Ibid.*, p. 74.

79 Antoine Gaspard Boucher d'Argis, *Traité des gains nuptiaux et de survie qui sont en usage dans les païs de droit écrit*... Lyon, Duplain, 1738, pp. 19-23.

80 Gerauld de Maynard, *Notables et singulières questions du droict escrit : décidées et jugées par arrests mémorables de la cour souveraine du Parlement de Tholose*, Paris, Robert Foüet, nouvelle éd., rev., corr. et augm, 1628, pp. 614-626.
Georges Louet, *Recueil de plusieurs notables arrests, donnez en la cour de parlement de Paris, pris des memoires de G' L'.* Ed. revue et augm. par Julien Brodeau, Paris, Damien Foucault et Jean Guignard, 1678, vol. 1er, D XXI.

les enfants puissent recevoir l'augment, il faut que la femme survive à son mari, tandis que le douaire appartient aux enfants en dépit du fait que la mère, morte avant son mari, n'ait pu le recevoir[81].

Après l'énumération des différentes provinces dans lesquelles l'augment est en usage, notamment dans le Pays de Gex ou les Etats de Savoie, limitrophes de la République, Jean Cramer, considérant les variantes de cette institution dans ces pays, conclut : « ... *l'on ne peut qu'avec beaucoup de circonspection appliquer à la Jurisprudence de Genève ce qui a lieu ailleurs. Nous observerons cependant*, ajoute-t-il, *que les Usages de Savoie et du Pays de Gex doivent avoir infiniment plus de crédit chez nous que tout autre, à cause du voisinage ; découle qu'en matière de Coutume, comme celle-ci, quand notre Edit se tait, on a besoin d'explication, on peut et on doit y avoir beaucoup d'égard*[82] ».

Jean Cramer poursuit son commentaire par la question du contre-augment qu'il définit comme « ...un gain nuptial que notre Edit défère au mari qui survit à la femme décédée sans enfants ; lequel est égal à la moitié de l'augment que la dite femme aurait prélevé sur ses biens si elle lui eut survécu[83] ». Pourquoi l'appelle-t-on contre-augment? Parce que ce gain de survie attribué au mari s'applique à la situation diamétralement opposée à celle de l'augment. Quant à son origine, qui peut être difficile à établir dans les provinces françaises qui appliquent le droit écrit, à Genève, cette question est claire, car il n'y a pas d'influence du droit romain. Dans le silence des Édits de 1568 sur ce sujet, les Conseils de la République, à la fin du XVIIe siècle, s'étaient penchés sur la proposition d'accorder à un mari veuf, le quart des biens de sa femme morte sans laisser d'enfant, mais ils n'avaient pris alors aucune décision. Le contre-augment est introduit à Genève à la suite d'une affaire que résume Jean Cramer. Un homme qui, en vue de son prochain mariage, avait fait plusieurs dépenses, eut le malheur de perdre sa femme peu de jours après les épousailles, cette dernière étant morte *ab intestat*. En compensation à cette situation injuste, le veuf n'ayant aucun gain de survie provenant des biens de sa femme, tandis que cette dernière, en cas de décès de son mari, aurait augmenté sa dot de moitié ou du tiers

81 CRAMER, *Commentaire sur les Édits civils de 1713*, tome VI, pp. 74-76, Ms Cramer, 150.

82 *Ibid.*, pp. 76-77.

83 *Ibid.*, p. 177.
Art. XII. *Il sera deu au mari, s'il n'a été autrement convenu, un contre augment, si sa femme décéde sans enfans avant lui, lequel sera de la moitié de l'augment que sa dite femme, auroit prélevé sur ses biens.* Titre XIV des *Édits civils* de 1713.

par l'augment, on ajouta l'article XII sur le contre-augment lors de la révision des Édits civils du 5 octobre 1713[84].

III. Les latrines

Les servitudes de mitoyenneté développées dans les détails par les *Édits civils* sont empruntées pour la plupart, selon Emmanuel Peretti de la Rocca, à la Coutume de Berry. Ce domaine, en effet, n'avait fait l'objet d'aucune disposition ni dans les *Franchises*, ni dans les statuts, ni dans les édits des autorités communales[85]. Jean Cramer explique en premier lieu les origines latines du termes « latrines » et son synonyme « privés » qui sont des lieux d'aisance. Ensuite, en renvoyant au *Digeste*[86], il constate que le droit romain interdit d'en établir contre un mur mitoyen, interdiction que l'on retrouve dans le Berry[87]. Les Édits de 1713[88], qui reprennent à ce sujet la disposition V du titre XIX de ceux de 1568, n'ont donc suivi ni le droit romain ni les *Coutumes générales des pays et duché de Berry*, mais bien, comme nous l'apprend Jean Cramer, la Coutume de Paris. Pourquoi Paris ? Parce que, semble-t-il, dans cette ville comme à Genève, l'étroitesse des maisons et le manque d'espace font du mur mitoyen l'endroit idéal pour installer des cabinets. Cependant, si les *Édits civils* reprennent la teneur de l'article CXCI de la Coutume de Paris[89], afin de mieux protéger les propriétaires, ils ajoutent une exigence qui ne figure point dans celle-ci : à savoir l'utilisation de la brique et de la chaux, pour la construction d'un contre mur qui puisse encore mieux isoler la fosse d'aisance du mur mitoyen[90].

IV. Le testament secret

Dans le domaine testamentaire, les *Franchises* de 1387 ne font que garantir la liberté de tester à l'article 35. Il n'en va pas de même des *Édits* qui en réglementent les différentes formes.

---

84 Cramer, *Commentaire sur les Édits civils de 1713*, tome VI, pp. 177-181, Ms Cramer, 150.

85 Peretti de la Rocca, *De l'influence des Coutumes de Berry ...*, *op. cit.*, p. 177.

86 Alfénus D. 8, 5, 17, 2.

87 Art. XI, titre XI *Coutumes générales des pays et duché de Berry...*, *in* Bourdot de Richebourg, *op. cit.*, vol. III, p. 958.

88 Art. V. *Contre mur mitoien ou d'autrui, l'on ne peut faire latrines & privés, sinon en faisant un contre mur de briques & chaux, d'un pied d'épaisseur.* Titre XXII. *Des Droits & Servitudes réelles des maisons & autres édifices, & possessions. Édits civils* de 1713.

89 Art. CXCI, titre IX, *Coutumes de la prevosté et vicomté de Paris in* Bourdot de Richebourg, *op. cit.*, vol. III, p. 44.

90 Cramer, *Commentaire sur les Édits civils de 1713*, tome IX, pp. 83-84, Ms Cramer, 153.

S'agissant du testament secret, qui figure à leur article V[91], Jean Cramer remarque d'abord que cette institution a pour but, d'une part, le secret des dernières dispositions du testateur sa vie durant et, d'autre part, la confirmation et l'authenticité de la volonté manifestée par ce dernier. Puis, il indique les sources de cet article : la loi romaine et les *Coutumes générales des pays et duché de Berry*. Le fondement de cette disposition se trouve d'abord dans une constitution de Théodose II (401-450) et de Valentinien III (419-455), en date de 439, qui crée le testament tripartite[92]. Il s'agit d'« ...*un testament écrit présenté par le testateur, ouvert ou clos, aux témoins, puis revêtu de leurs souscriptions à tous et ensuite cacheté par les témoins.* »[93] Cette dénomination a été donnée par les *Institutes* de Justinien (482-565) en raison des trois sources distinctes qui en déterminent la forme : l'ancien droit civil, notamment par le concours de témoins et la nécessité de la simultanéité, le droit prétorien avec la présence de sept témoins, le droit des constitutions impériales avec l'obligation de la souscription des sept témoins, du testateur et, s'il ne sait pas écrire, d'un huitième témoin. Ainsi les dernières volontés du testateur demeurent secrètes, ce qui a motivé l'appellation de testament mystique[94]. Le commentateur des *Édits* genevois en précise les conditions : nécessité d'un document écrit ; présence de sept témoins ; déclaration du testateur à ceux-ci que le pli qu'il leur présente contient son testament ; enregistrement de cette déclaration consignée sur la partie extérieure du testament munie de la signature du testateur et s'il ne sait pas écrire, celle d'un huitième témoin qui signe au nom de celui-là ; signature des sept témoins sur cette partie extérieure avec leur sceau ; exigence que ces formalités se fassent en même temps[95].

---

91 Art. V. *Et si le testateur, veut que son testament soit secret, l'aiant écrit, ou fait écrire par un autre, & en ce dernier cas l'aiant lui même signé, il pourra le clorre, & séeller de son cachet, & en presence du Notaire, & sept témoins, déclarer, que ce qu'il a écrit, ou fait écrire, dans le papier qu'il leur présentera, est son testament, ou disposition de derniére volonté, laquelle déclaration sera écrite sur le repli par le Notaire, qui la signera avec les témoins : Ces solennités étant observées, ce testament sera valable quant à la forme.* Titre XXX, *Des Testamens, Institution d'Héritier, & disposition de dernière volonté. Édits civils* de 1713.

92 C. (*Code*), 6, 23, 21, *Corpus juris civilis*, vol. 2e, *Codex Justinianus*. Recognovit et retractavit Paulus Krueger. Hildesheim, Weidmann, 1989, [Nachdr. der 11. Aufl].

93 Paul Frédéric Girard, *Manuel élémentaire de droit romain*, Vaduz / Paris, Topos ; E. Duchemin, 1978 [reprod. anastatique de la 8e éd. revue et mise à jour par Félix Senn], vol. 2, p. 863.

94 *Ibid.*, pp. 863-864.
Poudret, *Coutumes et coutumiers*, *op. cit.*, partie IV, p. 242.

95 Cramer, *Commentaire sur les Édits civils de 1713*, tome XII, p. 38, Ms Cramer, 156.

L'article V du titre XXX des Édits civils de 1713 trouve ensuite son origine dans la coutume de Berry et Jean Cramer de mentionner ses articles IX et X du titre XVIII qui traitent du testament secret ou mystique[96]. Il relève que ces articles semblent être évidemment extraits de la constitution romaine de 439, mais qu'ils s'en écartent néanmoins par quelques détails essentiels. D'abord parce que la coutume berrichonne exige que le testateur signe son testament ou le fasse signer par un notaire en son nom. Jean Cramer constate que la loi – et lorsqu'il utilise le mot "loi", il fait référence au droit romain – ne prescrit pas la signature du testateur à l'intérieur de son testament. Ensuite l'article X se contente de trois témoins de vingt ans révolus, tandis que le droit – et lorsque les *Édits* ou Jean Cramer utilisent ce terme, c'est également pour désigner le droit romain – requiert sept témoins pubères, c'est-à-dire âgés de quatorze ans au moins. Ledit article ne prescrit pas que le testateur signe la déclaration notariale, alors que la constitution de 439 l'impose. Enfin, la coutume de Berry se contente de la souscription des témoins alors que le droit romain impose également les sceaux de ceux-ci[97]. On observe donc une simplification de la loi romaine par les rédacteurs des *Coutumes générales des pays et duché de Berry*[98].

A propos des *Édits civils* de 1568, Jean Cramer souligne que l'article qui introduit le testament secret[99] ne réclame pas la signature du testateur, ni au bas du testament, ni sur sa partie extérieure, mais la présence de sept témoins. En cela, il s'écarte de la coutume de Berry s'agissant du nombre de témoins pour maintenir sur ce point l'héritage romain ; cependant le défaut de signature du testateur déroge à la loi du Bas-Empire[100]. S'agissant des *Édits* de 1713, il note que si le testateur a écrit lui-même son testament, point n'est besoin qu'il le signe ; toutefois, si le testateur s'est servi de la main d'autrui, il est nécessaire alors, pour la validité de l'acte, qu'il le signe. En revanche l'article V des *Édits* ordonne la signature des témoins et du notaire, sur le repli de la feuille du testament qui l'enveloppe, sans celle du testateur. A l'exception

96 Art. IX et X, titre XVIII, *Coutumes générales des pays et duché de Berry...*, *in* Bourdot de Richebourg, *op. cit.*, vol. III, p. 966.

97 Cramer, *Commentaire sur les Édits civils de 1713*, tome XII, pp. 39-40, Ms Cramer, 156. Cramer, *Recherches historiques sur les loix de Genève*, *op. cit.* p. 83.

98 Vendrand-Voyer, « Réformation des coutumes et droit romain... », *Annales de la Faculté de droit et de science politique de l'Université de Clermont I*, *op. cit.*, fasc. 18, 1981, pp. 350-351.

99 Art. VII, titre XXVII des *Édits civils* de 1568.

100 Cramer, *Commentaire sur les Édits civils de 1713*, tome XII, p. 38, Ms Cramer, 156. Peretti de la Rocca, *De l'influence des Coutumes de Berry ...*, *op. cit.*, p. 248.

de la présence du notaire, cette condition est en conformité avec la constitution de Théodose II et de Valentinien III. Le notaire et les sept témoins, tous ensemble, doivent entendre la déclaration du testateur, qui certifie que le papier qu'il leur présente contient ses dernières volontés, laquelle déclaration sera mise par écrit par le notaire, signée par lui et par les sept témoins. Grâce à l'intervention du notaire, le testament jusqu'alors imparfait, donc non valable, devient un acte public. Alors que la loi romaine exigeait la signature du testateur sur le repli, les *Édits* l'en dispensent. La coutume de Berry, pareillement ne l'exige point, mais la requiert à l'intérieur du testament ; si le testateur ne peut écrire, le notaire signera pour lui et en son nom[101]. Il est intéressant de constater que les *Édits* de 1713 n'évoquent pas, comme le veut la coutume de Berry, le cas où le testateur ne peut écrire. Est-ce en raison du degré élevé d'alphabétisation dans la Genève du XVIIIe siècle[102] ? Enfin, les *Édits*, comme la constitution romaine de 439, requièrent l'*unitas contextu* dans laquelle doivent se dérouler ces formalités[103].

Jean Cramer, à propos du testament secret, se demande si la déclaration du notaire et des sept témoins sur une feuille séparée, qui n'est donc pas celle du testament et qui a pour objet de l'envelopper, est valable à Genève. Il évoque le commentateur de la coutume de Berry, Gaspard Thaumas de la Thaumassière (~1621-1702), qui répond par la négative[104]. En effet, outre les risques que l'on encourt de voir le testament remplacé par un autre en le glissant dans l'emballage muni des signatures, la coutume de Berry précise que celles-ci doivent être apposées au-dessus dudit testament, c'est-à-dire sur la feuille testamentaire. Le commentateur des *Édits civils* observe que le droit romain ne réprouve pas les enveloppes[105]. Et de conclure : « *Il faut encore considérer que généralement parlant nous favorisons les testaments plus qu'on ne le fait en France et que si un testament, judicieux d'ailleurs, n'avait d'autre vice que celui de la déclaration écrite sur l'enveloppe,*

---

101 Cramer, *Commentaire sur les Édits civils de 1713*, tome XII, pp. 40-47, Ms Cramer, 156.

102 *Histoire de Genève*, Publ. sous la dir. de Paul Guichonnet, Toulouse / Lausanne, Privat, 3e éd. mise à jour, 1986, p. 247.

103 Cramer, *Commentaire sur les Édits civils de 1713*, tome XII, p. 47, Ms Cramer, 156.

104 Gaspard Thaumas de la Thaumassière, *Nouveaux commentaires sur les coutumes générales des pays et duché de Berri*, Bourges, Jean Jacques Cristo, nouvelle éd., revue, corr. et augm., 1701, pp. 546-547, n° 4.

105 Cramer, *Commentaire sur les Édits civils de 1713*, tome XII, pp. 43-44, Ms Cramer, 156.
C. 6, 23, 21.
Ulpien D. 28, 1, 22, 6.

s'il n'était suspect ni de fausseté, ni de suggestion, vraisemblablement on le confirmerait. Chez nous, où les dispositions doivent être écrites ou du moins signées par le testateur, il y a moins à craindre de la part des étrangers que dans la Coutume de Berry, qui n'exige point que le testateur signe, soit dans l'intérieur, soit dans l'extérieur »[106].

VI. La quarte falcidie et la quarte trébellianique

Le long article XII du titre XXX[107] concernant les testaments et l'institution d'héritier consacre deux notions typiquement romaines : la quarte falcidienne ou falcidie et la quarte trébellianique. Cette disposition est la transcription intégrale de l'article XII du titre XXVII des *Édits civils* de 1568. Pour Emmanuel Peretti de la Rocca, il n'y a pas ici d'emprunt aux coutumes de Berry. D'après lui, Germain Colladon a repris des institutions de droit romain qu'il a adaptées, soit en suivant ses idées personnelles, soit en fonction des usages ayant cours à Genève, usages que, à son sens, ni les *Franchises*, ni les *Édits* antérieurs à 1568 ne révèlent[108].

Quelle est de façon générale la signification de l'article XII ? C'est que les enfants institués héritiers universels par leurs parents sont obligés d'accepter ou de refuser en entier l'héritage et qu'en cas de refus, ils ne sauraient prétendre à la légitime, cette part de la succession, on le sait, dont ils ne peuvent être privés par le testament. Le droit romain la fixa d'abord au quart de leur part héréditaire *ab intestat* et elle évolua sous Justinien au tiers ou à la moitié de celle-ci[109]. Les *Édits civils*, à l'article XI, la fixaient à la moitié de la portion *ab intestat*. Ainsi explique Jean Cramer dans son *Commentaire*, un fils

---

106 Cramer, *Commentaire sur les Édits civils de 1713*, tome XII, p. 45, Ms Cramer, 156.

107 Art. XII. *Quand les péres & méres auront institué leurs enfans héritiers en leurs biens universellement, ils seront obligés, de faire cet honneur à leurs péres & méres, d'accepter entiérement cette institution, ou s'en abstenir, & y renoncer du tout, sans pouvoir prétendre de leur succéder seulement en leur légitime, afin de n'être pas obligés d'exécuter ce qui auroit été ordonné par lesdits pére & mére, & audit cas de refus, discussion étant faite des biens du défunt, ce qui restera aprés le paiement des dettes & legs, sera donné aux parens. Toutefois si lesdits testateurs avoient fait des legs excessifs, & immenses, leurs enfans, prenant la qualité d'héritiers, pourront s'aider du bénéfice de la quarte falcidienne, & la déduire, sur lesdits legs, & s'il y avoit des substitutions ou fideicommis onereux, ils pourront s'aider, & user de la déduction, des quartes Trebellianique & légitime.* Édits civils de 1713.

108 Peretti de la Rocca, *De l'influence des Coutumes de Berry* ..., *op. cit.*, pp. 253-255.

109 C. 3, 28, 6.
N. 18, 2.
Monier, *Manuel élémentaire de droit romain*, *op. cit.*, t. 1er, pp. 491-494.

héritier universel n'a pas la faculté de répudier la succession en en retenant sa part légitime. S'il craint que les dettes l'obèrent, il a le droit de l'accepter sous bénéfice d'inventaire comme le prévoit le titre XXXIII des *Édits civils*, ce qui lui permet de régler ce que devait le défunt jusqu'à concurrence des biens héréditaires. S'il refuse, malgré cette garantie, et si, une fois les dettes et legs du défunt payés, il reste des biens de ce dernier, ceux-ci passeront aux autres parents, mais non à lui. Cette impossibilité pour l'héritier de répudier la succession en maintenant sa légitime trouve son fondement dans le droit romain[110]. Mais, au moment où les héritiers l'acceptent en son entier, si le testateur a prévu dans son testament des legs excessifs, c'est-à-dire des dispositions à cause de mort et à titre gratuit qui épuisent toute la succession, ceux-ci peuvent alors s'aider du bénéfice de la quarte falcidie. De même, en cas de substitution fideicommissaire – cette disposition de dernière volonté par laquelle le testateur charge son héritier testamentaire ou *ab intestat* de transmettre toute sa succession ou une partie de celle-ci à une autre personne, après l'écoulement d'un certain temps – les héritiers fiduciaires peuvent invoquer la quarte trébellianique.

Dans son commentaire de l'article XII, Jean Cramer évoque la falcidie et la trébellianique, sans donner aucune explication sur leur origine, l'une et l'autre devant être familières aux Genevois du XVIIIe siècle. Rappelons à ce sujet que la quarte falcidie trouve son origine dans la *lex Falcidia* qui protège l'héritier institué en interdisant au testateur de léguer plus des trois quarts de son patrimoine afin que le premier puisse en obtenir au moins un quart[111]. Quant à la quarte trébellianique, elle remonte au sénatus-consulte Pégasien, à l'époque de Vespasien (9-79) ; elle permet à l'héritier fiduciaire, qui accepte la succession, d'être assuré d'avoir le quart de cette dernière, ce que confirme Justinien dans ses *Institutes*[112].

---

110 Paul et Ulpien, D. 29, 2, 1 et 2.
Cramer, *Commentaire sur les Édits civils de 1713*, tome XII, pp. 145-152, Ms Cramer, 156.

111 Gaius, *Institutes*, Texte établi et trad. par Julien Reinach, Paris, Les Belles Lettres, 1965, II, pp. 224-227.
Monier, *Manuel élémentaire de droit romain*, *op. cit.*, t. 1er, pp. 522-523.
Claude Aboucaya, *Le testament lyonnais. De la fin du XVe siècle au milieu du XVIIIe siècle*, Annales de l'Université de Lyon, série 3, droit, fasc. 21, Paris, Recueil Sirey, 1961, p. 126.

112 Gaius, *Institutes*, II, 254.
I. (*Institutiones*) 2, 23, 7, *Corpus juris civilis*, vol. 1er, *Institutiones*. Recognovit Paulo Kruegero, Hildesheim, Weidmann, 1988, [12. Aufl.= Nachdr. der 8. Aufl].
Girard, *Manuel élémentaire de droit romain*, *op. cit.*, vol. 2, pp. 990-991.
Monier, *Manuel élémentaire de droit romain*, *op. cit.*, t. 1er, pp. 530-531.

Traitant de ces deux institutions réglées par l'article XII des *Édits civils*, Jean Cramer aborde *in media re* la question du cumul de ces différentes quartes. En raison de l'absence de mention de la légitime dans l'article XII, le fils chargé de legs excessifs, qui prend la qualité d'héritier, peut-il cumuler celle-là avec la falcidie ?[113] Si le droit romain l'exclut[114], une pratique contraire prévaut à Genève. En effet, l'usage confirmé par l'article XII autorise le cumul de la légitime et de la trébellianique ; il n'y a dès lors pas de raison de ne pas l'admettre. Cependant, l'héritier doit impérativement avoir opté pour le bénéfice d'inventaire, s'il veut faire valoir sa quarte sur les legs, tandis que la légitime est toujours due. Et Jean Cramer de citer en exemple le cas suivant : « *Suposé que toutes dettes payées les biens du défunt montent à 8 mille florins, qu'il ait institué héritier son fils unique, et ait fait des legs pour 4 mille florins. Le fils pourra-t-il dire, je dois avoir pour ma légitime la moitié de l'hoirie de mon père, à ce titre je prends 4 mille florins. Et j'en demandes 2 mille autres pour ma falcidie qui est le quart. Ainsi je retrancherai les legs de moitié, et ils seront réduits à 2 mille florins* »[115].

A propos du cumul de la légitime et de la trébellianique sur la même personne, Jean Cramer écrit que cela ne provoque aucune difficulté à Genève, l'article XII des *Édits* confirmant un usage quasi général introduit par le droit canon. En effet, deux décrétales l'une d'Innocent III (1160-1216) et l'autre de Grégoire IX (1145-1241) y sont favorables[116], alors que le droit romain y est hostile[117]. La manière de procéder est la même que pour la falcidie[118].

---

113 Cramer, *Commentaire sur les Édits civils de 1713*, tome XII, pp. 152-153, Ms Cramer, 156.

114 Ulpien D. 5, 2, 8.
Henri Regnault, *Les ordonnances civiles du chancelier Daguessau, les testaments et l'ordonnance de 1735*, Paris, Presses universitaires de France, 1965, p. 392.

115 Cramer, *Commentaire sur les Édits civils de 1713*, tome XII, pp. 153-154, Ms Cramer, 156.

116 *Decretales Gregorii IX. Pont. Max.* Suis commentariis illustratae. Antverpiae, Apud Christophorum Platinum, Viduam Ioannis Stelfij, & Philippum Nutium, 1573, liv. 3, tit. 26, *De testament.*, chap. 16, canon Raynutius et chap. 18, canon Raynaldus.
Regnault, *Les ordonnances civiles du chancelier Daguessau, op. cit.*, p. 397.

117 D. 5, 2, 8, 9.
Claude-Joseph de Ferrière, *Dictionnaire de droit et de pratique*... nouvelle éd., revue, corr., et augm. par M [Antoine Gaspard Boucher d'Argis], Paris, Bruet, 1779, vol. 2, p. 418.
Aboucaya, *Le testament lyonnais, op. cit.*, p. 128.

118 Cramer, *Commentaire sur les Édits civils de 1713*, tome XII, p. 155, Ms Cramer, 156.

Conclusion

A partir des quelques exemples auxquels nous nous sommes arrêtés et au vu de ce que nous relate Jean Cramer, nous pouvons conclure à la profonde marque romaine des *Édits civils*, ceux-ci ne pouvant se comprendre ni être appliqués sans avoir une connaissance approfondie du droit romain et de son usage, comme nous venons d'en faire l'expérience à propos des quartes falcidie et trébellianique. Ainsi, à Genève, la loi romaine jouit d'une influence indéniable. Le commentateur des *Édits* le souligne, non sans ajouter qu'elle s'exerce, « *...comme un Droit dont l'usage n'est que subsidiaire, suppléant au défaut de nos Édits lors qu'ils se taisent et se taisent entièrement, et encor comme un Droit dont l'autorité n'est pas aussi respectable que celle de notre Loi Municipale* »[119]. Si pour Jean Cramer, le droit romain est encore le droit commun à Genève au XVIIIe siècle, cela ne va pas cependant sans une relativisation de son emploi. Nous avons vu comment les *Édits* et leur pratique s'en écartent à propos notamment de l'augment, du testament secret ou de la légitime et des quartes. Jean Cramer rappelle à ce sujet ce que nous avons vérifié s'agissant du cumul de la légitime et de la trébellianique : « *L'autorité du Droit Canon, même en matieres temporelles, nous avoit aussi engagé du tems des Eveques à adopter diverses decisions contraires au Droit Romain, et nous les conservons encor comme plus convenables en elles mèmes et passées en Coutume* »[120]. Cela dit, l'émancipation par mariage ou la question des servitudes de mitoyenneté à propos des latrines démontrent la place de la coutume dans les *Édits*. Ces coutumes ne sont pas proprement genevoises, car on les rencontre également ailleurs, dans les pays de coutume, et notamment dans le Berry ou à Paris. Enfin l'institution du contre-augment, pour corriger une situation inéquitable, ressortit quant à elle à la décision du souverain, le Conseil général.

Cette brève étude des *Édits civils*, illustrée par quelques échantillons de leurs dispositions, nous donne un aperçu des composantes principales du droit privé genevois du XVIe au début du XIXe siècle. Il y a certes du droit romain et du droit coutumier, mais également des usages en vigueur et reconnus comme le cumul de la légitime et de la falcidie. A ce sujet, nous constatons que le droit romain laisse subsister une coutume, ce qu'atteste

---

119 Cramer, *Recherches historiques sur les loix de Genève*, *op. cit.*, p. 82.
120 *Ibid.*, p. 86.

Jean Cramer dans son *Commentaire*. Nous avons même retrouvé, concernant la déduction de la légitime et de la quarte trébellianique, une influence du droit canon. Enfin, avec le contre-augment, on est en présence de droit statutaire issu des autorités de la République. Barbara Roth souligne, dans son étude sur les notaires genevois de l'ancien régime, que, si le droit romain, à cette époque, sert de droit subsidiaire, il n'est cependant pas la seule source d'inspiration pour ceux qui font et disent le droit : « *Si l'on considère les références citées dans les manuscrits du jurisconsulte Jean Cramer et d'autres juristes, dans les* factums *judiciaires, si l'on étudie les bibliothèques des avocats et des magistrats, on est frappé par la multiplicité des sources. Ordonnances françaises et savoyardes, coutumiers bourguignons, ouvrages de jurisconsultes et recueil de jurisprudence sont tour à tour cités. Il faut donc ranger, parmi les sources du droit civil genevois, le droit romain tel qu'il est transmis par les juristes humanistes, la coutume locale, le droit étranger, français avant tout, la jurisprudence genevoise, française et savoyarde et la doctrine des jurisconsultes étrangers.* »[121] Notre survol du *Commentaire sur les Édits civils de 1713* dans les quelques domaines que nous avons évoqués ici, confirme pleinement ces dernières lignes de Barbara Roth. En effet, nous avons été impressionné par le nombre et la diversité des ouvrages de droit auxquels se réfère Jean Cramer dans son *Commentaire*. Cette culture juridique ne s'explique-t-elle pas en raison de la situation particulière de Genève, sise entre pays de droit écrit et pays de coutumes et qui subit justement les influences des deux traditions de droit romain et de droit coutumier ? C'est certainement en raison de cette situation de Genève que ses hommes de lois doivent être tout autant versés dans les arcanes du *Corpus Juris* que dans celles des différentes coutumes des pays avoisinant le territoire de la République.

Victor MONNIER
Professeur d'Histoire du droit
Université de Genève

121 Roth-Lochner, *De la banche à l'étude*, *op. cit.*, p. 44.

Adopter ou nourrir un enfant en Valachie XVIIIe-XIXe siècles : la norme et la pratique. Études de cas

LES ÉTUDES SUR L'ADOPTION peuvent être considérées comme une réponse aux problèmes de la société roumaine contemporaine, sujet souvent débattu. Toutefois, au-delà d'une curiosité née du besoin de comprendre ce qui se passe autour de nous, c'est l'intérêt pour une pratique sociale dont les enjeux peuvent parfois surprendre.

Depuis 1989, l'histoire sociale essaie de s'imposer par de nouvelles recherches, insuffisantes encore pour avoir une image d'ensemble de la société roumaine du passé. Mon étude se propose d'apporter une pièce à ce puzzle, d'autant plus que l'adoption est un sujet inconnu par l'historiographie roumaine.

I. L'adoption : du droit canonique au droit laïque (fin du XVIIe-début de XIXe siècle)

Connue à l'époque sous le nom de *feciorie de suflet* (en traduction littérale *filiation d'âme, filiation spirituelle), înfialã, iothesie* (du grec), l'adoption[1] était considérée comme faisant partie d'une vieille coutume : « Cette coutume existe depuis que le peuple roumain a le mariage et les noces, car la coutume est plus ancienne que la loi et on voit que ce peuple garde l'usage d'adopter des fils et elle est connue sous le nom de filiation d'âme »[2].

Au Moyen Age, on entend par adoption une forme de parenté qui a pour origine le souci de conserver un patrimoine. Cette définition reflète surtout l'acception coutumière du terme[3]. Pourtant le point de vue de l'Église est aussi important, notamment si l'on se propose de suivre l'évolution de l'adoption dans le temps. Il n'est pas question de faire ici une analyse approfondie de cette institution dans la vision de l'Église orthodoxe, ni du rituel qui la consacrait. On se propose plutôt de dresser un schéma général afin de saisir les implications religieuses d'une pratique sociale.

On s'arrête pour l'instant sur un code de lois datant de la moitié du XVIIe siècle, *Le Guide de la loi 1652*, inspiré en grande partie de *Nomocanon de Malaxos*. Il s'agit de « glava » (c'est-à-dire du sous-chapitre) 195 : « Des fils d'âme et du saint Baptême »[4].

1.1. Adoption et baptême : droit et langage

Selon ce code, l'adoption est une institution conçue pour la consolation des personnes sans enfant « de leur chair », consacrée par le rituel dans une église : « les parents, les malheureux, prennent des enfants étrangers pour fils par <la lecture> des textes saints (liturgiques) ». L'adopté devient ainsi leur *fils d'âme* ayant les mêmes droits qu'un fils légitime[5]. Les interdits matrimoniaux liés à l'adoption sont les mêmes que ceux qui découlent de la parenté spirituelle consacrée par le baptême, c'est-à-dire jusqu'au huitième

---

1 Ovid Sachelarie, Nicolae Stoicescu (coord.), *Instituții feudale din țările române. Dicționar*, Ed. de l'Académie, Bucarest, 1988, art. « adoption » ; George P. Nedelcu, *Puterea părintească în vechiul drept românesc*, Ploiești, 1933, pp. 98-101, 150-155 ; Alexandru Herlea, « Aspects de l'histoire du statut juridique de l'enfant en Roumanie », dans *L'enfant, Recueils de la Société Jean Bodin*, XXXVI, 1976, pp. 566-567 ; Ovid Sachelarie, « Réflexions sur l'histoire du statut juridique de l'enfant en Roumanie », *Recherches sur l'histoire des institutions et du droit*, n° 5, 1980, p. 188.

2 V. A. Urechia, *Istoria Românilor*, vol. VIII, 1897, p. 46, note 2 (Le chrysobulle d'adoption du prince Al. C. Moruzi, 1800), pp. 106-107.

3 Maria-Magdalena Szekely, *Structuri de familie în societatea medievală moldovenească*, « Arhiva Genealogică », IV (IX), n. 1-2, 1997, pp. 106-107 ; Paul H. Stahl, *Triburi și sate din sud- estul Europei*, Paideia, Bucarest, Paideia, 2000, pp. 122 et 199.

4 *Indreptarea legii 1652*, éd. crit., Bucarest, 1962, gl. 195, pp. 192-194.

5 *Ibidem*, p. 192.

degré en ligne directe, non pas collatérale. Le rapprochement entre adoption et baptême ne s'arrête pas ici. Les dispositions relatives aux parents spirituels, adoptifs ou liés par le rite du baptême, se réunissent sous un seul titre (gl. 195).

De même, en ce qui concerne la terminologie, on aperçoit une ressemblance entre adoption et baptême[6], ressemblance reprise de la version grecque du nomocanon byzantin mentionné comme source[7]. Ainsi, l'appellatif *père spirituel* (roum. *tată sufletesc* ; gr. πνευματικὸς πατέρας) désignait le parrain et le père adoptif à la fois. De même, par la *fraternité spirituelle* (par exemple *sœur spirituelle* : tr. roum *soră de suflet* du grec πνευνατική ἀδελφή) on conçoit d'un côté le lien de parenté créé entre le père de l'enfant baptisé et le parrain de cet enfant et, de l'autre, le rapport entre le fils ou la fille adoptée et les enfants (ou d'autres enfants adoptés) de celui qui contracte l'adoption.

Les documents privés reprennent cette similarité terminologique qui semble transposer une pratique très intéressante comme on le verra plus loin : l'adoption vient renforcer, entre celui qui adopte et l'adopté un lien établi antérieurement par le cérémoniel du baptême : « après l'avoir baptisée, je l'ai adoptée pour qu'elle soit notre fille et héritière (*clironoamă*) »[8].

1.2. Adoption et baptême : le rituel

Selon Evelyne Patlagean le rituel ecclésiastique byzantin va dans le sens d'une similitude pratique entre la filiation baptismale et la filiation adoptive. Ce rapprochement au niveau de la cérémonie ne fait que favoriser la confusion du vocabulaire, en soulignant qu'il ne s'agit pas d'un malentendu mais d'une doctrine entière construite autour de la parenté

6 Pour Byzance : Evelyne Patlagean, « Christianisation et parentés rituelles : le domaine de Byzance », *Annales E.S.C.*, n°3, 1978, p. 630, étude reprise dans l'ouvrage du même auteur : *Structure sociale, famille, chrétienté à Byzance (IVe-IXe siècle)*, Variorum Reprint, London, Variorum Reprint, 1981, XII ; Ruth J. Macrides, « The byzantine Godfather », dans *Kinship and Justice in Byzantium, 11th-15th Centuries*, Variorum Collected Studies Series, London/USA, Variorum Collected Studies Series, 1999, pp. 140-141. Pour l'Europe occidentale le rapprochement entre les parentés créés par baptême et par adoption est analysé par : Agnès Fine, *Parrains, marraines. La parenté spirituelle en Europe*, Paris, pp. 54-57 ; Eadem, « Le don d'enfant dans l'ancienne France », dans *Adoptions. Ethnologie des parentés choisies*, sous la dir. d'Agnès Fine, Paris, Ed. de la Maison des sciences de l'homme, 1998, pp. 61-95 ; Mireille Corbier (sous la dir.), *Adoption et fosterage*, Paris, De Boccard, 1999.

7 *Indreptarea legii 1652*, éd. cit., ch. 157 (gl. 197), pp. 790-792.

8 Bar, ms. roum. 611, « Le testament de Vulea le serrurier », f. 102-103.

spirituelle « qui suggère que la pratique s'était donnée un répertoire unique, où figuraient paternité, fraternité et compérage »[9].

L'anthropologue Jack Goody essaie de clarifier la signification profonde de l'imaginaire chrétien de l'adoption ; il surprend pour les premiers siècles de la chrétienté les moments essentiels de l'évolution et les changements de cette institution. Au début de l'Église, l'adoption s'impose au sein de la même famille pour éviter l'apostasie. Ensuite, une fois la communauté chrétienne suffisamment élargie, la pratique ne représentait plus une urgence pour elle. C'est pourquoi l'accent de son discours se déplace progressivement vers l'encouragement d'actes charitables. Dans ce contexte, le concept d'adoption passe sur le plan spirituel. Le vocabulaire qui le définit se réfère souvent au baptême où il était employé métaphoriquement en d'autres sens (les gens baptisés étaient considérés fils adoptifs de Dieu) ; aux VIIIe-IXe siècles, par *adoptio* on désignait la relation entre Jésus Christ et les souverains ; ainsi l'adoption sera remplacée dans une certaine mesure par le parrainage par Dieu[10].

Le noyau commun des différentes parentés volontaires renvoie à la représentation de la renaissance spirituelle[11] qui suit la naissance charnelle. Pourtant, au-delà du langage, les gestes rituels mettent en œuvre une image complexe de cette parenté choisie qui réclame une interprétation plus nuancée. Pour fournir un exemple, même si la cérémonie religieuse du baptême et de la filiation adoptive supposait en grandes lignes une naissance symbolique[12], les différences dévoilées par les détails ne doivent pas être négligées. De ce point de vue, les gestes rituels qui accompagnent les propos du lien spirituel qui s'établit par la cérémonie religieuse entre les parents et les fils adoptifs ne changent pas trop[13] ; on utilise le même texte liturgique byzantin du IXe siècle[14] : « le fils tombe aux pieds de son père et le père met

9 Evelyne Patlagean, *op. cit.*, p. 630.

10 Jack Goody, *L'Evolution de la famille et du mariage en Europe* (tr. fr.), Paris, Armand Colin, 1988, pp. 82-83.

11 Agnès Fine, *op. cit.*, p. 57

12 Sur l'idée de parenté divine et surtout de l'inversion d'ordre charnel par les « anti-naissances », voir l'analyse remarquable d'Anita Guerreau-Jalabert, « *Spiritus et caritas.* Le baptême dans la société médiévale », dans *La parenté spirituelle*, Françoise Heritier-Auge, Elisabeth Copet-Rougier (sous la dir. de), Paris, Ed. des Archives contemporaines, 1995, pp. 144-155, et de Jerôme Baschet, *Le sein du père. Abraham et la paternité dans l'Occident médiéval*, Paris, Gallimard, 2000, passim.

13 Il existe un détail qui méritera une attention particulière dans une étude future.

14 Ruth Macrides, « Substitute Parents and their Children in Byzantium », dans *Adoption et fosterage*, p. 309.

son pied sur le cou du fils en disant : « Aujourd'hui mon fils c'est toi. Aujourd'hui je t'accouche ». Ensuite il lève son fils et les deux s'embrassent. Et le pope leur donne la bénédiction et les instruit »[15]. Le cérémonial est aussi significatif pour la manière dont l'autorité paternelle était conçue. Dans cette perspective il convient de voir comment il coexistera plus tard – au début du XIXe siècle – avec les lois écrites qui diminuent le pouvoir des parents (en particulier du père – *patria potestas*) sur leurs enfants[16].

Désormais la distinction essentielle entre baptême et adoption consiste dans la représentation symbolique de l'accouchement. L'enfant, baigné/plongé trois fois dans l'eau baptismale, est engendré au nom de Dieu, du Fils et du Saint Esprit, tandis que, par adoption, c'est l'homme qui donne symboliquement naissance à l'enfant dans l'esprit de Dieu et non pas Dieu Lui-même (*engendré par le Père*)[17]. Par le rituel du baptême, c'est l'enfant qui s'unit avec Jésus Christ – par la voix du parrain – après avoir renoncé à sa vie dans le péché, symbolisée par le diable[18]. En échange, par le rituel de l'adoption le père et le fils adoptif s'unissent par le Saint Esprit qui remplace alors le lien du sang. La « naissance » est un acte spirituel par excellence, où l'engendrement masculin prend la place de la naissance biologique. En tant qu'intermédiaire essentiel dans l'acte de naissance, la divinité permet par sa bénédiction de remplacer le lien naturel entre les parents et les fils par un lien spirituel. Autrement dit, si dans la cérémonie de l'adoption, le futur père

---

15 Bar, ms. roum. 3275 : « *Orânduiala ce se făcea odată când făcea cineva fecior de suflet* » (« La cérémonie qui s'officiait auparavant quand quelqu'un adoptait un fils »), f.71.

16 Par exemple, si au début les parents avaient le droit absolu sur la vie de leurs enfants (droit confirmé par les lois byzantines reçues et adaptées dans les codes de XVIIe siècle), ils perdaient ensuite ce droit sous l'influence des principes du droit naturel (*Codul Caragea*, éd. crit., Bucarest, 1955, ch.3, § 36, pp. 128-129) ; voir aussi George P. Nedelcu, *op. cit.*, passim.

17 Bar, ms. roum. 4254, « *Rânduiala botezului* », f. 67 : « Tu as donné naissance à ton serf à nouveau, illuminé, en eau et en Esprit » (« *Născut-ai pre robul Tău din nou, luminat, cu apă şi cu Duh* »).

L'image du père qui donne naissance (*tatăl care mă naşte*) apparaît dans les sermons du métropolite de la Valachie, Antim d'Ibère. En ayant comme point de départ une paraphrase de texte biblique (Iov, 17 :14) : « la mort est le père qui m'engendre/ressuscite » (*moartea-mi iaste tatăl, carele mă naşte*), il glosse sur les trois naissances du chrétien : charnelle, spirituelle et rédemptrice (Antim Ivireanul, *Opere. Didahii*, éd. par Gabriel Ştrempel, Bucarest, Ed. Minerva, 1997, pp. 195-197). Mais sur cette succession des naissances on reviendra avec une analyse plus poussée.

18 Bar, ms. roum. 4254, f. 73-80v : « *Rânduiala la facerea glaşencului, adecă la cel chemat spre botez învăţătură* » ; voir aussi *Molitfelnic*, Bucarest, Ed. Institutului biblic şi de misiune al Bisericii ortodoxe române, 1998, pp. 17-24.

« engendrait » l'enfant par le biais du Saint Esprit, le parrain ne joue pas un rôle pareil par rapport à son filleul.

Le baptisé est engendré, par le bain baptismal et l'onction, dans l'union du Saint Esprit et de l'eau[19]. Sa renaissance spirituelle suit la mort symbolique de son ancien être conçu dans le péché ; donc, elle ne s'ajoute pas à la naissance charnelle corrompue mais s'y substitue. Dans la perspective rituelle, la représentation de la filiation spirituelle n'a rien à voir avec la filiation charnelle ; le modèle renvoie à l'Incarnation comme acte de naissance de la chrétienté et comme renouvellement de l'ancienne alliance : « Seigneur, c'est Toi qui – par Adam – a uni la nature par un lien de sang et c'est Toi qui – par Jésus Christ, Ton Fils bien-aimé et notre Dieu – nous a fait Tes fils par le don (s.n.) »[20] (« *Stăpîne, Ziditoriule a toată făptura, Cela ce prin cel dintîi Adam din trup ai legat firea ca rudenie, iar prin Iisus Hristos cel iubit al Tău Fiiu şi Dumnezeul nostru, ni-ai arătat şi pre noi, fiii Tăi după dar*). Par l'Alliance vétérotestamentaire, Dieu était le Père des patriarches – « Dieu d'Abraham, d'Isaac et de Jacob » (Ex 3, 6) – puisque la promesse divine s'adresse à eux et à leurs descendants. Une nouvelle Alliance divine avec l'humanité vient à le remplacer, une alliance scellée par l'Incarnation du Verbe, la mort et la Résurrection de Christ et reproduite par baptême, symbole de la paternité divine exercée sur chaque chrétien[21]. Dieu des pères de l'Ancien Testament devient, dans les Evangiles, Père des chrétiens par le don du Saint Esprit.

C'est par baptême que l'enfant entrait dans la communauté chrétienne, en recevant par son nom une identité[22] garantie par le parrain. Celui-ci joue le rôle de témoin de la naissance spirituelle et non pas d'un « géniteur » spirituel ; il reçoit le fils adopté par Dieu pour le nourrir spirituellement, comme garant de son éducation chrétienne, et le préparer à devenir digne de

---

19 Antim Ivireanul, *op. cit.*, pp. 165 et 195. Voir aussi Dumitru Stăniloae, *Teologia dogmatică ortodoxă*, vol. 3, Bucarest, Ed. Institutului Biblic şi de Misiune al Bisericii Ortodoxe Române, 1997, pp. 25-28 et, sur la tradition patristique, voir Joseph H. Lynch, *Godparents and kinship in Early Medieval Europe*, New Jersey, Princeton University Press, 1986, pp. 115-117. Il s'arrête aussi sur le symbole de l'eau baptismale dans la tradition de l'Église occidentale et orientale : « *In the eastern Christian tradition the baptismal font was described as a virgin mother, giving birth to her children alone, and in western Christian tradition the font was the womb of Mother Church* » (p. 116).

20 Bar, ms. roum. 3275, f. 69v.

21 Jerôme Baschet, *op. cit.*, pp. 64-73.

22 L'intégration par baptême dans la communauté religieuse signifie en effet la reconnaisance sociale du baptisé. Voir aussi Jerôme Baschet, *op. cit.*, pp. 38-39.

l'héritage divin. Par différence des parents adoptifs, ils sont désignés par Dieu comme Ses remplaçants sur terre qui doivent protéger la filiation spirituelle entre Lui (comme Père adoptif)[23] et les baptisés.

En échange, par le rite de l'adoption, la nouvelle naissance spirituelle n'exclut pas la naissance biologique en imitant la succession mort-renaissance[24] du baptême. Elle s'y ajoute. Marqué par l'accouchement symbolique, le transfert de l'autorité parentale des géniteurs aux parents spirituels signifie l'entrée de l'adopté dans une communauté familiale nouvelle. Le changement de son identité sociale est scellé par un patronyme nouveau.

En effet, les deux rites signifient également un acte de reconnaissance sociale[25] par lequel le baptisé et l'adopté font leur entrée dans le monde. Et, même si le parrain n'est qu'un intermédiaire de l'engendrement spirituel de son filleul, il joue un rôle essentiel dans la naissance sociale de celui-ci (en lui attribuant un nom et donc une identité).

Pour conclure brièvement, les différences qui séparent l'adoption du baptême en ce qui concerne le dogme n'excluent pas leur ressemblance dans le droit canonique et dans la pratique sociale. Il est difficile de dire dans quelle mesure tout cet imaginaire religieux du rituel de l'adoption et du baptême se reflète dans la société. On essayera d'en chercher des indices dans les documents privés interprétés dans cette étude.

1.3. L'adoption laïque : une norme qui veut s'imposer

Forme de la parenté spirituelle, l'adoption a été longtemps consacrée dans l'Église par un rituel, comme le parrainage par le rituel du baptême ou du mariage[26]. A la moitié du XVIIe siècle, *Le Guide de la loi* prescrit le rituel religieux en tant que mode de reconnaissance unique de ce lien artificiel[27]. Au niveau de la loi, un changement semble intervenir lorsque, dans un

---

23 Jack Goody, *op. cit.*, pp. 82-83.

24 Succession reproduisant la mort et la Résurrection de Jésus Christ. Voir Dumitru Stăniloae, *op. cit*, pp. 28-32.

25 Sur la signification sociale du baptême, voir : Christiane Klapisch-Zuber, *La maison et le nom. Stratégies et rituels dans l'Italie de la Renaissance*, Paris, Ed. de l'EHESS, 1990, passim ; Anita Guerreau-Jalabert, *op. cit.*, pp. 161-171.

26 Voir Maria-Magdalena Szekely, *op. cit.*, p. 106.

27 *Indreptarea legii 1652*, éd. cit., gl. 195, pp. 192-193.

chrysobulle[28], Al. C. Moruzi dispose qu'une personne mûre (*siseşi stăpânitor*) ne soit adoptée (lat. *adrogatio*) qu'avec l'accord du pouvoir du prince régnant. Les démarches pour l'adoption des mineurs devaient être faites devant les juges locaux.[29]. Plus tard, ces conditions se retrouveront dans *Le Code Caradja*[30] et la légitimation de l'acte d'adoption recevait ainsi un caractère exclusivement laïque.

La pratique sociale va-t-elle dans la même direction et au même rythme que les nouvelles tendances législatives relatives à l'adoption ?

1.4. Une interprétation laïque de la philanthropie : l'intégration sociale des orphelins

Il est moins aisé de tirer une conclusion sur la politique sociale de Moruzi relative aux orphelins. D'après les documents qui existent, on peut supposer que l'intervention de l'autorité centrale a tenté de régler en profondeur les conditions de la parenté volontaire (de l'adoption), préoccupée théoriquement par les possibilités réelles que les solliciteurs offraient aux futurs fils adoptifs. Les exigences sont formulées en relation avec les conditions matérielles et sociales et leur intégrité morale, prouvée par des témoins ou par leur renom s'il s'agissait d'une notabilité ; parfois, l'acte de bienveillance cache des intentions moins honorables. On pouvait suspecter les gens de vouloir profiter de la fortune de l'orphelin ou d'avoir forcé les personnes seules, vieilles et malades, à les adopter, devenant ainsi leurs héritiers. De même, la volonté de légaliser un lien affectif entre les gens sans descendants et des « étrangers » (de famille) risquait d'écarter les parents de l'héritage et de provoquer ainsi des conflits familiaux de longue durée.

En même temps, Moruzi encourageait, en invoquant à la fois la loi (naturelle) de la compensation et l'esprit de la philanthropie[31], l'adoption des

---

28 Dans le préambule de son chrysobulle, Moruzi le justifie en faisant appel également à une pratique ancienne et aussi à la législation byzantine, adoptée en Valachie. Il souligne que son chrysobulle n'apporte pas de changement radical dans le droit familial ; il est plutôt une continuation de la politique sociale développée par ses prédécesseurs, en prenant comme modèle les lois byzantines.

29 V. A. Urechia, *op. cit.*, vol. *VIII*, note 2, p. *48* ; *dispositions qui trouve la source dans la* législation justinienne.

30 *Legiuireal Caragea* (1818), éd. crit., ch. 5 : « *Pentru iothesie sau facere de fii de suflet* » (« De l'adoption ou de faire des fils de l'âme »), § 7-8, pp. 136-137.

31 Les notions de compensation et de la philanthropie entraient souvent dans la logique coutumière comme fondement justificatif de certaines pratiques juridiques. On trouve un exemple dans un recueil de coutumes (coutumier) de dimensions réduites, rédigé en 1777, pour servir à l'élaboration du *Code d'Ypsilanti*, 1780 (*Pravilniceasca Condică*) :

enfants abandonnés ; leur origine n'avait plus d'importance s'ils provenaient d'un mariage légitime ou représentaient le fruit d'une liaison amoureuse accidentelle. Ce n'était pas le cas des filles illégitimes : « On ne fait pas des fils d'âme les fils naturels, qui ne sont pas nés d'un mariage selon la loi, ni son père naturel ni d'autres n'ont pas ce droit, parce qu'ils n'ont pas un être politique. Les bébés abandonnés devant les églises ou dans la rue peuvent être pris pour fils, car la loi veut qu'ils soient amenés pour compenser leur abandon »[32].

L'intervention du prince dans le système de parenté a donc une connotation double. D'une part, il motivait ainsi l'intention de maintenir l'harmonie dans la famille. D'autre part, en suivant une vraie politique sociale[33], il voulait encourager l'adoption des « enfants étrangers » et leur intégration dans une famille. La condition essentielle de cet acte consiste dans le fait que les « nouveaux » parents soient capables de leur offrir une vie convenable, dans un milieu sain et stable[34].

« La très ancienne coutume veut qu'après la mort du mari, si la femme a eu des enfants avec lui, vivants ou morts, elle hérite nécessairement du tiers de la fortune du mari, qu'elle ait gardé le veuvage ou qu'elle se soit remariée ; cette coutume s'inspirant de considérations philanthropiques a tenu compte des douleurs, des chagrins et des dangers de la gestation [...]. Bien qu'elles n'aient pas eu des enfants, et n'aient donc pas éprouvé les chagrins, les irritations et les douleurs de l'enfantement, les femmes stériles partagent les douleurs, les malheurs et les déboires de leurs maris, et prennent soin de ce qui est apporté dans la maison, assurant ainsi la prospérité du mari, pour cela la coutume locale les a honorées depuis très long temps afin que ses femmes stériles aussi, qu'elles se remarient ou non, reçoivent la *trimoria* (gr.) », C. A. Spulber, « Basiliques et coutume roumaine », *Bulletin de la section historique (histoire-géographie-sciences sociales)*, tome XXVI, Bucarest, 1945, pp. 135-136.

32 *Ibidem*, p. 48.

33 Pour la motivation de cette politique, voir l'étude de Emanuela Popescu-Mihut, « Ideologie politică şi propagandă în actele cancelariilor domneşti din Ţările Române (1775-1824), dans *Le Sud-Est Européen pendant la Révolution Française. Etats d'esprit, réactions, confluences*, (sous la dir.) Alexandru Duţu, Bucarest, 1994, pp. 73-99. Dans la même direction d'interprétation va Ligia Livadă-Cadeschi, « Educaţie şi asistenţă în Ţările Române la sfirşitul secolului al XVIII-lea şi începutul secolului XIX-lea », *Sud-estul si contextul european. Buletin.*, III, 1995, pp. 45-60 (48-54), et moins dans « Asistenţă socială în principate (secolul XVIII-începutul secolului XIX). Intre religios şi laic », *Revista istorică*, III, n°11-12, 1992, pp. 1173-1182 (p. 1178). Par différence des analyses mentionnées, qui mettent l'accent sur l'influence du despotisme illuminé, Pan J. Zepos considère que l'on ne peut pas parler d'une politique sociale dans le sens moderne du terme, mais dans un sens plus large où la philanthropie de type byzantin occupait une place importante : « La politique sociale des princes phanariotes, *Balkan Studies*, XI, n° 1, 1970, pp. 81-90 (81-83).

34 V. A. Urechia, *op. cit.*, vol. VIII, pp. 47-48, note 2 ; *Le Code de Carajea*, éd. cit., ch. V : « *Pentru iothesie sau facere de fii de suflet* » (« De l'adoption ou prendre pour fils »), § 3, pp. 136-137.

II. Le régime de l'adoption dans la législation valaque

Qui pouvait adopter et qui pouvait se faire adopter ? En principe, ceux qui n'avaient pas d'enfants ou, s'ils en avaient eu, ils sont morts, reniés ou tombés en esclavage. A la différence du *Guide de la loi*, le chrysobulle de Moruzi et *Le Code Caradja* n'accordaient ce droit qu'aux laïques – hommes et femmes. Les célibataires, mariés ou veufs, pouvaient choisir des mineurs ou des adultes, parents ou étrangers de la famille. Au fil du temps, les restrictions pour une adoption deviennent de moins en moins rigides : il fallait que ceux qui désiraient obtenir un enfant pour eux-mêmes ne soient pas leur tuteur et que la différence d'âge entre parents et enfant soit supérieure à 18 ans. Les grands-parents ne pouvaient pas adopter leurs petits-fils (disposition présente seulement dans la chrysobulle de Moruzi). Au début – *Le Guide de la loi* – les parents naturels (surtout la mère) ne pouvaient pas changer le statut de leurs fils illégitimes[35] par l'adoption. Dans l'intervalle de temps qui sépare la chrysobulle du *Code Caradja*, une modification fondamentale intervient à propos de cette question (qui n'a malheureusement pas été exploitée par les historiens du droit privé) : les parents gagnent le droit d'adopter les enfants naturels, en s'assurant aussi la succession[36]. Ceux qui n'ont pas le droit d'adopter sont les comédiens, les chasseurs d'amours faciles (roum. *curvarii*), ceux qui n'ont pas une situation matérielle sûre, ceux qui ont des dettes (le chrysobulle de Moruzi), les fous, les gaspilleurs (*Le Code Caradja*).

III. Formes de l'adoption : droit et pratique

Dans *Le Code Calimach*[37] (Moldavie), il y a une distinction, absente dans les codes de lois valaques, entre l'adoption consacrée officiellement et celle informelle ou « lâche »[38], lorsqu'une personne prend en charge un enfant. Elle s'oblige à l'élever « comme son propre enfant », le nourrir et le

35 Sur le statut des enfants illégitimes, voir : Alexandru Herlea, *op. cit.*, pp. 564-566 ; Vasile Gionea, *op. cit.*, pp. 23-26.

36 *Legiuirea Caragea*, éd. cit., ch. V, § 5, pp. 136-137.

37 *Codul Calimach*, éd. crit., Bucarest, 1958, ch. III : « Les droits entre les parents et les enfants », § 252-254, pp. 142-143. Il faut souligner que les juristes qui ont rédigé le code ont eu comme modèle le Code Civil autrichien. Ovid Sachelarie, Nicolae Stoicescu (coord.), *op. cit.*, art. : « adoption ».

38 Comme Christiane Klapisch-Zuber l'appelle dans son article : « L'adoption impossible dans l'Italie de la fin du Moyen Âge », dans *Adoption et fosterage*, pp. 323 et 328.

vêtir, lui donner une éducation religieuse, lui apprendre un métier etc., mais sans aucun acte qui atteste légalement sa décision.

Selon ce code de lois, l'adoption est authentifiée par le rituel religieux – la seule façon par laquelle les adoptants gagnent la qualité des parents et les adoptés celle de fils. Les droits qui découlent de la filiation adoptive reproduisent ceux qui définissent la filiation naturelle et légitime[39] : le droit de l'adopté à la succession de son père adoptif, le nom. De l'autre côté, l'adoptant gagne le *patria potestas* sur l'adopté.

Donc, une séparation nette est introduite entre le statut des adoptés et celui des enfants « d'âme » (spirituels). Les derniers ne bénéficient pas des droits des fils adoptifs ; ils ne sont pris que pour être nourris et élevés (« pour le bénéfice de l'âme »). La motivation semble essentiellement spirituelle en faisant référence à la charité.

Les personnes qui décident de nourrir les enfants pauvres ne doivent pas respecter des conditions spécifiques comme les adoptants. Désormais, « on les considère comme des parents » et, par conséquent, ils n'ont pas le droit de leur demander par la suite les dépenses pour la nourriture[40]. Cette nuance, qui se reflète aussi dans la terminologie utilisée dans le code moldave, produit donc des conséquences différentes sur le statut juridique de l'enfant, y compris sur les droits de celui-ci.

La terminologie des articles de loi ne laisse pas de place à la confusion. La personne qui demande l'adoption est appelée « père adoptant » (*tată înfiitoriu*) ou « mère adoptante » (*maică înfiitoare*) et celle « qui est prise pour fils », « adopté » (*înfiit*) ou « adoptée » (*înfiită*)[41], tandis que l'enfant pris en soin pour être nourri et élevé est dénommé « enfant d'âme »/enfant spirituel (*copil de suflet*).

Les termes grecs, par lesquels les adoptés (gr. *θετος*) et les « enfants élevés » (gr. *παιδία τρόφιμα*) sont appelés, viennent renforcer la distinction opérée concernant les droits. Il faut souligner que la traduction roumaine du grec pour « enfants élevés » est « enfants d'âme ».

On a opté pour une longue parenthèse dans le droit écrit moldave pour pouvoir faire une comparaison avec la législation valaque. La richesse des situations que les documents privés posent ne trouve pas toujours une

39 *Ibidem*, § 247, p. 141 : Les adoptés et les adoptants gardent entre eux (gagnent) les mêmes droits comme les parents et les fils légitimes par naissance.

40 *Ibidem*, § 252-254, p. 148.

41 *Ibidem*, § 236, p. 139.

explication dans les codifications utilisées en Valachie. Certains repères du code moldave nous aident beaucoup dans une interprétation plus nuancée des documents. Il n'est pas nécessaire de revenir sur les droits et les obligations des adoptants et des adoptés. En échange, il convient de s'arrêter sur la terminologie utilisée par les codes de loi valaques – *Le Guide de la loi 1652, Le Code d'Ypsilanti* (1780) *et Le Code Caradja* (1818). Il faut souligner d'emblée que la distinction présente dans *Le Code Calimach* n'est plus repérable en ce qui concerne le droit écrit valaque. La seule forme d'adoption approuvée est celle officielle, légalisée soit par le rituel religieux (*Le Guide de la loi 1652*), soit par le prince ou les juges locaux (le chrysobulle de Moruzi et *Le Code Caradja*). Les attributs par lesquels on désigne la filiation par adoption sont traduits du grec « γιοθεσία » : « filiation spirituelle » (roum. *fecioria de suflet, facerea de feciori de suflet*). Les protagonistes de cette fiction juridique sont les « fils spirituels/d'âme » (*feciori sufletești*) et les « parents spirituels » (*părinți sufletești*)[42].

Les formules employées dans les actes privés pour les adoptés ne varient pas trop – les « fils d'âme », « pris pour fils », « pris pour fils et héritier » ou « pris à la place du fils ». Pour les personnes nourries et entretenues, les syntagmes les plus utilisés sont : les enfants « élevés et nourris », « élevés par pitié »[43], « élevés/nourris d'âme », « élevés comme un vrai fils », etc.

Pourtant, dans la pratique, la distinction terminologique n'est pas toujours évidente si celle-ci n'est pas renforcée par les droits concrets de ces enfants au sein de la famille. On aperçoit facilement leur position dès lors qu'ils sont désignés comme héritiers. Du point de vue juridique, le fils spirituel a les mêmes devoirs que le fils naturel et légitime : la continuation du lignage (de la maison), même s'il représentait un intermédiaire spirituel entre les générations liées entre elles par la consanguinité, aide les parents durant leurs vieux jours et le devoir de payer les offices pour le salut de leur âme dans l'au-delà. En effet, dans la décision de « fabriquer » un successeur, reste fondamental le désir de chaque homme de transmettre son patrimoine et son nom. Le fils « d'âme » pouvait recevoir l'héritage en tant que fils « de

42 *Îndreptarea legii 1652*, éd. cit., gl. 195, pp. 192-194 ; *Legiurea Caragea*, éd. cit., ch. 5, pp. 136-139.

43 Christiane Klapisch-Zuber, « L'adoption impossible » ; Anita Guerreau-Jalabert, « *Nutritus/oblatus* : parenté et circulation d'enfants au Moyen Âge », dans *Adoption et fosterage*, p. 82.

sang », tandis que celui qui était « élevé et nourri » n'avait pas ce droit[44]. Il se trouvait égaré parmi les légataires, bénéficiaires de certaines donations du testateur.

Par exemple, Zamfira, la veuve de Manea le tailleur, lègue aux trois enfants « élevés » moins d'argent[45] qu'à sa sœur, Rada (150 thalers), à ses nièces de la part de la sœur – Anastasia et Catrina – (150 et 100 thalers) et aux ses petites-nièces, filles d'Anastasia (100 thalers pour chacune d'entre elles). Selon l'ordre dont les bénéficiaires sont mentionnés et des montants d'argent qu'ils reçoivent, on peut reconstituer une hiérarchie des préférences de la testatrice : 1) la sœur ; 2) les nièces ; 3) les enfants d'une de ses nièces ; 4) « les enfants élevés » (ils étaient déjà mariés) ; 5) les nièces de la sœur de son mari décédé ; 6) le serviteur, etc. Donc, une place privilégiée semble revenir aux parents collatéraux, suivis par les enfants pris sous sa protection et aux parents par alliance (de la famille d'origine de son époux).

Plus intéressant est le testament de Păuna Mălăiescu, qui souligne dès le début le manque d'enfants ou de parents. Ensuite, dans le document apparaît une certaine Nastasia comme bénéficiaire d'une robe et d'un chaudron d'eau de vie, « parce que c'est moi qui l'ai nourrie ». En tant que terme de comparaison on ajoute une clause contenue dans le même testament, y compris la donation de sa maison pour l'église où son mari était enterré[46]. Donc, la fille élevée n'est qu'une légataire, sans prétentions sur la succession.

Bien que chaque exemple puisse illustrer des aspects juridiques particuliers relatifs à ces deux formes d'adoption, officielle et informelle, on s'arrête à ceux qui attirent davantage l'attention.

---

44 Situation qui caractérise ce que Christiane Klapisch-Zuber appelle « des adoptions lâches » : « L'adoption impossible », p. 328

45 Bar, ms. rom. 612, « Le testament de Zamfira, épouse du défunt Manea le tailleur » (6 mai 1803), f. 14 : « je laisse 50 thalers pour Ştefan que j'ai l'élevé : thalers 30 : je laisse à Maria, l'épouse de Badea, que j'ai l'élevée/ thalers 25 : je laisse à Păuna, l'épouse de Stan, que j'ai l'élevé ».

46 Bar, ms. roum. 611, « Le testament de la défunte Păuna Mălăiasca, la fille du capitaine Frone » (15 mars 1797), f. 15v°-16.

3.1. La circulation des enfants en famille. Les fils adoptifs et les enfants élevés

3.1.1. L'échange des enfants. Ecaterina Vasiliu[47] est divorcée et mère de deux enfants – une fille, Marioara, et un garçon, Vartolomei – nés pendant une « vie de chien » auprès de *postelnic* Ioniță Portărescu. Après avoir obtenu la séparation devant l'instance judiciaire ecclésiastique, elle reste sans aucun revenu parce que son époux refusait de lui rendre la dot et d'autres biens qui lui appartenaient. Les essais de le forcer de s'acquitter de ses obligations envers son épouse demeurent sans lendemain puisqu'il quitte la ville. Malgré toutes ces difficultés, Caterina réussit à marier et à doter sa fille. Lorsque Vartolomei arrive à l'âge mûr, il est envoyé par sa mère à Vienne, chez ses oncles, pour qu'il apprenne un métier. En échange, elle prend soin des fils illégitimes de l'un de ses frères (de Vienne) et d'une fortune non négligeable pour les besoins des enfants : « L'un de mes frères, célibataire, a eu deux enfants, notamment Niculae et Constatin et m'a confié leur éducation, en me rendant entièrement la mère de ces enfants (s.n.) ». C'est vrai, il n'est pas dit d'une façon explicite que l'adoption s'était fait devant l'autorité judiciaire ecclésiastique ou laïque. Pourtant, par son testament, la femme institue comme héritiers ses neveux. Sans une adoption officielle de ceux-ci, elle n'avait pas le droit d'écarter son propre fils de l'héritage. Il importe peu que les biens légués aux enfants leur appartiennent de fait et, grâce à eux (y compris à leur père), elle avait vécu sans privations matérielles. Juridiquement, ces arguments ne comptent pas.

De même, le document surprend une pratique familiale concernant les enfants : leur échange dans la même famille. La testatrice installe son fils Vartolomei comme apprenti chez ses frères (à Vienne). En retour, elle prend en charge les deux neveux avec le support financier de la part de leur père. Par une fiction juridique, ceux-ci reçoivent les droits des fils légitimes, y compris le droit de succession.

Cet exemple met en question aussi les droits dont les fils illégitimes bénéficiaient en réalité, même si les réglementations écrites n'étaient pas indulgentes à leur égard. C'est-à-dire, dans un pays où fonctionnait un système pluriel de droit, la négociation entre la loi écrite et les usages

---

47 Bar, ms. roum. 614, « Le testament de Caterina Vasiliu », f. 12-13 (décembre 1816).

juridiques nous pose des problèmes sans y trouver des réponses. La cause reste toujours l'absence d'une transcription de la coutume.

En 1818, les perspectives des enfants illégitimes changent radicalement. Selon le *Code Caradja*, les parents naturels pouvaient adopter leurs enfants nés en dehors du mariage[48]. C'est une possibilité qu'on peut mettre en pratique ou pas, tout dépend du père, la décision d'adopter lui revenant.

Le grand boyard Alexandru Filipescu[49] reste célibataire jusqu'à la fin de sa vie. Dans sa jeunesse, il a eu un enfant né d'une liaison amoureuse avec une femme « libre et d'origine noble ». Dès la naissance de son fils, le jeune boyard le confiera à sa mère et après la mort de celle-ci à sa sœur, Elena. Même si l'enfant est le fruit d'une union illégitime, les parents proches du jeune boyard ne le rejètent pas. Au contraire, le nouveau-né sera accepté et trouvera une place dans le milieu chaleureux de la famille du père naturel. Il sera aussi baptisé dans le rite orthodoxe : « Ce fils, mon vrai fils, a été baptisé par notre Église orthodoxe et nommé Ioan ». Jusqu'à la reconnaissance officielle, l'enfant illégitime gagne une identité familiale et religieuse, en bénéficiant ainsi d'une reconnaissance informelle (de fait) aussi importante. Le geste de son père de l'amener dans sa famille pour être élevé et pour qu'il reçoive une éducation « conforme à son origine » marque l'entrée de l'enfant dans la communauté. Les membres de la famille réagissent d'une manière favorable, après tout il s'agissait « de leur sang ». Pour eux, la naissance de l'enfant hors du mariage n'attirait pas la honte sur leur lignage car les deux géniteurs étaient d'origine aristocratique. Par l'argument du « sang », Alexandru Filipescu motivait l'adoption de son fils illégitime surtout face aux parents proches, notamment ses deux frères, Grigorie et Constantin : « Né de mon corps, il est un vrai Filipescu, vrai neveu (*firesc*) de mes frères et du même sang que mes parents, selon les degrés de parenté de la sainte loi »[50]. Le droit ecclésiastique est constamment invoqué.

Dans le testament uniquement, le boyard reconnaît, adopte et institue héritier universel son fils illégitime. Cinq ans plus tard, il renforce l'adoption

---

48 *Legiuirea Caragea*, éd. cit., ch.5, § 5, p. 136.

49 Logothète, vornic et grand ban (en 1843). Voir E. Vîrtosu, « Sclitada Filipeştilor (sec. XIX) », *Arhivele Olteniei*, n°39-40, 1928, pp. 394-396 ; Paul Cernovodeanu, Irina Gavrilă, *Arhondologiile Ţării Româneşti de la 1837*, Ed. Istros, Brăila, 2002, p. 93.

50 E. Vîrtosu, « Testamentul din 1825 al boerului Al. Filipescu-Vulpe », *Arhivele Olteniei*, n°39-40, 1928, p. 448.

de son fils par une demande adressée cette fois directement à l'autorité judiciaire du pays (*Divan*) pour que cette adoption soit approuvée à ce moment et pas après sa mort (selon l'adoption testamentaire). Son fils avait 18 ans, l'âge où il avait déjà fait son entrée dans la vie sociale active et même politique : le 1er janvier 1829, il est nommé *vistier al treilea* (petite dignité auprès de la Trésorerie). Il avait besoin d'un statut, d'une identité sans ambiguïtés pour qu'il puisse monter dans la hiérarchie des dignités. Attendre la mort du père pour être reconnu et adopté, était une solution qui pouvait arriver trop tard. C'est pourquoi, Alexandru Filipescu ajoutera à son testament un acte d'adoption avec des conséquences immédiates.

3.1.2. La lute pour la légitimité. En théorie et parfois dans la pratique, la question est claire. Mais ce qui se passe en réalité met parfois à l'épreuve tous les efforts pour comprendre, surtout à cause du manque d'informations.

Dans un registre de la métropolie de Valachie il y a deux documents concernant le copiste Petre : son testament (18 octobre 1819) et l'autre, qui contient les résultats d'une enquête initiée par la métropolie de Valachie destinée à résoudre les confusions existantes dans ce testament (20 janvier 1820). La question essentielle, qui fait l'objet de cette enquête, est le refus de Petre de reconnaître Năstase pour fils légitime. Il avoue qu'il a eu des relations intimes avec la mère de celui-ci trois ans avant leur mariage[51]. Toutefois, il n'a pas la certitude que l'enfant est le fruit de leur union. En échange, Năstase, le fils de sa première épouse, « ne cessait de prétendre qu'il est son fils, né après le mariage avec sa mère ». Pour appuyer ses paroles, le fils illégitime fait venir des témoins, mais les témoins affirment le contraire : Năstase était déjà né quand l'accusé, Petre, s'était marié avec la mère naturelle de cet enfant.

La conclusion tirée suite aux témoignages est en défaveur de Năstase et elle s'appuie sur la loi. Ainsi, le plaignant n'avait aucun droit à prétendre à la paternité, y compris la succession de Petre ; il devait se soumettre à l'autorité de la loi, dont le texte est sans équivoque : « En cherchant dans le nouveau code de lois (*Le Code Caradja*-1818) nous avons trouvé que ceux-ci n'ont pas droit à l'héritage ».

---

51 Bar, ms. roum. 614, « Le testament de Petre le copiste, fils du pope Anăstase instituant ses héritiers », f. 25v°-26v.

Jusqu'à ce moment tout semble clair et on attend un verdict similaire de la part des juges ecclésiastiques. En fait, il ne s'agit pas d'une interdiction empêchant Năstase de participer à la succession du mari de sa mère. La décision finale se rapporte exclusivement au testament du copiste et elle est surprenante : on authentifie le testament par lequel Petre, obligé par un verdict antérieur de la justice (on ne sait pas laquelle, laïque ou ecclésiastique), donnait une partie de son héritage à Năstase. La volonté du testateur était invoquée comme argument. L'absurde de la situation est évident car Petre souligne que la volonté de léguer au fils de sa première épouse ne lui appartient pas.

Le commentaire de la fin de cet acte judiciaire, qui précède d'ailleurs le testament de Petre, n'éclaircit point la confusion du conflit : « la volonté » de Petre est confirmé par les juges malgré les évidences, même si la loi lui permettait d'écarter le fils illégitime de son héritage.

Mais qui sont les héritiers du copiste ? Tout d'abord, les successeurs désignés (et exécuteurs testamentaires à la fois) sont deux neveux -Ioniţă, fils du diacre Negoiţă, et son frère, diacre Dumitrache – et un pope, Vasile. Ils reçoivent ce qui était resté après avoir partagé ses biens entre : Ileanca sa deuxième épouse et la mère de son « fils spirituel », Petre, adopté après le mariage et Năstase, « le fils de ma première épouse ». Le testateur n'hésite pas à souligner à chaque fois, lorsqu'il indique le nom de Năstase, que celui-ci n'est pas fils légitime. Il ne voulait lui léguer aucune chose, mais la justice l'avait obligé. On peut se demander pourquoi Petre n'a pas voulu adopter Năstase, de même que le fils de sa deuxième femme, la loi la lui permettant. Peut-être la cause se trouve dans cette guerre d'usure initiée par le dernier.

Comme il a été déjà mentionné, le début du conflit est antérieur à la rédaction du testament ; le bâtard avait traduit son « père » en justice et avait gagné le droit à la succession. Năstase n'était pas bénéficiaire des legs testamentaires par la volonté du testateur. Au contraire, il était forcé par l'autorité judiciaire de partager sa fortune avec un « fils » dont il lui refuse la paternité. Alors on créait un cercle vicieux dont l'explication se perd dans l'arbitraire des sentences judiciaires, mais aussi dans l'absence des éléments essentiels de ce conflit de longue durée. Il manque, par exemple, le témoignage de la mère de Năstase. Etait-elle décédée à ce moment-là ? Si oui, que s'est-il passé avec sa dot ? Est-ce que son époux l'avait rendue à son fils ? De quoi était nourrie l'ambition de Năstase de se légitimer ? Avec quels arguments gagnerait-il le procès qui précède le testament de Petre ? Il y a beaucoup de questions sans réponse qui nous empêchent d'émettre des hypothèses. Toutefois, on ne peut pas perdre l'occasion de présenter un exemple de la manière dont la loi était interprétée en justice.

Quant à Petre, comment voit-il les choses ? Il partage son héritage entre : 1) ses neveux de frère ; 2) sa deuxième épouse et son fils adoptif ; 3) Năstase, le fils de sa première épouse. Théoriquement, l'adopté avait priorité à sa succession ayant tous les droits d'un fils légitime. Pourtant, par la volonté du testateur, l'enfant adoptif vient en concurrence avec les consanguins du père qui ont tous la qualité d'héritiers et non pas celle de légataires. Il veut dire que sa famille consanguine est au moins aussi importante que son fils « spirituel ». On ne rend pas compte ici de Năstase, parce que sa situation reste confuse, même après le verdict qui lui donne le droit à l'héritage de Petre.

Pour conclure, dans le testament du copiste, l'instance judiciaire, l'auteur et la solidarité de sang ont, à la fois, le dernier mot. D'une part, la volonté du testateur ne fait pas abstraction de la justice, mais il ne respecte pas non plus la loi jusqu'au bout (voir la nomination des neveux comme héritiers). D'autre part, l'autorité judiciaire qui authentifie l'acte donne priorité à la volonté du testateur et non pas forcément à la lettre de la loi. Donc, on ne peut pas dire si la loi est respectée ou pas, mais seulement qu'il y a des façons multiples de la négocier.

3.1.3. Adopter ou « nourrir et élever » un neveu. Elever un neveu était une pratique répandue à cette époque et ses motivations oscillaient surtout entre la recherche d'un héritier et la responsabilité des parents proches envers les orphelins de la famille. Dans les moments de crise, comme celui du décès d'un membre de la famille, la solidarité familiale réagissait d'habitude par la prise en charge des enfants restés sans géniteurs. Il ne s'agit pas forcément d'un geste généreux, mais d'un devoir de parents. Ce devoir est assumé jusqu'à la maturité des orphelins, moment où les projets qui visaient leur futur prennent des formes concrètes. Et lorsque ces stratégies avaient pour enjeu le nom et le prestige de la famille, ses membres étaient plus motivés d'agir. Si les choses n'allaient pas dans la direction désirée, ils font même une pression en justice pour défendre la dignité de leur famille.

En 1820, la famille des boyards Neculeşti, résidents de la ville de Râmnic, fait appel à la justice du prince « pour Lucsiţa, notre nièce de sœur, la fille du défunt *sluger* Ioan. Lorsqu'elle a resté orpheline (*săracă de părinţi*), monsieur *clucer* Deşliu, l'a prise par pitié dans sa maison, ensemble avec sa sœur et son frère. C'est là qu'un domestique l'a convaincue d'épouser en secret un militaire (*arnăut*) [...]. Par l'ordre de votre majesté, elle a été empêchée de contracter ce mariage, parce qu'ainsi le malheur tombait non seulement sur elle-même, mais aussi sur sa parenté »[52].

Dans ces circonstances, les protecteurs de la fille demandent au prince des sanctions sévères : l'enfermer dans un monastère « jusqu'au moment où elle changera d'avis [...], car il serait dommage qu'une fille de boyard s'égare et demeure sans secours (reste dans la rue) ». La peur d'une alliance désavantageuse représentait un argument fort pour que la décision de l'instance juridique (ecclésiastique, représentée par le métropolite) soit prise en faveur des plaignants[53]. En réponse à la demande des parents, une enquête débute, dont la décision est favorable aux parents. Ils avaient ainsi l'occasion, comme le document le suggère, de bien conseiller la fille pour être préparée pour un mariage digne de son état.

Les devoirs imposés par la solidarité de famille se mêlaient parfois de manière heureuse avec l'affection ; certains testaments l'attestent lorsque Maria, veuve de Constantin Alexeanu[54] se sent affaiblie, le seul appui vient de la part de son cousin, Amandache, qui vivait auprès d'elle depuis l'enfance. A l'âge de quatre ans, après avoir perdu sa mère naturelle, il est pris en soin par sa cousine « parce qu'ils étaient proches parents ». Soumis à l'épreuve du temps, l'enfant gagne sa confiance par la sollicitude qu'il montrait pour les activités de la maison. Lorsqu'il arrive à l'âge mûr, Amandache est considéré prêt à rendre à sa mère adoptive les soins qu'il avait reçus durant son enfance ; un argument allégué d'ailleurs dans sa nomination comme successeur. Maria met la fondation d'un échange qui la satisfait car elle gagne un héritier et un exécuteur testamentaire – son aide jusqu'à sa mort et après (par l'accomplissement des offices pour âme). Le besoin d'un support pour la vieillesse et la logique patrimoniale trouvent leur solution à travers l'adoption. Amandache devient héritier unique non pas en tant que cousin, mais comme fils adoptif. Pourquoi était-il nécessaire de renforcer le lien de parenté qui existait déjà par un autre, d'autant plus qu'elle n'avait pas de descendants ? Que signifiait la parenté double dans ce

---

52 Bar, ms. roum. 3935, f. 90 : « *Anafora* » (23 janvier 1820).

53 *Ibidem*, la recherche de la demande par le métropolite de la Valachie, Dionisie, et le verdict (30 janvier 1820)

54 Fils de *postelnic* Constantin Alexeanu, frère de Ştefan et Grigorie Alexeanu (voir p. 23).

contexte ? La réponse semble assez simple et on la trouve dans le *Dictionnaire* des institutions féodales des Pays roumains : un neveu adopté est appelé à la succession de son oncle adoptant en tant que fils légitime, en écartant d'autres neveux prétendants[55].

L'exemple de Maria Alexeanu reflète d'une façon claire cette précaution car on voit, dans le même document, la différence entre le neveu pris pour fils spirituel (« d'âme ») et la fillette. Anița, dont la femme l'avait élevée « d'âme », était aussi liée à la testatrice par un lien de parenté[56].

Toutefois, pour assurer la succession il ne fallait pas forcément adopter un neveu, même si théoriquement il n'était pas le seul candidat. Parfois, les testateurs ont la certitude que leur volonté sera respectée. Pour Ilinca Fălcoianu, la tâche de transmission du patrimoine est considérée comme accomplie par la nomination des héritiers : il s'agit de son neveu, Ioniță Fălcoianu, et du fils de celui-ci, Costache[57], élevés tous les deux par leur tante depuis l'enfance. En même temps, le testament marque un moment de reconnaissance, une reconnaissance attendue par la femme qui s'était dédiée à l'éducation de ses neveux et qui avait investi en eux toute son affection. Bénéficiaires de ses soins, de sa caresse et de sa fortune, les neveux lui étaient, sans doute, profondément ses débiteurs. A la fin du testament, Ilinca Fălcoianu suggère à son neveu de frère, Ioniță Fălcoianu que le moment où son effort devait être récompensé est arrivé : « Rappelles-toi que lorsque tu étais petit, je t'ai nourri et je t'ai aimé et j'ai eu pitié de toi »[58]. Donc, le neveu était obligé tout comme un vrai fils de respecter et d'accomplir ses dernières volontés. Sans qu'ils soient adoptés officiellement, les neveux remplissent le rôle des fils naturels après une vie longtemps partagée avec leur tante.

Comme il a été déjà mentionné, la fortune d'Ilinca ne revient pas entièrement à Ioniță ; le testament exigeait le partage avec son fils, Costache, qui, à son tour, avait grandi sous le toit de la tante de son père. Dès que le

---

55 Ovid Sachelarie, Nicolae Stoicescu (coord.), *op. cit.*, art. : « l'adoption ».

56 Bar, ms. roum. 612 : « Le testament de Maria Alexianca l'épouse du défunt Constandin Alexeanu » (20 février 1808), f. 186v°-188.

57 On retrouve le père et le fils, 24 ans plus tard, dans *La catagraphie officielle des tous les boyards de Valachie (1829)* : « Ioan Fălcoian, né à Bucarest, *logofăt za obiceiuri* (logothéte chargé du cérémoniel de la cour), habite à Bucarest, Le pont de Calița, le quartier Antim » (p. 6) ; « Costache Fălcoianu, 35 ans, *comis*, de logothéte Ioan Fălcoianu, habite à Bucarest sur le Pont de Calița [...] » (p. 12). Donc, au moment de la rédaction du testament de sa tante, Costache n'avait pas plus de onze ans.

58 Bar, ms. roum. 612, « Le testament d'Ilinca Fălcoianca » (15 juillet 1805), f. 127-130.

but de conserver le patrimoine dans la famille est réalisé pour une génération, le devoir assumé volontairement par la femme sans descendants se prolonge pour la génération prochaine (*substitution fidéicommis*). A sa mort, Ioniță Fălcoianu ne sera pas libre de partager sa partie de l'héritage ou de la céder à un autre héritier que son fils, Costache.

3.1.4. L'adoption successive - une stratégie successorale. Si l'héritage successif est une pratique consacrée dans droit successoral sous l'appellation *substitution fidéicommissaire*, on ne peut pas dire la même chose pour ce que l'on a identifié comme adoption successive. Les exemples ont tous un noyau commun : les parents adoptifs d'une personne adoptent aussi le fils ou la fille (naturel/le et légitime) de celle-ci en le/la désignant aussi héritier unique. Cependant, ces exemples décrivent des situations très différentes.

Ilinca, fille du *staroste* (chef de commerçants) Mărgărit et veuve du marchand Negoiță, avait pris Iordache *polcovnic* pour fils « d'âme »[59]. Après des années, elle adoptait aussi sa petite-fille, Bălaşa, fille de son fils adoptif, l'élevait et l'épousait. A la fin de sa vie, Ilinca fait son testament en faveur de sa « petite-fille et fille adoptive » (comme elle l'appelle) et du mari de celle-ci, son « beau-fils ». Autrement dit, Bălaşa hérite en qualité de fille et non pas de petite-fille, ce que la testatrice n'oublie pas de souligner chaque fois. Pourrait-on parler d'une précaution semblable à celle de l'adoption des neveux ? Peut-être. Ainsi on trouvait le moyen de protéger ses héritiers des prétentions formulées éventuellement par d'autres parents, seraient-ils de la part de sa famille d'origine ou de la part de son époux. D'ailleurs, Ilinca avait eu l'occasion de se confronter avec les derniers, car il a fallu défendre en justice ses droits sur les biens reçus (par testament) de son époux défunt.

Selon *Le Guide de la Loi* (1652), en vigueur à cette époque, tout comme *Le Code d'Ypsilanti* (1780), le lien de parenté créé entre l'adopté et l'adoptant ne comptait qu'en ligne droite et non pas collatérale. Mais pourquoi alors Ilinca appelle-t-elle l'époux de sa fille adoptive « beau-fils » et l'institue lui aussi héritier quand, selon la loi, il n'existait aucun lien de parenté entre eux ? Est-ce qu'elle tient compte de la loi ? Est-ce qu'elle la connaît ? A-t-elle une opinion personnelle sur les liens de parenté créés par adoption, une reproduction fidèle de la parenté consanguine ?

---

59 Bar, ms. roum. 611, f. 160-163 : « Le testament d'Ilinca <fils (fille) de *starostea* Mărgărit> » (22 mars 1800). A part cette mention on ne sait plus rien de lui.

Quelques mois plus tard, par le chrysobulle du prince Al. C. Moruzi (1800), il était interdit aux grands-parents d'adopter leurs petits-fils, en considérant le lien de parenté créé ainsi contre nature. Donc, une fois créée la parenté par imitation de la consanguinité, il n'était plus besoin de la renforcer par une adoption nouvelle. Mais la pratique suppose des cas spécifiques qui se conforment à peine à une conception abstraite de la parenté consanguine et spirituelle. L'interdiction ne se retrouvera plus dans *Le Code Caradja* (1818). Est-ce que la disparition de cette interdiction est la conséquence d'une coutume qui lui faisait concurrence ? Ou la clause est oubliée aussitôt que le prince est remplacé sur le trône de Valachie[60] ? On ne le sait pas. Les seuls indices dont on dispose sont quelques documents privés qui couvrent l'intervalle de 18 ans séparant les deux réglementations de l'adoption.

3.1.5. Assurer la continuation du lignage. Le testament et la transmission du patrimoine symbolique.

Pour les grandes familles de l'aristocratie valaque il arrivait des moments où la lignée était menacée par l'absence de descendants. Alors on créait une conjoncture qui réclamait des stratégies de longue durée à travers lesquelles la famille serait protégée.

A la fin du XVIIIe siècle, les derniers descendants de la famille Alexeanu avaient toutes les raisons de s'inquiéter pour l'avenir de la lignée. Arrivés à l'âge de la vieillesse, aucun des trois fils du *postelnic*[61] Constantin n'avait d'enfant mâle « de leur sang et de leur chair » ; Grigore *şătrar*[62] était le père de deux filles, Elenca et Sevastia qui, à un moment donné, prendra le voile, tandis que les deux autres frères, Constantin *postelnic* et Ştefan *biv vel stolnic*[63] n'avaient aucun enfant de leur mariage[64]. Ştefan Alexeanu *biv vel stolnic* avait épousé Marica, une des filles du grand boyard (*vel stolnic* en

60 Un chrysobulle était en vigueur seulement pendant le règne du prince qui l'avait élaboré. A son remplacement au trône, il était nécessaire que cette ordonnance soit ratifiée de nouveau.

61 Un des titres honorifiques les plus répandus ; à la cour, les dignitaires exerçaient la fonction du secrétaire, chargé de la correspondance du prince, la réception des messagers étrangers.

62 Dignitaire avec des attributions militaires.

63 Maître de cérémonies ; plus précisément, dignitaire chargé de l'approvisionnement de la cour avec du poisson, avec la perception des dîmes du poisson etc.

64 A. C. Perietzeanu-Buzău, *Genealogii*, vol. 3, 1992 (manuscrit), p. 208.

1783, *vel paharnic*[65] en 1784) Scarlat Drugănescu[66]. Huit ans avant sa mort, il décidait d'adopter Sultana, la demi-sœur de Marica et le dernier enfant (le 12ème) né par la troisième épouse du *paharnic* Drugănescu[67]. En 1799, Ştefan et Marica Alexeanu demandaient au métropolite de l'Ungrovalachie, Dosithei, d'officier la cérémonie religieuse de l'adoption pour une fille, Sultana[68]. Par cette adoption, l'avenir des Alexianu semble aussi incertain qu'au début ; l'adoption d'une fille ne résout pas la question de la continuation de la lignée. Toutefois une nouvelle perspective semble s'ouvrir. Trois ans plus tard, leur fille adoptive avait épousé Lehliu, Iordache *biv treti logofăt*[69]. Le garçon, né de cette union légitime, aurait occupé une place essentielle dans le futur de la famille Alexeanu en tant que descendant unique. Mais, à part le testament[70] de Ştefan Alexeanu, on n'a trouvé aucune trace de l'existence de cet enfant[71].

En 1808, quand son grand-père faisait son testament (1808), il n'était âgé que six ans. Malgré la fragilité de son âge, l'enfant reste une dernière chance de la famille à assurer la continuité. Pour accomplir un tel but, la transmission du patrimoine matériel ne suffit pas, d'autant plus que le testament était la façon unique de mettre en oeuvre la stratégie lignagère. Il fallait que le successeur possède et protège le patronyme (*sclitada*), signe de l'identité et du prestige de la famille, expression d'un imaginaire généalogique incontestable. Dans un document exprimant sa dernière volonté, Ştefan Alexeanu mentionnait qu'il avait confié à son petit-fils le nom du lignage (*I-am lăsat şi sclitada mea Alexeanu*). Pour pouvoir donner son nom au petit-fils, le testateur devait l'adopter ou faire appel à d'autres artifices juridiques ; néanmoins il n'y a aucun indice sur une éventuelle adoption. Seul, le testament fait référence à la transmission du nom du lignage comme

---

65 Haut dignitaire de la cour ayant comme attribution principale l'approvisionnement des celliers du prince. A la fin du XVIIIe siècle il n'est plus qu'un titre sans dignité.

66 I. C. Filitti, *Arhiva Gh. Gr. Cantacuzino*, Bucarest, 1919, annexes : la généalogie de la famille Drugănescu.

67 Marica, l'épouse de Ştefan Alexeanu, et Sultana, nées de différents mariages de leur père Scarlat Drugănescu, étaient donc demi-sœurs. Voir I. C. Filitti, *op. cit.*, pp. 4-5.

68 Bar, ms. roum. 611, f. 134.

69 Şt. Grecianu, *Genealogiile documentate ale familiilor boiereşti*, vol. 1, p. 10. Dans la hiérarchie des dignités, il montera jusqu'au titre de *paharnic* (1852) : Paul Cernovodeanu, Irina Gavrilă, *op. cit.*, p. 113.

70 Bar, ms. roum. 612 : « Le testament de Ştefan Alexeanu » (22 janvier 1808), f. 179v°-180.

71 On n'a pas trouvé d'informations, y compris dans les arbres généalogiques de la famille Alexeanu ou Lehliu ; voir Şt. GRECIANU, *op. cit.*, vol. 1, p. 10 ; Al. C. Perietzeanu-Buzău, *op. cit.*, p. 208.

argument renforçant la qualité d'héritier (*clironom*) du petit-fils (*căruia copil, spre mai bun temeiu că-mi este clironom și mie și soții mele, l-am lăsat și sclitada mea Alexeanu*). La question est de savoir si le patrimoine matériel et le nom ne pouvaient être transmis à la fois que par testament. La réponse est positive, car il s'agit d'un acte par lequel un individu exprime sa dernière volonté. Cet exemple d'adoption testamentaire[72] pourrait suggérer l'existence de la pratique d'inclure des fictions juridiques pour renforcer l'autorité et la légitimité de la volonté du testateur.

Le nom du lignage n'est pas le seul élément du patrimoine symbolique que reçoit l'héritier de Ștefan Alexeanu, car son prénom Ștefan s'y ajoute. C'est un exemple qui pourrait être inclus dans la règle de la transmission du prénom étudiée par Paul H. Stahl pour l'espace roumain[73].

Pour mettre à l'abri sa succession et assurer la protection de sa lignée, le grand *vornic* délègue la tutelle de l'enfant mineur à son épouse. Si la mort de celle-ci survenait avant que son successeur arrive à l'âge mûr, la tutelle passait à l'évêque de Buzău, Constantin, son confesseur – « mon père spirituel » et non pas aux géniteurs, à sa fille adoptive et au beau-fils. Nommée tout au début comme héritière, sa femme aurait bénéficié des biens patrimoniaux durant sa vie ; elle avait donc l'usufruit et non pas la nue propriété, étant obligée à sa mort de céder à leur petit-fils l'héritage qu'elle avait gardé.

---

72 Voir les pp. 33-37 de cette étude.

73 Paul H. Stahl, « Le choix du nom personnel. Parallèles balkaniques et européens », *Zeitschrift für Balkanologie*, 31, n° 2, 1995, pp. 212-214 ; idem, « Names of Princes and Peasants in Romania », dans *Name and social structure. Exemples from Southeast Europe*, éd. par Paul H. Stahl, pp. 121-123. Comme l'auteur constate que, l'attribution d'un nom dans les diverses régions de l'Europe suit des règles semblables (p. 214). La richesse des références bibliographiques sur ce sujet vient de confirmer son affirmation, même si les sociétés prises en compte dans l'analyse sont contemporaines ou anciennes. Pour donner un exemple, on fera appel aux recherches d'un anthropologue d'un côté et d'un historien de l'autre. Agnès Fine poursuit un cas de transmission du prénom dès 1740 et jusqu'à la deuxième guerre mondiale, en constatant que la « chaîne des prénoms relie symboliquement l'ancêtre à un seul enfant, l'aîné, sur qui repose l'avenir de la maison et de la lignée. Aussi faut-il distinguer les règles d'attribution des prénoms aux aînés de celle qui concernent les cadets [...]. Donner à l'enfant le prénom de l'ancien cap d'ostal (chef de maison) le désigne comme le successeur légitime de la lignée » (« L'héritage du nom de baptême », *Annales ESC*, n. 4. 1987). Christianne Klapisch-Zuber met l'accent sur la signification sociale du prénom chez les Florentins de la Renaissance : « La singularité *onomastique* des grandes familles florentines suffit pourtant pour nous persuader de l'imbrication des processus de dénomination et de reproduction de la lignée » (*La maison et le nom*, p. 83). Voir aussi André Burguiere, « Le choix du nom de baptême en France sous l'Ancien Régime (XVIe-XVIIIe siècles) », *L'Homme*, XX, n°4, 1980, pp. 25-42 (p. 30).

L'enjeu de la continuation du lignage semble être une explication tant pour la substitution fidéicommissaire que pour une éventuelle nouvelle adoption, créatrice d'une parenté multiple[74]. Dans le premier cas, le testateur se sentait sans doute endetté envers sa femme car ils ont vécu ensemble 36 ans partageant une vie tranquille et heureuse. Le garçon était mineur, il ne pouvait pas encore bénéficier pleinement de ses droits ; en échange, il avait besoin de protection et de soins pour arriver à l'âge mûr (25 ans), sain et préparé à occuper sa place dans la couche sociale à laquelle il appartenait.

Est-ce que ce testament était l'épilogue d'une stratégie de longue durée ? Une réponse affirmative ne l'exclut pas. Mais, pour une argumentation convaincante, on a d'autres données. Ainsi, il convient de poursuivre la politique matrimoniale de Ştefan Alexeanu. Peu après l'adoption de Sultana Drugănescu, il trouvera pour sa fille « d'âme » un époux appartenant à une famille récente de boyards. Apparemment, Iordache Lehliu n'était pas le choix le plus heureux. Petit dignitaire criblé de dettes, il provenait d'une famille d'origine grecque, attestée en Valachie au début du XVIIIe siècle. Qu'est-ce que Ştefan Alexeanu cherchait par cette alliance défavorable au point de vue social ? Peut-être un successeur. Dans ces circonstances, l'échange imaginé par le grand *stolnic* est profitable tant pour son « gendre », que pour soi-même. Il n'est plus nécessaire d'insister sur les avantages obtenus par Iordache Lehliu de ce mariage.

Pour Ştefan Alexeanu, le profit n'est pas immédiat ; il devient clair quelques années plus tard, dans son testament. Le seul enfant de Sultana et de Iordache Lehliu reçoit par testament l'héritage (le patrimoine) et le nom de baptême et de famille de son grand-père, en assurant ainsi la continuation du lignage. Autrement dit, un « gendre » plus modeste du point de vue social pouvait renoncer plus facilement à transmettre son nom au premier-né, son fils, qui devait assurer normalement sa propre succession, en faveur d'un « gendre » d'origine plus haute.

---

74 Marica et Ştefan Alexeanu étaient liés à leur héritier par une parenté à la fois consanguine et spirituelle. Du point de vue juridique, le lien de parenté créé par adoption annulait le lien de sang. En échange, la pratique sociale met en oeuvre un imaginaire de la parenté différent par rapport à la dogme de l'Église ou par rapport au droit laïque. Ainsi, la parenté spirituelle établie par baptême et par adoption vient renforcer le lien de sang.

3.1.5. Assurer la continuation du lignage. L'adoption et la transmission du patrimoine symbolique.

Un exemple d'adoption successive, avec des informations directes et avec des actes qui confirment les adoptions, est fourni par la famille du grand *vornic* Barbu Ştirbei, dernier descendant de son lignage. Sans enfant ni neveu de la part de ses frères[75], il avait adopté une nièce, Caterina Văcărescu[76]. Après lui avoir trouvé un époux – le *logothète* Dimitrie Bibescu –, l'attention des parents adoptifs se dirige vers le premier fruit de ce mariage, d'autant plus s'il est mâle ; il s'agit de futur prince de la Valachie, Barbu Ştirbei (1849-1856). Né en 1799[77], l'enfant est baptisé par son grand-père, en recevant le prénom de celui-ci. Les intentions des grands-parents à son égard deviennent claires lorsqu'ils décident de l'instituer héritier et de le prendre pour leur fils douze ans plus tard : « pour que le nom de ma famille (*sclitada fămeliii noastre*) ne disparaisse pas, j'ai pris Barbu, l'un des enfants de Catinca Bibeasca, notre fille bien-aimée, et nous l'avons baptisé en lui donnant mon nom, Barbu. Et je l'ai fait un Ştirbei mon fils d'âme (adoptif) ». L'évêque de Râmnic, Nectarie, confirmait trois mois plus tard (20 décembre 1811) l'adoption par un cérémonial religieux[78].

Les motivations des deux adoptions – celle de leur nièce Catinca et de leur petit-fils, Barbu – qui se succèdent au fil du temps renvoient à des stratégies familiales apparemment distinctes, mais qui sont en fait les étapes d'un plan bien calculé.

Barbu Ştirbei était le dernier descendant du lignage et il n'avait que des nièces. Dans ces circonstances, l'adoption s'était imposée comme solution à la disparition de la lignée. Il était risqué d'adopter un « étranger » à la famille ; car il avait besoin d'un enfant d'origine saine, provenant de la même couche sociale que les futurs parents. C'est le moment où la solidarité de famille est

---

75 Octav-George Lecca, *Familiile boiereşti române*, Bucarest, p. 534.

76 *Ibidem*, pp. 571-572 : Ecaterina Văcărescu est une des quatre filles d'*aga* (chef de la police de la capitale), Constantin Văcărescu, descendant d'une deuxième branche issue à la fin du XVIIe siècle de l'arbre généalogique de la famille Văcărescu

77 Ioan C. Filitti (éd.), *Catagrafia oficială de toţi boerii Ţării Româneşti la 1829*, Bucarest, 1929, p. 7 ; en 1829, le futur prince de la Valachie avait 31ans. Dans la monographie de N. Iorga, *Viaţa şi domnia lui Barbu Dimitrie Ştirbei, domn al Ţării Româneşti (1849-1856)*, Vălenii de Munte, 1910, p. 9, l'année de la naissance du prince est 1795. Octav-George Lecca, *op. cit.*, donne des dates différentes : à la p. 534, c'est 1799 et à la p. 126, 1796.

78 Bar, ms. roum. 4025, f. 3v ; voir N. Iorga, « Viaţa şi domnia lui Barbu Dimitrie Ştirbei, domn al Ţării Româneşti (1849-11856) », *Analele Acad. Rom., Memoriile Seq. Ist.*, tomme XXVII, annexe 1, I, p. 347 ; pour un résumé voir Şt. Grecianu, *op. cit.*, vol. 2, p. 429.

mise en fonction, cette fois avec des conséquences qui se voulaient de longue durée. La nièce de Barbu, Catinca Văcărescu, était prise pour fille « d'âme », nourrie et élevée depuis sa petite enfance, pour que par la suite elle puisse épouser (avec la dot) Dimitrie Bibescu. Le transfert de la fille dans la famille de son mari fondait une alliance serrée et profitable pour la famille de ce dernier, mais aussi pour les parents adoptifs de Catinca. C'est une alliance dont les traces se voient dans plusieurs documents privés relatifs à la famille de Barbu Ştirbei[79].

Dimitrie Bibescu provenait d'une famille de boyards de date relativement récente (attestée à la fin de XVIIe siècle), originaire de Craiova (Valachie)[80]. Il faisait donc partie de l'aristocratie locale et il n'apportait pas un nom, des dignités importantes et des grandes propriétés comme atouts dans cette alliance matrimoniale. Tout au contraire, Barbu Ştirbei avait tout ce qui lui manquait : un nom et un patrimoine à défendre. Catinca venait dans la maison de son époux avec une dot considérable et avec le prestige de sa famille d'origine et de sa famille adoptive. D'ailleurs, les avantages que Dimitrie Bibescu gagne par ce mariage se voient dans son ascension dans la hiérarchie des dignités : il passe de la dignité de *logothète*[81] à celle de *grand logothète*[82] et de *grand vornic*[83] sous la règne de Grigorie Dimitrie Ghica (1822-1828).

Quel était en échange le profit de cette alliance pour le père de Catinca ? Pourquoi n'a-t-il pas cherché une partie plus avantageuse pour sa fille adoptive, seule descendante du lignage ? La réponse est la même que pour Ştefan Alexeanu : il est plus facile de persuader un « gendre »[84], qui est au début de son ascension dans la hiérarchie sociale, à accepter que l'un de ses fils soit adopté et qu'il reçoive le nom de la grande famille nobiliaire des ses beaux-parents. Au contraire, si le « gendre » appartenait lui-même à une famille prestigieuse, il y avait toutes les raisons de garder son fils pour assurer la continuation de sa propre lignée. On est tenté donc de proposer à

79 Ibidem, pp. 428-429 ; N. Iorga, *Studii şi documente cu privire la istoria românilor*, vol. VIII, Bucarest, 1904, pp. 32-58.

80 N. Iorga, *Viaţa şi domnia lui Barbu D. Ştirbei*, pp. 9-10.

81 Secrétaire d'un boyard, d'un haut dignitaire ou de la chancellerie princière (du pays).

82 Haut dignitaire, chef de la chancellerie (le chancelier chef).

83 Haut dignitaire de la cour, les attributions qui lui revenaient étant surtout judiciaires.

84 On doit rappeler que la parenté établie par adoption ne concerne que la parenté en ligne directe de l'adopté et de l'adoptant [*Indreptarea legii 1652*, éd. cit., gl. 195, pp. 192-193 ; *Legiuirea Caragea*, éd. cit., ch. 3 : « *Pentru moştenire sau clironomie* » (« De l'héritage »), § 22a-d, p. 124].

titre d'hypothèse, l'adoption successive comme une stratégie qui découle de la logique lignagère, d'autant plus que cet exemple n'est pas le seul.

Le grand boyard sans descendant masculin, Barbu Ştirbei, cherchait donc un héritier auquel il fallait confier son patrimoine, son nom. Après l'union matrimoniale de leur « fille spirituelle », la solution de l'adoption s'imposera de nouveau[85]. Cette fois le fils aîné de Catinca et de Dimitrie Bibescu est visé. L'enfant choisi comme fils changera (par adoption) non seulement son nom d'origine, Bibescu, mais recevra aussi le prénom du grand-père. Tout comme le patronyme ou le renom, le prénom faisait partie du patrimoine symbolique confié à celui désigné par l'acte d'adoption et par testament[86] pour assurer la continuation de la lignée.

Quels étaient les effets du lien parental établi entre les deux familles à la fois par une alliance matrimoniale et par une double parenté spirituelle (baptême et adoption) ?

L'enfant adopté gardait sans doute le droit à la succession des géniteurs, mais gagnait aussi le droit d'hériter ses parents adoptifs. Même si le système successoral qui fonctionnait en Valachie était égalitaire, la pratique dans le sein de l'aristocratie privilégiait l'aîné, qui recevait la partie la plus importante des biens patrimoniaux (le domaine) et remplaçait son père comme chef de la famille à la mort de celui-ci. Caterina Bibescu avait donné naissance à trois garçons : Barbu, Gheorghe et Ioan. Par adoption, l'aîné Barbu devient un Ştribei et un descendant de cette maison. Pourtant son passage dans la famille des grands-parents ne signifie pas qu'il est séparé de ses frères et que les projets conçus pour sa carrière future les excluaient ; tous les trois sont envoyés à l'étranger pour accomplir leur éducation. Barbu, Gheorghe et Ioan, le cadet, font ensemble leurs études à Paris et, au moins, le deuxième obtient un diplôme en droit. Au début des années 1820, après leur rentrée en Valachie, les deux frères aînés débutent comme juristes et s'imposent vite sur la scène politique du pays où leurs destins se croiseront jusqu'à la moitié du siècle.

L'ascension[87] de Barbu Ştirbei dans la hiérarchie politique de la Valachie s'avère remarquable. Après avoir fait ses études en France[88], il commence son parcours professionnel comme juge (*ispravnic*) du

---

85 Bar, ms. roum. 4025, f. 3-3v.

86 N. Iorga, *op. cit.*, pp. 348-352.

87 Voir N. Iorga, *Viaţa şi domnia lui Barbu D. Ştirbei*, pp. 14-32

88 *Ibidem*, pp. 14-15.

département d'Ilfov. Sous le gouvernement de Grigore Ghica il est chef de la Trésorerie, et remplit par la suite la fonction de rédacteur de la section valaque pour l'élaboration des *Règlements Organiques*[89]. En 1832, il s'occupe des affaires étrangères et en 1834 de celles de l'Église, pour que, dix ans plus tard, il soit nommé prince de la Valachie[90].

La carrière politique de Gheorghe Bibescu n'est pas non plus moins captivante, on peut même dire qu'elle est plus spectaculaire. Jusqu'à l'âge de 30 ans il occupe successivement la fonction de sous-secrétaire au département de la justice et secrétaire d'Etat des affaires étrangères (sous occupation russe : 1802-1812). Dans les années 1830 il quitte la Valachie et vit à Vienne, Paris et Bruxelles. 1841 est l'année de son retour dans la vie politique du pays par son élection comme membre et, ensuite, comme secrétaire de l'Assemblée Générale. Il devient aussi l'un des chefs de l'opposition au prince valaque Alexandru Ghica (1834-1842). En 1842, Gheorghe Bibescu devient le prince élu du pays, après être entré en concurrence pour le trône avec son frère Barbu Ştirbei.

La carrière politique de Bibescu est due en partie à ses qualités incontestables et à sa formation. Pour le reste, il faut regarder vers l'alliance matrimoniale qu'il fait avec l'une des plus anciennes, riches et puissantes familles de la Valachie, celle de Brâncoveanu. En 1826, il épouse Zoe – née Mavrocordat – fille adoptive du *ban* Grigore Brâncoveanu, dernier descendent du lignage princier[91]. Ce mariage lui apporte une grande fortune et le prestige dont il a besoin pour avoir accès aux hautes dignités.

Pourquoi un grand boyard, avec des ambitions au trône de ses ancêtres[92], choisit pour sa fille un mari jeune (il n'avait que 22 ans), beau et ambitieux, mais sans un nom ni une haute dignité ? Etait-il motivé par un

---

89 Une vraie constitution, cette réglementation visait tous les domaines de la société et unifiait l'organisation des deux principautés roumaines : Valachie et Moldavie. Sur le plan politique, fonctionnait le principe moderne de la séparation des pouvoirs : législatif, administratif et judiciaire.

90 Il est nommé prince de la Valachie par la Convention russo-turque de Balta Liman (1849), qui prévoyait la nomination des princes – de la Valachie et de Moldavie – par la Porte, pour une période de sept ans.

91 Dan Berindei, « Urmaşii lui Constantin Brâncoveanu şi locul lor în societatea românească. Genealogie şi istorie », dans *Constantin Brâncoveanu*, vol. coord. par Paul Cernovodeanu, Florin Constantiniu, Bucarest, 1989, p. 280.

92 En 1822, lorsque les « règnes autochtones » (*domniile pământene*) furent établis de nouveau dans les Pays Roumains, il fut candidat au trône de Valachie et perdit devant Grigore Ghica.

lien de sang avec son « gendre »[93] ? Peu probable. La réponse est encore une fois liée à une adoption. En fait, l'histoire de Catinca et de son fils Barbu Ştirbei se répète.

Grigore Brâncoveanu avait épousé Safta Balş, représentante d'une famille de grands boyards moldaves et descendante elle aussi du prince Constantin Brâncoveanu, mais sur la ligne féminine. Comme suite à la stérilité de leur union on décide de chercher un enfant à adopter. La famille de Grigore lui offre la possibilité du choix Toutefois, il s'arrête sur une nièce (de sœur) de sa femme, la fille de 13-14 ans d'Ecaterina Mavrocordat. C'était en 1819. L'adoption sera réalisée cinq ans plus tard à Braşov (Transylvanie), où ils s'étaient réfugiés à cause de la révolte conduite par Tudor de Vladimiri (1821), petit boyard d'Oltenie. Dans une lettre[94] adressée au grand *ban* le 15 février 1824, il est renseigné sur les conditions qu'il fallait respecter pour que l'adoption de Zoe Mavrocordat soit légale. Tous les conseils juridiques s'appuient sur les paragraphes du *Code Caradja*. Apparemment, pour accomplir l'adoption Grigore Brâncoveanu n'a pas besoin d'artifices juridiques ; l'accord écrit des parents naturels de la fille suffit.

Zoe ne portera le nom de ses parents adoptifs qu'un an, jusqu'à son mariage avec Gheorghe Bibescu. Grigore Brâncoveanu était déjà âgé et il a fallu attendre deux ans pour qu'il devienne grand-père. Son attente sera aisément récompensée par la naissance d'un enfant mâle. Suivront encore six enfants provenant du même couple, trois garçons et trois filles.

Le grand boyard aux nostalgies dynastiques devient aussi le parrain de l'aîné, en lui attribuant son prénom et essayant même de l'adopter, mais sans succès, car la loi ne donnait le droit d'adopter qu'aux personnes sans enfants[95] – obstacle trop modeste pour l'empêcher de poursuivre son plan pour assurer la continuation de la lignée. On cherche alors des « stratégies de contournement » là où la loi semble peu claire ou trop restrictive. Parfois, les solutions sont dès plus ingénieuses. L'acte[96], rédigé en 1828, par lequel

---

93 Sa mère, Ecaterina Văcărescu, porteuse du « sang » des Brancovans.

94 Emil et Ion Vârtosu, *Aşezămintele Brâncoveneşti. O sută de ani de la înfiinţare, 1838-1938*, Bucarest, 1938, p. 432.

95 *Legiuirea Caragea*, éd. cit., ch. 5, § 2a), 2b), p. 136.

96 Emil et Ion Vârtosu, *op. cit.*, p. 437. Ce document vient éclairer une confusion reprise souvent par des historiens ; ils ont longtemps considéré que le fils aîné de Gheorghe Bibescu a été adopté par le *ban* Grigore Brâncoveanu (Ilie Chiriţa, « Boierii Brâncoveni (Adaosuri) », *Arhivele Olteniei*, XVI, n. 92-94, 1937, p. 305, note 380 ; Dan Berindei, « Les descendants du prince Constantin Brancovan et leur place dans l'histoire de la Roumanie. Généalogie et histoire », *Nouveau recueil d'études généalogiques et*

Brâncoveanu donne à son petit-fils aîné le nom et le domaine des Brancovans est un bon exemple : « Car le fils bien-aimé de ma fille adoptive Zoiţa est mon filleul, à travers le sacrement (*taina*) du saint baptême, portant mon nom, moi son parrain décide de lui donner le droit de s'appeler et de signer Brâncoveanu, lui-même, ses enfants et sa postérité qu'ils signent à jamais Brâncoveanu à la mémoire de cet ancien lignage. Pour l'authentification de mon acte, pour rejoindre le nom et l'acte, je donne à mon filleul, Grigorie, mon domaine (*moşia*) Brâncoveni. Après la fin de ma vie et celle de mon épouse[97], que lui et ses descendants aient droit de propriété nue et d'héritage à jamais et pour qu'ils se souviennent de nous pour toujours ». Selon son affirmation, l'acte est écrit par lui-même.

On a donc une situation similaire à celle de Ştefan Alexeanu et semblable à celle de Barbu Ştirbei. A part le testament, le parrainage créé par baptême et l'adoption successive sont des moyens de transmettre le patrimoine matériel et symbolique. On peut se demander pourquoi le testament ne suffit pas pour assurer la transmission du patrimoine. Une explication est fournie par Valentin Al. Georgescu pour les oncles et les tantes qui choisissent parmi leurs neveux un héritier. Quant aux grands-pères et ses petits-fils (le cas de Alexeanu, de Ştirbei et de Brâncoveanu), une telle explication ne se justifie qu'en partie. Il ne s'agit pas seulement d'instituer une « parenté de secours » pour protéger l'héritier des contestations, mais de lui donner un nom, le *sclitada* de la lignée et la perspective d'un avenir prometteur dans la vie politique du pays. L'enjeu était donc trop important et les exigences demandées par la logique lignagère ne peuvent pas être satisfaites par n'importe qui. Le désir de protéger l'héritier ne se cache seulement derrière des actes officiels dont l'autorité était plus ou moins respectée par les gens[98].

Pourquoi, par exemple, les grands-parents (de notre étude) baptisent leur petit-fils ? La règle de transmission des prénoms aux petits-fils aînés serait-elle la seule réponse ? On peut en douter. D'ailleurs, le prénom joue un rôle secondaire dans notre schéma d'argumentation. Ce qui importe, c'est le lien de filiation spirituelle créé par baptême entre le parrain et le filleul ; le grand-père adoptif devient ainsi le père spirituel. C'est une filiation spirituelle

---

héraldiques roumaines, vol. éd. par Dan Berindei, Bucarest, 1988, p. 71 : c'est Dan Berindei qui reviendra sur ce détail, cette fois plus réservé

97 Situation similaire pour les cas précédents : l'héritier reçoit son patrimoine matériel après la mort de sa mère ou grand-mère.

98 Voir le cas du fils illégitime (*La lutte pour la légitimité*).

qui remplace d'une certaine façon la filiation consanguine, mais seulement au niveau idéologique, n'ayant pas des effets concrets sur les droits du filleul. Pour arriver à telle fin, le lien spirituel du baptême doit être renforcé par l'adoption, créatrice elle aussi d'une filiation spirituelle, cette fois en « imitant la nature », c'est-à-dire la filiation « du sang ». Le parrain gagne un pouvoir paternel sur son filleul, y compris les droits et les obligations d'un père légitime. Donc, la paternité consacrée par le rituel du baptême et de l'adoption ou devant les juges (dans le cas de l'adoption) n'est ni redondante, ni sans signification idéologique et sociale. En fait, on a identifié parmi les documents étudiés une pratique assez répandue : celle d'accomplir par adoption le lien spirituel créé auparavant par baptême[99].

En revenant aux trois grands boyards sans descendance, la stratégie pour assurer une succession peut paraître vulnérable : adopter des nièces pour ensuite confier le nom et le domaine (*căminul*) aux premiers nés de celles-ci. Les filles adoptives perdent par mariage le nom de leurs parents tout comme leurs fils. Pour « récupérer » et reproduire leur nom, sceau et lignée, les boyards s'efforcent de chercher d'autres solutions. Comment on a déjà vu, l'adoption est une possibilité d'accomplir ce but, mais pas la seule. Le document rédigé par le *ban* Grigore Brâncoveanu lui-même est un exemple. On a souvent confondu cet acte avec une adoption, mais ce n'est pas le cas. Ainsi formulé, le contenu ne laisse pas place à la confusion : le fils aîné de Zoe Bibescu (sa fille adoptive) reçoit le nom de Brâncoveanu et le domaine Brâncoveni en tant que filleul (*car le fils bien aimé de ma fille adoptive Zoïa est mon filleul, par le sacrement de saint baptême...*). Une fiction juridique qui mérite toute l'attention, surtout de la perspective de la filiation spirituelle que le baptême conçoit.

Apparemment, pour pouvoir transmettre un patrimoine, le parrainage par baptême seul n'a pas assez de force devant la parenté consanguine. Il faut ajouter des solutions complémentaires : le baptême est suivi par une adoption ou il suit, à son tour, des liens spirituels ou « de sang » déjà existantes, en vue de les renforcer. Pourtant, l'alternative que Grigore Brâncoveanu trouve dans l'adoption met en question le rapport entre parenté spirituelle et parenté consanguine.

---

99 Pour cette question on proposera une analyse plus poussée dans une étude distincte.

3.2. Les enfants « étrangers » : les « élevés » et les « adoptés »

3.2.1. Choisir un fils et un héritier : l'adoption testamentaire

L'adoption testamentaire[100] fait disparaître les ambiguïtés qui accompagnent d'autres testaments où on trouve des références aux formes différentes d'adoption. Qu'est-ce veut-on dire par adoption testamentaire ? Une explication est donnée même par les autorités qui authentifient le testament d'une femme, Cârstina l'épicière :

> S'est présentée devant nous Cârstina avec Antonie, dont elle fait son fils d'âme, et nous montrant que ce document et acte d'adoption (*carte de iothesie*) rédigé aussi comme testament, avec beaucoup de témoins dignes de confiance, a été fait par sa bonne-volonté, pour son vrai fils et héritier [...], pour lequel nous avons confirmé sa demande (*întocmire*) [...][101]

On ne sait pas si l'adoption testamentaire était ou non une nouveauté dans la pratique juridique de l'époque. Il semble que ce type d'acte n'était pas fréquemment utilisé, lorsque le *grand vornic* Scarlat Sl□tineanu décide de l'inscrire aussi dans le registre de l'*Epitropie* afin qu'il soit un modèle d'autres situations similaires.

Quelles sont les circonstances de cette adoption ? Cârstina l'épicière avait eu trois époux sans avoir d'enfant. En échange, elle avait offert un abri sous son toit à une orpheline et à un « enfant étranger », Antonie, employé comme serviteur. Au fil du temps, le garçon gagne la confiance de sa protectrice dans une telle mesure qu'elle décide l'adopter et de le nommer successeur par un seul acte juridique, le testament.

Le document est partagé entre une justification détaillée de sa décision à adopter un « enfant étranger » et les dispositions testamentaires. Dans sa plaidoirie pour l'héritier, Cârstina l'épicière combine harmonieusement une histoire construite autour de son fils adoptif avec des références autobiographiques.

L'histoire de l'adoption. Elle avoue n'avoir donné naissance à aucun enfant, malgré le fait d'avoir été mariée à trois reprises. En cherchant une solution à sa stérilité, elle avait essayé de se rapprocher d'un neveu, fils

---

100 Jack Goody, *op. cit.*, p. 81.

101 Bar, ms. roum. 612, « Le testament de Cârstina l'épicière par lequel elle fait son fils d'âme (spirituel), Antonie, héritier » (9 novembre 1804), f. 80v°-85 (f. 84v°-85).

d'une sœur de son premier époux, mais sans succès. Alors son attention s'est dirigée vers Antonie qui, à travers le temps, s'avère digne de sa confiance. Est-ce que Cârstina le voyait comme possible successeur ? Est-ce qu'elle était prête à confier son patrimoine à un étranger et non pas à l'un de ses parents ? Pourquoi pas ? Il faut d'abord percevoir quel est le véritable enjeu pour une femme ayant construit et conduit sa propre affaire : la solidarité de la famille ou l'intégrité du patrimoine et le futur de son négoce.

La fortune en question était considérable et pouvait facilement stimuler quelqu'un à aspirer à telle aubaine. Pourtant il n'y a pas trop de candidats, au moins du point de vue de la testatrice. Si le neveu paraît insensible à l'offre de sa tante, Antoine, l'enfant qui avait trouvé (depuis ses 15-16 ans) abri dans la maison de Cârstina, semblait supporter volontairement le traitement parfois assez dur de sa protectrice et maîtresse. L'obédience – l'attitude la plus appréciée de la part des enfants, constitue le premier pas d'Antoine dans son effort de convaincre sa maîtresse de sa fidélité. Dans ce cas, le lien de parenté n'a plus d'importance par rapport à sa volonté d'assurer l'intégrité, la continuité et la prospérité de son patrimoine, y compris de l'affaire. Il est remplacé par la confiance et par l'attachement montré à quelqu'un en mesure de satisfaire ses exigences.

Lorsqu'une fortune si grande était mise en jeu, la responsabilité de celui qui l'administrait après la mort du propriétaire devait être proportionnelle au profit. La patience, la docilité et la sollicitude montrées par Antoine ne suffisaient pas en tant qu'arguments. Pour cette raison Cârstina ajoute aux traits de son « fils d'âme » les qualités d'une personne mûre et honnête, avec de l'expérience dans la gestion des affaires, capable d'assumer la tâche de les conduire. La plaidoirie entière était sans doute conçue en vue de persuader les autorités chargées de valider l'adoption testamentaire des qualités incontestables d'Antoine. Au-delà de l'aspect quasi officiel des arguments invoqués, elle devait se prouver à elle-même que la décision prise était la bonne surtout pour la gestion de ses biens et de son âme : « J'ai réfléchi [...] et je l'ai fait mon fils d'âme, comme s'il était mon vrai enfant, né de mon propre corps ».

La relation maître – serviteur[102] a gagné en temps les traits du lien qui unit les parents de leurs enfants[103]. L'apprenti ou le serviteur doit être

---

102 Arlette Farge, *La vie fragile. Violence, pouvoirs et solidarités à Paris au XVIIIe siècle*, Paris, Hachette, 1986, pp. 137-152

103 Elisabeth Kristin GAGER, *Blood ties and fictive ties : adoption and family life in early modern France*, Princenton University Press, 1996, pp. 27-30. « *The long duration of*

soumis à la volonté du maître, de lui montrer sa fidélité, son respect, son dévouement, son attachement, l'aider une fois tombé malade ou à la vieillesse. Les obligations qui définissent la filiation sont transférées à l'apprenti/serviteur.

Qu'il s'agisse ou non d'un contrat entre eux, l'association entre maître et serviteur peut apporter au fil du temps non seulement des bénéfices matériels. Elle peut aussi mener à une relation construite sur la confiance, scellée parfois par un geste officiel, comme celui de l'adoption. Elle trouve enfin un successeur capable de lui donner la garantie que les biens obtenus avec beaucoup d'efforts seront en bonnes mains, donc que son patrimoine sera conservé et accrû.

En même temps, son avenir dans l'au-delà devait être assuré. L'enjeu était trop important pour que la femme puisse se contenter de suivre la logique de la solidarité traditionnelle de la famille, en prévoyant des dispositions pieuses de la part de parents auxquels elle ne faisait pas confiance.

Portrait/Autoportrait. Cârstina est une personnalité forte, bourrée de contrastes. Son comportement oscille entre les impulsions correctionnelles contre son fils adoptif ou justicières envers son neveu (pris en charge par elle jusqu'à un certain moment) et un fort attachement pour l'Église. Ses actes de charité ne sont pas des gestes occasionnels, mais encadrés dans un comportement religieux cohérent. Ces traits culminent avec des qualités incontestables pour le commerce, son entreprise étant florissante. Elle crée l'image d'une femme indépendante qui n'a pas besoin de l'aide des hommes, ni d'un éventuel prestige donné par le nom de l'un de ses trois ex-maris. C'est pourquoi elle préfère signer seulement « Cârstina l'épicière », sans se rapporter au nom de son père ou de son dernier mari, même si la règle disait autrement. D'ailleurs, on ne retrouve pas de mentions relatives à ses époux, à part Licã – son premier mari – seule exception. Le souvenir lié à lui n'est pas évoqué avec plaisir, mais comme un témoignage de ses peines dépassées grâce à sa force intérieure. Suite à leur vie commune, elle n'a rien gagné, ni enfants, ni fortune. Au contraire, il a dépensé toute la dot reçue au moment du mariage. En dépit des chagrins provoqués par son mari, Cârstina lui pardonne. Elle transforme ainsi le souvenir d'une période malheureuse de

many servant contracts helps to explain why the relationship between master and servant was often characterized as mirroring that of the parent-child relationship », p. 27.

son passé dans une chance, peut-être la dernière, de réconciliation et donc, une dernière possibilité de racheter ses péchés ; la réconciliation avec les autres était la condition *indispensable* de « bien » mourir (les *ars moriendi*), c'est-à-dire de savoir mourir (pour paraphraser Michel de Certeau).

Le testament devient sans doute un témoignage de la place que le fils adoptif a eu dans sa vie ; Cârstina s'appuie également sur un argument qui se veut infaillible, la loi. C'est la manière la plus claire de dire que son désir est légitime, que sa plaidoirie pour son « fils bien-aimé » est construite sur un fondement légal : « J'ai considéré légitime <le fait> que n'importe quel homme aura un fils ou une fille nés avec une femme libre qu'on pouvait par la suite épouser ou chaque enfant qu'on prend, puisse être appelé fils, s'ils le confirment par un acte (*scrisoare*) écrit par quelqu'un d'autre, avec les signatures de trois témoins dignes de confiance, que ce fils ou cette fille sont les siens (même s'il ne sont pas ses fils naturels), il ne faut pas demander d'autres preuves, mais qu'ils soient des vrais héritiers de tous les droits que nos codes de lois accordent aux (bons) enfants, lorsque ces parents eux-mêmes les ont appelés leurs enfants »[104]. De quelle loi s'agit-il ? D'après ses affirmations, elle fait appel à la législation de tradition byzantine (*pravilele împărăteşti*)[105], en précisant même les paragraphes relatifs à l'adoption. A cette époque, la plus récente et systématique réglementation de l'adoption appartenait à Al. C. Moruzi (1800), mais on ne sait pas si elle avait été confirmée après le changement du prince. En ce qui concerne *Le Code d'Ypsilanti* (1780), il n'existait aucune disposition relative à cette fiction juridique. Donc, c'est plus convenable et plus sûr de faire référence aux lois byzantines toujours valables.

Ainsi l'adoption d'Antonie n'est confirmée ni par un cérémonial religieux, ni par le prince[106] ; il suffit juste d'une déclaration écrite accompagnée par des témoignages.

L'acte de Cârstina était authentifié un mois plus tard, à 23 décembre 1804, par l'autorité juridique (laïque ou ecclésiastique), en présence de la

---

104 Bar, ms. roum. 612, f. 84.

105 Dans la législation justinienne, à savoir dans le *Digeste*, le *Code* et les *Institutes*, l'adrogation était soumise à l'autorisation de l'empereur, tandis que l'adoption exigeait l'intervention d'un magistrat (*D.*, 1, 7, 4 ; *C.*, 8, 47, 6 et C., 8, 47, 2, 1 ; *Instit.*, 1, 11, 1). Voir Franck Roumy, *L'adoption dans le droit savant du XIIe au XVIe siècle*, L.G.D.J (Libraire Générale de Droit et de Jurisprudence), Paris, 1998, pp. 85-88.

106 Pour les adoptions laïques des personnes mûres (lat. *adrogatio*), il y avait besoin de l'accord du prince régnant (le chryssobule de Al. C. Moruzi).

mère adoptante et du fils adopté, pour qu'ensuite il soit enregistré dans le registre de la métropolie d'Ungrovalachie.

3.2.2. Prendre un enfant par pitié

Le geste de prendre en charge des enfants par charité est la conséquence d'une forte éducation religieuse. Parmi les testateurs, la conscience des péchés chez Cârstina l'épicière est particulière, nourrie sans doute par les enseignements de son confesseur Gheorghe[107], moine appartenant à la communauté monastique de Vatoped (Athos), disciple de Paisie Velicikovski et abbé au couvent de Cernica durant la dernière partie de sa vie. Tandis que les autres se considèrent frappés par le destin lorsqu'ils « payent » sur terre pour leurs péchés, Cârstina préfère la punition avant le moment de la mort : « Que Seigneur le Miséricordieux me punisse pour mes péchés dans ce monde par des maladies ou par l'échec de mes affaires de marchandises, pour que je tombe ainsi dans la plus dure pauvreté, soit en me donnant une vie trop longue ». C'est une pénitence commandée par une forme de piété supérieure par laquelle on essaie de diminuer, dans la mesure du possible, les obstacles à l'accession au Royaume céleste. La peur d'être dépourvu du Paradis surpasse la peur de la mort elle-même. C'est pourquoi, elle essaie de racheter ses péchés également pendant la vie, et après la mort. A part les offices pour le salut de l'âme, elle dispose par son testament des aumônes destinées aux filles pauvres, une somme considérable destinée à « la boîte de la pitié », des donations aux églises, la construction d'une fontaine, une contribution à la construction d'un pont là où les habitants ont besoin ou des petits ponts à Bucarest. Parmi les legs pieux il y a l'obligation de son exécuteur testamentaire et héritier de s'occuper des noces de Stanca, « une fillette que j'élève par la pitié ».

Selon ses affirmations, la décision de faire venir un enfant « étranger » à la maison est l'expression du désir « de faire du bien dans cette vie » pour comparaître honorablement devant le tribunal céleste. En s'appropriant le message de l'Église, elle essaie de trouver un moyen sûr de s'assurer une place à la droite de Dieu. On pourrait la croire d'autant plus que, animée par le même élan charitable, elle prend sous sa protection une petite orpheline, Stanca, nourrie « par pitié ». Sans l'adopter officiellement, la testatrice

107 Bénéficier lui aussi du testament de Cârstina l'épicière (Bar, ms. roum. 612, f. 82v°).

dispose que la fille soit mariée avec la dot donnée par testament par sa mère, mais aussi avec une aide matérielle de la part de son héritier.

On confirme ainsi à nouveau la position des « enfants élevés » par rapport aux adoptés. Ils n'ont certainement pas le droit à la succession des protecteurs, d'autant plus qu'il s'agit de filles. En effet, pour cette pratique de « l'adoption lâche » les filles sont préférées aux garçons. Elles sont « nourries et élevées » jusqu'au mariage, moment où on établit éventuellement leur dot. S'agit-il d'un geste essentiellement charitable ? On peut le supposer. De toute façon, il ressemble à une pratique testamentaire liée à la charité : doter les filles pauvres ou contribuer à leur dot.

3.2.3. Les enfants maltraités. Un cas d'adoption annulée

Elena Dudescu, membre d'une famille des boyards parmi les plus puissantes avait adopté un enfant de trois ans avec le consentement de son père, Radu Mazilul ; il espérait qu'ainsi son fils aura la chance d'apprendre à lire[108]. Plus tard celui-ci, suite aux maltraitances auxquelles l'enfant était soumis, traduit en justice la mère adoptive. En réponse à sa réclamation, les autorités judiciaires démarrent une enquête qui, dès le début, est marquée par une situation confuse, un malentendu même : ils lui demandent de laisser le « serviteur » partir s'il ne veut plus travailler à son service. La réponse de la femme clarifie enfin le noyau du problème qui devrait être résolu ; il s'agissait plutôt d'un conflit entre un serviteur et son maître, qu'entre mère et fils adoptif, en fait entre le grand boyard et le fils de Radu Mazilu. La conclusion de l'enquête nous intéresse moins que la confusion initiale qui pourrait montrer (avec beaucoup de réserves) une pratique étonnante aujourd'hui : utiliser une forme légale de parenté volontaire pour éviter les dépenses supportées autrement en employant un serviteur (payer un salaire)[109]. Elena Dudescu avait-elle besoin d'employer un serviteur ? On en doute. Pourquoi avait-elle adopté un enfant ? Le manque des détails nous empêche de donner une réponse. Dans tous les cas, le besoin hypothétique de cette femme de remplir sa solitude due au manque d'enfants « de son corps et de son sang » tombe tout de suite devant le fait qu'elle était la mère de plusieurs enfants. C'est l'argument principal du prince qui confirme le verdict des juges : l'adoption est annulée. On se rend compte de l'expression

---

108 V.A. Urechia, *op. cit.*, pp. 50-51 : « *Anaforaua lui Radu Golescu* », 10 mars 1800).

109 Voir aussi Christiane Klapisch-Zuber, « L'adoption impossible dans l'Italie de la fin du Moyen Âge », dans *Adoption et fosterage*, pp. 324-326

législative d'une préoccupation judiciaire pour l'intégration sociale de l'enfant où les grands dignitaires (y compris leurs familles) n'ont plus d'influence.

3.2.4. Les attentes de l'adoptant : entre la recherche d'un appui à la vieillesse et les stratégies pour l'au-delà

Au moment de la rédaction de son testament, Tănasca Armăşoaia avait la conscience du fait qu'elle n'avait pas grand-chose à léguer à son fils adoptif, Daniil Stamate. Pourtant elle décide de faire un acte écrit pour désigner son héritier en compensation formelle de toute l'aide qu'elle et son deuxième époux avaient reçu de la part de l'adopté ; c'est le motif invoqué par la testatrice. Serait-il le seul ? Sans doute, elle ressentait la frustration de ne pas pouvoir récompenser les services dont elle avait bénéficié. En même temps, la femme avait besoin de quelqu'un pour s'occuper après sa mort de l'enterrement et des offices post-funéraires.

D'habitude, l'héritier désigné par testament était chargé avec les attributions d'exécuteur testamentaire. Tănasca ne fait pas exception, en lui demandant non seulement des funérailles décentes (raisonnables, propres) avec les messes habituelles, mais aussi un appui pour son époux vieux et affaibli. Toutes ces charges sont formulées en vertu des responsabilités qu'un fils a envers ses parents : « je l'ai chargé de mes funérailles honorables et d'accomplir les offices selon la coutume chrétienne. Même si mon mari a dépensé la plupart de ma dot, je prie mon fils spirituel de ne pas repousser, mais de le soigner comme autrefois, sinon comme une dette, du moins comme un acte de charité »[110]. Le fils adoptif pouvait facilement renoncer à l'héritage qui lui apportait plus de charges que de réels bénéfices. En effet, il s'était acquitté de ses obligations de fils, bien que ses parents n'avaient pas toujours eu la possibilité de récompenser ses efforts : « Jusqu'à maintenant, il nous a soigné comme un vrai fils et, de plus, quand nous avons eu besoin d'argent, il nous a emprunté même 1100 thalers. Et je confesse de tout cœur que je lui suis endettée ». C'était un risque plutôt théorique si on tient compte du comportement du fils adoptif. La testatrice prend plus de précautions lorsqu'elle glisse d'une manière très subtile du plan des devoirs que la filiation exige vers un appel à la pitié. Les actes de charité restent toujours des passeports pour l'au-delà : le soin pour son vieux père et pour l'avenir de sa mère adoptive au-delà de la mort mettaient les fondements de

110 Bar, ms. roum. 614, « Le testament de Tănasa Armăşoaia », f. 33-33v°.

son propre avenir dans l'au-delà. L'échange que Tănasca lui propose devient ainsi plus équitable qu'au début.

Les raisons de l'adoption dans ce cas se dessinent d'une façon assez claire : prendre soin des parents adoptifs durant leur vieillesse (il offre aux parents adoptifs son aide pendant leur vieillesse) et il prend la charge d'accomplir des suffrages, messes, prières.

Conclusions. Notre analyse est basée sur un nombre relativement restreint de documents (environ 30). Désormais, la richesse des situations et la manière de les résoudre nous donne une image sur la façon dont la loi était interprétée et dont les gens la percevaient.

Les codes de lois réclament un ordre qui peut être difficilement saisi dans la vie quotidienne car il y a des façons différentes de comprendre et d'appliquer la loi. Dans un pays où fonctionnait un système pluriel de droit, on peut difficilement dire si la loi est ou non respectée, car on connaît peu la loi écrite (les codes de lois et les ordonnances des princes). En même temps, on ne sait presque rien sur la coutume qui lui fait concurrence.

Les deux formes de l'adoption, officielle et informelle, sont perçues dans des circonstances différentes, en fonction de la spécificité des cas particuliers. On essaye de regrouper les pratiques de l'adoption en fonction de plusieurs critères : statut social, situation matérielle, stratégies patrimoniales, etc. Pourtant, l'état de notre recherche ne nous permet pas de les considérer comme représentatives de l'ensemble de la société. Nous nous somme proposé par l'étude de cas de tracer quelques directions d'une recherche future plus approfondie.

1. Pour les descendants des grandes familles de boyards, l'adoption avait pour enjeu l'effort de sauver le lignage de la disparition. Leurs stratégies sont parfois complexes et de longue durée, mais la finalité est toujours la même : sauvegarder et transmettre le patrimoine symbolique (notamment le prénom et le patronyme) et le domaine (*căminul*), pas forcément les biens patrimoniaux dans leur ensemble.
2. Pour les marchands, le nom ne semble pas aussi important que les biens matériels, ils veulent plutôt conserver et accroître leur capital. Toutefois, on ne peut pas nier l'existence d'un patrimoine symbolique qu'ils transmettent : le prestige qui réside dans le succès d'une affaire, un bon souvenir de leurs actes charitables

soigné par leurs héritiers, les relations professionnelles ou le lien spirituel profond avec l'Église, notamment avec ses personnalités les plus remarquables. Il ne faut pas généraliser. Ces traits ne définissent les marchands aisés en tant que couche sociale. Pourtant on a souvent identifié leurs traces dans les testaments étudiés.

3. On a partagé la pratique sociale entre les pratiques familiales et celles extérieures à la famille. En ce qui concerne les pratiques dans la famille, on a mis l'accent sur la solidarité de ses membres pendant une période de crise (la mort d'un parent), sur les stratégies lignagères, sur la situation des enfants illégitimes par rapport aux adoptés et sur l'adoption ou la prise en charge des neveux ou des nièces.
4. Quant aux enfants « étrangers », il y a des aspects qui méritent à l'avenir toute l'attention : les politiques sociales qui visent les enfants abandonnés ; élever et doter les filles comme acte de charité ou l'adoption comme moyen de s'assurer la vieillesse. Il s'agit de quelques idées à développer.

Andrea IANCU
Attachée de recherches
à l'Institut d'Histoire « Nicolae Iorga »
(Académie roumaine)

L'association Méditerranées échange ses publications avec les revues suivantes :

AEGYPTUS (Milan - Italie)

AFRICA ROMANA (Sassari - Italie)

ANALISE SOCIAL (Lisbonne - Portugal)

ARCHIVO ESPAÑOL DE ARQUEOLOGIA (Madrid – Espagne)

BULLETIN D'ETUDES ORIENTALES (Damas – Syrie)

JOURNAL OF MEDITERRANEAN STUDIES (Msida - Malte)

REVUE D'ETUDES ANDALOUSES (Tunis - Tunisie)

SYRIA (Beyrouth)

CUADERNOS INFORMATIVOS PUBLICO, PROCESAL Y DE LA NAVEGACION (Madrid)

JERONIMO ZURITA (Zaragossa)

Одговорност и древна старина - наставак и завршетак

Жак Буино
Реч уредника

Први део: Одговорност и древна старина - наставак и завршетак

Изабел Ландреви Турнан
Одговорност државе у мешовитом египатском праву: правне норме и пракса у праву новог Египта (1876-1922)

Али Касем
Одговорност даваоца концесије за штету коју претрпи концесионар и нови египатски Трговински законик

Лик Гринбаум
Имунитети од грађанске одговорности

Жан Франсоа Шасенг
Жртва у кривичном поступку

Доминик Окле
Конгрес у Александрији. Одговорност и древна старина

Други део: Обичај, предање, пракса и писано право

Иван Билијарски
Обичај, предање, пракса и писано право
Реч уредника

Ханс Хатенауер
Bellum inter leges et consuetudines

Есперанса Осаба
Рескрипти из времена Гордијана III

Франческо Сини
Писано и обичајно право у средњевековној Сардинији: Carta de Logu из Арбореје и римско право

Алфред Дифур
Место женевскога Старог права између римског и обичајног права. Једна историјска расправа - смисао Франшиза Адемара Фабрија

Виктор Моније
Грађански едикти Женевске републике (1568) и њихов коментар од Жана Крамера (1701-1773)

Андреа Јанчу
Усвојење или храњеништво детета у Влашкој 18. и 19. века: норма и пракса. Студије случајева

Жак Буино
От издателя

част: Отговорност и Античност – продължение и край

Изабел Лендревик-Турнан
Отговорността на държавата в смесеното египетско право: нови съдебни правила и нова практика в Египет (1876-1922)

Али Касем
Отговорността на концедента за обезщетяване за вреди, претърпени от концесионера и новия египетски търговски кодекс

Люк Гринбаум
Имунитетите в правото на отговорността

Жан-Франсоа Шасен
Жертвата в наказателния процес

Доминик Хокле
Конгрес в Александрия. Отговорност и Античност

II част: Обичай, традиция, практика и писано право

Иван Билярски
Обичай, традиция, практика и писано право. От издателя

Ханс Хаттенхауер
Bellum inter leges et consuetudines

Есперанса Осаба
Рескриптите от времето на Гордиан III

Франческо Сини
Писано и обичайно право в средновековна Сардиния:
CARTA DE LOGU на Арборея и римското право

Алфред Дюфур
Мястото на старото женевско право между Римското и Обичайното право. Един исторически дебат – За значението на "Привилегиите" на Адемар Фабри

Виктор Монние
Гражданските едикти *на Република Женева (1568 г.) и техния коментар от Жан Крамер (1701-1773)*

Андрея-Роксана Янку
Осиновяване и отглеждане на дете във Влашко през XVIII-XIX век: норми и практика.

Membres d'honneur

Guillaume CARDASCIA (professeur émérite d'Histoire du Droit Université Paris II - Assas)

Bernadette MENU (directeur de recherche honoraire au CNRS)

I. Bureau de « Méditerranées »

Président : Jacques *BOUINEAU* (professeur d'Histoire du Droit – Université de La Rochelle)

Vice-Présidents :

Jean-Marie DEMALDENT (professeur de Sciences Politiques – Université de Paris X - Nanterre)

Pierangelo CATALANO (professeur de Droit Romain - Université « La Sapienza » de Rome)

Secrétaire :

Hassan ABD EL-HAMID (professeur d'Histoire et de Philosophie du Droit - Université « Aïn Shams » du Caire)

Secrétaire adjoint :

David GILLES (chargé de TD à l'Université de La Rochelle)

Trésorier : Jean-François CHASSAING

(maître de conférences d'Histoire du Droit – Université Paris X - Nanterre)

II/ Conseil d'Administration de « Méditerranées »

ANDRAULT Claude (professeur d'Histoire de l'Art - Université de Poitiers)
BASTIER Jean (professeur d'Histoire du Droit - Université de Toulouse)
BERINDEI Dan (professeur à l'Académie de Bucarest)
BILIARSKY Ivan (Maître de conférences à l'Université de Varna)
BUSUTILL Salvino (ambassadeur de Malte en France)
CARBASSE Jean-Marie (professeur d'Histoire du Droit - Université de Montpellier I)
CARBONNBIERES (de) Solange (maître de conférences d'Histoire du Droit – Université de La Rochelle)
FARRUGIA Edward G. (professeur ordinaire de dogme et de patrologie orientale au Pontificum Institutum Orientalium Studiorum, Rome)
GANZIN Michel (professeur d'Histoire du Droit - Université d'Aix-Marseille III)
GARCIA MARIN José Maria (professeur d'Histoire du Droit - Université Pablo de Olavide de Séville)
GAZZANIGA Jean-Louis (prêtre, agrégé de Droit)
GRIMAL Nicolas (professeur au Collège de France)
GUYON Gérard D. (professeur d'Histoire du Droit - Université Montesquieu Bordeaux IV)
HELMIS Andréas (professeur d'Histoire du Droit - Université d'Athènes)
HOCQUELLET Jean-Pierre (Inspecteur Pédagogique Régionale de Lettres)
LADJILI Jeanne (maître de conférences d'Histoire du Droit – Université de Tunis)
LOBRANO Giovanni (professeur de Droit romain - Université de Sassari)
OKTAY Cemil (professeur de Sciences Politiques - Université d'Istanbul)
OSABA Esperanza, (professeur de Droit romain à l'Université du Pays basque)
PAVIA Marie-Luce (professeur de Droit Public - Université de Montpellier I)
PITSAKIS Constantinos (professeur d'Histoire du Droit – Université de Komotini)
POPOVIC Dragoljub (avocat au barreau de Belgrade)
QUILLIEN Philippe-Jean (chercheur)
SINI Francesco (directeur du département de Sciences juridiques - Université de Sassari)
TARRAGON (de) Jean-Michel (OP) (Directeur de la *Revue Biblique*)
VINAS Ramon (professeur de Droit Privé - Université de Barcelone)
YOUNI Maria (maître de conférences d'Histoire du Droit – Université de Komotini)

Adresse du site Internet : http://mapage.noos.fr/assmed/index.html

Méditerranées

Bulletin d'adhésion

NOM : ....

Prénom :..

Qualité : ....

Adresse :..

....

souhaite adhérer à l'association «*Méditerranées*» pour le tarif de 10 €, l'adhésion ne donnant plus droit à la revue (chèque à l'ordre de l'association « Méditerranées »).

www.ingramcontent.com/pod-product-compliance
Lightning Source LLC
LaVergne TN
LVHW050642051026
849532LV00002B/488